개정판

나는
실존심리치료
사랑의 처형자가
되기 싫다

나는 사랑의 처형자가 되기 싫다 개정판

발행일 | 2014년 2월 5일 개정판 1쇄 발행
        2016년 1월 5일 개정판 2쇄 발행
        2024년 1월 5일 개정판 3쇄 발행

저자 | Irvin D. Yalom
역자 | 최윤미
발행인 | 강학경
발행처 | (주)시그마프레스
편집 | 김경임
교정 · 교열 | 김문선

등록번호 | 제10-2642호
주소 | 서울특별시 영등포구 양평로 22길 21 선유도코오롱디지털타워 A401~402호
전자우편 | sigma@spress.co.kr
홈페이지 | http://www.sigmapress.co.kr
전화 | (02)323-4845, (02)2062-5184~8
팩스 | (02)323-4197

ISBN | 978-89-6866-120-4

∗ 책값은 책 뒤표지에 있습니다.
∗ 이 도서의 국립중앙도서관 출판시도서목록(CIP)은 서지정보유통지원시스템 홈페이지 (http://seoji.nl.go.kr)와 국가자료공동목록시스템(http://www.nl.go.kr/kolisnet)에서 이용하실 수 있습니다.(CIP제어번호: CIP2014001443)

개정판

나는 사랑의 처형자가 되기 싫다

실존심리치료

Irvin D. Yalom 지음

최윤미 옮김

∑ 시그마프레스

차례

나는 사랑의 **처형자**가 되기 싫다

역자 서문

2000년에 번역되어 13년간 제법 독자들에게 사랑을 받던 I. D. Yalom의 나는 사랑의 처형자가 되기 싫다가 2012년 원저자의 개정판 출간과 함께 시그마프레스에서 개정판 번역 의뢰가 왔다. 개정 작업은 첫 번역 당시의 기분으로 돌아가 이 사례들과 함께했다. 10개의 사례는 약간의 문장 변화가 있었고 어느덧 80세가 된 원저자의 후기가 덧붙여져 있었다. 첫 번역 이래 번역문을 완전히 정독한 것이 처음이었고, 개정 원문을 바탕으로 새로 번역해 나갔다. 초역 당시로부터 14년이 흐른 지금, 그 당시의 나와 현재의 나는 많은 변화가 있음을 실감하였다. 당시에 가장 좋아했던 사례와 지금 더 좋은 사례가 달랐다. 원저자의 변화고 또나의 변화였다. 같은 용어도 요즘은 더 이상 쓰이지 않는 말들이 있었다. 이를테면 '바겐세일', 요즘은 마트에서 '빅 세일' 혹은 '1+1' 식의 세일을 하니 세상이 변한 만큼 용어도 변하고 있었다. 알게 모르게 조금씩. 하지만 난 초역 때 썼던 역자 서문을 버리고 싶지 않다, 그때의 내 마음이 그대로 녹아 있으므로. 이 책 덕분에 나는 손에 잡히는 실존심리치료에 대해 많이 배웠다. 그리고 좀 더 다듬어진 글솜씨로 번역하려 애쓴

이 개정판을 통해 많은 독자들이 나처럼 실존심리치료를 배울 수 있기를 바란다. 초역 당시의 다음과 같은 역자 서문 일부를 그대로 전달하련다. 덧붙여 분에 넘치는 번역 칭찬과 아름다운 서평을 국민일보에 써 주신 서울대학교 미대의 김병종 교수님께 감사드린다. 그리고 늘 역자의 역량을 믿고 의뢰하여 좋은 책을 내게 해 주시는 시그마프레스의 강학경 사장님, 꼼꼼히 원고 작업을 해 준 김문선 편집자에게도 깊은 감사의 마음을 전한다.

이 책을 나는 1999년 봄에 읽기 시작하여 더운 여름 번역을 하겠다는 마음을 먹고 가을에 번역 작업을 시작하였다. 그해 봄만 해도 그저 좋은 책을 구했으니 읽어 보기나 하자는 마음이었다. 그런데… 읽다가 매료당해 버렸다. 이야기 속에 빠져들었다. 혼자 읽기가 아까워진 것이다. 물론 이 저자의 다른 책에 이미 나는 매료되어 있었고 그의 다른 저서에 참고 서적으로 나왔던 이 책을 손에 넣은 것도 저자에 대한 신뢰가 있었기 때문이다. 강의를 하며, 상담을 하며 내가 하고 싶었던 이야기들이 이 속에 녹아 있었다.

어떤 부분은 번역하다가 나도 모르게 눈물이 났고, 어떤 부분에서는 웃음을 참을 수 없어 너무 큰 소리로 웃기도 하였다. 잠시 쉬면 무협소설을 읽을 때처럼, 뒷이야기가 궁금해 미칠 지경이었다. 덕분에 느린 자판 두드리는 속도에도 불구하고 진척은 빨리 되었다.

이 책을 통해 상담 이론서들에서 실존심리학에 대해 가졌던 막연한 생각들이 정리되었다. 개인적으로, 이 책의 사례들은 내가 상담을 하며 겪은 경험을 정리하는 데 많은 도움이 되었다. 내담자를 이해하는 틀을 내게 넓혀 주었다. 그러나 무엇보다 치료자로서의 자세에 대해 나는 다시 한 번 생각하게 되었다. 상담에 대해, 치료자인 나에 대해 많은 생각을 하게 하는 계기가 되었다.

나는 이 책을 심리치료와 상담을 하는 이들이 읽으면 도움이 될 것이라고 확신한다. 상담 관련 학과의 전공생들 혹은 실제 상담 장면에서 일을 하고 있는 이들에게는 전문적 성장에 도움이 될 것이다.

그러나 상담을 직업으로 가지지 않은 일반인들에게도 도움이 될 것 같다. 이 책의 사례 속에는 우리 모두가 공통적으로 생각하고 있는 인생의 주제들이 너무 많으니까. 일반 독자들에게는 생소한 전문 용어들이 섞여 있고 또 복합적인 심리치료 기제들이 들어 있어 간혹 이해에 어려움이 있을지 모르겠으나 대체로 자신을 성찰하는 데에 관심을 가진 이들에게는 그런 용어들이 내용을 이해하는 데 그다지 큰 어려움을 초래하지 않으리라고 보인다.

아마 이 사례들에 대해 내가 매료된 것은 저자의 글솜씨, 사례 자체가 가진 극적인 속성도 있겠지만 내가 늘 의문으로 가지고 있는 실존의 문제들을 다루고 있기 때문인 것 같다. 소외, 죽음, 자유, 삶의 의미 등이 다행스럽게도 무거움으로 한껏 짓누르지 않고 또 흥미진진하게 논의되고 있다. 이 책을 읽는 이들에게도 이 주제들이 흥미 있을 것이라고 확신한다.

그러나 저자가 쓴 이야기를 그 느낌 그대로 전달하기는 어려웠다. 번역이 가진 한계 때문이기도 하고, 또 역자의 부족한 언어력 때문이기도 할 것이다. 그러나 없는 것보다는 있는 것이 낫고 안 읽은 것보다는 읽은 것이 나을 것이라는 생각으로 위안을 삼는다. 독자들의 관심 깊은 반응을 바란다.

역자 최윤미

　나는 사랑의 처형자가 되기 싫다

추천사

저자는 미 스탠퍼드대학교 교수이자 정신과 의사이고, 역자는 영문학자이자 심리학자이다. 내가 특별히 번역자를 소개하는 것은 그 번역이 참으로 놀랍도록 유려하면서도 완전한 문장으로 시종하고 있기 때문이다. 나 같은 다독가는 책을 잡으면 곧 원작자뿐 아니라 번역가의 역량도 간파하게 되는데 쏟아지는 책 가운데 흡족한 번역을 만나기 어려운 것이 현실이다. 따라서 원작과 잘 조화되면서도 번역 자체의 생명력을 지닌 작품을 만나면 반갑기 그지없는데 바로 이 책이 그랬다. 책을 읽다가 몇 번씩이나 뒷날개의 번역자 이름을 확인했을 정도였다.

똑같은 얄롬 팬인 아내에게 번역의 유려함을 얘기했더니 워낙 저자가 글을 잘 쓰는 사람이라고 했지만 내가 보기엔 번역자의 어휘력과 문장 구사력 또한 원저자에 못지않았다. 어쨌거나 이 책은 '사랑'의 이름을 걸고 쓴 책 중에 적잖이 충격을 준 책이다.

'사랑' 하면 좋은 것, 달콤한 것의 의미로 다가오기 십상인데 여기 나오는 사랑은, 사랑은 사랑이로되 참으로 절망적이거나 뒤틀린, 그리고 고약하고 고통스러운 사랑 이야기가 태반인 까닭이다. 아, 사랑이라는 하나의 어휘 속에 이토록이나 다층적이고 복잡한 인간의 삶이 얹히는구나 싶은 것이다.

더불어 '사랑'에 관한 하나의 사실을 다시 확인할 수 있었다. 햇빛과 물로 자라는 나무처럼 인간은 사랑으로 크는 나무라는 사실이다. 우리가 이미 알고 있지만 9·11 테러 때 절망적 죽음의 상황을 앞두고 가족이나 애인과 마지막으로 주고받은 외마디 같은 소리 역시 '사랑'이었다. 흔히들 사랑을 세 종류로 나누지만 이 책을 읽다 보면 사랑은 백 가지 천 가지로 나누어질 수 있을 듯한 느낌을 받게 되고 인간은 사랑을 빼고서는 설명할 수 없는 존재라는 생각까지 갖게 된다.

그런데 저자는 이토록 여러 형태로 사랑을 갈망하는 것은 존재 저편에 웅크리고 있는 죽음에 대한 의식 때문이라고 보았다. 아니, 존재 저편이 아닌 아예 자신의 생명인자 속에서 자라고 있는 '죽음의 씨앗' 때문이라는 것이다. 죽음이라는 다가올 현실을 끊임없이 부정하거나 도피하다가 살아 있는 동안 아예 그것이 의식되지 않도록 우리 삶에 가족, 동료, 연인과 같은 여러 존재와의 관계를 설정하고 그 관계의 그물망을 수시로 '사랑'의 이름으로 조이거나 엮어 내려 한다는 것이다.

하지만 아무리 그렇다 해도 자신과 타인 사이에 결코 연결될 수 없는 '틈'이 생김으로 해서 '실존적 소외'는 늘 불가피한 부분으로 남겨지는데 그럴수록 그 간격을 메우기 위해 사랑을 갈망한다는 것이다. 이쯤에서 보면 '사랑'이라는 달콤하고 아름다운 단어는 사실 그 속에 날카로운 이기의 발톱과 생존논리를 담고 있는 듯이 보인다. 어쨌거나 사랑에 빠지게 되면 일종의 '흡수되어 버리는' 축복받은 상태로 들어가게 되어 소외받고 불안하고 외로운 '나'에 대한 자의식이 녹아 없어짐으로써 마약 같은 행복감 속으로 들어가는 것이지만 사랑의 상실 후에는 반대로 끔찍한 고통 상태를 체험하는 것이어서 결국 '사랑의 처형자'라는 용어까지 나오게 된 것이다.

이 책에는 사랑과 그 상실을 경험한 노쇠한 70대 여인 델마가 나온다. 싸구려 트레이닝복을 입고 턱이 떨리며 부스스한 머리카락과 퍼렇게 심줄이 튀어나온 주름살투성이의 노인 델마는 10여 년 전 한 심리치료센터에서 젊고 잘생긴 연하의 수련의 매튜와 사랑에 빠진다. 델마는 매튜와 27일간을 흡사 마법에 걸린 것처럼 사랑에 빠져 하늘로 붕 나는 듯한 체험을 했는데 그 이전에도 이후에도 그처럼 행복한 적이 없었노라고 고백한다. 그러나 매튜로부터 일방적인 결별을 선언받은 후 심장이 찢어지는 듯한 아픔을 경험하고 두 번이나 자살을 기도한다. 델마는 그와 결별한 후 무려 8년간을 단 한순간도 그에 관한 생각으로부터 놓여날 수 없었다고 고백한다.

그는 기억 속에서 27일간의 그 백일몽 같던 시간을 수도 없이 되돌리고 또 되돌렸지만 그 사랑은 이미 환각처럼 가 버리고 난 뒤였기에 소용없는 일이었다. 이른바 사랑의 복수가 시작된 것이다. 그녀는 먹지 못하고 자지 못했으며 수면제와 우울증 약만을 번갈아 한 움큼씩 먹다가 상담을 위해 저자 얄롬을 찾아온 것이다. 애초에 사랑의 획득을 경험하지 않았던들 그토록 쓰라린 상처도 없었을 터이지만 그럼에도 인간은 불나방처럼 사랑의 불길 가운데로 날아간다는 것이었다.

이 책은 경우는 다르지만 모두가 델마와 같은 사랑의 획득과 상실로 아파하는 사람들의 이야기로 가득 차 있다. 책을 읽고 나면 비로소 왜 성경에 세 가지 사랑이 나오는지, 왜 예수께서 베드로에게 네가 나를 사랑하느냐고 거듭해 물으셨는지 알게 된다. 예컨대 의존과 소유욕에서 발동된 애욕과 갈망이 아닌 희생과 헌신의 사랑은 같은 '사랑'이라는 단어 안에 있지만 사실은 그 의미가 해와 달처럼 먼 것임을 알게 되는 것이다. 예수께서 설명하신 친구를 위해 죽을 수 있는 사랑은 따라서 같은 죽음을 얘기하고 있지만 델마가 사랑의 상실을 겪은 후 죽으려 했던 것과는 정반대의 죽음일 수 있는 것이다.

'사랑'으로 범람하는 시대이다 보니 심지어 얼마 전까지만 해도 번호를 묻기 위해 전화를 걸면 "사랑합니다."라는 멘트가 흘러나올 정도였다. 그러다 보니 '사랑'은 그 본뜻을 잃고 싸구려 포장지처럼 날아다니게 된 것이다. 새삼 사랑의 의미와 깊이 그리고 그 무게와 다양함에 대해 생각해 볼 수 있게 한 책이다.

김병종
서울대학교 미대 교수

추천사 원문 : 2013. 1. 25 국민일보 [김병종의 내 영혼의 책갈피, 30]에서 인용함.

감사의 글

이 책의 반 이상은 연구년 동안 여행을 하며 쓴 것이다. 내게 그런 기회를 마련해 준 기관과 사람들에게 감사를 표한다. 스탠퍼드대학교의 Humanities Center, 록펠러 재단의 Bellagio Study Center, 도쿄와 하와이의 Drs. Mikiko와 Tsunehito Hasegawa, 그리고 샌프란시스코의 Caffé Malvina, 베닝턴대학의 Creative Writing Program 등에 감사를 드린다.

나의 아내(혹독한 비평가이며 동시에 든든한 지지자이다.) Marilyn과 이전에 낸 저서에서도 탁월한 편집 능력을 보여 주었던 Basic Books의 편집자 Phoebe Hoss, 그리고 Basic Books에서 내 프로젝트를 편집했던 Linda Carbone에게도 감사를 한다. 또한 내가 새로운 이야기를 손에 들고 나타나 비평을 부탁하거나 용기를 달라거나 위로를 해 달라고 했을 때 달아나지 않았던, 나의 많고도 많은 동료와 친구들에게도 감사를 표한다. 그 과정이 길었기 때문에 여기서 빠진 이름들이 틀림없이 있을 것이다. 그러나 이들에게는 특별히 감사를 잊지 않고 표한다. Pat Baumgardner, Helen Blau, Michele Carter, Isabel

13

Davis, Stanley Elkin, John Felstiner, Albert Guerard, Maclin Guerard, Ruthellen Josselson, Herant Katchadourian, Stina Katchadourian, Marguerite Lederberg, John L'Heureux, Morton Lieberman, Dee Lum, K.Y. Lum, Mary Jane Moffatt, Nan Robinson, 나의 자매 Jean Rose, Gena Sorensen, David Spiegel, Winfried Weiss, 나의 아들 Benjamin Yalom, 1988년 스탠퍼드대학의 수련의들과 심리학 실습생들, 이 모든 이야기가 샘솟도록 임상 노트와 아이디어들을 10년간이나 타자를 쳐 준 내 비서 Bea Mitchell에게 감사한다. 항상 내게 지지와 학문적 자유와 내 작업의 정수가 되는 지적인 공동체를 제공해 준 스탠퍼드대학에 감사한다.

이 지면을 허락해 준 10명의 내담자들에게 나는 큰 은혜를 입었다. 각자 자기 이야기를 샅샅이 읽고 (내가 이 책을 끝내기 전에 유명을 달리한 한 사람을 제외하고), 내게 출판을 허락해 주었다. 각자 검토를 하고 익명성이 보장되도록 위장하는 것을 허락하였고, 많은 이들은 편집에 도움을 주었으며, 한 사람(데이브)은 내게 자기 이야기의 제목을 붙여 주었으며, 몇몇은 위장이 불필요하게 너무 많다는 것을 언급하며 좀 더 정확하게 표기하라고 요구하였고, 둘은 나의 개인적인 자기노출 때문에 혹은 내가 가진 극적인 자유로움 때문에 좀 불편해했으나, 그럼에도 불구하고 이 이야기들이 치료자(상담자) 혹은 내담자에게 유용했으면 하는 바람으로 동의해 주었을 뿐 아니라 축복을 해 주었다. 그들 모두에게 깊은 감사를 드린다.

이들은 모두 실제 이야기이지만, 내담자의 개인정보를 보호하기 위하여 많은 것을 바꾸어야 했다. 내담자의 신분이나 삶의 상황이 드러날 만한 것은 그와 유사한 상징으로 대신하고 때로 다른 내담자의 상황을 덧씌우기도 하였다. 대화는 허구로 쓴 것이 있고, 나의 생각은 뒤에 덧붙여진 것이다. 위장은 아주 깊이, 그 내담자를 거의 알 수 없게 했다. 10명 중에 하나를 알고 있다고 믿는 독자가 있다면, 확언하건대, 잘못 안 것이다.

프롤로그

나는 이런 장면을 상상하곤 한다. 낯선 300~400명의 사람들이 모인 곳에서 둘씩 짝을 짓고 자기 짝에게 "당신이 원하는 것은 무엇입니까?"라는 한 가지 질문을 계속 짝을 바꿔 가며 거듭 묻는 것이다.

이보다 더 간단한 것이 있을까? 단순한 질문과 대답인데……. 그런데 집단 실습을 하다 보면 시간이 흐를수록 예상치 않게 강한 감정이 일어나는 것을 보게 된다. 몇 분 안에 방이 정서적 열기로 가득 차게 되는 것이다. 남자건 여자건, 그렇다고 특별히 절망에 빠져 있거나 궁핍한 사람들이 아니고 성공적이고 기능도 잘하며, 옷 잘 입고 걸음걸이도 당당한 사람들인데, 자기 내부 깊숙한 곳에서 감정이 소용돌이치는 경험을 하게 된다. 그들은 이미 죽었거나 여러 가지 이유로 지금은 곁에 없는 부모, 배우자, 자식, 친구 등 영원히 사라진 누군가를 향하여 외친다. "나는 네가 다시 보고 싶다.", "나는 당신의 사랑을 원한다!", "나는 당신이 나를 자랑스럽게 여겼으면 좋겠다.", "당신을 내가 얼마나 사랑하는지, 그리고 그런 이야기를 한 번도 하지 않은 것을 얼마나 후회하고 있는지 당신이 알았으면 좋겠다.", "당신이 돌아왔으면 좋겠다, 당신 없이는 너무나 외로우니까.", "내가 결코 경험해 보지 못한 어린 시절을 원한다.", "건강하고, 다시 젊어졌으면 좋겠고, 사랑받고, 존경받고 싶다. 내 인생에 뭔가 의미가 있었으면 좋겠다. 뭔가를 성취했으면 좋겠다. 내가 중요하고, 관심을 받고, 기억에 남는 사람이고 싶다."

너무나 많은 소망. 너무나 많은 갈망들. 그리고 몇 분이면 떠오를 만큼 너무나 표면 가까이에 자리 잡고 있는 고통. 숙명적 고통. 실존적 고통. 언제나 거기에 있고 삶의 표피 바로 아래에서 끊임없이 소용돌이 치는 고통. 고통은 너무나 쉽게 맞닥뜨려진다. 단순한 집단 작업, 단 몇 분간의 성찰, 예술 작품, 설교, 위기, 상실 등 여러 가지를 통해 결코 이루어질 수 없었던 우리의 깊은 소망들이 떠오르게 되는 것이다. 젊음에 대한 소망, 늙지 않기를, 사라져 버린 사람이 돌아오기를, 영원한 사랑과 보호, 그리고 의미가 되기를, 영원 불멸에 대한 소망 등, 결코 이루어지지 않을 소망들이 떠오른다.

우리가 가족에게, 친구에게, 종교에, 그리고 때로는 심리치료자에게 도움을 청하는 때는 바로 결코 이룰 수 없는 소망이 자신의 삶을 압도하여 지배할 때이다.

이 책에서 나는 치료를 받았던, 그리고 그 과정에서 실존적 고통과 싸워 나갔던 10명의 내담자 이야기를 하려고 한다. 그 이유는 그들이 내게 도움을 청해 왔기 때문이 아니라 오히려 그 반대로 그 10명이 모두 매일매일의 공통된 문제, 이를테면 외로움, 자기비하, 발기 불능, 편두통, 강박적 성행동(sexual compulsivity), 비만, 고혈압(hypertension), 비통함(grief), 소모적인 사랑에 대한 강박적 사고(love obsession), 감정의 급격한 변화(mood swing), 우울증 등으로 고통스러워했기 때문이다. 그러나 어느 정도는('어느 정도'라고 함은 이야기마다 정도의 차이가 있기 때문인데) 치료를 통해 이들이 매일 겪는 문제의 깊은 뿌리 — 실존의 기반까지 뻗어 내려가는 뿌리를 밝혀냈기 때문이다.

"나는 원한다! 나는 원하고 있다!"라는 소리가 이들 이야기를 통하여 들린다. 한 내담자는 지금 살아 있는 두 아들을 게을리하면서, "나는 죽은 내 사랑스러운 딸이 돌아오기를 원한다!"라고 외친다. 다른 이는 임파선 암이 자기 몸속 구석구석을 침범해 들어가고 있는데, "나는 내 눈에 띄는 모든 여자와 성관계를 원한다."라고 한다. 그리고 또 다른 이는 차마 뜯어볼 수가 없어 읽지 못한 세 통의 편지에 괴로워하면서 "나는 부모를 원해. 결코 내겐 어린 시절이 없었어."라며 잃은 과거가 바뀌었기를 간절히 원한다. 그리고 또 다른 이는 연로한 여성인데, 35세 연하의 남자에 대한 강박적 사랑을 잠재울 수가 없어 "나는 영원히 젊을 수 있기를 원한다."라고 외친다.

심리치료의 근본적인 자료는 흔히 주장하듯 억압된 본능적 욕구라든가 완벽하게 묻어 버릴 수 없는 비극적인 개인의 과거 편린들이 아니라, 항상 이러한 실존적 고통이라고 나는 믿는다. 이 10명의 내담자와의 치료에서 내가 가진 근본적인 임상적 가설 — 나의 치료 기법이 근거를 둔 가설 — 은 의식적이든 무의식적이든, 실존 속에 이미 '주어진 (given)', 삶 속의 모진 사실(fact)에 직면하려는 노력으로부터 근본적 불안이 떠오른다는 것이다.[*]

내 생각에 실존에서 이미 존재하는 실존의 네 가지 주어진 모진 사

---

[*] 심리치료에 근거가 되는 이러한 실존적 관점과 이론 및 실제에 대한 자세한 논의는 저자의 *Existential Psychotherapy* (New York: Basic Books, 1980)를 참조하라.

실들이 심리치료와 관계가 있는 것 같다. 우리 모두 그리고 우리가 사랑하는 이 모두가 불가피하게 죽는다는 사실, 우리가 하고자 하는 바대로 우리 삶을 만들어야 하는 자유, 궁극적으로는 혼자라는 것, 그리고 마지막으로는 분명한 삶의 의미나 의식(sense)이 없다는 것이다. 그러나 그 사실들이 아무리 모질다 하여도 거기에는 지혜와 구원의 씨앗이 들어 있다. 나는 열 사람의 이야기를 통하여 실존의 진실에 직면하여 개인적인 변화와 성장의 힘을 가동하는 것이 가능하다는 것을 설명할 수 있었으면 한다.

위에 든 네 가지 사실들 중 죽음은 직관적으로 보기에 명백하고 가장 분명한 것이다. 언젠가 죽음이 다가올 것이며 거기에는 피할 길도 없다는 것을 우리는 어려서, 생각도 하기 이전부터 배운다. 스피노자(Spinoza)의 말을 빌자면, 그럼에도 불구하고 "모든 이는 자신의 존재를 지속시키려고 노력을 한다." 인간의 핵심에는 항상 존재를 지속시키고 싶은 소망과 죽음의 불가피성에 대한 인식(awareness) 사이에 갈등이 존재하고 있다.

죽음이라는 현실에 순응하기 위하여 우리는 끊임없이 이를 부정하고 도피할 방법을 고안하는 재주를 부린다. 어렸을 때는 부모들이 안심을 시키고 세속적인 그리고 종교적인 신화의 도움으로 죽음을 부정한다. 그리고 후에는 죽음을 괴물, 잠귀신, 악마 같은 것으로, 죽음을 뭔가 실체처럼 변형시켜 인간화한다. 죽음이란 것이 뭔가 추구하는 실체가 된다면, 그러면 이를 교묘히 빠져나갈 방법을 결국 발견할 수 있을지도 모른다. 게다가 죽음을 안고 있는 괴물을 두려워하는 것이 진실, 즉 자신이 죽음의 씨앗을 지니고 있다는 것보다 덜 두려울는지도 모른다. 아이들은 다른 방법으로 죽음에 대한 불안을 희석시키는 실험을 한다.

죽음을 조롱하여 그 독을 제거하려 하거나 그에 무모하게 도전하거나 또래들과 버터 냄새 가득한 팝콘을 먹으며 유령 이야기나 공포 영화를 보면서 죽음에 대한 공포에서 무감각해짐으로써 안심한다.

성장하면서 우리는 죽음이 의식되지 않도록 의식 밖으로 몰아내는 것을 배운다. 여러 가지에 정신이 분산되면서 뭔가 긍정적인 것(다음 세상으로 넘어가는 것, 고향이라는 안식처로 돌아가는 것, 신과의 조우, 궁극적 평화)으로 변형을 시키게 된다. 아직도 유지되고 있는 어린 시절의 신화를 가지고 죽음을 부정하고 자식을 통해 나의 씨앗이 미래로 이어진다고 믿거나 혹은 영혼의 지속성을 강조하는 종교를 가짐으로써 결코 자기는 사라지지 않는다고 믿으며 인간의 유한성과 싸운다.

많은 사람들은 이러한 죽음에 대한 부정을 주제로 논쟁을 한다. 그들은 "말도 안 되는 소리! 우리는 죽음을 부정하는 것이 아니다. 누구나 죽는다. 우리는 그것을 이미 알고 있다. 그 사실은 너무나도 분명하다. 그런데 거기에서 방황할 일이 뭐가 있는가?"

그러나 우리가 알고 있다고 하면서도 실은 알고 있지 않다는 것이 진실이다. 죽음에 대해서 알고 있지만, 다시 말해 지적으로는 그 사실을 알고 있지만 우리를 압도할 불안으로부터 보호하기 위하여 죽음과 관련된 공포를 완전히 분리, 혹은 해리시켜 의식되지 않는 부분의 늪으로 남겨 두고 있는 것이다. 이러한 해리 과정은 무의식적이고 우리에게 보이지 않지만 때로 그 부정(denial)의 기제가 실패하여 죽음에 대한 불안이 온전한 힘을 가지고 밀려올 때, 우리는 실존의 그 사실들을 확인할 수 있다. 이러한 일은 아주 드물게 일어나며, 때로 일생에 한두 번쯤밖에 안 일어날지도 모른다. 개인적으로 죽음과 마주쳤을 때, 혹은 사랑하는 이가 죽고 나서, 또 아주 가끔은 깨어 있을 때 일어나기도 하지만 그러나 보다 보편적으로는 악몽을 통해서 죽음에 대한 불안이 표면에 떠오른다.

악몽은 실패한 꿈, 즉 불안을 '다루지' 못하고 잠을 든든히 지켜 주는 자로서의 역할에 실패한 꿈인 것이다. 악몽이 드러내는 내용은 다르지만 모든 악몽에 깔려 있는 과정은 다 같다. 죽음에 대한 생생한 불안이 수문장을 제치고 도망쳐서는 의식 위로 폭발해 들어온 것이다. "꿈꾼 자를 찾아서"에 나온 이야기는 죽음의 불안으로부터 도망쳐 배수진을 치는 마음의 노력 과정 이면을 보여 주는 독특한 이야기인데, 이 이야기에서 마빈의 악몽에 나타난 전반적인, 어두운 죽음에 대한 심상은 삶을 지키고 죽음을 방어하려는 도구 — 반짝이는 끝이 흰 지팡이를 가지고 죽음과 성의 결투에 사투를 벌인다.

다른 이야기들의 주인공에게도 성(sex)은 사라져 버림, 늙어 감, 다가오는 죽음 등을 차단하는 부적으로 보인다. 자신의 죽음을 재촉하는 암 앞에서 젊은 남성이 난잡한 성에 강박적으로 집착하는 것("만약 강간이 합법이라면…"), 지금은 이미 죽은 연인에게서, 35세 때 받은 누렇게 바랜 편지에 한 늙은 남성이 집착하는 것("너무 쉽게 오케이하지 말라") 등이 그것이다.

여러 해 동안 죽음이 임박한 암 환자들과의 작업을 통해, 나는 안전감을 주는 두 가지 신념, 혹은 망상이 죽음에 대한 공포와 결합되는 공통된 강력한 방법이 있다는 것을 알았다. 하나는 개인적으로 특별하다(personal specialness)는 신념이고 다른 한 가지는, 궁극적인 구원자에 대한 신념이다. 그것이 '고착되어 있는 잘못된 신념'을 표상한다는 점에서 망상일 수 있지만 이러한 신념을 비하시키기 위해 망상(delusion)이라는 용어를 쓴 것은 아니다. 이는 범우주적인 신념으로서 어느 의식 수준에서는 우리 모두에게 존재하고 있으며 이 책의 사례들에 나오는 이야기에서도 상당한 역할을 한다.

특별하다는 신념은 자신이 불사신이고 침범할 수 없는 존재 — 보통 인간이라는 생물학적 법칙과 숙명을 넘어서는 존재라는 믿음이다. 인생의 어느 시점에서, 우리 모두는 위기를 겪게 된다. 그 위기는 심각한 질병으로 인한 것일 수도 있고, 직업적인 실패일 수도 있고 또는 이혼일 수도 있다. 혹은 "어찌 내게 이런 일이…" 이야기 속의 엘바처럼 단순히 지갑을 강탈당한 일, 그래서 갑자기 자기 일상성이 무너지면서 삶은 영원히 나선을 그리며 위로 상승하는 것이어서 안전하다는 평범한 가설이 도전을 받게 되는 일일 수도 있다.

자신은 특별하다는 신념이 그 자체로 안전감을 준다면 죽음을 부정하는 다른 주된 기제는 — **궁극적인 구원자**에 대한 **믿음**(belief in an ultimate rescuer) — 외적인 힘이 영원히 우리를 관찰 보호하고 있다고 느끼게 한다. 비록 우리가 비틀거릴지라도, 점점 더 질병이 깊어지더라도, 삶의 벼랑 끝에 서게 되더라도, 불쑥 나타나 우리 삶을 제자리로 되돌려 놓아줄 전능한 누군가가 있을 것이라 믿는 것이다.

이 두 신념 체계가 변증법적으로 인간 상황에 대해 양 갈래의 상반된 반응을 하게 만든다. 인간이란 존재는 영웅처럼, 자기주장적 자율성(autonomy)이 있다고 주장하거나 더 높은 우월한 힘과 결합하여 안전을 추구한다. 그것은, 즉 치고 올라가기냐(emerge) 동화되어 버리기냐(merge), 혹은 분리되기냐(separate) 결합하기냐(embed) 둘 중 한쪽이다. 스스로 자기의 부모가 되거나 영원한 아이로 남거나이다.

우리들 대부분은, 많은 시간 동안 낄낄거리면서 "난 죽음이 두렵지 않아. 그런 일이 일어났을 때 단지 내가 거기 있지 않기를 바랄 뿐이지."라는 우디 앨런의 이야기에 공감하면서 죽음의 그림자를 불안하게 피하며 편안히 살아간다. 그러나 여기엔 또 다른 길 — 오랜 전통을 가지고 있고, 심리치료에 적용할 만한 — 이 있는데, 죽음에 대한 충분한 인식은 우리에게 지혜의 열매를 맺게 하고 삶을 풍요롭게 한다는 것이다. 내 내담자 중의 한 사람("만약 강간이 합법이라면…"에 나온)이 죽으며 한 이야기, 즉 비록 죽음이라는 사실(fact)은 육체적으로 우리를 파괴하는 것이지만, 죽음에 대한 생각(idea)은 우리를 구원한다는 이야기가 이를 잘 반영해 주고 있다.

실존의 또 하나의 명제인 자유는 이들 열 내담자 중 몇몇에게는 딜레마에 빠지게 하는 사실이었다. 비만한 내담자 베티는 나를 만나러 오기 직전까지 엄청나게 먹었고 또한 내 사무실을 나가자마자 엄청나게 먹을 계획이었을 때, 자기에 대한 통제권이 내게 있다고 나를 설득함으로써 자기의 자유를 포기한다. 또 다른 내담자("사랑의 처형자"에 나오는 델마)는 치료 과정 전체가 예전 연인(동시에 치료자)에게의 굴종이라는 주제를 해결하는 것이어서 나의 임무는 그녀가 자신의 힘과 자유를 회복하도록 돕는 전략을 찾는 것이었다.

주어진 자유라는 것은 죽음과 정반대가 되는 주제이다. 죽음은 우리가 두려워하지만, 자유는 대체로 매우 긍정적인 것으로 생각한다. 서양 문명의 역사도 자유에 대한 열망에서 이루어진 것 아닌가? 그러나 실존적인 입장에서 보면 매일 경험하는 것과는 정반대로, 위대하게 디자인된 우주 속에 영원히 들어가 있지 않고, 궁극적으로 틀에서 떠나야 하는 것이므로 자유는 불안과 결합된다. 자유란 자신의 선택, 행위, 삶의 상황에 대하여 자신에게 책임이 있다는 의미이다.

책임이 있다(responsible)는 말은 다양한 방식으로 쓰이지만, 책임을 각자가 자기 삶이라는 디자인에 '작가(be the author of)' 가 되는 것이라고 한 사르트르(Sartre)의 정의가 나는 좋다. 우리는 부자유를 제외한 모든 것으로부터 자유로운데 사르트르는 아마 자유는 우리의 숙명이라고 했던 것 같다. 사실, 어떤 철학자들은 이보다 훨씬 많은 것을 주장했다. 말하자면, 인간 정신(mind)의 건축가인 우리는 외부 현실의 구조, 공간과 시간에 대해서까지 책임이 있다는 개념이다. 불안이 머물고 있는 곳은 바로 여기, 스스로 구축한 바로 그곳이다. 즉, 우리는 구조를 원하는 피조물인데, 우리 밑바닥에는 아무것도 없다는, 바탕이란 애당초 존재하지 않는 것이라는 자유라는 개념 때문에 두려운 것이다.

어떤 치료자든, 치료의 결정적인 첫 단계는 내담자 본인이 삶의 명제에 자신에게 책임이 있다는 가설을 갖는 것이라는 것을 안다. 어떤 사람의 문제가 바깥에 있는 어떤 힘 혹은 외적 동인(agent)에서 기인한 것이라고 믿는 한 치료는 아무 효과가 없다. 만약, 종국적으로, 문제가 바깥에 있는 무엇에 있다면 왜 자신이 변화해야 하는가? 변해야 — 혹은 바꿔야 하는 것은 외부 세계(친구들, 직장, 배우자)이다. 그래서 캐내려 하고 소유욕 강한 아내라는 감시인이 지키는, 결혼이라는 감옥에 갇혀 있다고 냉소적으로 불평하던 ("너무 쉽게 오케이하지 말라"의) 데이브는, 어떻게 그 감옥을 스스로 만들고 있는지, 그것을 구축하는 데 대한 책임이 자신에게 있다는 것을 깨달을 때까지는 치료에 아무런 진전을 볼 수가 없었다.

내담자들은 책임에 대해 저항을 하기 때문에 치료자는 어떻게 스스로 자기 문제를 만들어 가는지 내담자가 인식하도록 도울 기법을 발전시켜야 한다. 내가 사용하는 강력한 기법 하나는 지금 여기에 초점을 맞추는 것이다. 내담자들은 치료 바깥 삶에서 자신을 괴롭히는 문제들을 치료 장면에서 재창조하는 경향이 있기 때문에 그의 과거나 현재 삶에서의 사건보다는 내담자와 나와의 관계에 바로 이 순간 어떤 일이 일어나고 있는지에 초점을 맞춘다. 치료 관계(혹은, 집단치료에서라면 집단원들 간의 관계)의 세세한 부분을 검토함으로써 그 내담자가 다른 사람들의 반응에 어떻게 영향을 미치는지를 지적해 낼 수 있다. 그러므로 데이브는 자기 부부 문제에 대한 책임에는 저항을 할 수 있을지라도 집단치료에서 활성화된 즉시적인 자료에는 저항할 수가 없었다. 즉, 그의 비밀 많고 집적거리며 회피적인 행동은, 집단원들이, 아내가 집에서 하는 것처럼 반응하게 만드는 것이다.

비슷한 식으로, 베티("뚱뚱한 여인"에서) 역시 자기의 외로움이 유별나고 뿌리라고는 찾아볼 수 없는 캘리포니아 문화 탓으로 돌리는 한 치료는 효과적이지 않았다. 우리가 함께하는 시간 동안, 그녀의 냉담하고 부끄러움 타고 사람을 멀어지게 만드는 방식이 어떻게 치료에서도 똑같이 냉담한 분위기를 만들어 내는지 보여 주었을 때, 자신의 소외감을 만드는 데에는 자신에게 책임이 있다는 것을 탐색해 갈 수 있었다.

책임에 대한 가설이 내담자에게 변화를 일어나게 하는 시발점이 되기는 하지만, 그것이 변화와 동의어는 아니다. 치료자가 통찰을, 책임을, 그리고 자아실현을 아무리 촉진시켜도, 항상 진정한 목표 지점은 변화이다.

자유는 삶의 선택에 대한 책임을 감내하라고 요구하지만 덧붙여 변화에는 의지(will)가 또한 요구된다는 가설이 성립된다. 의지는 치료자가 별로 드러내 놓고 사용하는 개념은 아니지만, 알게 모르게 우리는 내담자의 의지에 영향을 주려고 노력을 많이 한다. 이해(understanding)는 변화를 가져올 것이라는 가설(그리고 그것은 확실한 경험적 지지도 별로 없이 세속적인 신념으로 비약된 것인데) 아래, 끊임없이 명료화하고 해석한다. 수년간의 해석이 변화를 일으키는 데 실패했을 때 우리는 의지에 직접 호소하게 된다. "노력(effort) 역시, 필요합니다. 노력해야 해요. 알잖아요. 생각하고 분석하는 시간도 있지만 행동하는 시간도 있습니다." 그리고 직접적인 설교가 실패할 때, 여러 증거들에서 볼 수 있는 것처럼, 치료자는 사람이 사람에게 영향을 줄 수 있다고 알려진 모든 수단을 동원한다. 내담자가 자기의 신경증적인 세계관에 지쳐서 절로 허물어지리라는 희망을 가지고서 충고하고, 논쟁하고, 조르고, 부추기고, 선동하고, 간청하고 혹은 단순히 참아 내고 하는지도 모른다.

우리의 자유가 일으키는 것은 행동의 원동력, 즉 의지를 갖게 하는 것이다. 나는 의지를 갖는 것은 두 단계를 거친다고 본다. 즉, 어떤 사람이 소망(wishing)함으로 시작이 되어 결정(deciding)을 통해 이루어지는 것이다.

어떤 사람은 소망이 차단되어 있는데, 그러한 이들은 자기가 무엇을 느끼는지 또 무엇을 원하는지도 모른다. 의견도 없고, 충동(impulse)도 없고, 기호(inclination)도 없이, 다른 사람들의 욕망에 기생한다. 그런 사람들과 있는 것은 지루하다. 베티는 자기 소망이 완전히 억압되어 있고 다른 이들은 그녀를 위해 소망과 상상력을 제공해 주기에 지쳤기 때문에 매우 지루하게 느껴졌었다.

어떤 내담자들은 결정을 할 수 없다. 자기가 무엇을 원하고 무엇을 해야 하는지 정확히 알면서도 행동할 수가 없고, 그 대신에 결정의 문 앞에서 서성거렸다. "뜯지 않은 세 통의 편지" 속에서 사울은 합리적인 사람이면 누구나 편지를 열리라는 것을 안다. 하지만 편지가 가져올 두려움이 그의 의지를 마비시킨 것이다. 델마("사랑의 처형자")도 자기의 사랑에 대한 강박관념이 자기 삶의 현실을 확 발가벗기리란 것을 알고 있었다. 그녀는 자기 말대로 자기가 8년 전의 삶을 살고 있다는 것을 알고 있었다. 그리고 이를 되찾는다는 것은, 자기의 정열적인 불꽃같은 사랑(infatuation)을 포기하는 것임도 알았다. 그러나 그녀는 그렇게 할 수, 아니 하지 않고서 그녀의 의지에 에너지를 주려는 나의 모든 노력에 거세게 저항하였다.

결정은 여러 가지 이유 때문에 어려운데, 때로 존재를 위협하는 접합부까지 맞닿아 존재를 위협하기 때문이다. 존 가드너(John Gardner)는 이를 그렌델(Grandel)이라는 소설에서 잘 표현하고 있다. 그는 삶의 미스터리에 관한 명상, 즉 아주 단순하지만 끔찍한 가설 두 가지를 현자(wise man)를 통해 이렇게 요약해 놓았다. "모든 것은 쇠락한다. 대안은 한 가지뿐이다(Things fade : alternatives exclude)." 첫 번째 것은 내가 이미 이야기한 바 있는 죽음이다. 두 번째 것, "대안은 한 가지뿐이다."라는 것 — 이는 결정이 왜 어려운지를 이해하게 해 주는 중요한 열쇠이다. 결정은 다양한 것을 통합해야 한다. 모든 '그렇다'에는 '아니다'가 포함되어 있는데, 하나의 결정은 다른 대안들을 배제 혹은 제거하는 것이다['결정하다'라는 뜻의 'decide'라는 단어의 어원은 살해(homicide) 혹은 자살(suicide)이라는 단어처럼, '살해(slay)'의 어원이 담겨 있다.]. 그러므로 델마는 연인과의 관계를 되살림으로써, 즉 결합을 통해 사라짐과 죽음의 전조를 제거하려 하며 영원에 집착하는 것이다.

실존적 소외(isolation)라는 또 하나의 명제는 자신과 타인 사이에 결코 연결될 수 없는 틈, 아주 만족스러운 깊은 인간관계를 맺고 있어도 존재할 수밖에 없는 간격(gap)을 설명하는 것이다. 인간이란 타인이라는 존재로부터 소외되어 있을 뿐 아니라, 인간 세상을 이루고 있는 세상으로부터 소외되어 있다. 이러한 소외는 대인 간(interpersonal) 그리고 개인 내(intrapersonal) 소외라는 다른 두 가지 형태의 소외와는 구분된다.

사람은 친밀한 사회적 상호작용을 가능케 하는 사회적 기술이 부족하거나 그러한 성격 특성을 가지고 있으면 대인 간 소외, 혹은 외로움(loneliness)을 경험한다. 개인 내 소외는, 어떤 사건의 기억과 정서가 분리되어 있을 때처럼 자아의 여러 부분이 분리되어 있을 때 일어난다. 가장 극단적이고 극적인 분리 형태인 다중인격(multiple personality)은 비교적 드물게 나타나기는 하지만(널리 인지되어 가는 추세이기는 하다.) 그것이 일어났을 때 마지("다중인격과의 조우"에서)의 치료에서 경험한 것처럼, 치료자는 어느 성격을 심각히 받아들여야 할지 당혹스러운 딜레마에 빠지게 된다.

실존적 소외에 대한 해결책은 없지만 어쨌든 잘못된 해결 방식은 없애야 한다. 소외로부터 도피하기 위한 노력은 다른 사람과의 관계를 태만하게 할 수 있기 때문이다. 우정이나 결혼이 실패하는 까닭은, 관계를 맺고 서로 돌보는 대신 한 사람이 상대방을 소외에 대한 방패막이로 이용하기 때문이다.

실존적 소외를 해결하기 위해 몇 가지 사례에서 일어났던 공통적이고 필사적인 시도는 혼합(fusion)인데 — 자신의 자아 경계를 엷어지게 하여 다른 이의 것에 녹아 버리는 것이었다. 혼합의 힘은 잠재의식 실험을 보면 아주 잘 설명될 수가 있는데 스크린에 "엄마와 나는 하나다."라는 메시지가 보았다는 것을 의식 못할 만큼 아주 잠깐 순간적으로 나타났다 사라졌을 때, 피험자들은 기분이 나아지고, 강해지고 보다 낙관적인 기분이 들었다고 보고하는 결과를 가져왔고 흡연이나 비만, 혹은 청소년의 행동장애 치료에(행동수정을 할 때) 다른 피험자보다 치료 반응이 좋았다는 결과가 나온 것이다.

인생의 가장 큰 역설(paradox) 중 하나는 자기인식(self-awareness)은 불안을 낳는다는 것이다. 혼합은 불안을 재빨리 일소하는데 — 바로 그 자기인식을 없애 버리는 것이다. 사랑에 빠진 사람은, 흡수되어 버리는 축복받은 상태에 들어가, 외로운 나(I)에 대한 의문이 (그리고 소외에 대한 늘상의 불안이) 녹아 없어져 버리기 때문에 자아 되돌아보기(self-reflective)를 하지 않는다. 그러므로 불안을 덮는 대가로 자신을 잃어버린다.

이것이 치료자들이, 사랑에 빠져 있는 내담자의 치료를 좋아하지 않는 정확한 이유이다. 치료적인 작업은 자기인식에 의문을 갖고, 내적 갈등을 일으키는 불안을 필요로 하기 때문에 사랑으로 인한 흡수(love-merger)와 치료는 양립할 수가 없는 것이다.

더구나 나에게는, 아마 대부분의 치료자가 그렇겠지만, 사랑에 빠져 있는 내담자와 관계를 맺기가 어렵다. "사랑의 처형자"에서 델마는 나와 관계를 맺으려 하지 않았는데 그녀의 모든 에너지가 사랑에 대한 강박관념에 완전히 소진되고 있었기 때문이다. 타인과 독점적으로 맺어져 있는 강력한 집념을 주의해야 하는데, 이는 종종 사람들 생각처럼 사랑의 순수함을 나타내는 증거가 아니다. 그러한 캡슐에 싸인 독점적 사랑은 — 타인들에게는 주지도 또 돌보지도 않는, 그 자체로 영양이 공급되는 — 동굴 속으로 스스로 들어가는 것이다. 사랑은 단지 두 사람 사이에 정열의 불꽃이 튀는 것이 아니다. 사랑에 빠지는 것과 발을 땅에 딛고 굳건히 사랑하는 것(standing in love) 사이에는 엄청난 차이가 있다. 사랑이란 '무엇엔가 빠지는 것(falling for)' 이 아니고 오히려 '누군가에게 주는(giving to)' 존재의 한 방식이며 오직 한 사람에게만 향하는 행동이 아니라 크게 관계 맺는 방법인 것이다.

우리가 둘이서 혹은 여러 사람과 함께하는 삶을 살려고 노력하더라도 때로, 특히 죽음이 다가올 때에는, 혼자 태어나 혼자 죽는다는 사실이 오싹하리만큼 너무나 분명하게 다가온다. 죽음이 임박한 내담자들에게 죽음이 가장 두려운 이유는 혼자 그것을 맞이해야 된다는 것이라는 이야기를 많이 듣는다. 그러나 죽음의 순간에도, 다른 이가 기꺼이 함께 있어 줄 때 소외는 극복된다. "너무 쉽게 오케이하지 말라"에서, "배에 혼자 타고 있다 하더라도 다른 배들의 불빛을 가까이 볼 수 있다는 건 한결 안심이 된다."는 이야기를 한 것이 그 예이다.

자, 이제 죽음이란 것이 불가피한 것이라면, 우리가 성취한 모든 것이, 실로 우리 태양계 전체가 언젠가 파괴되는 것이라면, 세상이 그 원리에 따르는 것이라면, 그래서 모든 것에 달리 방도가 없는 것이라면, 만약 인간이 세상과 그 세상 속에 존재할 인간을 스스로 디자인해 내는 것이라면, 그렇다면 인생에 무슨 의미가 있을까?

이러한 의문은 현대인을 괴롭히고, 삶이 무의미하고 목적 없는 것으로 느껴지는 많은 이들이 이러한 문제로 치료를 받으려 한다. 인간은 의미를 추구하는 피조물이다. 생물학적으로, 우리 신경계는 자동적으로 뇌에 입력되는 자극을 형태(configuration)로 묶어 조직화한다. 이때 의미라는 것은 일종의 전능감(mastery)을 준다. 패턴이 없이 무작위로 제시되는 사건 앞에서 무력하고 혼란스러운 느낌을 가질 때, 우리는 거기에서 질서를 찾고 그렇게 함으로써 통제가 가능하다는 기분을 갖게 된다. 그리고 보다 중요한 것은, 의미가 있다는 것은 가치가 있다는 뜻이고, 그리고 그 가치에 따라 행동의 규준을 마련하게 된다. 그리고는 왜(why)라는 의문(나는 왜 사는가?)에 대한 답으로 어떻게(how)라는 의문(나는 어떻게 사는가?)에 답이 생긴다.

열 가지 사례의 심리치료 이야기 중 인생의 의미에 대해 드러내 놓고 토론을 한 것은 거의 없다. 마치 기쁨을 찾을 때처럼 인생의 의미도 묵시적으로 탐색해 들어간다. 의미는 의미 있는 행위의 결과로 생겨나는 것이므로, 의도적으로 우리가 이를 찾으려 할수록 찾기 어려워진다. 그리고 의미에 대하여 던진 질문이 합리적인 척할수록 항상 답을 찾는데 오래 걸린다. 삶에서나 마찬가지로 치료에서도 의미를 찾는 것은, 몰두하여 열심히 살아가는 데서 오는 부산물이며 그것이 바로 치료자가 노력의 방향을 기울여야 하는 점이다. 왜냐하면 삶에 몰두함으로써 의미에 대한 의문에 합리적인 답을 얻을 수 있기 때문이 아니라 이들 의문이 문제가 되지 않기 때문이다.

이러한 실존의 딜레마 ― 우주 속에서 있지도 않은 의미와 확실성을 찾지만 그 어느 것도 우주 속에 있는 것이 아니다 ― 는 상담과 심리치료라는 전문 영역과 굉장히 깊은 관련성이 있다. 치료자들이 내담자들과 진솔한(authentic) 방식으로 관계를 맺는 한 매일 하고 있는 작업에서 상당히 불확실성(uncertainty)을 경험한다. 내담자가 직면한 대답 불가능한 질문을 치료자들도 하고 있을 뿐만 아니라 또한 "두 번의 미소"에서 내가 했던 것처럼, 다른 이의 경험이 궁극적으로는 타인이 알 수 없는 너무나도 개인적인 것이라는 것을 인지하기 때문이다.

실제로, 불확실성을 견디는 능력은 이 전문 영역에 필수적인 선행조건이다. 대중들은 치료자들이 예측 가능한 치료 단계를 거쳐 내담자를 체계적으로 그리고 확실하게 이미 알고 있는 목표로 이끌 것이라고 믿고 있지만, 이러한 일은 이 책의 사례들에 거의 없다. 대신에, 이들 이야기에서 볼 수 있듯이 갈팡질팡하고, 즉흥적으로 대처하고, 방향을 찾아 헤맨다. 학파의 이념과 견고한 치료적 체계를 가진다면 확실성을 얻을 수 있을 것이라는 생각은 매우 유혹적이다. 그러나 이러한 믿음은 효과적인 치료를 위해 필수적인 불확실하고 자발적인 만남(encounter)을 막아 버린다.

이 만남이란, 상담과 심리치료에 있어 아주 심장부인데, 한쪽이(항상은 아니지만, 일반적으로 내담자 쪽) 다른 쪽보다 더 고통을 겪고 있는 두 사람 간의, 관심 깊게 돌보는 인간적 만남이다. 치료자의 역할은 두 가지인데, 내담자의 삶을 관찰하면서 또 동시에 참여하는 것이다. 관찰자로서 치료자는 내담자에게 꼭 필요한 기초적인 지침을 제공할 수 있을 만큼 충분히 객관적이어야 한다. 참여자로서 치료자는 내담자의 삶 속으로 들어가 만남으로써 영향을 주고 때로는 변화를 불러일으켜야 한다.

내담자의 삶에 충분히 들어가기로 결정을 했을 때, 치료자인 나 역시, 내담자가 직면한 실존적 주제와 직면할 뿐 아니라 내담자에게 하는 것과 똑같은 탐색적 질문을 자신에게 하여 이를 검토할 준비가 되어 있어야 한다. 나는 아는 것이 모르는 것보다 낫고, 모험을 하지 않는 것보다는 하는 것이 나으며 마술(magic)과 착각(illusion)은 아무리 매혹적이라 하더라도, 결국 인간의 영혼을 약하게 만든다고 생각한다. "더 나은(the Better) 길이 있다면 이를 찾는 것은 최악(the Worst)을 충분히 보고 나서이다."라는 토머스 하디(Thomas Hardy)의 말을 심각하게 돌이켜 생각해 본다.

관찰자이며 참여자라는 이중의 역할은 많은 치료자에게, 그리고 이들 열 사례에서 나에게, 괴로운 질문들을 던져 준다. 예를 들면, 내게 자기 연애편지를 보관해 달라고 부탁하는 내담자에게, 내가 내 삶에서 회피하고 있는 바로 그 문제를 다루리라고 기대해도 되는가? 내가 나아간 것 이상으로 그가 나아가도록 돕는 것이 가능했을까? 죽어 가는 이에게, 미망인에게, 자식을 잃은 엄마에게, 그리고 불안에 가득 차 특별한 꿈을 꾸는 은퇴를 앞둔 이에게 혹독한 실존에 관한 질문 — 나도 답을 모르는 질문을 했어야 하나? 내가 유혹당하고 있다는 걸 알아차리게 된 분리된 두 구조의 성격을 가진 내담자에게, 나의 약점과 한계를 밝혔어야 했나? 외모가 내게 거부감을 주었던 뚱뚱한 여인과 내가 정직하고 관심 있는 관계를 형성할 수 있었던 것일까? 내가, 자기계몽(self-enlightenment)이라는 기치 아래, 늙은 여인의 비합리적이지만 지속적이고 안심을 주는 사랑의 허상을 벗겨 내야 했는가? 혹은 자기를 위해 바람직한 것을 할 수 없는 이, 세 통의 편지를 두려워서 열어 보지 못하는 남자에게 의지를 강요해야 했었나?

내담자와 치료자라는 말로 가득 찬 심리치료 이야기이지만 그 용어로 인하여 오해가 생기지 않았으면 한다. 이것들은 모든 여자 그리고 모든 남자의 이야기이다. 내담자라는 말은 도처에 존재하는 것으로서 그 용어의 기본 가정은 병리의 심각성보다는 아주 임의적인, 종종은 문화적·교육적·경제적 요소들에 의한 것이다. 내담자만큼이나 치료자도 이러한 실존적인 문제에 직면하기 때문에 과학적 방법에서 너무나 필수적이랄 수 있는 객관성 유지라는 직업적 자세는 부적절하다. 우리 상담자·심리치료자들은 단순히 연민만으로 이야기하거나 내담자에게 결연히 자기 문제와 싸우라고 권고할 수는 없는 것이다. 그들에게 당신의, 그리고 당신만의 문제라고 이야기할 수는 없다. 대신에, 우리는 우리 그리고 우리들의 문제라고 말해야 하는 것이며 우리의 삶, 우리의 실존은 죽음과 상실로 이어지는 사랑, 두려움으로 이어지는 자유, 그리고 성장으로 인하여 분리되는 것이기 때문이다. 우리 모두는 이 점에 있어서 모두 함께인 인간인 것이다.

사랑의 처형자

LOVE'S EXECUTIONER

사랑의 처형자

・・・ 나는 사랑에 빠져 있는 내담자와 작업하는 것을 좋아하지 않는다. 이는 어쩌면 나 역시 매력적이고 싶은 부러움 때문일 것이다. 혹은 사랑과 심리치료가 근본적으로 양립할 수 없는 것이기 때문일 수도 있다. 좋은 치료자는 어둠과 싸워 불빛을 찾는 것인데, 낭만적인 사랑은 신비로워야 지속되고 그 사랑을 자세히 해부해 살펴보면 신기루가 되어 날아가 버린다. 나는 사랑의 처형자가 되기 싫다.

그런데 델마는 첫 면접, 첫 몇 마디째부터 절망적이고 비극적인 사랑에 빠져 있다고 말했음에도 불구하고, 나는 한순간도 주저함이 없이 내담자로 받기로 결정하였다. 첫눈에도 노쇠하여 턱이 약간 떨리고, 바랜 듯 숱도 없는 누런 부스스한 머리카락과 여위어 퍼렇게 심줄이 튀어나온 손을 가진 주름살투성이의 70세 노인인 그녀가 이루어질 수 없는 사랑에 빠진 것이 실수였다는 이야기를 이해할 수 있었다. 어떻게 사랑이 그렇게 쓰러질 듯 약한, 싸구려 운동복을 입고 있는 그 늙은 육체에 둥지를 틀고 황폐하게 만들 수 있단 말인가? 사랑의 행복이 가진 향기는 도대체 어디에 있단 말인가?

사랑이 항상 고통과 어우러져 있었기 때문이 아니라 델마의 고통은 사랑과 고통 사이에 전혀 균형을 이루지 못하고 있기 때문에, 그녀의 사랑이란 것에는 기쁨이 전혀 없고 오로지 삶을 고문만 하는 것이었기 때문에 나는 놀라고 있었다.

그래서 나는 치료하기로 동의하였는데 사랑 때문이 아니라 드물게 나타나는 현상이지만 사랑으로 인하여 그녀가 고통을 받고 있었기 때문이었다. 나는 그런 그녀를 도울 수 있다고 믿었을 뿐 아니라 사랑이라는 허울을 쓰고 있는 사랑의 깊은 신비를 밝혀낼 수 있는 계기가 될 수 있으리라는 생각에 흥미를 느끼기도 했다.

델마는 첫 만남 때 내게서 좀 떨어져 앉았고 경직되어 보였다. 내가 대기실에서 반기며 미소를 지었을 때 미소로 답례하지 않았고, 홀을 지나 방으로 안내할 때에는 한두 발쯤 떨어져서 뒤따라왔다. 일단 우리가 방으로 들어서자 그녀는 주변을 둘러보지 않고 즉시 앉았다. 그러고 나서 내가 말을 건네기를 기다리지 않고 낡은 운동복 위에 걸친 두꺼운 재킷의 단추도 풀지 않은 채 짧게 깊은 숨을 내쉬며 이렇게 시작하였다.

"8년 전 나는 치료자와 사랑에 빠졌습니다. 그 이후로 그가 내 마음에서 한 번도 떠난 적이 없습니다. 나는 한 번 자살을 시도한 적이 있고 죽을 뻔하다 살아났지만, 다음번에는 틀림없이 성공할 거라고 믿습니다. 당신은 나의 마지막 희망입니다."

나는 항상 첫마디를 주의 깊게 듣는다. 신기하게도 첫마디는 대개 내 담자와 내가 맺을 수 있는 관계 양식을 나타내는 전조가 된다. 말을 통해서 다른 사람의 삶 속으로 들어갈 수가 있다고 믿고 있지만 델마의 어조에서 오는 메시지는 결코 가까이 오지 말라고 하는 것이었다.

그러면서 그녀는 계속했다. "만약 나를 믿기 어렵다면 아마 이것들이 도움이 될 겁니다!"

그녀는 손을 뻗어 색 바랜 붉은 지갑에서 낡은 사진 두 장을 건네주었다. 첫 번째 사진은 몸에 착 달라붙는 단정한 까만 발레복을 입은 젊고 아름다운 무희의 사진이었다. 그 무희의 얼굴을 들여다보며 그 속에서 나를 바라보고 있는 수십 년 전의 델마의 커다란 눈을 발견하고 나는 매우 놀랐다.

내가 두 번째 사진, 멋지게 생겼지만 조금 둔해 보이는 60세가량의 여인이 있는 사진으로 넘어가려는 것을 보고 델마는 "그 사진이 약 8년 전에 찍은 겁니다. 보시다시피," 그녀는 손가락을 빗질하지 않은 머리로 가져가며 "나는 더 이상 외모를 가꾸지 않아요." 하고 알려 주었다.

이 늙고 초라한 여인이 치료자와 연애를 했다는 것을 상상하기는 어려웠지만 믿을 수 없다고 이야기하지는 않았다. 사실상 나는 아무 말도 하지 않고 있었다. 객관성을 확실하게 유지하려고 애를 썼지만 눈빛 같은, 믿을 수 없다는 듯한 아주 작은 단서로 나타나는 불신의 증거를 그녀는 알아챘음에 틀림없다. 나는 자기를 믿지 않는다는 그녀의 비난에 이의를 제기하지 않기로 마음먹었다. 예의상으로라도 못 믿는 게 아니라고 말할 시기도 아니었고, 상사병에 시달리는 봉두난발 70세 여인의 생각 속에는 상황과 일치하지 않는 뭔가가 분명 있다는 생각이 들었기 때문이다. 그녀도 그것을 알고 있고 나도 그것을 알고 있고 내가 그것을 알고 있다는 것을 그녀도 알고 있다.

나는 곧 그녀가 지난 20년간 만성적인 우울증으로 계속 정신과 치료를 받았음을 알게 되었다. 대부분 그녀는 지역 의료센터에서 수련 중인 여러 치료자들에게 치료를 받아 왔다.

약 11년 전 젊고 잘생긴 심리치료 수련 중인 상담전문가 매튜에게 치료를 받기 시작하여 그 치료센터에서 8개월간 그를 매주 만났으며 다음 한 해에는 그가 개업한 사설 진료소로 가서 치료를 계속하였다. 그다음 해에 매튜는 주립병원에 전임 지위를 얻어 사설 진료소에서 치료를 하던 모든 환자와 치료를 종결해야 했다.

델마가 그와 이별하는 것은 무척 슬픈 일이었다. 그는 그때까지 자기가 만났던 치료자 중 최고였고 그를 점차 좋아하게 되었는데, 그것도 아주 많이 좋아하게 되어 그에게 치료받던 20개월간 일주일 내내 치료 시간만을 기다리곤 하였던 것이다. 이전에는 어느 누구와도 그녀가 그렇게 완전히 마음을 열었던 적이 없었다. 이전에는 어떤 치료자도 그녀에게 그렇게 완전히 솔직하고 직접적이며 부드러웠던 적이 없었다.

델마는 몇 분간 매튜에 대하여 열광적으로 이야기하였다. "그는 아주 많이 보살펴 주는, 사랑이 많은 사람이었지요. 내게 따뜻이 대해 주고 나를 편안하게 해 주려는 다른 치료자들도 만나 본 적이 있지만 하여간 매튜는 달랐어요. 그는 **정말로** 관심을 기울이고 **정말로** 나를 수용해 주었지요. 내가 무엇을 하든, 내가 어떤 불쾌한 생각을 하든 나는 그가 수용해 주리란 걸 알았고 그리고 더구나 — 그 단어가 뭐였지? — 나에게 확신을, 아니 내가 그렇게 하는 것이 **타당**하다고 느끼게 했지요. 그는 치료자들이 통상적으로 하듯이 나를 도와주었지만 훨씬 더 많이 도와주었어요."

"예를 들면요?"

"그는 나에게 인생의 영적인, 종교적인 차원을 생각해 볼 수 있도록 소개해 주었어요. 그는 모든 생명에 관심을 갖도록 가르쳐 주었지요. 내가 이 지구 상에 존재하는 이유를 생각해 보도록 가르쳐 주었고요. 그러나 자기 머리를 구름 속에 숨기고 있지는 않았지요. 그는 여기서 나와 함께 있었어요."

델마는 무척 생기 있게 말하며 땅을 가리키기도 하고 구름을 가리키기도 했으나 딱 잘라 말했다. 나는 그녀가 매튜 이야기를 하는 것을 좋아한다는 것을 알 수 있었다. "나는 그가 나로 하여금 얽히게 만드는 방식을 사랑했어요. 내가 아무것도 하지 않은 채 달아날 수는 없게 했지요. 항상 나로 하여금 빌어먹을 나의 오랜 버릇을 생각하고야 말게 했어요."

이 단계는 나를 의아하게 만들었다. 이것은 그녀가 표현한 다른 부분과 맞아떨어지지 않는 것이다. 그러나 그녀는 매우 신중하게 용어를 선택하였는데 그것들은 세련된 기법의 예로 사용했던 매튜의 표현일 것이라고 나는 추측했다! 그에 대한 나의 부정적인 감정은 점차 커져 갔지만 나는 그것을 혼자 간직하고 있었다. 델마의 이야기는 매튜에 대한 어떤 비판에 대해서도 이해심 있게 들어주지 않으리라는 것을 나에게 말해 주고 있었다.

매튜 이후, 델마는 다른 치료자들과 치료를 시작하였지만 어느 누구도 매튜가 했던 것처럼 그녀에게 다가가 자신의 삶을 가치 있게 여기도록 도울 수가 없었다.

그러고는 그들의 마지막 만남 후, 1년 만에 어느 토요일 오후 늦게 샌프란시스코 유니온 광장에서 그를 우연히 보고 그에게로 달려가면서 그녀가 얼마나 기뻤을지 상상해 보라. 그들은 쉬지 않고 떠들며 오가는 상인들을 피해 성 프란시스 호텔의 카페에서 커피를 함께 마셨다. 할 얘기가 너무나 많았고 매튜도 델마가 지난 1년 어떻게 지냈는지 알고 싶은 것이 너무 많았기 때문에 커피 마시던 시간이 저녁 시간까지 이어져 갔다. 그래서 그들은 게요리를 먹으러 피셔맨스 월프(샌프란시스코의 유명한 어류 거리)에 있는 스코마란 음식점까지 걸었다.

여기까지는 어느 정도, 마치 그들이 이전에도 수도 없이 함께 식사를 하였던 것처럼 매우 자연스러운 듯이 보인다. 사실상 그들은 치료자와 내담자의 공식적인 경계를 결코 넘지 않는 엄격한 전문적 관계를 가져 왔었다. 그들은 더도 덜도 아닌 정확히 딱 50분간을 매주 만나 아는 사이였던 것이다.

그러나 지금도 이해할 수 있는 것은 아니지만 그날 저녁, 어쨌든 델마와 매튜는 일상 현실이라는 바깥세상으로 나왔다. 둘 다 시간을 보지 않았고 개인적인 이야기를 하거나 커피를 함께 마시고 저녁을 함께하는 것이 전혀 이상한 일이 아닌 듯 암암리에 공모를 하였다. 그의 접힌 셔츠 깃을 펴 주고 재킷에 붙은 보푸라기를 털어 주며 놉힐을 올라갈 때 그의 팔짱을 끼는 것이 그녀에게는 아주 자연스럽게 느껴졌다. 매튜는 헤이트에 있는 자기의 집에 사들여 놓은 새 이불 이야기를 하는 것이 매우 자연스러웠고 델마는 그것이 보고 싶어 죽을 지경인 것이 너무나 자연스럽게 느껴졌다. 남편이 지금 다른 도시에 가 있다고 델마가 말했을 때 그들은 낄낄거렸다. 그녀의 남편 해리는 보이스카우트의 고문이었는데 그 주 저녁마다 미국 어딘가에서 보이스카우트의 역할에 대해 연설을 하고 있었다. 이미 매튜는 그녀 자신에 대해 다 알고 있기 때문에 더 이상 설명할 것이 아무것도 없었으며, 매튜도 변한 것이 없어서 델마는 기뻤다.

"그날 저녁에 일어났던 다른 일은 별로 기억이 나지 않아요. 어떻게 일이 벌어졌는지, 누가 먼저 신체 접촉을 시도했는지, 어떻게 우리가 함께 잠자리를 하기로 결정을 했는지 등등은요. 우린 사실 아무 결정도 하지 않았지요. 모든 일이 그저 아무런 노력 없이 저절로 일어났어요. 내가 가장 선명하게 기억할 수 있는 것은 매튜의 팔에 안겨 누워 있는 것이 황홀했다는 것 ─ 내 인생 최고의 순간이었다는 것이에요.”

“그다음에 일어난 일에 대해 얘기해 주세요.”

“그 이후 27일간은, 그러니까 6월 19일부터 7월 16일까지는 마치 마법에 걸린 것 같았지요. 우리는 하루에도 몇 번씩 전화를 하고 열네 번을 만났어요. 나는 붕 떠서 하늘을 날고 춤을 추는 것 같은 기분이었어요.”

델마의 음성은 이제 약간 경쾌하게 들렸고, 8년 전 과거의 멜로디에 리듬을 맞춰 고갯짓을 하고 있었다. 그녀는 거의 눈을 감고 있었으며 오로지 나의 인내심만을 시험하는 듯이 느껴졌다. 나는 보이지 않는 느낌을 좋아하지 않는다.

“그것이 내 인생의 절정이었지요. 그 이전에도 그 이후에도 그렇게 행복해 본 적이 없어요. 그 후로는 어떤 일이 일어나도 그때 그가 내게 준 것을 지워 버릴 수가 없었지요.”

“그 이후로는 어떤 일들이 일어났습니까?”

“내가 그를 마지막으로 본 것은 7월 16일 밤 12시 30분이었습니다. 그리고 이틀 동안 그와 전화 통화조차 할 수 없었기 때문에 저는 그의 사무실로 예고도 없이 찾아갔지요. 그는 샌드위치를 먹고 있었는데 치료 집단을 시작할 때까지 약 20분 정도 시간이 있었어요. 나는 그에게 왜 내 전화를 받고도 전화를 하지 않았는지에 대해 물었지요. 그는 간단하게, ‘그건 옳지 않아요. 우리 둘 다 그걸 알고 있잖아요.’라고 말했어요.” 그녀는 잠시 멈추고는 조용히 눈물을 흘렸다.

‘그것이 옳지 않다는 것을 발견하다니 대단하군.’이라고 나는 생각했다. “계속하실 수 있겠어요?”

“저는 그에게 물었지요. ‘만약 내년, 아니 5년쯤 후에 당신에게 전화한다면…? 당신은 나를 만나 줄 건지? 우리가 골든게이트 브리지를 또 다시 함께 거닐며 건널 수 있을지? 당신을 포옹하는 것이 허락될지? 매튜는 내 손을 가만히 잡아 자기 무릎 쪽으로 끌어당겨 몇 분간 나를 꼭 안아 주는 것으로 내 질문에 대한 답을 했어요."

"그 후로 저는 수도 없이 그에게 전화를 해서 자동응답기에 메시지를 남기곤 했습니다. 처음에는 몇 번 제게 응답 전화를 했지만 그 후로는 전혀 그의 목소리를 들을 수 없었어요. 그가 완전히 끊어 버린 것이지요. 완전한 침묵으로."

넬마는 몸을 돌려 창밖을 내다보았다. 그녀 목소리에 배어나던 쾌활함은 사라져 버렸다. 씁쓸하고 비참한 목소리로 좀 더 조심스럽게 말하고 있었지만 눈물을 보이지는 않았다. 눈물이 나기보다는 심장이 찢어지는 듯 도려내는 아픔 쪽에 더 가깝다고 생각되었다. "저는 그 이유 — 왜 그렇게 끝나 버렸는지 이유를 알 수가 없어요. 마지막으로 우리가 이야기를 나누었을 때 그는 우리가 현실로 돌아가야 한다고 말을 했고 그러고 나서 그가 새로운 사람에게 열중하게 되었다고 덧붙였어요." 나는 말은 안 했지만 매튜의 삶과 연루된 사람은 또 다른 내담자일 것이라는 의심이 들었다.

넬마에게는 그 새로운 사람이 남자인지 여자인지 확실하지 않았다. 그녀는 매튜가 동성애자일 것이라고 의심을 했는데 그가 사는 지역이 샌프란시스코에서 동성애자들이 모여 사는 곳 중의 하나이고, 턱수염을 잘 빗어 내리고 곱상한 얼굴에 머큐리 자동차처럼 잘 빠진 몸매 등, 많은 동성애자들이 그렇듯 그가 아름다웠기 때문이다. 이러한 가능성은 몇 년이 지난 후, 다른 지역에서 손님이 와서 관광을 시켜 주다가 카스트로 거리에 있는 게이바에 조심스럽게 들어갔을 때, 바에 15명의 매튜 — 호리호리하고 매력적이며, 턱수염을 잘 빗어 내린 15명의 젊은이가 앉아 있는 것을 보고 놀라고는 그러한 가능성을 생각해 보게 되었다고 하였다.

갑작스럽게 매튜로부터 관계 단절을 당한 것도 비참하였지만 게다가 이유조차 모른다는 것은 견딜 수가 없는 것이었다. 델마는 그에 대한 지속적 환상 없이는 시간을 보낼 수가 없는 사람처럼 끊임없이 그에 대해 생각하였다. 그녀는 왜?라는 생각에 강박적으로 매달렸다. 왜 나를 거부하고 버렸을까? 왜 하필 그때부터였을까? 왜 그는 나를 만나지도 않고 전화 통화조차 하지 않으려 할까?

델마는 매튜와 어떻게든 접촉해 보려는 시도가 모두 실패하자 점점 의기소침해졌다. 하루 종일 집에서 창밖만 응시하였고, 잠을 잘 수도 없었으며, 몸놀림이나 말도 느려졌고 어떤 활동에도 열정을 가질 수 없었다. 그녀는 먹지도 않았고 우울증은 심리치료나 항우울제로 다스릴 수 없는 수준까지 깊어져 갔다. 3명의 의사에게 불면증을 호소하며 수면제를 처방받아 치명적일 수 있을 정도의 분량을 곧 모았다. 매튜와 유니온 광장서 우연히 만난 지 정확히 6개월 후, 그녀는 잠시 출장 가 있는 남편 해리가 동부 해안서 잘 자라는 전화를 할 때까지 기다려 그에게 안녕이라는 이별의 말을 남겨 두고 전화코드를 뽑고는, 모았던 약을 다 삼키고 잠자리에 들었다.

해리는 그날 밤 잠이 잘 오지 않아서 델마에게 다시 전화를 걸었으나 통화 중 신호음만 계속 들려 점점 걱정이 되었다. 그는 이웃에게 전화를 하였고, 이웃 사람이 문과 창문을 마구 두드려 델마를 불러 봤으나 허사였다. 그들은 경찰에 신고해서 문을 뜯고 들어가 거의 죽어 가는 그녀를 발견했다.

델마는 정말 놀라운 의학적 노력으로 목숨을 겨우 건졌다. 그녀가 의식을 회복했을 때 처음으로 한 전화는 매튜의 자동응답기에였다. 그녀는 그들 사이의 비밀을 지키겠노라고 그에게 안심을 시켜 주면서 제발 병원에 한번 와 달라고 간청하였다. 매튜는 결국 병원을 방문하였지만 딱 15분간 머물렀는데 델마는 그가 오지 않느니만 못했다고 말했다. 그녀가 암시적으로 말하는 27일간의 사랑에 대하여 언급을 회피하면서 공식적이고 전문적인 자세를 견지하였다는 것이다. 그가 딱 한 번 치료자 역할에서 벗어났었는데, 그것은 델마가 새로운 사람과의 관계가 어떻게 되어 가느냐고 물었을 때, 매튜가 가로채며 "그건 당신이 알 필요 없잖아요!"라고 한 것이다.

"그것이 다입니다!" 델마는 처음으로 얼굴을 똑바로 내 쪽으로 향하며 체념한 듯한 힘없는 목소리로, "그 후로는 그를 본 적이 없어요. 나는 그의 생일, 6월 19일(처음 데이트한 날), 7월 16일(마지막 데이트 날), 성탄절, 그리고 새해 첫날 같은 중요한 날에만 그의 응답기에 메시지를 남겼습니다. 내가 치료자를 바꿀 때는 언제나 그에게 전화하여 알렸지만 그는 내게 전화를 하지 않았어요."라고 덧붙였다.

"8년 동안 나는 그에 대한 생각을 잠시도 멈출 수가 없었습니다. 아침 7시면 그가 일어났을까 궁금해하고, 8시면 그가 오트밀(그는 오트밀을 아주 좋아한답니다. 네브라스카 주에 있는 농장에서 자랐거든요.)을 먹고 있는 상상을 합니다. 길을 걸을 때면 어느새 그를 찾고 있어요. 때로는 그를 봤다고 착각하고 처음 보는 낯선 사람에게 달려가 인사를 한 적도 있습니다. 그의 꿈을 꾸고요. 그 27일간 우리가 함께했던 장면들을 머릿속으로 되풀이하곤 하지요. 사실 내 생활의 대부분은 그 백일몽 속에서 지나가죠. 그래서 현재 내게 일어나고 있는 일에 거의 관심을 기울이지 못합니다."

나의 삶은 8년 전을 살고 있다. 주의를 기울여야 할 문장이다. 나는 그것을 나중에 활용할 수 있게 기억해 두었다.

"자살 시도를 한 이후 지난 8년간 받았던 치료에 대해서 이야기해 주세요."

"그 시기에 저는 치료자 없이는 살 수 없었지만 그들은 항우울제를 많이 줘서 잠을 잘 수 있게 해 주는 것 외엔 큰 도움이 안 되었어요. 그 외에 다른 치료가 계속된 건 없었지요. 말로 상담하는 것은 별로 도움이 안 되었습니다. 내가 매튜를 보호하기 위해서 그의 이야기나 그와 있었던 사랑에 관해서는 치료자에게 이야기하지 않았기 때문에 치료 기회를 갖지 않은 것이라고 말씀하실지도 모른다는 추측이 드네요."

"그러니까 치료를 받는 8년 동안 매튜에 관한 이야기를 전혀 하지 않았다고요?"

형편없는 기법이다! 초보자가 하는 실수 — 그렇지만 나는 놀라움을 감출 수가 없었다. 내가 수십 년 동안 생각해 보지 않았던 장면이 떠올랐다. 의과 대학에서 면담 기법 수업을 하던 학생 때였다. 의도는 좋지만 우쭐거리고 둔감한 한 학생(다행히도, 후에 그는 정신과가 아닌 정형외과 의사가 되었다.)이 대개는 마지막 말을 그대로 반복하는 것이었지만 로저스식 기법을 사용하려는 시도로 환자의 이야기를 그대로 반복하며 다른 학생들 앞에서 면담 실습을 하고 있었다. 환자는 폭군 같은 아버지의 무시무시한 행동들을 일일이 열거하고는, "그리고 그는 날고기로 햄버거를 (익히지 않고) 먹어요!"라는 말로 이야기를 맺었다. 중립성을 유지하려고 애쓰며 면담을 하던 실습 학생은 더 이상 격분한 마음을 감출 수가 없었고 "익히지도 않은 날고기 햄버거?"라고 소 울음 같은 소리를 냈다. 그 후 '익히지 않은 날고기 햄버거'라는 말은 강의 시간에 종종 속닥거리는 유행어가 되었다.

　나는 물론, 이 몽상을 내 안에 둔 채 "그러나 오늘 당신이 내게는 솔직하게 이야기하는데 그렇게 결정한 것에 대해 이야기를 해 주세요."

　"당신에 대해 검토했지요. 이전의 치료자들 5명에게 전화를 해서 내가 마지막으로 치료 기회를 가지려 한다고 이야기하고 내가 어떤 치료자를 만나야 할지를 물어보았어요. 그들이 열거한 이름 중에서 당신 이름이 네 번 나왔고 ─ 그들이 말하기를, 당신은 '마지막 보루'가 될 좋은 치료자라고 하더군요. 그것이 당신에게 호감이 갔던 한 가지입니다. 하지만 그들이 당신 제자들이라는 것 또한 알고 있었기 때문에 조금 더 당신에 대해 검토해 보았어요. 도서관에 가서 당신 저서들 중 한 권을 검토해 봤어요. 거기서 두 가지에 감명을 받았는데 한 가지는 당신이 쓴 것을 내가 이해할 수 있었기 때문에 당신이 분명하게 표현한다는 것이었어요. 그리고 또 한 가지는 당신이 죽음에 대해 기꺼이 내놓고 이야기한다는 점이었어요. 그래서 난 당신에게 내가 스스로 죽어 가게 하고 있는 것이 거의 확실하다는 것을 터놓고 이야기하기로 했지요. 나는 티끌만큼이라도 좋으니 행복하게 살 수 있는 방법이 있는지를 치료에서 찾아보려고 마지막으로 여기에 왔습니다. 그렇지 않다면 당신이 내가 죽는 것을, 그리고 가능하면 내 가족들이 가장 고통을 적게 느낄 방법을 찾을 수 있도록 도와주었으면 하는 바람을 가지고 있어요."

　나는 우리가 함께 작업을 할 수 있을 것 같은 생각이 든다고 말하고 그렇지만 이러한 생각을 좀 더 검토해 보고 그녀도 또한 나와 작업을 할 수 있을지 가늠해 볼 시간을 한 번 더 가지면 어떻겠냐고 제안하였다. 델마가 시계를 보며 "50분이 다 되었군요. 별 일이 없는 한, 나는 너무 치료 시간을 오래 가져서 미움받지 않도록 하라고 배웠어요."라고 말했을 때는 내가 조금 더 이야기하려 했을 때였다.

델마가 일어나서 내 비서와 다음 시간을 약속하겠다고 말하며 나갈 때 나는 별로 냉소적이지 않으면서도 잘난 체하지도 않는 이 마지막 말의 의미를 깊이 생각하고 있었다.

이 회기 후 나는 많은 생각을 했다. 첫째, 매튜라는 인물이다. 그는 나를 무척 화나게 했다. 나는 치료자들이 성적으로 이용하여 아주 타격을 크게 입은 환자들을 너무나 많이 보아 왔다. 그런 행각은 항상 내담자에게 손상을 입힌다.

치료자들은 아주 다양하고 교묘하게 변명하며 자기기만에만 기여하는 합리화를 한다. 이를테면 치료자가 수용적으로 내담자의 성욕(sexuality)을 긍정하게 해 주었다는 것이다. 그런데 성적 긍정을 필요로 하는 내담자는 수없이 많다. 이를테면 전혀 매력이 없는 사람, 극단적으로 비만한 사람, 수술 자국으로 흉한 모습이 된 사람 등—하지만 그들에게서는 한 사람도 치료자들에게 성적으로 긍정을 받았다는 이야기를 들어 본 적이 없다. 오로지 매력적인 여성만이 성적 긍정을 받을 사람으로 선택받는다. 궁극적으로 성적 긍정을 필요로 한 사람은, 물론 바로 그 일을 범한 치료자이며 자기 삶에서 이를 얻을 자원이 부족하거나 자원이 없는 사람이다.

그러나 매튜는 어딘가 수수께끼 같은 인물이다. 그가 델마를 유혹했을 때(혹은 그녀로 하여금 유혹하도록 허용했을 때—이 둘은 같은 것이다.), 그는 대학원을 갓 졸업했으니까 20대 후반이거나 30대 초반이었을 것이다. 그런데 왜? 왜 그런 매력적이고 높은 성취욕을 가진 젊은이가 활기 없고 몇 년 동안이나 우울에 빠진 62세 고령의 여성을 선택했을까? 나는 그가 동성애자일 것이라는 델마의 견해에 대하여 생각했다. 아마도 가장 합리적인 가설은 매튜가 자신의 심리성적 문제와 싸우고(혹은 드러내고) 있고 그것에 자기 내담자를 이용하고 있다는 것이다.

이것이 우리가 훈련 중인 수련생들에게 지속적으로 개인치료를 받도록 권하는 이유이다. 그러나 오늘날, 짧은 훈련 과정과 부족한 교육지도(슈퍼비전), 느슨한 훈련 기준과 자격 요건, 그리고 종종 치료자들이 거부했기 때문에 부족할 수밖에 없는 자기인식으로 인해 많은 환자들이 고통을 받게 되는 것이다. 나는 무책임한 전문가들에게 별로 동정심을 느끼지 않고 있고 또한 환자들을 성적으로 범한 치료자들을 윤리위원회에 고발하도록 권고해 왔다. 잠시, 매튜가 규정을 어겼다면 매튜 문제를 어떻게 처리해야 할까 하는 생각에 잠겼다. 여전히, 나는 그가 자기가 준 상처에 대하여 알기를 원했다.

매튜의 동기가 뭐였을까에 대한 의문은 미뤄 두고 우선은 다시 델마에게 집중하였다. 그러나 그 당시 나는 이 치료가 대단원에 이르기 전에 몇 번이나 이 의문과 싸우게 될 것이며, 델마 사례의 모든 수수께끼 중에서 다 풀어야 될 것이 매튜라는 수수께끼일 줄은 전혀 예측할 수 없었다.

나는 아무 실질적 강화도 받지 못하면서 그녀를 8년간이나 사로잡은 사랑에 대한 강박관념의 끈실김에 충격을 받았다. 그 강박관념이 그녀 인생이라는 공간을 완전히 채워 버렸다. 자기는 8년 전을 살고 있다는 그녀의 말이 옳았다. 그 강박관념이 그녀 존재의 피폐함으로부터 부분적으로 힘을 제공해 주고 있음에 틀림없다. 나는 우선 그녀 삶의 다른 영역을 풍성하게 하도록 돕지 않고서 그 강박관념을 그녀와 분리시키는 것이 과연 가능할지 의심스러웠다.

나는 그녀의 일상생활에서 친밀감이 어느 정도일지 궁금했다. 이제까지 그녀가 자기의 결혼 생활에 대해 이야기한 바에 따르면 남편과의 사이가 친밀하지 않다는 것은 분명했다. 강박관념은 아마도 그녀에게—그녀를 다른 이와 결속시켜 주는—친밀감을 살아 있는 진짜 사람이 아니라 환상 속에서 다른 사람과 결속시켜 주는 기능을 하고 있을 것이다.

내가 최선으로 희망하는 것은 우리 둘 사이에 친밀하고 의미 있는 관계가 이루어져서 우리 관계를 그녀의 강박관념을 녹이는 용해제로 활용하는 것이다. 그렇지만 그것이 쉽지는 않을 것이다. 심리치료에 대한 그녀의 평가는 냉정했다. 8년간이나 치료를 받으면서 진짜 문제에 대해서는 이야기를 안 했다는 것을 생각해 보라! 굉장한 표리부동을 견뎌 내는 사람, 친밀감을 환상 속에서만 가지며 실제 삶에서는 피하는, 특별한 유형의 사람임을 말해 준다.

다음 회기에 델마는 끔찍한 한 주였다고 말하며 시작을 하였다. 항상 자기에게 치료는 모순이라고 하였다. "내가 치료에 나타나야 한다는 건 알지요. 난 치료 없이는 어떻게 할 수가 없거든요. 그런데 어떤 일이 일어났는지에 대해 말할 때마다 매번 비참한 한 주였다고 합니다. 치료 시간엔 항상 휘저어질 뿐이지요. 치료 시간을 통해서 어느 것도 해결이 된 적이 없고 항상 모든 걸 더 나빠지게만 만들어요."

난 그런 소리를 듣는 것이 좋지 않다. 들어오며 그렇게 예고편을 터트리는데 매력이 생길 수 있나? 델마가 궁극적으로 왜 치료를 그만두었는가를 얘기하고 있는 것인가?

"이번 주는 내내 울며 지냈어요. 매튜 생각이 끊임없이 떠올랐지요. 해리와 이야기조차 할 수 없었어요. 왜냐하면 내게는 단 두 가지, 매튜와 자살밖에 머리에 떠오르질 않았고 두 주제가 다 끝이 없었으니까요."

"나는 절대, 절대로 남편에게 매튜 이야기를 하지 않을 거예요. 몇 년 전에 우연히 매튜를 보았다고 그에게 이야기한 적이 있었지요. 내가 너무 많이 얘기했던 것임에 틀림이 없어요. 왜냐하면 내가 자살 시도를 한데에는 매튜가 어떤 식으로든 책임이 있다고 믿는다고 나중에 해리가 말을 했었거든요. 만약 그 사실을 알게 되면, 정말 그가 매튜를 죽일 거예요. 해리는 생각하는 것이 보이스카우트뿐이니까 보이스카우트 정신으로 가득 차 있는 것처럼 보이지만, 밑바닥을 보면 난폭한 인물이에요. 그는 2차 대전 때 영국 육군의 특별공격대 장교였는데 맨손으로 살인하는 법을 가르치던 전문가였어요."

"해리에 대해서 좀 더 이야기해 주세요." 나는 해리가 어떤 일이 일어났는지를 안다면 매튜를 죽일 것이라고 말할 때 그녀 목소리가 격해진 데에 놀랐다.

"내가 해리를 만난 것은 유럽 대륙서 무용수로 춤을 추던 30대 때였어요. 성생활과 춤추기라는 두 가지만을 위해 살았죠. 아이를 갖기 위해 무용수 생활을 그만두라는 것을 거부했었지만, 엄지발가락에 응혈이 생겨서 31년 전에 그만둘 수밖에 없었어요. 발레리나에게는 치명적인 질병이죠. 사랑에 대해서 말하자면, 젊었을 때는 내게 연인이 아주 많았어요. 사진으로 저를 보셨잖아요. 솔직히 말해서 제가 아름답지 않았나요?" 그녀는 내 대답을 기다리지 않고 계속했다. "그러나 일단 해리와 결혼하자 사랑은 끝이 났어요. 나를 사랑할 만큼 용감한 사람이 전혀 없는 것은 아니었지만 별로 없었어요. 모두 해리를 두려워했지요. 그리고 해리는 20년 전에 섹스를 포기했어요. 그는 포기를 잘하지요. 지금 우리는 거의 서로 손을 대지도 않는데 거기에는 그의 잘못만큼이나 내 잘못도 있어요."

나는 해리가 포기를 잘한다는 것에 대해 물으려 했으나 델마가 쉬지 않고 계속했다. 그녀는 이야기를 하고 있으나 아직도 나에게 이야기를 하고 있는 것 같지 않았다. 나에게서 반응을 바란다는 증거를 전혀 포착할 수 없었다. 그녀는 눈길을 돌리고 있었다. 대개 그녀는 위를 쳐다보고 있었는데 마치 기억 속에서 길을 잃은 듯했다.

"내가 생각하고 있지만 이야기할 수는 없는 또 다른 것은 자살이에요. 조만간 내가 실행할 것이라는 것을 알아요. 죽음만이 유일한 탈출구지요. 그렇지만 해리 앞에서는 절대 한마디도 내비치지 않아요. 나의 자살 기도는 거의 그를 죽음으로 내모는 것이었지요. 그 결과로 그는 경미한 것이기는 했지만 뇌출혈로 고통을 받았고 내 눈에 10년은 더 나이가 든 것처럼 보였어요. 놀랍게도, 내가 병원에서 깨어났을 때 나는 가족에게 내가 무슨 짓을 한 것인가에 대해서 많이 생각하게 되었어요. 그때 거기서 어떤 해결책을 찾았지요."

"어떤 해결책을요?" 델마가 그 해결책에 대해서 설명하려는 참이었기 때문에 실질적으로 내가 물어볼 필요도 없었지만 그녀와 뭔가 교류를 하고 싶었다. 나는 많은 정보를 얻고 있었지만 우리는 접촉을 하고 있지 않았다. 우리는 서로 다른 방에 각자 있는 것 같았다.

"나는 해리를 고통스럽게 만들 가능성이 있는 것은 결코 말하지도 않고 행동하지도 않기로 결심했어요. 그에게 모든 것을 주고 모든 문제를 양보하기로 결심했지요. 그가 운동 기구를 새 방에 들여놓고 싶어 하면, 그가 멕시코로 휴가 가기를 원하면, 그가 교회 모임에서 사람을 만나고 싶어 하면, 난 그냥 그럽시다 그래요."

의문이 가득한 나의 표정을 눈치채고 델마는 "지난 3년간 내가 서서히 자살을 해 가고 있다는 것을 알기 시작한 이래로 저는 새로운 사람을 만나고 싶지 않았어요. 새로운 친구가 생기면 이별을 해야 할 사람이 는 다는 의미이고 상처받는 사람이 늘어난다는 것을 의미할 뿐이니까요."

나는 진짜로 자살을 하려고 했던 많은 사람들과 작업을 해 보았다. 그러나 대개 그들의 자살 시도 경험은 어떤 식으로든 모양이 바뀌면서 성숙함과 지혜를 얻고 원숙해진다. 죽음과 진정으로 직면하면서 그때까지의 자기 삶에 대하여 살아온 목표와 행동이 실제로 그토록 중요한 것이었는가 의문을 갖게 되는 것 같다. 치명적인 질병으로 죽음에 직면한 사람들의 경우도 그렇다. 얼마나 많은 사람들이 "내 몸이 암으로 만신창이가 된 지금에서야, 비로소 어떻게 살아야 하는지 알게 되다니 얼마나 가엾은 일인가!" 하고 한탄하는지 모른다. 그러나 델마는 다르다. 그렇게 죽음 가까이에 가서도 그렇게 배운 게 적은 사람을 나는 별로 보지 못했다. 그녀가 약을 과다 복용한 후 의식을 되찾았을 때 한 결심, 자기 자신의 소망과 생각을 감추고 해리의 요구를 결재하듯 들어주는 것이 해리를 행복하게 하는 것이라고 그녀는 진정 믿고 있는 것일까? 그리고 아내가 일주일 내내 울고만 있고 아무것도 서로 공감하는 것이 없는 것보다 해리에게 더 나쁜 것이 무엇이 있을까? 이것은 그녀가 자기기만에 빠져 있는 것이다.

그녀의 자기기만은 매튜 이야기를 할 때 특히 분명해진다. "그는 자기와 접촉하는 모든 사람의 삶을 감동시키는 평안함이 있어요. 모든 비서들이 그를 사랑했지요. 그는 사람들 모두에게 관심을 표현했고 그 집 아이들 이름도 모두 알고 있었고, 일주일에 서너 번은 그들을 위해 도넛을 사 왔어요. 그 27일 동안 우리가 함께 나갔을 때도 그는 웨이터나 상점 점원이 기분 좋을 만한 이야기를 잊지 않고 했지요. 불교의 참선 수행에 대해서 좀 아시나요?"

"글쎄요, 예, 실은, 난⋯⋯." 그러나 델마는 내 말을 더 기다리지 않았다.

"그럼 '자비(loving-kindness)' 명상에 대해서 아시겠군요. 그는 하루에 두 번씩 그걸 했고 나에게도 방법을 가르쳐 주었어요. 바로 그 때문에 그가 나를 이렇게 대하리라고는 결코, 꿈에도 생각조차 해 보지 못했지요. 그의 침묵이 나를 죽이고 있어요. 때로 깊이 생각을 해 보면 나에게 개방을 가르쳐 준 사람인 그가 이런 완전한 침묵보다 더 끔찍한 벌을 고안해 낼 수는 없을 거라고 느낍니다. 요즈음은 점점 더요." 여기서 델마는 목소리를 낮춰 거의 속삭이는 듯했다. "그가 나를 자살하게 만들려고 의도적으로 그러는 거라고 믿어요. 이것이 미친 소리처럼 들리나요?"

"그것이 미친 소리인지는 모르겠지만 절망적이고 매우 고통스러운 생각처럼 들리긴 해요."

"그는 나를 자살하도록 만들려고 해요. 나는 그에게 털끝만큼도 보탬이 안 돼요. 그것만이 가능한 설명이죠!"

"그런데, 그렇게 생각하는데, 몇 년간이나, 그리고 지금까지도 그를 보호해 왔잖아요. 왜 그런가요?"

"왜냐하면, 세상 그 무엇보다도, 난 매튜가 날 좋게 생각하길 바라기 때문이죠. 나는 조금이라도 행복할 수 있는 유일한 기회를 위태롭게 하고 싶진 않아요!"

"하지만 델마, 8년째예요. 당신은 8년 동안이나 그에게 아무런 얘기도 듣지 못했다고요!"

"그렇지만 단 한 번의 기회라도 있잖아요. 2퍼센트, 아니 단 1퍼센트에 불과한 기회라 하더라도 전혀 없는 것보다는 나아요. 매튜가 나를 다시 사랑하리라고 기대하는 것은 아니에요. 내가 원하는 것은 나라는 존재가 이 지구 상에 있다는 것에 관심이 있었으면 하는 것이에요. 그게 너무 큰 요구는 아니잖아요. 우리가 골든게이트 공원을 걸었을 때 그는 개미집을 밟지 않으려다가 거의 발을 삘 뻔했거든요. 그 자비심을 내게 조금이나마 보여 줄 수는 있잖아요!"

거의 조롱에 가까운 커다란 분노가 일관성 없는 숭배와 함께 있다니. 나는 점차 그녀의 경험 세계로 들어가며 매튜에 대한 과장된 평가에 익숙해져 가고 있긴 했지만, 그녀의 다음 이야기에 진정 생각이 흔들거렸다.

"그가 1년에 한 번이라도 내게 전화를 해서 단 5분이라도 나와 이야기하고 나에 대해 물어봐 주고, 관심을 표현해 준다면 난 행복하게 살 수 있을 겁니다. 그 요구가 그렇게 심한 건가요?"

나는 다른 사람에게 이렇게 많은 권한(power)을 주는 사람을 한 번도 만나 본 적이 없다. 상상해 보라. 1년에 단 한 번 5분간의 전화로 그녀를 치료할 수 있다고 주장하는 것이다. 나는 정말 그럴지 의심스러웠다. 다른 모든 것이 실패한다 할지라도 절대로 그것을 실험해 보려고 하지 말자! 나는 이 치료가 성공 가능성이 별로 높지 않으리라는 것을 감지했다. 델마의 자기기만, 심리적인 성향(psychological mindedness), 자기 내부를 들여다보는 네(introspection) 대한 저항, 자살 경향성 등 모든 것이 "조심하라!"는 신호를 보내고 있었다.

그러나 그녀의 문제는 나를 매료시킨다. 그녀의 사랑에의 강박관념 — 이를 다른 어떤 말로 명명할 수 있을까? — 은 강력하고 집요해서, 8년간이나 델마의 삶을 지배했다. 그렇지만, 그 강박관념의 뿌리는 아주 아주 쉽게 깨져 버릴 것 같다. 아주 조금만 노력해도, 조금만 재주를 부려도 풀은 뿌리째 뽑혀 버릴 것이다. 그 강박관념 밑에서 나는 무엇을 발견할 것인가? 마법 속에 감춰진 인간의 경험이 가진 잔혹한 현실에서의 사실(fact)을 발견할 것인가? 그때는 내가 사랑이 어떤 기능을 하는 것인지 진정으로 배울 수 있을지도 모른다. 의학 연구의 초창기이던 19세기에, 의학자들은 내분비기관의 기능을 이해할 수 있는 가장 좋은 방법은 실험 동물로부터 이를 제거해서 그 후에 일어나는 신체적 기능을 관찰하는 것이라는 것을 발견했다. 비인간적인 내 비유가 으스스하긴 하지만 같은 원칙이 적용될 수 있는 건 아닐까?라는 의문이 나는 들었다. 사실상 매튜에 대한 델마의 사랑은 확실히 좀 다른데 아마도 도피, 어쩌면 늙어감이나 소외에 대한 방패막이 같은 것일지도 모른다. 만약 사랑이 관심 있게 돌보고 주는 것이며, 요구로부터 자유로운 관계라면 매튜와는 이런 '관계'라는 것이 없다.

치료의 예후를 나타내는 다른 징후들도 아우성치며 내 관심 속으로 들어왔지만 그것들을 무시하기로 했다. 예를 들면, 델마가 20년 동안이나 정신과적 치료를 받았다는 것에 대해 좀 더 심각하게 고려해 볼 수 있었을 것이다! 내가 존스홉킨스대학 정신과 학생이었던 시절 전문의는 얼마나 만성적인가를 가늠할 수 있는 '비공식 비밀 자료'들을 갖고 있었다. 그중에서도 가장 기가 막힌 것 중 하나는 양을 재는 것이었는데, 환자의 임상 차트가 두꺼울수록, 너덜너덜 찢어진 조각이 많을수록 예후는 나쁘다는 것이다. 델마는 70세에 적어도 '10파운드'는 되는 임상 차트를 갖고 있었지만, 그 어느 누구도 아무도 심리치료를 추천했던 적이 없는 사람이다.

그때 내 마음의 상태를 되돌아보면서 내가 그 우려들을 단순히 합리화했었다는 것을 깨닫는다.

20년간의 치료? 글쎄, 지난 8년간은 델마의 비밀 유지 때문에 치료 기간으로 포함시킬 수 없을 것이다. 내담자가 주된 문제를 감춘다면 어떤 치료 기회도 갖지 않은 것이다.

매튜에게 치료받기 전에 받았던 10년간의 치료는? 글쎄, 그건 너무 오래전이다! 게다가 대부분의 치료자는 훈련 중인 젊은 수련생들이었다. 확실히, 나라면 그보다는 좀 더 많은 것을 제공할 수 있을 것이다. 델마와 해리의 경제력을 가지고는 수련 중인 학생 치료자 비용 외에는 더 지불할 능력도 없었을 것이다. 그러나 지금 나는 노년층의 심리치료에 관한 연구를 하며 연구 재단으로부터 보조금을 받기 때문에 최소한의 비용으로도 델마를 만날 수 있다. 틀림없이 이것은 그녀가 경험 많은 임상가에게 치료를 받을 수 있는 드문 기회였다.

내가 델마를 치료해 보기로 받아들인 진정한 이유는 이러하다. 첫째, 깊은 뿌리를 가지고 있으면서도 동시에 상처받기 쉽게 노출된 상태에 있는 사랑에의 강박관념이란 것에 끌렸고, 이를 파헤치고 탐색하는 것에서 흔들리지 않으려 했기 때문이었다.

그리고 둘째로는, 지금은 자만심이었다는 것을 깨달았지만 당시 나는 어떤 환자든지 도울 수 있으며 아무도 나의 기술을 능가할 수는 없다고 믿었었다. 소크라테스 이전 사람들은 **자만심**을 '신의 법칙에 순종하지 않음'이라고 정의했는데, 나는 신의 법칙이 아닌 자연의 법칙, 즉 나의 전문 분야의 흐름을 지배하고 있는 그 법칙에 순종하지 않은 것이었다. 그 당시에 델마의 치료가 끝나기 전에, 그 자만심에 대하여 좀 더 변명이 필요하다는 예감이 들었다고 나는 생각한다.

두 번째 회기 말미에 나는 델마와 치료 계약에 대하여 논의하였다. 그녀는 장기 치료에 임할 생각이 없다는 것을 분명히 했다. 그리고 나도 6개월 이내에 내가 그녀를 도울 수 있을지 알아야 한다고 생각했다. 그래서 우리는 6개월간 일주일에 한 번 만나기로(그렇지만 만약 꼭 필요하다고 생각되면, 6개월 정도 연장의 가능성을 두긴 했다.) 동의하였다. 그녀에게 주어진 의무는 정규적으로 치료에 오는 것과 연구 프로젝트에 참가하는 것이었는데, 여기에는 연구 면담, 치료 시작과 6개월 후 종결 시 심리치료 효과 측정을 위하여 두 차례에 걸쳐 여러 심리검사를 받는 것이 포함되었다.

나는 치료가 델마 마음에 동요를 일으킬 것이라는 것을 분명히 알리는 것이 고통스러웠고 계속 치료에 오도록 약속을 받으려고 애를 썼다.

"델마, 이런 지속적인 매튜에 대한 생각을 짤막하게 강박관념(obsession)이라 부릅시다."

"그 27일간은 커다란 선물이었어요." 성나서, 그녀는 말했다. "그래서 내가 다른 치료자들에게 그런 것들을 이야기하지 않았던 거예요. 그 이야기들을 질병처럼 취급당하고 싶지 않아요."

"아니, 델마, 난 지금 8년 전을 이야기하고 하고 있는 게 아니에요. 지금 이야기, 그리고 끊임없이 과거사를 되돌려 생각하기 때문에 삶을 살아 나갈 수가 없는 것에 대해 이야기하고 있는 것입니다. 난 당신이 고문을 그만하고 싶어서 나를 만나러 왔다고 생각했습니다."

그녀는 한숨을 내쉬며 눈을 감고 고개를 끄덕였다. 그녀는 자기가 원하는 바가 무엇이라는 것을, 즉 그 27일간의 이야기를 질병으로 취급하지 말라는 경고를 하고서야 상체를 들어 의자에 기대앉았다.

"이 강박관념에 대해서 내가 하고자 했던 얘기는 — 만약 **강박관념**이란 말이 거슬린다면 다른 단어를 찾아봅시다……."

"아니, 괜찮아요. 무슨 말을 하고 있는 것인지 지금은 이해가 되었어요."

"글쎄, 이 강박관념이 8년간 당신 생각을 사로잡고 있는 중심 부분이었어요. 이것을 몰아내기는 어렵겠지요. 난 당신의 믿음(belief) 중 일부에 도전을 하게 될 필요가 있을 것이고, 치료가 굉장히 스트레스를 줄지도 몰라요. 나는 당신이 나와 치료를 지속하겠다는 약속이 필요해요."

"당신은 약속을 받았어요. 내가 결정을 했을 때에는, 나는 그 결심을 결코 어기지 않아요."

"또, 델마, 눈앞에서 바로 자살하겠다고 위협을 받으면서 나는 작업을 잘해 나갈 수가 없습니다. 앞으로 6개월간은 신체적으로 자기파괴적인 행동을 하지 않겠다는 확실한 약속이 내게 필요합니다. 그런 위기에 있다고 느껴질 때면 내게 전화를 하세요. 언제든 전화를 해 주면 당신을 위해 그리로 가겠습니다. 그러나 어떤 시도라도, 아무리 경미한 것이라 하더라도 그런 시도를 한다면 우리 계약은 깨진 것이고, 나는 당신의 치료를 계속하지 않을 것입니다. 종종 나는 이러한 것을 종이에 적어 놓고 서명을 하도록 요구하지만, 당신이 항상 자신의 결정을 귀하게 여긴다는 주장을 존중하겠습니다."

놀랍게도, 델마는 고개를 가로저었다. "이것만은 당신에게 약속할 수가 없군요. 죽음만이 유일한 탈출구라는 기분이 들어요. 이 제안만큼은 약속을 할 수가 없어요."

"나는 나만 앞으로 6개월간만을 이야기하는 것입니다. 그 이상의 기간을 약속하라고 요구하는 것이 아닙니다. 그러나 그 약속 없이는 치료를 시작할 수 없습니다. 여기에 대해서 좀 더 생각해 보고, 델마, 다음 주에 다시 만날 약속을 정할까요?"

그녀는 즉시 타협적이 되었다. 그녀는 내가 그렇게 확실한 입장을 견지하리라고 기대하지 않았던 것 같다. 증거를 보여 준 것은 아니지만 나는 당시에 그녀가 안도감을 느꼈다고 믿는다.

"다음 주까지 기다릴 수는 없어요. 지금 결정하고 즉시 치료를 시작했으면 좋겠어요. 나는 최선을 다하겠다는 데 동의하겠어요."

"최선을 다하겠다." 이것으로 충분하다고 느껴지지는 않았지만 너무 빨리 주도권 싸움(control struggle)으로 들어가는 것 또한 주저되었다. 그래서 나는 눈썹을 슬쩍 치켜올리며 아무 이야기도 하지 않았다.

1분 혹은 1분 30초쯤(치료에서는 긴 침묵이다.) 지나서 델마는 일어서서 자기 손을 내밀며, "당신은 내게 약속을 받아 냈습니다."라고 말했다.

다음 주부터 우리는 작업을 시작하였다. 나는 관련된 주제에 분명하게 초점을 맞추기로 결정했다. 델마는 발달사를 탐색하는 데 이미 너무나 충분한 시간(20년간 치료받은 경력이니!)을 가졌었다. 그래서 내가 최종적으로 초점을 두고 싶었던 것은 60년 전으로 거슬러 올라가 당시의 데이트에 대한 일들이었다.

그녀는 치료에 대해 굉장히 양가적(ambivalent)이었다. 다시 말해 치료를 유일한 희망이라고 여기면서도 결코 만족스럽게 상담 시간을 가져 본 적이 없었다. 처음 10주 동안 내가 알게 된 것은, 매튜에 대한 감정을 우리가 분석하고 나면, 그다음 주에 강박관념이 그녀를 고문한다는 것이었다. 한편, 우리가 다른 주제를 탐색하면, 해리와의 관계와 같은 중요한 주제라 할지라도, 매튜라는 주된 문제를 무시했기 때문에 그 면담 시간은 시간 낭비였다고 생각하였다.

그녀가 만족스럽게 여기지 않은 결과, 나에게도 우리가 함께한 시간이 만족스럽지 않았다. 나는 델마와의 작업을 통해서 내게 개인적으로 보상(reward)이 오리라는 기대를 하지 말 것을 배워 갔다. 나는 델마가 나타나서 기쁘다는 경험을 전혀 하지 못했고, 세 번째나 네 번째 회기쯤 이미, 이 치료를 통해 나에게 만족이 온다면 지적 영역에서 올 뿐이란 것을 깨달았다.

　시간의 대부분은 매튜에게 할애되었다. 나는 그녀의 백일몽의 정확한 내용을 물었고, 델마는 그 이야기하기를 즐기는 듯했다. 그녀의 추억은 매우 반복적이었는데 대부분 그 27일간의 만남 중 하나를 상당히 충실하게 되풀이하는 것이었다. 가장 잦은 것은 첫 번째 만났을 때 — 유니온 광장에서의 우연한 만남, 샌프란시스코에서의 커피, 피셔맨스 월프에서의 산책, 스코마에 있는 레스토랑에서 보이는 바다 풍경, 매튜의 '이불'로 뛰어들던 때의 흥분 등이었으나 종종 단순한 전화를 통한 사랑의 대화 중 하나에 대해서도 생각했다.

　그 생각들 속에 섹스는 중요하지 않은 역할을 했는데 그녀는 성적 흥분을 거의 경험하지 못했다. 사실상, 그 27일간 매튜와 성적인 포옹이 상당히 많았음에도 성관계는 첫날 저녁 단 한 번뿐이었다. 그들은 두 번 정도 더 성관계를 시도했지만 매튜가 발기 불능이었다. 나는 그의 행동에 대한 나의 예감, 소위 말하는 그가 심리성적인 문제를 갖고 있어 이것이 델마에게(그리고 아마도 다른 불운한 내담자들에게) 행동으로 표출되고 있는 것이라는 확신을 더욱 갖게 되었다.

　대단히 자료들이 풍부해서 어느 하나를 골라 집중하기가 어려웠다. 그러나 우선, 델마에게 만족감이라는 것이 느껴지기 위해서는 강박적 사고가 뿌리 뽑혀야 했다. 왜냐하면 나 자신의 삶을 통해 알 수 있듯이, 사랑에의 강박적인 생각이, 좋든 나쁘든 새로운 경험을 못하도록 막기 때문에 삶을 메마르게 한다. 사실, 치료에 대해 깊은 신념을 가질 수 있고, 또 가장 나의 심리적인 관심을 끄는 분야는 대부분 나의 개인적인 경험에서 생겨났다. 니체가 철학자의 사고 체계는 항상 자기 자서전으로부터 나온다고 주장했듯이 이는 모든 치료자 — 사실상 생각을 하는 모든 사람에게 통하는 공통적인 이야기라고 생각한다.

델마를 만나기 약 2년쯤 전에 어느 학회에서 나는 내 마음, 내 생각, 내 꿈속까지 엄습해 들어오는 한 여성을 만난 적이 있다. 그녀의 이미지는 내 마음에서 일상이 되어 이를 몰아내려는 어떤 노력도 소용이 없었다. 그러나 잠시 동안은 다 괜찮아서 나는 그 강박관념을 좋아했고 자꾸자꾸 신선하게 그 맛을 느껴 보곤 했다. 몇 주 후 나는 아름다운 캐리비언 해변의 섬으로 가족들과 일주일간의 휴가를 갔다. 며칠이 지난 후 나는 그 여행의 모든 것 — 해변의 아름다움, 무성한 이국적인 식물들, 파도타기와 해저 세계에 들어가는 스릴 등 — 을 모두 놓치고 있음을 깨달았다. 이 풍요로운 현실이 나의 강박적인 생각 때문에 보이지 않았던 것이다. 거기에 나는 없었다. 재방송을 보고 또 보듯이, 그리고 초점도 없는 환상으로 나는 생각에 갇혀 있었다. 불안하기도 했지만 자신을 흠씬 채우기 위해서도 나는 나의 치료에 돌입(사실은 다시 한 번)했고 몇 달간의 힘든 시간 후에 나의 마음은 나의 것이 되어 **삶을 있는 그대로** 경험할 수 있게 되었다. 나의 치료자는 점차 나의 친한 친구가 되어 몇 년 후에 이야기를 해 주었는데 그는 나를 치료하고 있던 바로 그 당시에 이상하게 자기도 다른 남자에게 관심이 쏠려 있는 사랑스러운 이탈리아계 여성에 대한 생각에 사로잡혀 있었다고 말해 주었다. 그래서, 내담자로부터 치료자에게 그리고 다시 내담자에게 강박적 사랑은 **돌고 돈다**.

델마와의 작업에서 나는 그녀에게 강박관념이 자기의 삶을 어떻게 해치고 있는지를 강조했고 때로 8년 전을 살고 있다고 한 그녀의 말을 반복했다. 그녀가 살아 있는 게 싫다는 것은 놀랄 것도 없다! 그녀의 삶은 오래전에 있었던 27일간만이 환기를 시켜 주고 있는, 공기도 없고 창도 없는 방처럼 질식할 지경이었다.

그러나 델마는 나의 그런 강의에 설득당하지 않았다 ─ 지금은 충분한 이유가 있다고 생각하지만. 나는 내 경험을 그녀에게로 일반화하여 그녀의 삶도 풍요로운데 강박관념 때문에 그것을 놓치고 있다고 잘못된 가설을 세웠던 것이다. 델마는, 그 당시 말로 분명하게 표현하지는 않았지만, 자기가 살면서 실제로 했던 경험보다는 그 강박관념이 무한한 생명력을 지니고 있다고 느꼈다. 나중에 우리는, 또한 아주 작은 충격을 받으며, 그 정반대의 공식 ─ 삶이 황폐하기 때문에 강박관념을 첫 번째로 두지 않을 수 없다는 것을 탐색하게 되었다.

대체로 여섯 번째 회기쯤, 그녀는 저항을 이겨 냈는데 ─ 내 비위를 맞추기 위해서였다고 믿지만 ─ 강박관념은 적이므로 뿌리 뽑아야 한다는 데 드디어 동의하였다. 우리는 매번 강박관념을 단순히 답사만 하면서 치료 시간을 보냈다. 그녀를 꽉 붙들어 놓고 있는 원천은 그녀가 매튜에게 부여한 힘인 것 같았다. 우리가 그 힘을 없앨 때까지는 아무것도 이루어질 수 없었다.

"델마, 당신이 매튜에게 바라는 것은 오로지 당신을 좋게 생각하는 것뿐이라는 그 느낌, 그것에 대해 모든 것을 얘기해 주세요."

"그걸 말로 하기는 어려워요. 그가 나를 미워할 거라는 생각은 견딜 수가 없어요. 그 사람만이 나의 모든 것을 아는 유일한 사람이거든요. 그래서 그 사람이 모든 것을 알고 있음에도 불구하고 아직 나를 사랑한다는 사실은, 나에게 굉장한 의미가 있지요."

내가 생각하기에, 이것이 바로 치료자가 내담자와 정서적으로 연루되어서는 안 되는 이유이다. 깊은 감정과 비밀스러운 정보에 접근해 있는 치료자가 가진 역할의 특권 때문에 치료자의 반응은 항상 실제 의미보다 더 큰 의미를 가지고 있는 것으로 받아들여진다. 내담자가 치료자를 그 사람 자체로, 있는 그대로 본다는 것은 불가능하다. 매튜에 대한 나의 분노는 점점 더 자라났다.

"그러나, 델마, 그는 그냥 사람일 뿐이잖아요. 당신은 그를 8년간이나 보지 못했고요. 그가 당신에 대해 좋게 생각한다고 해서 무엇이 달라지나요?"

"왜 그런지 저도 설명할 수는 없어요. 도대체 말이 안 된다는 걸 나도 알고 있지만, 내 영혼 저 밑바닥에서 그가 나에 대해 좋게 생각한다면 '난 괜찮아질 거다, 난 행복해질 거다.' 그런 믿음이 있는 것이에요."

이 생각, 이 잘못된 핵심 신념이 바로 적이었다. 나는 이를 몰아내야 했다. 나는 열렬히 애원을 했다.

"당신은 당신이고, 당신은 자신으로서 존재하고, 날마다 그리고 매 순간마다 자신으로서의 존재가 계속됩니다. 근본적으로 당신의 존재는 스쳐 지나가는 생각들, 알 수 없는 마음에서 일어나는 파장 같은 잔물결이 타격을 가할 수 없어요. 그것을 보려고 해 보세요. 매튜가 가진, 당신이 그에게 부여한 이 모든 힘을 말이에요!"

"그가 나를 경멸하고 있다는 생각이 들면 위에 통증이 와요."

"다른 사람의 마음에서 일어나는 것, 그것도 도대체 만나지도 못하는 사람, 그리고 아마도 당신의 존재를 인식조차 안 한 채 자기 삶과의 투쟁에 사로잡힌 사람의 마음에서 일어나는 것으로 인해 있는 그대로의 당신이 변화되지는 않아요."

"오, 나의 존재, 내가 잘 있다는 것은 그가 알고 있어요. 내가 그의 자동 응답기에 메시지를 많이 남겨 두었거든요. 실은, 내가 당신을 만나고 있다는 메시지도 지난주에 남겨 두었어요. 그도 자기에 대해 내가 당신에게 이야기를 하고 있다는 것을 알아야 한다고 생각했기 때문이지요.

몇 년간 치료자를 바꿀 때마다 항상 그에게 전화해서 알렸습니다."

"그렇지만 그 치료자들에게 매튜에 대해 이야기하지는 않았잖아요."

"그렇게 하지는 않았지요. 매튜가 내게 요구한 것은 아니지만 내가 그런 약속을 했고 그 약속을 지켰어요, 지금까지는. 지난 몇 년 동안 쭉 그에 대한 이야기는 하지 않았지만, 아직도 어떤 치료자를 내가 만나고 있는지 그가 알아야 한다고 생각해요. 그와 같은 학교 출신이 많을 거예요. 그의 친구들일지도 몰라요."

매튜에 대한 복수심으로 불타는 나의 감정 때문에 나는 델마의 이야기를 듣는 것이 거북했다. 반대로, 몇 년 동안이나 응답기에서 독백 같은 델마의 메시지를 들을 때 그가 얼마나 당혹스러울까를 상상하면 흐뭇했다. 나는 매튜에게 타격을 가하려는 생각을 잠재우기 시작했다. 이 여인은 그를 어떻게 벌줄지 알고 있으며 그 임무에 있어서는 나의 도움이 필요하지 않다.

"그러나, 델마, 내가 조금 전에 했던 이야기로 다시 돌아가 봅시다. 당신이 자신에게 어떻게 하고 있는지 보이지 않으시나요? 그가 어떻게 생각하느냐는 당신이란 사람을 진실로 변화시킬 수가 없어요. 그로 하여금 영향력을 **발휘하게** 당신이 하고 있는 것이지요. 그는 당신이나 나처럼 그냥 사람에 불과해요. 만약 당신이, 실제로는 전혀 접촉이 없는 누군가에 대해 불쌍하게 생각한다면, 당신 뇌리에서 맴돌아 자신만이 알고 있는 그런 이미지들이 —당신의 생각만으로 그 **사람**에게 영향을 줄 수 있나요? 그러한 일이 일어날 수 있는 유일한 방법은 미신 같은 마술의 힘뿐이에요. 왜 자신의 힘을 매튜에게 내주는 거지요? 그도 다른 모든 사람처럼 살기 위해 투쟁하고, 나이 먹고, 방귀도 뀌고, 언젠가는 죽게 될 그런 사람입니다."

델마로부터 아무 반응이 없었다. 나는 반격의 강도를 올렸다.

"이전에 당신은 어느 누구도 매튜보다 당신을 더 상처 주는 행동을 고의로 할 수는 없을 것이라고 말했지요. 그가 당신을 자살하게 만들려고 하고 있다는 생각이 들었고요. 그는 당신이 잘 있는지에 대해 관심이 없다고 했습니다. 그런데 어떤 의미에서 그를 그렇게 높이 올려놓은 것입니까? 그가 당신을 좋게 생각하는 것보다 당신 삶에 더 중요한 것은 없다고 생각한단 말입니까?"

"진짜로 그가 나를 자살하게 하려고 한다고 생각하는 것은 아니에요. 그건 때때로 드는 생각일 뿐이지요. 매튜에 대한 감정은 이랬다저랬다 아주 빨리 변합니다. 대부분의 시간 동안에는 내가 잘 있기를 그가 바라고 있다는 것이 중요합니다."

"그러나 왜 그의 소망이 그토록 중요한가요? 당신은 그를 초인적인 위치로 올려놓았습니다. 그는 제정신이 아닌 사람인 것 같아요. 당신 스스로 중요한 그의 성적인 문제를 언급했습니다. 성실성의 문제, 그의 윤리적인 측면을 전체적으로 봅시다. 그는 전문성을 갖춘, 돕는 이가 가져야 할 기본적인 규정을 어겼어요. 그가 당신에게 일으킨 불쾌한 문제들을 보세요. 환자에게 최선의 이익이 되도록 행동하겠다는 서약을 한 전문 치료자가 당신에게 상처를 입힌 것처럼 다른 누군가에게 상처를 입는 것은 잘못된 것임을 우리 둘 다 알아요."

그러나 소귀에 경 읽기였다.

"그가 나에게 상처를 준 것은 그가 전문가로서 행동하기 시작했을 때, 다시 말해 공식적인 역할로 되돌아갔을 때뿐이었어요. 우리가 단순히 사랑에 빠진 두 사람이었을 때 그는 세상에서 가장 귀중한 선물을 내게 주었어요."

이것은 깊은 좌절이었다. 분명히, 델마는 자기 삶의 상태에 대해 책임이 있다. 분명히, 그녀는 자기 삶의 구조에 대한 자신의 자유와 책임을 부정하려는 노력으로 그에게 힘을 부여하고 있다. 자기의 자유를 매튜에게서 되돌려 받으려 하는 대신 복종에의 열망을 가지고 있었다.

처음부터 물론, 강력한 나의 논리만으로 순순히 변화를 일으킬 만큼 깊이 뚫고 들어갈 수 없다는 것은 알고 있었다. 거의 전혀였다. 치료에서 이것으로 효과를 본 적은 전혀 없다. 스스로 뼛속 깊이 통찰이 왔을 때에만 효험이 있다. 그때에만 그 생각에 따라 행동하고 변화한다. 대중적인 심리학자들은 '책임성 가설'에 대해 끝없이 이야기하지만 그건 단지 말에 불과할 뿐이다. 자신이, 그리고 자신만이 자기 삶의 구조를 만든다는 것을 통찰하기란 지독하게 어렵고, 두렵기까지 한 것이다. 그러므로 자신의 진실에 대한 지적 평가(intellectual appreciation)를 어떻게 정서적 체험으로 만들 것이냐는 것이 치료에서의 문제이다. 치료가 변화를 일으키는 강력한 힘이 되는 것은 오로지 깊은 정서의 협력을 통해서이기 때문이다.

그리고 델마와의 치료에 있어서 나의 문제는 그 힘의 부재(power-lessness)였다. 힘을 발휘하려는 나의 시도는 부끄럽게도 조잡스럽고 주로 우물쭈물하며, 산소리를 해대고, 반복해서 상박관념 주변을 맴돌면서 그것을 두들겨대 부숴 버리려는 것이 고작이었다.

이런 중대한 때에 나는 정통적인 방법이 확실성을 주었으면 하고 얼마나 바라는지 모른다. 정신분석학은 종교에서는 가톨릭에 비유할 만한 심리치료 학파라고 보는데, 항상 기법의 필수적인 절차에 대하여 강한 확신을 갖고 있다. 실제로 정신분석가는 모든 것에 대해 나보다 훨씬 확신을 갖고 있는 것 같다. 단 한 번만이라도 내가 심리치료 작업에서 지금 무얼하고 있는지, 이를테면 적절한 순서대로 충실하게 치료 과정의 단계를 밟고 있는지 등을 정확히 알고 있다고 느낀다면 얼마나 편안할까.

그러나 이 모든 것은 환상이다. 이론들이 만약 내담자에게 조금이라도 도움이 된다면, 복잡한 형이상학적 구조로 내담자가 아닌 **치료자의** 불안을 경감시켜 주기 때문에, 그래서 치료자로 하여금 치료 과정에 대한 불안을 견딜 수 있게 하기 때문에 도움이 되는 것이다. 치료자가 잘 모르겠기 때문에 생기는 불안을 더 잘 견딜수록 정통적인 이론을 고수해야 할 필요성은 줄어든다. 정통성을 창조하는 이들은, 어떤 정통성이건, 궁극적으로 자기들의 원리를 넘어서 전개를 한다.

모든 상황을 항상 통제할 수 있는 전지전능한 치료자에 대하여 믿음직한 마음이 들기는 하지만, 망설이는 치료자, 불가능한 것을 우연히 발견할 때까지 기꺼이 내담자와 함께 버둥대는 치료자에게도 강력한 뭔가가 보증될 수 있을 것이다. 그러나 슬프게도, 이 사례가 끝나기 전에 델마가 나에게 가르쳐 주려 했었던 것처럼, 이것을 배우는 동안 내담자 1명은 보다 나은 치료를 받을 수 있는 기회를 놓칠 수 있다!

힘(power)을 찾아내면서 나는 끝까지 밀어붙였다. 나는 척척 해치우며 그녀에게 충격을 주려 애썼다.

"잠시 동안, 매튜가 죽었다고 가정해 봅시다. 그러면 당신이 해방될까요?"

"나도 그런 상상을 하려고 애써 봤어요. 그가 죽었다는 상상을 할 때, 큰 슬픔이 밀려와요. 텅 빈 세상에 살고 있는 것 같아요. 그걸 지나서는 생각할 수가 없어요."

"어떻게 하면 당신이 거기서 벗어날 수가 있나요? 어떻게 벗어날 수가 있었나요? 매튜는 당신을 벗어나게 할 수 있었나요? 그가 당신을 벗어나게 할 대화를 상상해 본 적이 있어요?"

델마는 이 질문에 미소를 지었다. 내가 상상하기에 좀 더 나를 존경하는 듯이 바라보았는데 마치 남의 마음을 읽는 내 능력에 감명을 받았다는 듯한 표정이었다. 틀림없이 중요한 환상을 살짝 건드린 것이었다.

"자주, 아주 자주요."

"그 부분을 나와 나눕시다. 어떻게 되어 가던가요?

나는 역할 연기(role-playing)나 역할 바꾸기(chair-switching)를 별로 안 하지만 지금은 그것을 하기에 최적인 것 같았다. "역할 연기를 한번 해 봅시다. 저쪽에 있는 다른 의자로 자리를 옮겨서, 매튜 역할을 하면서 여기 이 의자에 앉아 있는 델마에게 이야기를 한번 해 보시겠습니까?"

델마는 내가 제안했던 다른 모든 것에 반대를 했었기 때문에 그녀가 적극적으로 찬동을 했을 때 놀라웠고 이때 이미 나는 그녀를 설득할 준비를 하고 있었던 것이다. 아마도 20년간 치료를 받았으니 이 기법을 적용하는 게슈탈트 치료자와도 작업을 했었을 것이다. 혹은 그녀의 빛나는 무대 경험 때문이기도 했을 것이다. 그녀는 의자에서 벌떡 일어나다시피 하여, 목소리를 가다듬고, 넥타이를 매고 양복저고리 단추를 채우는 듯한 동작을 하고는, 온화해 보인다고 생각되는 미소를 띠고, 넓은 아량을 보이려는 듯 과장하여 기쁜 듯 표현하며, 목소리를 가다듬고 다른 의자에 가 앉아 매튜가 되었다.

"델마, 난 우리가 치료에서 함께했던 작업을 기억하며 당신과 친구가 되고 싶어 여기에 왔어요. 나는 주고받기(give-and-take)를 즐겼어요. 그리고 당신의 자잘한 버릇에 대해 농담하기를 즐겼었고요. 나는 진실했었어요. 내가 당신에게 말했던 것은, 모두 진심입니다. 그리고 그때 당신에게 말하지 않는 것이 좋겠다고 생각하는 일이 일어났고 그것이 내 생각을 바꾸는 원인이 되었어요. 그러니까 당신이 어떻게 해서가 아닙니다. 우리가 지속적인 관계를 충분히 갖지는 못했지만, 당신에 대해 불쾌한 것은 전혀 없어요. 그러니까 어떤 일이 일어났냐 하면, 한 여인, 소냐……."

여기서 델마는 잠시 역할을 빠져나와 무대에서 속삭이는 듯이, "얄롬 박사님, 소냐는 내가 무희였던 시절의 예명입니다."

그녀는 다시 매튜가 되어 계속했다. "이 여인, 소냐가 내 인생에 들어왔는데 그녀와 함께하는 삶이 적절한 방식이라는 것을 깨달았어요. 나는 밖에 나가면서 당신에게 이제 전화를 그만하라고 전화하려 했었는데, 솔직히 말하면 당신이 전화를 하지 않으면 내가 괴로울 것 같았어요. 당신이 자살 기도를 한 후, 내가 말을 조심했어야 했다는 것을 알았고 그것이 바로 내가 그렇게 멀리 해야 했던 이유입니다. 정신과 의사와 상의를 했는데, 그 사람이 완전히 침묵하라고 했습니다. 당신은 나의 친구였으면 하는 사람이지만 내가 그것을 내놓고 이야기할 수는 없지요. 당신에게는 해리가 있고 또 내게는 소냐가 있어요."

그녀는 멈추고 자기의 의자로 돌아가 침몰하듯 앉았다. 어깨는 축 처지고 따뜻한 미소는 사라졌으며 완전히 소진한 듯한 델마가 되었다.

우리는 아무 말 없이 함께 앉아 있었다. 그녀가 매튜의 입을 빌려 한 말을 생각해 보면 그것이 의미하는 바를 쉽게 이해할 수 있었고 왜 그렇게 반복하여 자주 재방송을 돌리고 있는지를 알 수 있었다. 이는 그녀의 현실에 대한 시각을 확인시켜 주고, 매튜에게는 아무 책임도 없으며 결국 침묵하라고 충고한 것은 그의 정신과 의사였고 그가 잘못한 점이나 그들의 관계에 잘못된 점은 없다는 것을 자신에게 확인시켜 주는 것이었다. 매튜는 다른 사람에 대한 의무감이 남들보다 많은 사람이라는 것뿐이었다. 상대 여성이 소냐, 즉 젊은 자신이었으므로 나이에 대한 델마의 감정을 살펴보는 데 좀 더 시간을 할애해야 한다는 생각이 들었다.

나는 그로부터 풀려난다는 생각에 홀렸다. 매튜로부터 들었으면 하는 그 말이 정말 그녀를 풀려나게 할 것인가? 그때 레지던트 1년차 때 만났던 한 환자와의 경험이 갑자기 머리에 퍼뜩 떠올랐다(임상에서의 첫 경험은, 마치 전문가 아동기에 각인된 듯 오랜 동안 남아 있게 된다.). 그는 편집증 환자였는데, 내가 얄롬 박사가 아니라 FBI 요원이라고 우기면서 내 신분증을 요구하였다. 바로 다음 회기에, 나는 순진하게도 출생증명서, 운전면허증, 여권 등을 보여 주었고, 그는 내가 FBI라는 사실을 제대로 증명한 것이라고 단언을 했다. 즉, FBI와 관련 있는 자만이 그렇게 빨리 위조증명서를 만들어 낼 수 있다는 것이었다. 하나의 체계가 무한히 확장되면, 사람은 거기서 돌고 돌지 않을 수 없는 것이다.

물론, 델마가 편집증은 아니었지만, 그녀도 역시 자기를 풀려나게 해 줄 어떤 이야기에도 끝없이 보다 확실한 증명과 확인을 요구하면서, 심지어 매튜에게서 오는 것까지도 쓸모없게 하는 것이 아닐까 의문이 들었다. 그럼에도 불구하고 이 사례를 돌이켜 생각해 보면, 이 순간에 처음으로 매튜를 — 그녀에게 이상화된 매튜가 아닌, 피와 살을 가지고 실제 살아 있는 매튜를 치료 과정에 끌어들이는 것이 어떨지 심각하게 고려하기 시작했다고 생각된다.

"이 역할 연기에 대해서 어떻게 느껴지나요, 델마? 이걸 하면서 무엇이 떠올랐지요?"

"마치 천치같이 느껴졌어요! 이 나이에 바보같이 청소년 애들이나 할 만한 행동을 하다니 웃기지요."

"그 질문에 내게 묻고 싶은 것이 들어 있나요? 당신에 대해 나도 그렇게 느낄 거라고 생각해요?"

"솔직히 말씀 드리면, 매튜에게 한 약속도 있었지만 이게 치료자나 다른 어느 누구에게도 그에 대해 이야기를 하지 않았던 또 다른 이유였어요. 이게 잠시 동안 확 타올랐다 꺼져 버리는 불같은 사랑에 홀딱 빠졌다, 혹은 전이(transference)다라고 이야기하리라는 것을 알고 있거든요. '모든 이는 자기 치료자와 사랑에 빠진다' 그렇게 말하는 거예요. 아니면 그들은 이것을, 음, 치료자가 환자에게 전이가 일어나는 것을 뭐라 하지요?"

"역전이(countertransference)요."

"예, 역전이. 사실 지난주 치료에서 매튜는 자기의 개인적인 문제를 '드러내며 작업(working out)' 하고 있었다는 이야기를 당신이 했어요. 당신도 치료 중에 내게 말했듯이 솔직히 말해서 귀에 거슬리고 불쾌했어요. 그건 마치 나와는 상관없이, 자기 엄마와의 무엇인가를 드러내는 것이고 나는 철없는 구경꾼(innocent bystander)에 불과했다는 것이거든요."

나는 말을 안 하고 가만히 있었다. 그녀는 옳았는데 내가 생각했던 바로 그것이었다. 당신이나 매튜 둘 다 '철없는 구경꾼'이었다. 당신들 누구도 서로에 대한 환상이 아닌 실제의 서로와 관계를 가진 것이 아니다. 당신은 그가 당신에게 그려 준 모습 때문에 사랑에 빠졌다. 즉, 자신을 완전히 그리고 무조건적으로 사랑해 주는 인물, 그리고 오로지 자기의 안녕을 빌며 안심시켜 주고, 성장하도록 헌신하는 인물, 늙어 가는 것을 원상복구시켜 젊고 아름다운 소녀로서 사랑해 주는 인물, 분리된 존재가 됨으로써 느끼는 고통으로부터 도피할 기회를 주며 상대방에게 융

합되어 버려 자기의 자아가 없어짐으로써 얻는 희열을 주는 그런 인물이었다. '사랑'일는지는 모르지만, 단 한 가지 확실한 것은 매튜를 사랑한 것은 아니라는 것, 결코 매튜를 알지도 못한다는 것이다.

그리고 매튜는? 그는 누구를 혹은 무엇을 사랑한 것이었을까? 아직 모르겠다. 그러나 그가 사랑(in love)을 했거나 사랑이 넘치는(loving) 사람이라고는 생각되지 않았다. 그는 당신을 사랑하고 있지 않아요, 델마. 그는 당신을 이용하고 있어요. 그는 피와 살을 가진 진짜 델마에 대하여 진실한 관심을 가지고 있지 않아요! 그러므로 그가 자기 엄마와의 무엇인가를 당신에게 드러냈다는 당신의 말은 그리 틀린 추측이 아닙니다.

마치 내 마음을 읽고 있는 듯, 델마는 턱을 치켜올리며 많은 대중 앞에서 연설을 하는 것처럼 말을 계속했다. "사람들이 우리가 진정 서로를 사랑하지 않았다고 생각하는데, 그것은 우리 사랑을 얕잡아 보는 거예요. 깊이라는 걸 뺀 거죠. 그러면 거기엔 아무것도 남지 않아요. 그 사랑은 진실(real)했고, 또 지금도 마찬가지예요. 내게 **그보다 더 진실했던** 것은 없어요. 그 27일은 내 인생 최고의 기간이지요. 그것은 27일간의 파라다이스였고 그날을 되찾을 수만 있다면 무엇이라도 내놓을 수가 있어요!"

힘이 대단한 여성이라고 난 생각했다. 그녀는 넘어서는 안 될 선을 아주 제대로 알고 있었다. 즉, "내 인생의 정점을 빼앗아 가려 하지 말아라. 내게 일어났던 일 중 유일하게 진실이었던 일을 빼앗으려 하지 말아라."였던 것이다. 감히 누가 **그런 사람**, 우울증에 자살 위험이 있는 70세 여인에게 그렇게 할 수 있단 말인가?

그러나 나는 그런 식으로 음모에 가담할 생각은 없었다. 지금 그녀에게 굴복하는 것은 절대로 효과적이지 않다. 그래서 나는 좀 더 사실 기술적인 어조로 계속했다. "그 행복감에 대해, 기억나는 모든 것에 대해 이야기해 주십시오."

"그건 육체를 넘어선 경험이었어요. 나는 무게를 느낄 수 없었지요. 마치 내가 없는, 적어도 내게 상처를 주고 나를 저 밑바닥으로 끌어내리는 그런 부분들은 거기에 없는 것 같았어요. 그저 자신에 대한 생각과 걱정이 사라졌지요. 어느덧 나는 우리가 되었어요."

외로운 내(I)가 황홀하게도 우리(we)로 녹아드는 것. 얼마나 자주 듣는 이야기인가! 이것은 어떤 형태의 희열에도 — 낭만적인 것, 성적인 것, 정치적, 종교적, 신비한 것 등 모든 것에 공통분모였다. 모든 사람은 이 희열에 찬 혼란을 원하고 환영한다. 그러나 델마의 것은 좀 다르다. 이는 그녀가 원하는 것이 아니라 위험으로부터 도피하기 위해 가져야 하는 것이다.

"그것은 매튜와의 성관계에 대해 그가 당신 속(in)에 들어가 있는 것이 중요하지 않았다던 이야기에도 적용되는군요. 그러면 그와 연결되는 데 혹은 서로 하나가 되는 데 무엇이 중요했나요?"

"맞아요. 그것이 바로 당신이 성관계에 너무 많은 의미를 부여한다고 내가 말했을 때 말하고자 했던 것이에요. 섹스, 그 자체는 별로 중요한 역할을 한다고 볼 수 없어요."

"이것이 2주 전에 당신이 꾼 꿈을 이해할 수 있게 해 주네요."

2주 전에 델마는 불안에 관한 꿈(anxiety dream)을 꾸었다고 얘기했었는데 전 치료 기간 동안 꿈을 보고한 것은 이 꿈 단 한 번뿐이었다.

나는 아주 덩치가 큰 흑인과 춤을 추고 있었습니다. 그런데 그가 매튜로 변했어요. 우리는 그 춤추던 바닥에 함께 누워 섹스를 하고 있었어요. 내가 올라가기 시작했을 때, 그의 귀에 대고 "날 죽여요."라고 속삭였지요. 그는 사라져 버려 보이지 않았고, 나만 홀로 그 춤추던 바닥에 남겨져 있었어요.

"그것은 당신이 이별(separateness)로부터 벗어나 자신을 버리고(꿈에서 '날 죽여요.' 라는 것이 상징하는) 싶어 하며, 매튜는 그 일이 일어나게 하는 도구라는 것 같군요. 이 춤추던 바닥에서 일어난 일에 대해 더 생각나는 것은?"

"전에도 이야기했지만 황홀하다고 느낀 것은 그 27일간뿐이었어요. 전적으로 그것만은 아니군요. 예전에 춤을 출 때에는 종종 행복했었지요. 그때는 모든 것, 나나 그 이외의 모든 것이 사라지고 춤과 그 순간만이 있었어요. 내가 꿈속에서 춤을 출 때 모든 나쁜 것은 사라지려고 한다는 것을 의미해요. 그리고 다시 젊어진다는 의미도 있다고 생각되고요."

"70세가 된다는 것에 대한 감정에 대해서 우리는 거의 이야기를 못했지요. 그것에 대해 어떻게 생각하세요?"

"70세가 아니고 내가 40세쯤이었다면 치료에 대해 다른 생각을 가졌을 거라고 생각해요. 아마도 뭔가 좀 기대했을 거예요. 정신과 의사들은 좀 더 젊은 사람들과 치료를 하지 않나요?"

매우 풍부한 자료들이 여기 나오고 있다. 나는 늙어 감과 죽음에 대한 공포가 그녀의 강박관념에 연료를 공급하고 있다는 것을 강하게 느꼈다. 그녀가 사랑과 혼돈을 하고 싶어 하는, 그리고 그것으로 인해 잊고 싶어 하는 중요한 이유 중 하나는 죽음으로 인해 사라진다는 사실을 직면하여 경험하게 될 공포로부터 도피하는 것이었다. '죽음으로 인해 받는 마지막 보상은 더 이상 죽지 않아도 된다는 것'이라고 니체는 말했다. 여기에 우리 관계를 가지고 작업을 할 멋진 기회가 왔다. 우리가 탐색해 왔던 위의 두 가지 주제 — 자유와 이별로 인한 고립으로부터의 도피가 우리 이야기의 내용을 담고 있고, 또 계속 담아 갈 것이지만, 델마를 돕기 위해 나와의 관계를 의미 있는 관계로 발전시키려면 지금이 최적기라고 느꼈다. 나와 맺어지는 친밀한 관계로 매튜와의 밀착 관계를 희석시켜서 그들의 관계가 느슨해지고 이를 통해 그녀에게 파고들어 갈 수 있게 되기를 바랐다. 그때에야 실제 사회 속에서 친밀한 관계를 맺지 못하게 하는 장애물을 찾아내어 제거할 수 있을 것이다.

"델마, 정신과 의사들은 보다 젊은 내담자들과 작업하는 것을 더 선호하지 않느냐고 물었을 때, 거기에는 개인적인 질문이 들어 있다고 내게 들렸어요."

델마는 평상시처럼, 개인적인 것을 회피했다. "소위, 애가 셋 있는 젊은 엄마, 그런 사람과 치료를 하면 더 얻는 게 많을 것 같기 때문이었어요. 그런 사람은 자기 앞에 삶이 펼쳐져 있고, 정신적인 상태가 좋아지면 자기 자식들 그리고 그 자식의 자식들에게도 이득이 되잖아요."

나는 물러서지 않고 말했다. "내가 말하는 것은 질문, 개인적인 질문이 하나 있었다고 생각되는데, 당신이 내게 뭔가 당신과 내가 관련되는 것을 물었다고 생각된다는 것입니다."

"정신과 의사는 칠십 먹은 환자보다는 서른 살 된 환자를 더 치료하지 않나요?"

"정신과, 정신과 의사, 환자 따위보다는 당신과 나에게 초점을 맞출 수 있을까요? '어브(Irv, 치료자의 이름), 당신은 어떤가요?' 당신은 이걸 묻고 있는 게 아닌가요?" 델마는 여기서 살짝 웃었다. 그녀는 성이든 이름이든, 거의 내 이름을 부르지 않았는데 ─ "나, 70세 된 여성, 델마를 치료하는 데 대해 어떻게 느끼나요?"라는 질문이 아닌가?

묵묵부답. 그녀는 창밖을 내다보았다. 고개를 살짝 저었다. 제길, 완강해!

"내 말이 맞아요? 그게 그 질문이었나요?"

"그건 하나의(a) 질문이긴 하지만 반드시 그(the) 질문은 아닙니다. 그러나 내가 처음에 했던 방식으로 방금 대답을 했다면, 당신이 물었던 그 질문에 대한 답도 얻은 것이지요."

"그러니까 일반적으로, 정신과 의사가 평균보다 연령이 높은 환자에 대해 어떻게 느끼는지에 대한 내 의견을 알게 되었고, 그리고 나서 내가 당신을 치료하는 것에 대해 어떻게 느끼는지를 추측했을 거란 의미이지요."

델마는 끄덕였다.

"그렇지만 그건 굉장히 우회적이잖아요. 그리고 부정확할 수도 있고요. 내가 일반론으로 한 얘기를 가지고 이 분야 전체에 대해서 추측을 하게 될 것이고 그리고 그것은 당신에 대한 나의 개인적인 감정에 대한 표현도 아니에요. 무엇이 진징 묻고 싶은 걸 직접적으로 묻지 못하게 하나요?"

"이것이 내가 매튜와 했던 작업과 비슷해요. 이런 것이 빌어먹을 버릇이라고 그가 말했던 바로 그것이에요."

이것은 잠시 나를 멈추게 했다. 내가 어떤 식으로든 매튜와 동맹을 맺고 싶어 했었나? 그러나 이것이 추적해야 할 바른 길이라는 것은 확실했다.

"당신 질문에 대답하게 해 주세요. 당신이 물었던 일반적인 것과 묻지 않았던 내 개인적인 것이요. 일반적인 이야기부터 시작할게요. 나는 개인적으로 나이가 든 사람들과 작업하는 것을 좋아합니다. 우리가 치료를 시작하기 전에 작성했던 질문지에서 알 수 있듯이, 나는 연구 과제를 수행 중이고 60대와 70대 내담자들과 치료 작업을 해요. 나는 그들과 작업을 하면서 젊은 사람들만큼, 아니 더 나을지도 모르는데, 잘하고 있다는 걸 배우고 있고 그 작업을 통해 굉장히 많은 만족감을 느낄 수 있어요."

"젊은 엄마와 그 영향력에 대한 당신의 질문을 고맙게 들었지만 나는 그것을 좀 다르게 봐요. 당신도 또한, 그만큼의 영향력을 갖고 있어요. 당신을 만나는 모든 젊은 사람들은 자기 삶의 다음 단계에 대한 모델이나 지침으로 당신을 바라봐요. 그리고 당신 개인으로 봐서도, 70세에도 자기에게 쏟아져 들어오는 이전의 삶들을 있었던 그대로 새로운 의미와 중요성을 가지고 소급해서 볼 수 있게 새로운 시각을 찾는 것이 가능하다고 나는 믿어요. 지금 그것을 알기는 어렵지만 그런 일이 종종 일어난다는 내 말을 믿어 봐요."

"자, 이제 개인적인 질문에 대한 대답을 하지요. 당신과 작업을 하는 내 느낌이 어떠냐? 난 당신을 알고 **싶**어요. 당신의 고통을 이해하고 있다고 생각하고, 거기에 굉장히 공감을 많이 해요. 나도 과거에 그런 종류의 고통을 경험한 적이 있었어요. 당신이 싸우고 있는 문제에 관심도 있고 내가 도울 수 있다고 생각해요. 사실, 당신을 돕는 길로 들어섰지요. 내가 우리의 작업에서 가장 어려움을 느끼는 것은 당신이 우리 사이에 두고 있는 거리 때문에 오는 좌절감이에요. 조금 전에 당신은 개인적이지 않은 질문을 통해서 개인적인 대답까지 알아낼 수(혹은 적어도 잘 추측할 수) 있다고 말했지요. 그러나 다른 사람에게 주는 영향을 생각해 보세요. 당신이 조금 전처럼, 개인적인 것이 아닌 듯이 질문을 할 때 난 당신에게 배척을 당한 것처럼 느껴요."

"이게 바로 매튜가 하곤 했던 종류의 이야기입니다."

나는 미소를 띠며 말없이 이를 갈았다. 더 이상 생산적인 이야기가 생각나지 않았다. 이런 좌절되고 힘든 상호작용이 전형적인 형식이었다. 우린 앞으로도 이와 유사하게 주고받을 것이었다.

그것은 힘들고 보상이 따르지 않는 작업이었다. 매주 나는 조금씩 깨나갔다. 나는 친밀감이라는 언어의 가, 나, 다, 라를 가르치려 노력했다. 예를 들면, 나와 당신을 어떻게 발음하는지, 감정과 생각은 다른 것이라는 데서 출발해서 감정을 어떻게 구별하는지, 어떤 감정을 갖고 있고 이것을 어떻게 표현하는지 일일이 가르쳐야 했다. 나는 기본적인 감정(나쁘고, 슬프고, 화나고, 기쁘고)을 개인 교습하듯 가르쳤다. 나는 완성할 문장을 제시했는데, 이를테면 "어브, 당신이 그렇게 말할 때 나는 당신에게 _____하게 느낍니다." 같은 것이었다.

그녀는 사람을 멀어지게 하는 기제를 쓰는 데 귀재였다. 예를 들면, 자기가 무엇을 말하려 했는지, 길고 지루한 서문을 늘어놓으며 시작을 했다. 그리고 이 점을 내가 지적하면, 금새 내 말이 옳다고 하시반, 누군가 그녀에게 시간을 물으면 어떻게 시계를 만드는지부터 이야기를 하듯 그때부터 시작을 했다. 자기와 여동생이 처음에 어떻게 주제에서 빗나가 길게 이야기하는 버릇을 갖게 되었는지 그 역사를 다 설명하고 나면 절망적이게도 우리는 원래 출발했던 지점에서 완전히 벗어나 있었고 아주 효과적으로 나를 멀리 떼어 놓았다.

한번은 그녀가 자기를 표현하는 데 크게 문제가 있다는 것을 인식하였다. 그녀는 성인이 된 후 딱 두 상황에서만 자기 자신이 되었다. 즉, 춤출 때와 매튜와 사랑에 빠졌던 27일간뿐이었다는 것이었다. 이것은 매튜에게 받아들여지는 것이 왜 그녀에게 그렇게 크게 다가오는지를 설명하는 중요한 부분인데, "그는 다른 어떤 사람도 해 주지 못한 나를 알아주었어요. 있는 그대로의 나를, 완전히 마음을 열고, 주저하지 않는 나를요."

내가 그날 함께한 작업, 혹은 그날 상담을 하는 동안 내게 느꼈던 감정을 말해 달라고 하면 그녀는 거의 반응이 없었다. 대개 그녀는 감정이 있다는 것을 부정하였지만, 어떤 시간엔 가끔, 특히 그녀가 회피를 하고 나와 멀게 느껴진다는 경험을 내가 했던 시간에는 무척 친밀한 느낌이었다고 말함으로써 나를 완전히 무력하게 하기도 하였다. 그러나 이러한 견해차를 탐색하는 것은 그녀가 일종의 거부를 당했다고 느끼는 것 같아서 위험했다.

우리 관계가 의미 있는 관계로 발달해 가고 있지 않다는 증거가 쌓일수록, 나는 좌절감을 느끼고 거부당한 기분이 들었다. 지금까지의 관계에 대해 내가 말할 수 있는 것은, 그녀가 나를 활용 가능한 사람으로 거기에 두었다는 것이다. 그러나 그녀는 내게 무관심했다. 그녀에게 이에 대해 의문을 불러일으키려 했지만, 어떤 식으로 질문을 하든 마치 "왜 날 매튜만큼 좋아해 주지 않는 건가요?"라고 칭얼거리고 있는 것처럼밖에 느껴지질 않았다.

"아시다시피 델마, 당신에 대한 매튜의 의견이 매우 중요하다는 것과는 별개로 뭔가 다른 것이 또 있는 것 같고, 그리고 내 의견은 전혀 의미가 없는 것이 되어 버리게 당신이 거부를 합니다. 결국, 나도 매튜처럼 당신에 대해 많이 알게 되었어요. 또한, 나도 치료자고요. 사실 매튜보다 20년은 더 경험이 많고 아마 더 지혜로울 거예요. 왜, 내가 당신에 대해 느끼고 생각하는 것을 의미 있게 받아들이지 않는지 내게는 의문이에요."

그녀는 내용에는 반응을 했지만 정서에는 반응을 하지 않았다. 그녀는 나를 이렇게 달랬다. "그것은 당신 탓이 아니지요. 당신이 직업적으로 보면 더 잘 안다고 확신해요. 나는 어느 치료자하고나 이렇지요. 내가 매튜에게 너무나 상처받았기 때문에 다른 치료자에게 또다시 쉽게 당하지 않으려 하기 때문입니다."

"모든 것에 항상 좋은 답을 갖고 계시지만, 덧붙이고 있는 것은 '내게 다가오지 마시요.' 예요. 매튜와 친밀감을 느낀다는 생각이나 자살에 관한 이야기를 해서 해리에게 상처를 입히지 않으려니 해리와 가까워질 수 없다. 결국 자살을 하게 되면 상처를 입게 되니까 친구들과 친해질 수 없다. 다른 치료자가 8년 전에 당신에게 상처를 줬기 때문에 나와 친밀해질 수 없다. 매번 가사는 다르지만 궁극적으로 노래는 같은 노래예요."

결국, 넉 달째 될 즈음, 진전의 기미가 보였다. 델마는 모든 견해에 대해 사사건건 싸우기를 멈추었고, 놀랍게도, 한 회기에는 지난주 동안 자기와 가까운 관계에 있는 사람의 명단을 만들며 시간을 보냈고 그들과 어떤 일이 있었는지를 이야기하면서 시작을 했다. 자기가 누군가와 진정으로 가까워질 때면 언제나, 이런 저런 방법으로, 그 관계가 깨지게끔 처리를 했다는 것을 그녀는 깨달았다.

"어쩌면 당신이 옳을지도 몰라요. 아마 난 사람들과 가까워지는 데 심각한 문제를 가지고 있는지도 모르지요. 30년간 좋은 동성친구를 가져 본 적이 없었다는 생각이 들어요. 아니 일생 동안 하나라도 있었는지 모르겠어요."

이 통찰이 우리 치료에 있어 하나의 전기(turning point)가 될 수 있었는데, 처음으로 델마가 특정한 문제를 확인하고 그에 대한 책임감을 느꼈기 때문이었다. 이때 나는 진짜 문제로 돌입하는 데 희망을 가졌었다. 그런데 대신에, 정반대의 일이 일어났다. 그녀는 자기의 친밀감의 문제는 우리의 치료 작업에서 생겨난 것이라고 우기며, 이전보다 더욱 물러났다.

나는 치료 중에 뭔가가 드러나는 것은 부정적인 것이 아니라 긍정적이라고 강력하게 그녀를 설득했다. 거듭거듭, 나는 친밀감에서 생겨나는 어려움은 치료 중에 우연히 일어난 외부적인 것이 아니라 핵심적인 주제라고 설명하고 또 설명했다. 지금 여기서 우리가 검토할 수 있도록 표면에 떠오른 것은 절대 부정적인 것이 아니라 **긍정적인** 발전이었다.

그러나 그녀의 절망은 깊어만 갔다. 이제는 매주가 나쁜 한 주였다. 그녀는 더욱 강박관념에 시달리고, 더 많이 울고, 해리로부터 더 물러나고, 어떻게 자살을 결행할 것인가를 계획하며 보다 많은 시간을 보냈다. 나는 더욱더 자주 치료에 대한 비판을 들었다. 그녀는 불편감이 더 커지자 치료가 '온 그릇을 휘저어 놓는' 데에만 성공을 했고, 꼬박 6개월이나 치료에 오겠다고 약속했던 것을 후회했다.

시간은 거의 다 가고 있었다. 이제 우리는 5개월째에 접어들었다. 그리고 델마가 자기를 치료받게 해 주어 영광이라고 나를 안심시키기는 했지만, 6개월을 지나 더는 계속하지 않으리라는 것이 분명했다. 내 불굴의 노력은 다 비효과적이었고 나는 실망했다. 나는 굳건한 치료동맹조차 그녀와 맺지 못했고, 그녀의 정서적 에너지는 몽땅 매튜에게 박혀 있었으며, 그것을 느슨하게 할 방법을 찾지 못하고 있었다. 마지막 카드를 뽑아야 할 순간이 왔다.

"델마, 2개월쯤 전 당신이 매튜의 역할을 연기하면서 한 이야기가 당신을 풀어 놓아줄 수 있다고 한 이래, 나는 그를 나의 사무실로 초대해서 삼자, 당신과 나 그리고 매튜가 함께하는 회기를 가지면 어떨까 곰곰이 생각해 왔어요. 당신이 그만하겠다는 결정을 재고하지 않는 한, 우리에게는 일곱 회기밖에 남지 않았지요." 델마는 확고하게 가로저었다. "내가 생각하기에 우리가 좀 더 나아가기 위해서는 도움이 필요하다고 생각해요. 내가 매튜에게 전화를 해서 우리와 함께해 달라고 초대하려면 당신의 허락이 필요합니다. 내가 생각하기에 삼자가 함께하는 회기는 단 한 번이면 충분하지만, 거기서 우리가 알게 된 것을 그 후에 통합하려면 몇 시간이 필요하다고 생각되기 때문에 곧 하지 않으면 안 돼요."

의자에 풀썩 주저앉아 무감각하게 있던 델마가 갑자기 튕기듯 팍 솟구쳐 일어났다. 무릎에 있던 구슬 지갑이 바닥으로 굴러떨어졌지만 그녀는 내 이야기를 듣느라 눈이 동그래져서 이를 무시했다. 결국, 나는 그녀의 관심을 끄는 데 성공했고 몇 분간 그녀는 내 말에 대해 생각하면서 말없이 앉아 있었다.

내 제안을 완전히 생각해서 해결한 것은 아니더라도 나는 매튜가 우리를 만나는 데 동의할 것이라고 믿었다. 이 분야에서의 내 명성이 그가 협조하지 않으면 안 되게 위협이 되기를 바랐다. 게다가, 자동응답기에 남긴 델마의 메시지를 8년이나 받아야 했기 때문에 그도 역시 놓여나기를 바랄 것이라고 확신했다.

예외적인 이 삼자 간의 만남에서 어떤 일이 일어날지는 확실히 알 수 없었지만, 나는 이상하게도 모두 잘 될 것이라는 자신감이 들었다. 어떤 정보라도 도움이 될 것이다. 현실에 대하여 어떤 시발점이라도 델마가 매튜에 대한 집착으로부터 풀려날 수 있도록 도와줄 것이다, 그의 성격적 결함의 깊이에 상관없이. 그리고 나는 이것이 굉장히 깊은 도랑이라는 것을 믿어 의심치 않았다. 내 앞에서 언젠가 다시 만날 거라는 환상을 그녀에게 심어 주지 않으리라는 것을 확신했다.

예외적으로 긴 침묵 후에, 델마는 생각할 시간이 더 필요하다고 말했다. "지금까지는," 그녀는 말했다. "찬성보다는 반대쪽으로 비중이 더가 있습니다……."

난 한숨을 쉬었고 의자에 등을 깊이 기대고 앉았다. 델마가 나머지 시간 동안 강박관념의 거미줄을 계속 타고 돌고 있으리란 것을 알고 있었다.

"추측컨대 긍정적인 측면은 얄롬 박사가 직접 관찰할 수 있다는 점이군요."

내게 더 깊은 한숨이 나왔다. 지금은 보통 때보다 더 나쁘게 돌아가고 있는 것이었는데, 그녀는 지금 마치 제삼자에게 얘기하듯 내게 이야기하고 있었다. 마치 같은 방 안에 내가 있지 않은 듯이 말하고 있다고 나는 이야기하기 시작했지만, 더 이상 에너지를 모을 수가 없었다. 그녀는 나를 완전히 지쳐 나동그라지게 만들었다.

"부정적인 측면에 대해서 나는 여러 가지 가능성을 생각할 수 있어요. 첫째, 당신이 전화하면 그가 나로부터 멀어집니다. 그가 나를 다시 보러 올 기회는 1, 2퍼센트밖에 되지 않습니다. 그런데 당신 전화는 그 기회를 0퍼센트 혹은 그 이하로 낮출 겁니다."

나는 점점 화가 나서 결국 이렇게 생각했다. '8년이나 지나갔다고요, 델마, 못 알아듣겠어요? 그리고 게다가, 어떻게 0퍼센트보다 기회가 더 줄어들 수가 있어요, 이 멍청이 같은 양반아?' 이것은 정말 나의 마지막 카드였는데 그녀는 나를 능가한다고 느꼈다. 그렇지만 침묵했다.

"그가 참여하는 유일한 동기라면 너무 무능해서 자기 인생 하나 제대로 운영하지 못하는 환자를 돕는 그런 사람, 전문가로서일 것입니다. 그리고 셋째로……."

오, 세상에! 또 줄줄이 말하기 시작이었다. 나는 참을 수가 없었다.

"셋째로, 매튜는 아마 진실을 말하겠지만, 조심스럽게 보호하며 말을 할 것이고, 얄롬 박사 앞이라는 것을 상당히 의식할 것이에요. 난 그의 보호를 받아들이고 싶지 않아요. 넷째, 이것은 그의 전문가로서의 지위를 위태롭고 곤란하게 해요. 그는 그 점에 대해 나를 용서하지 않을 거예요."

"그러나 델마, 그는 치료자예요. 당신이 좋아지게 하기 위해서는 자기에 대해 이야기해야 한다는 것을 알아요. 그가 정말 당신이 생각하는 것처럼 영혼이 살아 숨쉬는 사람이라면, 틀림없이 당신이 받았을 고통에 대해 죄책감을 느낄 것이고 기꺼이 당신을 도울 거예요."

그러나 델마는 자기의 목록을 써 내려가는 데 너무 몰두해서 내 이야기를 들을 수 없었다.

"다섯째, 삼자 회동으로 내가 어떤 도움을 얻을 수 있을까요? 내가 해주길 바라는 그런 얘기를 그가 할 확률은 거의 없는데요. 그가 그런 의미로 말한다 할지라도 난 상관없고, 단지 그가 내게 관심 있고 걱정하고 있다는 이야기를 바랄 뿐인걸요. 내가 원하고 필요로 하는 것을 얻을 수 없다면, 왜 내가 스스로 그 고통 속에 자신을 빠트려야 하는 거지요? 나는 충분히 상처받았어요. 왜 내가 그걸 해야 하나요?" 델마는 의자에서 일어나 창 쪽으로 다가갔다.

지금 나는 마음 깊이 근심이 생겼다. 델마는 서서히 비합리적인 분노를 만들어 가고 있었고 내가 도울 수 있는 마지막 기회를 차단시키려 하고 있었다. 나는 시간을 갖고 내가 할 말을 조심스럽게 생각해 냈다.

"당신의 질문에 대해 내가 할 수 있는 최선의 답은 매튜에게 이야기를 해 보는 것이 우리를 진실에 가까이 가게 한다는 것입니다. 분명히 당신도 그것을 원하지요?" 그녀는 내게 등을 돌리고 있었지만 동의의 뜻으로 고개를 살짝 끄덕이는 것을 볼 수 있었다. "당신은 거짓이나 착각 속에서 계속 살아갈 수 없지요!"

"델마, 당신도 알다시피, 여러 번 나의 이론적인 배경에 대해 물었지요. 나는 종종 대답을 하지 않았어요. 왜냐하면 치료의 학파에 대해 이야기하는 것이 우리가 지금 필요로 하는 개인적인 논제로부터 멀어지게 한다고 생각했기 때문이죠. 그렇지만 그 질문에 대해 지금 한 가지 대답을 하고 싶어요. 아마도 내가 가진 치료적 신조 중 가장 중요한 것 한 가지를 꼽는다면 '검토하지 않은 채 사는 삶은 가치가 없다' 는 것입니다. 매튜를 이 사무실로 오도록 하는 것은 그 8년 전에 당신에게 일어났던 일을 진정으로 검토해 보고 이해하는 열쇠가 될 수도 있어요."

내 대답은 델마를 달랬다. 그녀는 자기 의자로 돌아와 앉았다.

"이것은 내 안에 있는 것을 너무 많이 뒤흔들어 놓아요. 머리가 빙빙 도네요. 일주일만 생각할 시간을 주세요. 그렇지만 한 가지는 약속해 주셔야 합니다. 내 허락 없이는 매튜에게 전화하지 않겠다는 것을요."

나는 그녀에게 동의를 구하지 못하는 한, 다음 주 동안 매튜에게 전화하지 않겠다고 약속하고 헤어졌다. 나는 절대로 전화를 하지 않는다는 보장은 할 생각이 없었는데 다행히 그녀는 그것을 요구하지는 않았다.

델마가 다음 주에 10년은 젊어 보이는 얼굴과 스프링처럼 사뿐한 걸음걸이로 들어왔다. 머리를 하고, 늘 입던 운동복이나 조깅복 대신에 다

이아몬드 무늬가 있는 모직 치마에 스타킹을 신고 매력적으로 옷을 입었다. 즉시 자리에 앉더니 바로 과제 얘기로 들어갔다.

"매튜와 만나는 것에 대해 일주일 내내 생각을 했어요. 찬성과 반대쪽을 왔다 갔다 했지만, 이제는 당신이 옳다고 믿어져요. 그렇게 엉망진창인 꼬락서니로 사는 나에게 더 이상 나빠질 것도 없을 거예요!"

"델마, 내 이야기는 그게 아니에요. 내가 말한 건……."

그러나 델마는 내 이야기엔 관심이 없었고 자기가 하고 싶은 이야기를 했다. "하지만 그에게 전화하려는 계획은 좋은 생각이 아니었어요. 당신으로부터 갑작스럽게 전화를 받으면 그는 충격을 받을 거예요. 그래서 내가 그에게 전화를 해서 당신 전화에 준비를 하라고 했어요. 물론, 직접 통화는 안 되었지만 자동응답기에 당신이 제안한 내용을 녹음해 두었고, 그에게 나나 당신에게 전화해 달라고 말했고, 그리고……."

여기서, 그녀는 싱긋 크게 웃으며 긴박감을 주려는 듯 잠시 뜸을 들였다.

나는 매우 놀랐는데, 그녀가 이런 놀이를 하는 것을 본 적이 없었기 때문이다. "그리고?"

"글쎄요, 내가 생각했던 것보다 더 강타를 맞았더군요. 8년 만에 처음으로 그가 내게 전화를 해서 20분간이나 친구처럼 수다를 떨었지요."

"그와 이야기할 때 어떤 느낌이 들었어요?"

"굉장했어요! 얼마나 굉장했는지 말로 설명할 수가 없군요. 마치 우리는 바로 전날 이야기를 나눴던 사람들 같았어요. 그는 예전의 부드럽고, 남을 잘 배려하던, 바로 그 매튜였어요. 나에 관해 모든 걸 물었지요. 그는 나의 우울증에도 관심이 있었어요. 내가 당신을 만나는 것을 그도 반겼어요. 우리는 좋은 이야기를 했지요."

"어떤 이야기들을 했는지 내게 이야기해 주시겠어요?"

"어머나, 모르겠어요. 우린 그냥 마구 수다를 떨었어요."

"과거에 대해서? 현재에 대해서?"

"미친 소리같이 들리겠지만, 기억이 안 나요!"

"조금도 기억할 수가 없나요?" 이 지점에서, 많은 치료자들은 그녀가 나를 막아 버리는 방법에 대해 해석을 할 것이다. 아마, 나도 그랬을지 모르지만, 나는 기다릴 수가 없었다. 나는 너무나 궁금했다! 내가 바라는 것을 생각하지 않는 것 역시 전형적인 델마였다.

"아시다시피, 당신에게 아무것도 감추려는 게 아니에요. 그저 아무것도 기억이 안 나요. 내가 너무 흥분했었나 봐요. 오, 그래요, 그가 결혼했다 이혼했고, 이혼 때문에 굉장히 혼란스러웠었다고 했어요."

"그러나 중요한 것은 그가 기꺼이 삼자 간 모임에 오겠다고 한 거예요. 있잖아요, 웃기게도 그는 열렬하다고 할 정도로 들떠서 마치 이제껏 내가 그를 피한 것 같더라니까요. 그에게 다음 주 정규 내 상담 시간에 당신 사무실로 와 달라고 했더니 그가 더 일찍 와도 좋은지 당신에게 여쭤 봐 달랬어요. 그것이 우리가 결정한 것인데 그는 가능하면 빠른 시기이길 바라고, 나도 비슷하게 느끼는 것 같아요."

나는 이틀 후의 어느 시간을 제안했고 델마는 매튜에게 그것을 알리겠다고 했다. 그 다음에는, 다시 한 번 그녀의 전화 통화에 대해 되짚어 봤고 다음 시간을 계획했다. 델마는 전화로 나눈 대화에 대해서 상세한 내용을 전혀 회상하지 못했으나 이야기되지 않은 것은 잘 기억했다. "전화를 끊고 나서는, 너무나 내가 겁을 냈던 나머지 매튜에게 중요한 질문 두 가지를 하지 못해서 속이 상했어요. 하나는, 8년 전에 **진짜로** 어떤 일이 일어났는지? 왜 그때 관계를 깨 버렸는지? 왜 침묵만 했는지?

둘째, 지금은 나에 대해 어떻게 느끼고 있는지?"

"우리 삼자 모임에서 당신이 묻지 않고 남겨 둔 것이 또 있어서 당신에게 끝이 안 나게 되지 않도록 만들자는 것부터 확실히 합시다. 나는 당신이 묻고 싶은 것을 모두, 매튜에게 당신이 부여한 힘으로부터 풀려날 수 있게 하는 것이라면 뭐든지, 물을 수 있도록 돕겠다고 약속합니다. 그것이 그 상담 시간에 내가 할 주된 임무지요."

그 회기의 나머지 시간 동안, 델마는 옛날 자료들을 반복했다. 매튜에 대한 자기의 감정에 대해 이야기했고, 그것들이 왜 전이감정이 아니며, 매튜가 어떻게 자기에게 최고의 시간을 갖게 해 주었는지 등이었다. 그녀는 샛길로 빠져 지루하도록 늘어지게 이야기하였고, 게다가 모든 것을 마치 처음 하는 이야기인 것처럼 말했다. 나는 그녀에게 얼마나 변화가 없는지 그리고 극적으로 벌어질 다음 회기에 얼마나 많은 것이 달려 있는지를 깨달았다.

그 회기에 델마는 20분 일찍 도착했다. 나는 그날 아침 편지를 쓰고 있었고 비서와 협의를 하러 왔다 갔다 하며 대기실에 앉아 있는 그녀를 두 번쯤 지나쳤다. 그녀는 매력적인 선명한 남색 니트 드레스를 입고 있었는데 70세 여인에게는 좀 대담한 복장이었지만, 나는 잘 맞춰 입었다고 생각했다. 후에, 그녀가 내 사무실로 들어왔을 때 나는 멋지다고 칭찬을 했고 그녀는 손가락을 입술에 대며 마치 공모자에게 속삭이듯, 그것들을 쇼핑하는 데 지난주 대부분의 시간을 썼다고 내게 말했다. 그 옷은 8년 만에 처음으로 그녀가 새로 산 옷이었다. 립스틱을 고쳐 바르며 그가 정확한 시간, 1~2분 내에 도착할 것이라고 내게 말해 주었다. 그는 동창들과 우연히 마주칠 확률을 최소한으로 하고 싶기 때문에 대기실에서 오래 기다리고 싶지 않다고 그녀에게 말했었다. 그 점에 대해서 그를 뭐라 비난할 수는 없었다.

갑자기, 그녀가 말을 멈추었다. 내가 문을 채 닫지 않아 조금 열려 있었기 때문에 우리는 매튜가 도착해서 내 비서에게 이야기하는 것을 들을 수 있었다.

"구 건물에 있었을 때 여기로 강의를 들으러 왔었지요… 언제 이사했나요?… 나는 이 건물의 가벼운 느낌이 좋아요, 당신은요?"

델마는 아직도 가슴이 뛰는 듯 가슴에 자기 손을 대보며 속삭였다. "보셨지요? 얼마나 자연스럽게 그 사람이 관심을 표현하는지를요?"

매튜가 들어왔다. 8년 만에 처음 델마를 만나는 것이었는데, 설사 그녀가 육체적으로 얼마나 늙었는지에 어떤 식으로든 그가 놀랐다 할지라도, 그의 소년 같고 사람 좋은 듯한 미소에서는 전혀 그런 표시가 나지 않았다. 아마 한 40대 초반쯤 될까, 내 예상보다 그는 좀 더 나이가 들었고, 캘리포니아 사람이 아닌 듯 조끼까지 갖춘 양복을 입고 있었다. 그렇게 입지 않았더라면, 델마가 묘사한 것처럼 호리호리하고, 턱수염이 있으며, 구릿빛 피부를 가진 그런 사람에 가까웠다.

나는 그에게 직접적인 성실성을 기대했고, 그래서 그로 인해 복잡해지지는 않을 것이라고 예측하고 있었다[사회병질자(sociopath)들은 자기를 좋게 보이려 한다.]. 나는 그에게 와 줘서 고맙다고 간단히 말하며 시작을 했다.

그가 즉각 이렇게 응답했다. "저는 몇 년간이나 이러한 회기가 있기를 바랐습니다. 이러한 기회를 만들어 주신 것에 대해 감사드릴 사람은 오히려 저입니다. 게다가, 몇 년간 저는 선생님 저서를 읽었습니다. 만나 뵙게 되어 영광입니다."

그가 매력이 없지는 않다고 나는 생각했다. 그러나 매튜와 본론을 벗어난 개인적 혹은 전문적 이야기로 빠져들고 싶지는 않았다. 가능하면 나는 이 회기에, 틀만 유지하고 있고 매튜와 델마가 상호작용을 많이 하게 하는 것이 최선이다. "오늘 우리는 할 얘기가 참 많습니다. 어디서부터 시작을 할까요?" 하며 이 회기를 그들에게 넘겼다.

델마가 시작을 했다. "우습지요, 난 약의 양을 늘리지 않았어요." 그녀는 매튜 쪽으로 향했다. "아직도 항우울제를 써요. 8년이 지난 후에도, 오 세상에나, 8년이라니, 믿기 어렵지만요. 그렇지만 8년 동안에, 아마 여덟 가지는 될 새로운 항우울제를 써 봤을 거예요. 그리고 아직도 듣지를 않아요. 그러나 흥미로운 것은 부작용이 요즘은 더 커졌어요. 입 안이 말라서 거의 말을 할 수가 없지요. 요즘 왜 그렇지요? 스트레스가 부작용을 증진시키나요?"

델마는 배회를 계속했고 우리의 귀중한 시간을 서문에서 서문으로 빙빙 돌며 막대한 시간을 썼다. 나는 딜레마에 빠졌는데 보통 상황이라면, 그녀의 간접적인 이런 이야기들을 분명히 하려는 노력을 했을 것이다. 예를 들면, 자기가 하고 싶다고 말한 이야기를 즉각 터놓고 이야기할 수 없게 만드는, 아주 약한 사람 역할을 하며 주변을 빙빙 돌고 있다고 지적을 했을 것이다. 혹은 자유롭게 이야기하라고 매튜를 이 자리에 자기가 초대하고는 그가 자기를 떠난 이래로 항우울제에 계속 의지하고 있다는 것을 주지시킴으로써 그에게 죄책감을 불어넣고 있다는 것을 지적했을 것이다. 그러나 그러한 해석은 그 시간 대부분을 전통적인 개인치료 회기로 써 버리게 될 것이다. 그것은 우리 세 사람 중 어느 누구도 원하는 바가 아니었다. 게다가, 그녀의 행동에 내가 어떤 식으로든 이것이 당신의 문제라고 딱지를 붙이면 그녀는 매튜 앞에서 모욕을 당했다고 느껴 나를 용서하지 않을 것이다.

그러나 이 시간은 너무 많은 것이 걸려 있었다. 난 델마가 간접적으로 우회하며 이 회기를 낭비하고 있는 것을 참을 수가 없었다. 지금이야말로 그녀가 8년이나 자기를 괴롭히던 질문을 할 수 있는 절호의 기회였다. 자신이 스스로 풀려날 수 있는 기회였다.

"잠시 방해를 해야겠어요, 델마, 그래도 좋다면요. 나는 두 분이 동의한다면 시간 재는 사람의 역할을 하고 싶고, 초점을 맞추게 하는 사람 역할을 하고 싶어요. 우리 전략을 세우는 데 1~2분 정도 써도 되겠어요?"

매튜가 그것을 꿰뚫어 이해할 때까지 잠시 침묵이 흘렀다.

"저는 델마에게 도움이 되고 싶어 오늘 여기에 왔습니다. 그녀가 힘든 시간을 보냈다는 것을 알고 있고, 또한 거기에 내가 책임이 있다는 것을 압니다. 어떤 질문에도 가능한 한 마음을 열고 대답하겠어요."

그것은 델마에게 완벽한 단서가 되었다. 나는 그녀에게 시작하라는 눈길을 주었다. 그녀는 그것을 알아채서 시작을 했다.

"버림받은 기분보다, 절대 고독 속에 이 세상에 있다고 느끼는 것보다 더 끔찍한 것은 없어요. 내가 어렸을 때, 내가 좋아한 책 중에 하나가 ― 난 그 책을 워싱턴 D.C.의 링컨 공원에 있는 벤치에서 읽으려고 가져가곤 했는데……."

여기서 나는 내가 지을 수 있는 가장 불쾌하고 가장 악독한 표정으로 그녀를 쏘아보았다. 그녀는 알아챘다.

"요점으로 들어갈게요. 내 생각에 가장 밑바닥에 있는 것은" 그리고 그녀는 천천히 그리고 조심스럽게 매튜를 향했다. "나에 대해 어떤 감정을 가지고 있는 거지요?"

잘하는데! 나는 긍정적이라는 표시로 그녀에게 상냥한 미소를 지었다.

이어진 매튜의 대답에 나는 기가 막혔다. 그는 그녀를 똑바로 쳐다보며 말하기를, "나는 지난 8년간 당신을 매일 생각했어요! 나는 당신에게 관심이 많아요. 아주 많지요. 당신에게 일어나는 일들도 알고 싶었어요. 몇 달에 한 번이라도 어떻게든 만날 수 있어서 당신 생각을 따라갈 수 있었으면 하고 바랐지요. 떼어 내고 싶었던 게 아니에요."

"그렇다면," 델마가 물었다. "그동안 왜 침묵하고 있던 건가요?"

"때로 관심은 침묵으로 가장 잘 표현될 수 있어요."

델마는 고개를 가로저었다. "그건 당신의 수수께끼 같은, 난 절대로 이해할 수 없었던 선문답 같은 이야기 중 하나지요."

매튜는 계속했다. "당신에게 통화하려고 할 때에는 언제나 일이 악화되어 갔어요. 내가 더 이상 줄 것이 없을 만큼 당신은 점점 더 많은 요구를 했어요. 당신은 하루에 열두 번도 더 전화를 했어요. 내 사무실의 대기실에도 수없이 나타났고요. 그러고는 당신이 자살을 시도했을 때, 내 치료자도 동의했는데 가장 좋은 방법이 완전히 끊는 것이라는 것을 알았어요."

내가 생각하기에 매튜의 이야기는, 델마가 역할 연기를 하던 회기에서 자기를 풀려나게 할 거라고 믿으며 보여 준 시나리오와 무서우리만큼 똑같았다.

"그러나" 델마가 말했다. "아주 중요시하던 무엇인가를 갑자기 빼앗아 간다면, 사람이 버림받았다고 느끼는 것은 매우 당연하지요."

매튜는 이해한다는 듯 델마에게 고개를 끄덕이며 잠깐 자기 손을 델마에게 얹었다. 그러고 나서 그는 내게로 향했다. "제가 생각하기에 8년 전에 정확히 어떤 일이 제게 일어났었는지 선생님이 아시는 것이 중요할 것 같습니다. 델마에게는 전에 몇 번이나 이야기를 했기 때문에, 이번에는 델마보다는 선생님에게 이야기를 하겠습니다." 그는 델마를 향했다. "모든 이야기를 다시 들을 수밖에 없게 해서 미안해요."

그러고 나서 매튜는 나를 향해 솔직하게 이야기를 시작하였다. "제게 이게 쉬운 일은 아닙니다. 최선의 방법은 단순하게 이야기하는 것이지요. 이렇게 된 겁니다."

"8년 전, 실습 훈련을 끝낸 지 1년쯤 되어서, 저에게는 심각한 정신병이 생겼지요. 그 기간 동안 전 불교에 심취해 있었고 비파사나—불교 명상의 한 형태입니다—를 하며 앉아 있곤 했었어요." 매튜는 내가 끄덕이는 것을 보고 이야기를 멈추었다. "거기에 대해 잘 아시는 것 같군요. 그것에 대한 선생님 의견을 알고 싶어요. 하지만 오늘은 제 이야기를 계속하는 것이 낫겠네요… 저는 비파사나를 하며 하루 서너 시간을 앉아 있었어요. 저는 불교의 승려가 되려고 생각 중이었고 30일간의 명상을 하기 위해 뭄바이 북쪽의 작은 마을인 이가푸리로 갔었습니다. 그 섭생법—완전한 침묵, 완전한 고립, 하루 14시간의 명상—이 제겐 너무 가혹했고 제 자아 경계를 잃기 시작했어요. 3주째에 저는 환각을 경험하면서 벽을 넘어서 볼 수 있고 과거와 미래의 삶도 완전히 넘나들 수 있다고 생각했지요. 스님들이 저를 뭄바이로 데려갔고, 인도의 의사가 제게 항정신병 약물을 주고서 저의 형에게 전화를 했고, 그가 인도까지 와서 저를 집으로 데려갔어요. 저는 로스앤젤레스에서 약 4주간 입원을 했었습니다. 퇴원을 하자마자 저는 샌프란시스코로 돌아왔고, 델마를 유니온 광장에서 우연히 만난 것이 그다음 날이에요."

"저는 아직 정신이 온전치 못한 상태입니다. 불교 교리를 진짜 정신병 상태로 바꾸어 버렸고 그것이 다른 이들과 하나가 된 상태라고 믿었어요. 제가 델마의 치료에 합류하게 되어 기뻐요. 당신, 델마." 그녀를 향했다. "당신을 만나 반가워요. 내가 다시 정착을 한 것같이 느끼게 되어 도움이 됩니다."

매튜는 다시 나를 향했고, 자기 이야기를 끝낼 때까지 델마를 보지 않았다.

"저는 그녀에게 좋은 감정밖에 없습니다. 전 델마와 하나처럼 느껴요. 저는 그녀가 자기 삶에서 원하는 모든 것을 갖기를 바라요. 아니, 그 이상이에요. 그녀의 행복은 내 행복이나 마찬가지입니다. 같은 것을 추구하지요. 그녀나 나나 같아요. 저는 우주는 하나이며 무아라는 불교 교리를 문자 그대로 받아들였어요. 저는 어디서 끝을 내고 어디서 다른 것을 시작하는 것인지 몰랐습니다. 저는 그녀가 원하는 것을 모두 주었어요. 그녀는 저와 가까워지길 원했고, 저와 함께 집에 오고 싶어 했고, 섹스를 원했고 그래서 저는 기꺼이 완전한 하나라는 상태와 사랑이라는 마음으로 그녀에게 모든 것을 주었습니다."

"그러나 그녀는 더 원했고 저는 더 줄 수가 없었어요. 저는 점점 불편해졌지요. 3~4주 후에 저는 다시 환각에 시달렸고 다시 입원해야 했습니다. 이번에는 6주간이었어요. 델마가 자살을 기도했다는 것을 들은 것은 제가 퇴원하고 얼마 안 돼서였습니다. 저는 어떻게 해야 좋을 지를 몰랐어요. 대혼란이었죠. 그것은 제게 일어난 일 중 최악이었습니다. 저는 8년간이나 그 일 때문에 시달렸지요. 처음에는 그녀의 전화에 응답을 했는데 계속 전화가 왔습니다. 저의 정신과 주치의는 모든 접촉을 끊고 완전한 침묵으로 일관하라고 조언했습니다. 그는 제가 온전한 정신을 갖기 위해 그렇게 할 필요가 있고 또 델마를 위해서도 최선이라는 것을 확신하며 말했어요."

나는 매튜 이야기를 들으며 머리가 핑 돌았다. 그의 행동에 대하여 여러 가지 가설을 세웠었지만, 방금 들은 그 이야기에 대해서는 전혀 준비가 되어 있지 않았었다.

첫째, 그것이 사실이냐? 그는 마술사이다. 그는 부드럽다. 그가 정말 나를 위해 이렇게 무대에 올랐을까? 아니, 난 그가 말한 대로 일이 벌어졌을 거란 것을 의심하지 않았다. 그가 사용한 단어는 실수 없이 사실을 말했다. 그는 자유로이 병원 이름을 댔고, 내가 전화하고 싶다고 했다면 자기 주치의 이름도 댔을 것이다. 게다가, 전에 이미 이 이야기를 해서 들었다는 델마도 몰두해서 이 이야기를 듣고 있고 아직까지 이의를 제기하지 않고 있다.

나는 델마를 보았으나 그녀는 눈길을 피하고 있었다. 그가 이야기를 끝냈을 때 그녀는 창밖을 내다보기 시작했다. 과연 이 이야기를 그녀가 처음부터 알고 있으면서 내게는 감추는 것이 가능했을까? 혹은 고민과 자기 욕구에 너무나 빠져 있어서, 이제까지 매튜의 정신 상태를 전혀 의식하지 못했을까? 혹은 잠시 그것을 알았지만 자기에게 생생한 거짓말을 하여 그 후로는 자기가 알고 있는 사실을 모두 억압(repress)했기 때문에 기억하지 못하는 것일까?

델마만이 말해 줄 수 있는 것이었다. 그러나 어느 델마가? 나를 속이고 있던 델마가? 자기 자신을 속이고 있던 델마가? 아니면 스스로에 의해 속고 있던 델마가? 나는 그 질문들에 답을 과연 발견할 수 있을지 의심스러웠다.

그렇지만, 일차적으로 나는 매튜에게 관심을 집중했다. 지난 몇 개월간, 나는 그에 대해 오히려 다른 몇 가지 대안적 견해를 가지고 있었다. 자기 내담자를 이용하는 무책임한 정신병질자인 매튜, 개인 내적 갈등(대체로 여성과 혹은 특별히 엄마와)을 드러내는 무감각하고 성적으로 혼란된 매튜, 바라는 사랑과 요구되는 사랑을 착각하고서 모험을 하는 과대망상증적인 젊은 치료자.

그런데 그는 내가 세웠던 가설 중 어느 것에도 속하지 않았다. 그는 뭔가 다른, 내가 전혀 예측하지 않았던 그런 종류였다. 그러나 뭔가? 좋은 의도를 가진 피해자? 상처받은 치료자, 자신의 완전성을 델마를 위해 희생했던 예수 같은 인물? 분명히 나는 더 이상 그를 범죄자 같은 치료자로 보지 않게 되었는데 델마만큼이나 환자였고, 더군다나 아직도 창밖을 내다보고 있는 델마를 바라보고 나서, 나는 이렇게 생각하지 않을 수 없었다. 아직 치료 중인 환자, 내게 잘 맞는 환자였다.

나는 뒤죽박죽이 된 기분이었는데 그렇게 많이 세워 두었던 가설이 한순간에 다 깨져 버린 그런 기분이었다고 기억된다. 매튜는 정신병질을 가진 성격장애자이거나 환자를 이용하는 치료자일 것이라는 가설은 영영 날아가 버렸다. 도리어 이 관계에서 누가 누구를 이용한 것이었나? 하는 또 다른 질문이 머리에서 떠나지 않았다.

이것이 내가 다룰 수 있었던(그리고 필요하다고 생각했던) 정보의 전부였다. 그 나머지 시간에 대한 기억은 아주 희미할 뿐이다. 내 기억에 매튜가 델마에게 더 물어볼 것이 있으면 물어보라고 격려했던 것 같다. 마치 그도 역시 진실의 빛에 의해 착각이 사라질 수 있기 때문에 델마가 사실을 안다면 풀려날 수 있을 것이라는 것을 감지한 듯하다. 그리고 나 역시도, 델마가 풀려나야 자기도 풀려날 수 있다는 것을 그가 알리라고 생각했다. 나와 델마가 모두 질문을 많이 했고, 각각에 대하여 그가 충분히 대답했다고 기억이 된다. 그의 아내는 4년 전에 그를 떠났다. 그와 아내는 종교에 대한 견해차가 점점 커졌고, 그의 아내는 그가 하는 이야기를 기독교 교리에 비추어 보면서 동의할 수가 없었다.

아니, 그는 동성애자는 아니었다. 델마가 종종 그에 대해 묻곤 했지만

한때라도 동성애에 빠진 적이 없었다. 그의 입에서 미소가 사라지고 목소리에 분노가 묻어 나온 것은 이때뿐이었다. "내가 계속 얘기했잖아요, 델마. 제대로 된 사람도 헤이트 지역에 산다고요."

아니, 그는 어떤 내담자와도 개인적인 관계를 가져 본 적이 없었다. 사실상, 정신병의 발병과 델마와 있었던 일의 결과로, 몇 년 전에 자기의 심리적인 문제가 넘어설 수 없는 장벽이라는 것을 이미 깨달았고, 치료자로서의 일을 그만두었다. 그러나 생계를 위해 몇 년간 심리검사를 했고, 바이오피드백 실험실에서 일을 했었으며, 보다 최근에는 기독교인의 건강 유지 기관에서 행정 일을 하였다.

나는 시간이 거의 끝나 갈 무렵 매튜가 다시 치료자로 — 아마 지금쯤은 훌륭한 치료자가 되었을지도 모르지만 — 돌아갈 생각까지 진전했을까 궁금해하며, 매튜의 전문가로서의 결정에 대해 곰곰이 생각하였다.

나는 우리가 모든 것을 섭렵했는지 알아보았다. 델마에게 미래 투사를 시키면서 지금부터 몇 시간 후쯤에 자기가 어떻게 느낄지 상상하도록 하였다. 묻지 않은 질문이 남아 있나?

놀랍게도, 그녀는 거의 숨도 쉴 수 없을 만큼 흐느껴 울기 시작했다. 매튜가 나보다 앞서 크리넥스 통을 건네주었을 때 눈물이 그녀의 푸른 드레스를 적실 정도로 흘러내렸다. 흐느낌이 좀 잦아들자 그녀의 말을 알아들을 수 있게 되었다.

"믿을 수 없어요, 매튜가 내게 일어난 일에 대해 진정으로 관심이 있지 않다는 걸, 난 결코 믿을 수가 없어요." 그 말은 매튜나 나를 향해 하는 것이 아니라 우리가 있는 방 어딘가로 향해 던져진 것이었다. 나는 나에게만 제삼자에게 이야기하듯 하는 것이 아니라는 것을 약간 다행으로 여기며 주시하였다.

나는 델마가 이야기하도록 도우려고 했다. "왜죠? 왜 그를 믿지 않습니까?"

"그는 그렇게 말해야 하니까 그렇게 말하고 있는 거예요. 그렇게 말해야 옳지요. 그렇게밖에 말할 수 없으니까요."

매튜는 최선을 다했으나 그녀가 흐느꼈기 때문에 대화를 하기가 어려웠다. "내가 말한 건 모두 사실 그대로예요. 지난 8년간 나는 당신에 대해 매일 생각했어요. 당신에게 일어난 일에 대해서 관심도 있었고요. 당신 걱정을 많이 했어요."

"그렇지만 당신의 관심이란 게 무슨 뜻인가요? 당신이 따뜻한 관심이 많은 사람이란 건 알아요. 불쌍한 사람, 개미나 식물, 그리고 생태계에까지 관심을 갖지요. 나는 당신의 개미 중 하나가 되고 싶지 않아요!"

우리는 20분이나 시간을 넘겼기 때문에 델마가 아직 평정을 되찾지 못했지만 여기서 그쳐야 했다. 나는 그녀와 바로 다음 날로 약속을 잡았는데 지지하기 위해서뿐 아니라, 이 시간에 있었던 상세한 것들이 그녀에게 아직 생생하게 있을 때 가능한 한 빨리 그녀를 보는 것이 최선이라고 생각했기 때문이다.

우리 세 사람은 돌아가며 서로 악수를 나누고 헤어졌다. 몇 분 후, 내가 커피를 가지러 갔을 때, 델마와 매튜가 복도 끝에서 이야기를 하고 있는 것을 눈여겨봤다. 그는 요지를 설명하려 애썼으나 그녀는 그로부터 눈길을 돌리고 있었다. 조금 후에, 그들이 서로 다른 방향으로 걸어 나가는 것을 보았다.

델마는 다음 날까지도 회복이 되어 있지 않았고 전 치료 회기를 통해 가장 불안정했다. 그녀는 비탄의 눈물을 흘렸고, 때로는 분노의 빛이 스쳤다. 첫째, 매튜가 자기에 대해 그렇게 형편없는 견해를 가지고 있다는 것을 비탄했다. 매튜가 한 '관심 있다'는 말을 물고 늘어지며 지금은 거의 모욕적이라고 느낄 정도까지 되었다. 그가 자기의 긍정적인 측면들에 대해서는 언급하지 않았다는 것을 주시했고, 그래서 델마는 자기에 대한 그의 기본적인 자세는 '친근하지 않은' 것이었다고 확신했다.

게다가 내가 있었기 때문에 자기를 보살핀다는 것을 내가 알 수 있도록 치료자인 척(pseudo-therapeutic)하는 목소리와 태도를 보였다고 그녀는 확신했다. 델마는 장황하게 이야기를 하며 그 시간과 자기의 반응에 대해 재구성하느라 이리저리 방황을 했다.

"절단 수술을 받은 기분이에요. 무언가가 내게서 없어져 버렸어요. 고상하게 들리는 매튜의 윤리적인 말에도 불구하고 그보다는 내가 더 정직하다고 믿어요. 특히 누가 누구를 유혹했는지에 대한 부분에 대해서는요."

델마는 이 문제에 대해서 숨기고 싶어 했고, 나는 설명을 강요하지 않았다. 나는 '실제로' 일어났던 것을 발견할 수 있어 좋았지만, '절단 수술'이라고 한 그녀의 표현이 흥미를 더 끌었다.

"난 더 이상 매튜에게 환상을 품지 않게 되었고," 그녀는 계속했다. "더 이상 백일몽에 빠지지도 않아요. 그렇지만 난 원해요. 뭔가 따뜻이 나를 감싸 줄 수 있는 백일몽 속에 빠져들어 갔으면 하고 바라요. 밖은 너무나 춥고 내 안은 텅 빈 것 같아요. 더 이상 남아 있는 것은 아무것도 없더라고요."

마치 배가 물 위에 둥둥 떠다니듯, 그러나 정든 배가 어디라도 정박할 곳을 절망적으로 찾고 있는 듯하다고 나는 생각했다. 이제, 강박관념들 사이에 델마는 둥둥 떠다니는 부유 상태에 있었다. 이것이 내가 기다려 온 시간이었다. 그러한 상태는 오래가지 않는데, 단단히 연결되지 않은 강박관념은 발생기 산소처럼 심상이나 생각 같은 것에 빨리 흡수가 된다. 이 순간, 강박관념 사이에 작은 틈이 있는 이 순간이야말로, 우리가 작업하는 데 결정적이다, 델마가 뭔가에 혹은 누군가에게 빗장을 걸어서 평정을 되찾기 전에. 매튜와 함께했었던 그 시간을 재구성하여 맘대로 판을 짜서 그것이 움직일 수 없는 사실로 단단해진 환상을 또다시 만들어 낼 가능성이 높았다.

진정으로 진전이 있는 것 같았다. 수술은 끝났고 이제 나의 임무는 수술한 부위가 덧나지 않게 재빨리 도로 꿰매는 것이다. 델마가 자기가 상실한 것에 대해 비탄을 계속하고 있을 때 기회는 곧 내게 왔다.

"내가 예측했던 것이 현실로 다가왔어요. 더 이상 내게 희망은 없어요. 다시는 내게 만족이란 것도 없을 거예요. 나는 그 1퍼센트의 확률 때문에 살 수 있었어요. 오랫동안 그것을 가지고 살아왔지요."

"만족은 무엇이었지요, 델마? 1퍼센트의 확률이란 무슨 확률인가요?"

"무슨 확률요? 27일간에 대한 확률이지요. 어제까지만 해도 매튜와 내가 예전으로 돌아갈 확률이 언제나 있었어요. 우리는 거기에 있었고, 그 감정은 사실이었어요. 내가 그걸 느낄 때면 사랑이라는 걸 알 수 있었지요, 어제까지는, 당신 사무실에서."

아직도 절단해야 할 한 줄기 착각이 좀 남아 있었다. 강박관념은 거의 완전히 파괴되었다. 이제 그 일을 끝내야 할 시간이었다.

"델마, 지금부터 내가 하려는 이야기가 유쾌한 이야기는 아니지만, 중요한 이야기라고 생각해요. 내가 생각을 좀 확실하게 정리해 볼게요. 만약 두 사람이 어느 순간 혹은 둘 사이의 어떤 감정을 함께 나누었다고 한다면, 그리고 그 둘이 같은 감정을 느꼈다면, 그러면 그들이 살아 있는 한, 어떻게든 그 귀중한 감정을 둘이서 되살릴 수 있을지도 몰라요.

그것은 아마 미묘한 절차겠지요. 결국, 사람이란 변하기 마련이고 사랑이 영원히 머물지는 않지만 그래도 아마, 아직은 가능성이 있을 거예요. 서로 충분히 대화를 하고 서로 깊이 있는 진실한 관계를 만들려고 노력하는데, 그 사랑은 진실한 상태이기 때문에 전에 그들이 가졌던 것에 가까운 것이어야 합니다."

"그렇지만 둘이 함께 나누었던 경험이 같은 것이 아니었다고 가정을 해 봅시다. 두 사람이 서로 아주 다른 경험을 했다고 가정해 봐요. 그리고 그들 중 한쪽이 자기와 그가 같은 경험을 나누었었다고 잘못 생각하고 있다고 가정해 보면?"

델마의 눈은 내게 고정되어 있었다. 나는 그녀가 내 말을 완전히 이해하고 있다는 것을 확신했다.

내가 계속했다. "내가 매튜와 함께했던 시간에 들었던 것은 정확히 그것입니다. 당신의 경험과 그의 경험은 매우 달랐습니다. 당신이 생각했던 그런 특별한 마음의 상태로 둘이 다시 만들어 간다는 것이 얼마나 불가능한지 모르시겠어요? 둘이 똑같이 경험한 상태가 아니기 때문에 그렇게 되도록 둘이 다시 노력할 수가 없어요."

"그가 이쪽에 있다면 당신은 저쪽에 있지요. 그는 정신병으로 길을 잃었어요. 그는 자기 경계가 어디인지 몰랐고 어디서 자기가 끝냈고 당신은 어디서 시작했는지를 몰랐어요. 자기는 당신과 똑같다고 생각했기 때문에 당신을 행복하게 해 주고 싶어 했어요. 그는 자기가 누구인지를 몰랐기 때문에 사랑의 경험을 한 게 아니에요. 당신의 경험은 매우 달랐지요. 당신은 둘이 서로를 깊이 사랑하는, 함께 나누는 로맨틱한 사랑의 상태를 경험했지만 그런 상태로 다시 만들 수가 없지요. 왜냐하면 처음부터 그런 사랑은 거기 없었기 때문이에요."

나는 그보다 더 잔인한 이야기를 할 수는 없다고 생각하지만, 나 자신도 들을 수 있을 만큼, 아주 강하고 굳은 용어를 사용하여 왜곡되지도 잊혀지지도 않게 말해야 했다.

내 이야기는 확실히 급소를 찔렀다. 델마는 울음을 그치고 미동도 않고 내 이야기를 생각하며 앉아 있었다. 몇 분이 지난 후 내가 무거운 침묵을 깼다.

"내가 한 이야기에 대해 어떻게 느끼세요, 델마?"

"아무 느낌도 없어요. 다른 아무 느낄 것도 없고요. 시간을 좀 갖고 살 방법을 찾아야겠어요. 아무 감각이 없어요."

"당신은 8년간 한길로만 살고 느끼고 했지요. 그리고 지금 지난 24시간 동안에 갑자기 당신에게서 그걸 빼냈지요. 다음 며칠간은 정말 방향을, 갈피를 잡기 어려울 거예요, 마치 길을 잃은 것처럼요. 그렇지만 우린 그걸 대비해야 해요. 달리 어떻게 할 수 있겠어요?"

나는 종종 재난을 초래하는 반응을 방지하는 최선의 방법은 그것을 예측하는 것이라고 생각하기 때문에 이것을 이야기했다. 또 다른 방법은 내담자가 거기서 나와서 관찰자의 역할을 하도록 돕는 것이다. 그래서 나는 덧붙였다. "이번 주에는 당신이 자기의 내적 상태를 관찰하고 기록하는 일을 하는 것이 중요합니다. 깨어 있을 때는 4시간마다 자신의 내적 상태를 점검해 보시고 관찰한 것을 대강 기록하시기 바랍니다. 다음 주에는 그것을 살펴보기로 하지요."

그러나 다음 주에 델마는, 처음으로 약속을 어겼다. 아내가 늦잠을 잤다고 사과하는 전화를 남편이 대신하여 이틀 후에 다시 만나기로 하였다.

델마를 맞이하기 위해 대기실로 갔을 때 황폐한 그녀의 모습을 보고 나는 낙담했다. 그녀는 도로 초록색 운동복을 입고 있었고 머리도 전혀 빗지 않은 것 같았다. 게다가 처음으로, 키가 큰 백발의 주먹코 남편 해리와 함께 왔는데, 그는 양손에 악력 운동기를 쥐었다 폈다 하며 거기 앉아 있었다. 나는 그가 전쟁 때 맨손으로 교살하는 법을 가르쳤다는 이야기를 들은 생각이 났다. 그가 누군가를 교살하는 그림을 상상할 수 있었다.

나는 그날 그가 아내와 동반해 온 것이 이상하다고 생각했다. 그녀는 고령이기는 해도 신체적으로 건강해서 항상 스스로 운전해 내 사무실에 오곤 했었다. 대기실에서 해리가 오늘 나를 만나고 싶어 한다고 그녀가 말했을 때에는 더욱 호기심이 발동했다. 전에도 그를 한 번 만난 적이 있는데 세 번째인가 네 번째 회기에 델마와 셋이 함께 15분쯤 이야기를 한 적이 있다. 그때는 기본적으로 그가 어떤 종류의 사람이고 결혼생활을 그의 입장에서는 어떻게 보고 있는지를 알기 위해서였다. 그러고는 결코 그가 나를 만나고 싶다고 해 본 적이 없었다. 뭔가 분명히 중요한 것이 임박했다. 델마 시간의 마지막 10분을 그와 이야기하기로 동의하였고 그와 했던 이야기를 그녀에게 자유롭게 다 이야기하겠다는 것을 분명히 했다.

델마는 초췌해 보였다. 그녀는 의자에 쓰러지듯 내려앉으며 체념한 목소리로 천천히 부드럽게 이야기를 했다.

"지난주는 완전히 지옥 같은 공포의 한 주간이었습니다. 내 추측에 강박관념은 사라졌지요. 아니, 거의 사라졌어요. 그 대신 90퍼센트의 시간은… 매튜 생각을 하는 것은 깨어 있는 시간의 20퍼센트 정도도 안 될 정도였고, 그 20퍼센트마저도 좀 달랐지요."

"그 대신에 내가 뭘 했느냐고요? 아무것도, 아무것도 하지 않았어요. 하루 12시간을 잤어요. 내가 한 거라고는 자고, 앉아 있고, 한숨 쉬는 것뿐이었지요. 눈물도 말라 버려서 울 수조차 없었어요. 해리는, 거의 한 번도 내게 비판적이었던 적이 없었는데, 어제 저녁 식사에 대해 불평하며—나는 이번 주 내내 거의 먹지 않았어요—내게 이렇게 말하더군요. '당신, 또 자신에 대해 후회하고 있는 거요?'"

"그래서 자신에게 일어난 일을 어떻게 설명하셨어요?"

"마치 마술쇼를 보고 있다가 밖으로 나오니 세상이 온통 음울한 잿빛인 것 같아요."

나는 소름이 끼쳤다. 델마가 비유를 써서 이야기하는 것을 들어 본 적이 없었기 때문에 마치 전혀 다른 사람이 이야기하는 것처럼 느껴졌다.

"어떤 느낌이었는지 좀 더 말해 주세요."

"저는 늙어 버린, 정말로 늙어 버린 느낌이었어요. 처음으로 내가 70세, 7과 0이라는 것을 알았고 이 나이는 지금 살아서 걸어 다니고 있는 사람의 99퍼센트보다 늙었지요. 마치 쪼그랑바가지가 되었고, 연료가 다 떨어졌고, 삶은 텅 비어 버린 채 곧 죽음을 맞이할 것 같은 느낌이에요. 내게 주어진 시간은 다 지나가 버려 남은 것이 아무것도 없지요."

그 말은 아주 빠르게 했지만 마지막 문장의 억양은 느려졌다. 그러고 나서 내 눈을 응시하였다. 거의 항상 그녀는 나를 바로 쳐다보지 않았기 때문에 그 자체가 특별한 일이었다. 틀릴 수도 있지만 어쨌든 그녀의 눈은 내게 "이제 만족해요?"라고 말하고 있는 듯했고, 그 눈길에 대해 나는 아무 말도 하지 않았다.

"이 모든 일이 매튜와 함께했던 회기 이후에 뒤따라온 것입니다. 그 시간에 무슨 일이 일어났길래 당신이 이렇게 팽개쳐졌나요?"

"그를 8년이나 보호하려 하다니 얼마나 바보 같아요!"

델마의 분노가 그녀에게 활기를 주었다. 그녀는 구슬 가방을 무릎에서 집어 마루에 내려놓으며, 자기 말에 기를 모았다. "내가 무슨 보상을 받았지요? 내가 말씀드리지요. 대놓고 뻥 차였어요! 만약 내가 흘러간 시간 동안 나의 치료자들에게 그의 비밀을 지키지 않았더라면 도미노 현상은 다르게 일어났을지도 몰라요."

"이해가 잘 안 되는군요. 대놓고 뻥 차이다니요?"

"당신은 거기 있었잖아요. 당신이 봤잖아요. 그의 무정함을 봤잖아요. 내게 잘 있었느냐 혹은 잘 가라는 인사조차 하지 않았어요. 그는 내 질문에 대답하지 않았어요. 그에게 대답을 들으려면 얼마나 노력을 해야 되는 거지요? 그는 여전히 왜 나를 잘라 냈는지 이야기하지 않았어요!"

나는 그녀에게 그 일이 내게는 얼마나 다르게 보였는지 그리고 내가 본 바로는, 매튜가 얼마나 그녀에게 따뜻하게 굴었으며, 자기가 왜 그녀와 관계를 깼는지 고통스럽고도 길고 상세하게 설명했다는 것을 이야기하려고 애썼다.

그러나 델마는 서둘기만 하고 내 이야기를 듣지 않았다. "그는 단 한 가지에 대해서만 분명했어요. 매튜 제닝스는 델마 힐튼에게 넌덜머리가 난다. 당신이 말해 보세요. 옛 애인을 자살로 몰아넣는 완벽한 시나리오가 뭐겠어요? 아무런 이유도 말하지 않고 갑작스럽게 떠나 버린다. 그것이 바로 그가 내게 한 짓이에요!"

"어제 내가 혼자 공상을 하면서 매튜를 그려 보았는데, 8년 전, 그가 자기 친구 하나에게 (그리고 내기를 걸며) 자기는 정신과적 지식을 이용해서 27일 이내에 나를 유혹하고, 그러고 나서 나를 완전히 파멸시킬 수 있다고 자랑을 하는 그런 상상을 했어요!"

델마는 기대앉으며, 가방을 열어 살인에 관한 신문 기사 묶음을 꺼냈다. 내가 그것을 읽는 동안 몇 분 정도 나를 기다렸다. 사실상, 자살은 이중의 살인이라는 문장에 붉은 밑줄을 그녀가 쳐 놨었다.

"지난 일요일 신문에서 그것을 보았어요. 그것이 내게도 적용될까요? 내가 자살을 시도했을 때 내가 진정 원한 건 매튜를 죽이고 싶은 것이었을까요? 아시다시피, 그렇게 느껴져요. 바로 여기서요." 하며 그녀는 자기 심장을 가리켰다. "전에는 한 번도 그런 식으로 생각해 본 적이 없었지요!"

나는 평정을 잃지 않으려 애쓰고 있었다. 자연스럽게 나는 그녀의 우울증에 관심이 갔다. 그리고 아직 물론, 그녀는 절망 속에 있었다. 어찌 그렇지 않을 수가 있을까? 깊은 절망감만이 강력한 힘으로 착각을 불러일으키고 8년간이나 끈질기게 그 환상을 지속시킬 수 있었을 것이다. 그리고 만약 내가 그 착각을 뿌리 뽑아 버린다면, 감추고 있었던 절망감과 직면할 준비를 해야 한다. 그래서 그 자체로는 나쁘지만, 델마의 불편감은 좋은 징조, 즉 목표하는 곳으로 갈 수 있다는 징조였다. 모든 게 잘 되어 가고 있다. 이제 준비는 완벽하게 되었고 진짜 치료가 지금부터 시작될 수 있다.

사실은, 이미 시작되었다! 놀라운 델마의 격정적 울음, 매튜에 대한 분노 등은 예전의 방어기제를 더 이상 쓰지 않고 있다는 징조였다. 그녀는 액체 상태였다. 심한 강박증을 가지고 있는 모든 환자는 분노라는 핵심을 가지고 있고, 이것이 델마에게 출현할 것에 나는 대비하고 있었다. 무엇보다도 나는 그녀의 분노가, 불합리한 요소임에도 불구하고 장족의 발전이라고 생각되었다.

이런 생각들에 사로잡혀 앞으로 할 작업을 계획하느라고 델마의 다음 이야기의 앞부분을 놓쳤지만 말의 끝부분은 너무나 똑똑히 들었다.

"… 그리고 그것이 내가 치료를 그만두려는 이유입니다!"

나는 초를 다투어 반응했다. "델마, 어떻게 그렇게 생각을 할 수가 있어요? 지금이 가장 치료를 그만두면 나쁜 시기예요. 지금이야말로 진짜 진전을 볼 수 있는 시기란 말입니다."

"난 더 이상 치료를 원치 않아요. 난 20년간이나 환자였고 이젠 환자로 취급되는 게 신물이 나요. 매튜는 나를 친구가 아닌 환자로 취급했어요. 당신도 나를 환자로 보지요. 나도 다른 모든 사람들처럼 되고 싶어요."

내가 어떤 순서로 이야기를 했는지는 더 이상 기억이 나지 않는다. 그만두려는 것을 막으려고 애썼고 재고하라고 무척 압력을 가했다는 생각만이 난다. 6개월간 치료받겠다는 약속과 그때까지 아직 5주가 남아 있다는 것을 상기시켰다.

그러나 그녀는 반대했다. "자기 자신을 보호해야 할 때가 있다는 데 동의하실 겁니다. 이 '치료'를, 조금 더 하는 걸 견딜 수가 없어요." 그리고 싱긋 웃으며 덧붙였다. "치료를 조금만 더 하면 환자가 죽을 거예요."

내가 대는 모든 반론들은 비슷한 운명을 겪었다. 나는 우리가 진정으로 진전이 있다고 주장했다. 사로잡혀 있는 생각으로부터 자유로워지고 싶어서 처음에 내게 왔으며 우리는 그걸 향해 큰 걸음을 한 발짝 내디뎠다는 것을 상기시켰다. 그리고 이제 강박관념에 연료를 주며, 밑에 깔려 있는 텅 빈 느낌과 자신이 아무 쓸모없다는 느낌을 본격적으로 이야기할 수 있는 때라고 이야기했다.

그녀는 사실상, 자기의 상실감이 너무나 커서 자기가 견딜 수 없을 정도라고 반응하였다. 자기는 미래에 대한 희망(그녀가 의미하는 것은 '1퍼센트의 재결합 확률'을 잃었다는 것이었다.)을 잃었으며, 또한 자기 생애 최고의 27일간을 잃었고, 만약 내가 그녀에게 말한 대로 그것이

'사실'이 아니라면, 그녀는 자기 삶을 버텨 주던 추억을 잃어버린 것이고, 그리고 만약 자기가 착각을 보호하고 있는 것이었다면, 그럼 자기의 희생은 무의미했으니까 자기는 8년간의 희생을 잃었다는 것이다.

델마의 이야기는 너무나 강력해서, 나는 그녀가 감당해야 할 상실감과 애통함을 이해하고 슬픔을 추스리도록 돕기 위해 함께하고 싶다는 것 외에는, 그녀에게 반대할 아무런 효과적인 방법을 발견할 수가 없었다. 나는 또한, 견디기 어려울 만큼 고통스럽고 후회가 될 것이지만 이제부터라도 더 이상은 후회하지 않도록 뿌리를 뽑자고 설득하려 애를 썼다. 예를 들어, 이 순간 그녀 앞에 있는 결정을 생각해 보라. 지금부터 한 달, 1년 후에 치료를 그만둔 것을 깊이 후회하지 않겠는가?

델마는, 내 말이 맞을지라도 자기는 치료를 그만두기로 결정하였다고 대답했다. 그녀는 우리가 했던 삼자 면담의 회기를 암이 의심되어 의사를 찾아가는 것에 비유했다. "당신이 큰 혼란 속에 있었다고 합시다. 너무나 두려워서 의사에게 가기를 몇 번이나 미루었어요. 의사가 당신은 암입니다 하고 확인을 해 줍니다. 암인지를 알지 못해서 일어났던 혼란은 끝이 나지요. 그러나 그러고 나면 무엇이 남지요?"

나 자신의 느낌이 무엇인지 구분하려고 하다가 주목해 달라고 아우성친 반응 중 첫 번째는 "어떻게 나한테 그럴 수가 있어요?"라는 것을 깨달았다. 분명히 내 분노는 부분적으로 나 자신의 좌절감에서 온 것일지라도, 나에 대한 델마의 감정에 반응을 하고 있었다는 것은 확실했다. 그 세 가지를 잃게 만든 데 책임이 있는 사람은 나였다. 삼자 회동을 제안한 것이 내 생각이었고 그녀의 착각을 벗겨내 버린 사람도 나였다. 내가 환상을 빼앗아 간 사람이었다. 나는 고마워하지 않을 일을 하고 있던 것이다. 나는 유진 오닐의 〈아이스맨 코미스(Iceman Cometh)〉에 나오는 착각을 벗겨 버린 자, 히키의 운명을 생각했다. 그가 현실감을 되찾게 해 주려 애썼던 사람들이 모두 그에게 등을 돌리고 궁극적으로 원래 있었던 착각의 세계로 되돌아가는 이야기이다.

나는 몇 주 전에 델마가 매튜를 어떻게 벌하는지 그 방법을 잘 알고 있으며 그 부분에서는 내 도움이 필요 없다는 것을 발견했다는 생각이 났다. 그녀의 자살 기도는 살해의 시도였다고 생각되고, 그리고 치료를 그만두겠다는 결정은 일종의 또 다른 형태의 이중의 확인사살이었다고 지금은 믿는다. 그녀는 치료 종결을 나를 공격하는 것으로 생각했고 그 점에서 그녀는 옳았다! 그녀는 성공했다. 나의 지적 호기심에 만족감을 느끼는 것, 그리고 모든 걸 끝까지 마치는 것이 결정적으로 내게 얼마나 중요한지를 그녀는 감지했던 것이다.

나에 대한 그녀의 복수는 나의 목표 하나하나를 좌절시키는 것이었다. 그러나 그녀가 내게 의미하는 대반란이 무엇이건 간에 그것은 자신까지도 함께 망가뜨리게 된다. 사실, 그녀의 가학−피학적(sadoma-sochistic)인 경향은 너무나 단호해서 양쪽이 모두 제물이 되는 것에 매력을 느끼는 것이었다. 내가 심술궂게도 전문적인 진단 용어에 의지하려 하는 것은 내가 진짜 그녀에게 화가 났다는 의미라는 것을 스스로 주시했다.

나는 이 생각을 델마와 함께 들여다보려고 하였다. "당신이 매튜에게 화가 났다는 것은 들었습니다. 그렇지만 내게도 또한 화가 난 것이 아닌지 궁금하네요. 당신이 내게 화가 났다면, 정말 무지무지하게 화가 났다면 그것은 지극히 당연해요. 결국, 지금 당신이 당하고 있는 고통을, 어떤 식으로든 그렇게 만든 것이 나라고 느껴질 거예요. 매튜를 부르자고 한 것도 내 아이디어였고, 당신이 갖고 있는 의문을 그에게 물으라고 한 것도 내 아이디어였지요." 그녀가 머리를 끄덕이는 것을 보았다고 생각된다.

"만약 그렇다고 한다면, 델마, 그 작업을 하기에 치료 시간인 지금 여기서보다 더 적절한 장소가 어디 있나요?"

델마는 더욱 강하게 고개를 끄덕였다. "내 머리는 당신이 옳다고 내게 말하네요. 그러나 때로 사람은 자기가 해야 할 것을 해야 할 때가 있지요. 나는 자신에게 더 이상 환자를 하지 않겠다고 약속했고, 그 약속을 지키려 해요."

나는 포기했다. 나는 돌로 만든 벽 앞에 있는 것이다. 우리는 시간을 한참 넘겼고 게다가 10분을 약속했던 해리를 봐야 했다. 헤어지기 전에 델마에게 약속을 받아 냈다. 자기의 결정에 대해 좀 더 생각해 보고, 3주 안에 다시 한 번 나와 만나겠다는 데 동의했으며 6개월이 지난 때에 연구자와 만나 면담과 심리검사 배터리를 완성함으로써 연구 프로젝트에 참여하기로 한 자기 약속을 존중하겠다고 약속하였다. 나는 이 회기를 마치며, 그녀가 연구에 요구되는 것들에 참여해서 완결한다 해도 다시 치료를 재개할 가능성은 아주 적다고 생각했다.

승리는 완벽하게 그녀의 손아귀에 있어서, 조금은 관용을 베풀 수 있었고, 그래서 그녀는 내 사무실을 떠나며 내 노력에 대해 감사를 했고 만약 자기가 다시 치료를 받게 된다면 치료자로서 나를 제일 먼저 선택하겠다고 말했다.

나는 델마를 대기실까지 데려다 주고 해리를 방으로 데리고 왔다. 그는 활발하고 단도직입적이었다. "박사님(Doc), 빡빡하게 배를 띄워야 하는 심정을 잘 압니다. 난 군대서 30년을 그걸 했지요. 그리고 시간이 좀 늦어졌다는 걸 압니다. 그러면 하루 종일 뒤로 밀리며 늦어지지 않습니까?"

　나는 끄덕였지만 그를 만날 시간이 있다는 것을 확인해 주었다.

　"글쎄요, 아주 간단히 하겠습니다. 나는 델마 같지 않아요. 난 슬며시 염탐하는 건 질색입니다. 요지만 말하지요. 박사님, 내 아내, 늙은 델마를 내게 돌려줘요. 예전 그대로요."

　해리의 목소리는 위협적이라기보다 애원조였다. 마찬가지로, 내 주의를 완전히 끌었고 그가 이야기할 때 나는 그의 큰, 교살자의 손을 보지 않을 수 없었다. 그는 계속 말했는데 이젠 비난이 섞인 목소리로, 나와 델마가 함께 치료를 시작한 이래로 델마가 얼마나 점진적으로 더 나쁜 상태가 되어 갔는지를 설명하였다. 그의 이야기를 다 들은 후, 오랜 우울증은 환자 자신에게 힘든 것만큼 가족들에게도 매우 힘들다는 이야기를 시작하여 그에게 지지를 하려고 하였다. 그러나 내 이야기는 무시하고 델마는 항상 좋은 아내였으며 아마 자기가 너무 밖으로 나돌고 출장을 많이 다닌 것이 그녀의 문제를 악화시킨 것 같다고 대답하였다. 마지막으로, 치료를 그만두겠다는 델마의 결정을 알려 주었을 때 그는 비로소 안심이 되는 듯 반겼고, 몇 주간 그러라고 그녀에게 재촉을 했었다고 하였다.

　해리가 내 사무실을 떠난 후, 피로가 몰려왔고 망연자실한 채 화가 나서 그냥 앉아 있었다. 세상에, 대단한 부부다! 그 둘로부터 나를 구하소서! 온통 모순투성이다. 바보 같은 노인네는 떡하니 나타나서 '예전의 늙은 델마를 되돌려' 달란다. 그는 결코 예전 델마를 가진 적이 없었다는 것을 알지 못할 만큼 '부재중'이었는가? 그 늙은 델마는 결코 가정에 있지 않았고 지난 8년간 자기 삶의 90퍼센트는, 있지도 않았던 사랑에의 환상으로 길을 잃은 채 보냈다. 해리도, 델마 못지않게 착각을 끌어

안기로 선택한 사람이었다. 세르반테스는 물었다. "어느 것을 가지려는 가, 현명하게 미친 것인가 혹은 바보 같은 제정신인가?" 해리와 델마가 무엇을 선택했는지는 분명했다!

그러나 델마와 해리를 지적하는 것이나 인간 영혼의 나약함 — 착각 이나 마법, 허무한 공상, 혹은 생생한 거짓말 없이는 살아남을 수 없어 나약한 허깨비를 구하는 인간의 나약함 — 을 통탄해 봐도 그것으로 나 는 위안을 받을 수 없었다. 진실을 직면해야 할 시간이었다. 난 이 사례 를 믿을 수 없을 만큼 서툴게 다루었고, 그 탓을 환자나 그의 남편 혹은 인간의 나약함 따위로 돌릴 수 없었다.

그 후 며칠간은 자책으로 가득했고 델마가 걱정이 되었다. 우선은 자 살이 걱정되었으나 그녀의 분노가 너무나 선명하고 밖으로 향해 있어 서 자신에게로 향하지는 않을 것 같다는 생각으로 자신을 달랬다.

자책감과 싸우며, 나는 적절한 치료적 전략을 채택했었다고 자위했 다. 델마는 내게 의뢰되어 왔을 때 극단적이었고 뭔가를 해야만 했다. 외 양이 엉망이긴 했지만 처음 시작 때보다 더 나빠진 것은 아니었다. 누가 알겠는가. 조금 나아져서, 내가 성공적으로 환상을 벗겨 내서, 뭔가 다 른 형태의 치료를 계속하기 전에 혼자서 잠시 상처를 아물게 할 필요가 있는지? 나는 4개월간 보다 보수적인 입상을 견지하며 접근을 했었고 다른 어떤 것도 선택할 것이 없다는 것이 분명해졌을 때에 급진적인 개 입을 한 것이었다.

그러나 이 모든 것은 자기기만이다. 내가 죄책감을 느낄 만한 충분한 이유가 있다는 것을 안다. 다시 한 번 나는, 누구라도 치료할 수 있다는 과대망상에 빠졌었다. 교만과 호기심에 빠져 애초에 델마가 심리치료 에 좋은 후보가 아니라는 20년간의 증거를 무시했었고, 돌이켜 보면 성공할 확률이 거의 없었는데도 그녀에게 고통스럽게 직면을 시켜 버렸다. 나는 대체할 만한 무엇을 세우지도 않은 채 방어 체계를 벗겨내 버렸다.

이 시점이 나로부터 자기를 보호해야 할 때라는 점은 델마가 아마 옳았다. 아마도 "조금 더 치료하다가는 환자가 죽을 거예요!"라는 델마의 이야기는 옳다. 무엇보다도, 나는 델마와 해리의 비판을 들을 만했다. 전문적인 입장에서 나도 당혹스러웠다. 2주 전쯤 강의에서 그녀의 치료 사례를 설명했을 때 나는 상당한 호기심을 불러일으켰다. "우리가 이를 채워 봅시다. 이 모든 것이 어떻게 결말이 날까요?"

나의 예상대로 델마는 3주 후의 다음 약속을 지키지 않았다. 나는 그녀에게 전화를 했는데 짧지만 분명한 대화를 했었다. 그녀가 환자의 영역을 벗어나기로 한 의지는 굳건했지만 그녀의 목소리에서 증오가 약해졌다는 것은 감지했다. 그녀는 치료를 그만둔 것만이 아니라 더 이상 필요하지 않기도 했다. 그녀는 기분이 훨씬 나아졌으며 —3주 전보다 훨씬 나아진 게 분명했다! — 내게 그녀는 즉흥적으로 말했는데, 어제 매튜를 본 것이 크게 도움이 되었다고 하였다!

"뭐라고요? 매튜? 어떻게 그렇게 되었어요?" 내가 물었다.

"오, 그와 커피를 마시며 즐겁게 얘기했어요. 한 달에 한 번쯤 만나서 수다를 떨기로 했지요."

나는 호기심으로 흥분해서 자세히 물었다. 우선, 그녀는 장난치듯 대답했다. "내가 필요한 건 그거라고 쭉 말했었잖아요." 그러고 나서 그녀는 더 이상 개인적인 질문을 할 권리가 내게 없다는 것을 분명히 했다. 점차로 나는 더 알 게 없으리란 것을 깨닫게 되었고, 마지막 인사를 하였다. 나는 치료자로서 늘 거기에 있으므로 마음이 바뀌면 찾아오라는 통상적인 이야기를 하였다. 그러나 분명 그녀는 내 식의 치료에 구미가 당기지 않을 것이었고 그 후 그녀로부터 어떤 연락도 받지 못했다.

6개월 후 연구 팀에서 델마를 면담하고 심리검사 배터리를 실시하였다. 마지막 보고서를 제출했을 때 나는 델마 힐튼 사례를 얼른 살펴보았다.

요약하면, T.H.은 70세의 코카시안계 기혼 여성으로, 주 1회씩 5개월간의 치료 결과, 의의 있게 진전되었다. 사실, 이 연구에는 28명의 노인 피험자가 포함되었는데, 그녀가 가장 긍정적인 결과를 보였다.

그녀는 의미 있게 우울증이 감소하였다. 자살 성향은, 시작 시점에는 극단적으로 높았으나 더 이상 자살 위험이 없다고 생각될 만큼 낮아졌다. 자존감이 높아졌고 이에 따른 다른 여러 척도 – 불안(anxiety), 건강염려증(hypochondriacal), 정신증(psychoticism)과 강박증(obsessionalism) – 에 있어 의미 있게 진전이 있었다.

이러한 치료의 상세한 측면에 대해 환자가 비밀스럽게 하고 있으므로 인상적인 결과를 가져오게 된 치료의 본질을 연구 팀이 분명하게 알 수는 없다. 치료자가 깊은 통찰이나 성격 변화보다는 증상을 완화시킬 수 있도록 실질적인 증상 지향적(symptom-oriented) 치료 계획을 성공적으로 채택하였던 것으로 보인다. 덧붙여, 그는 체계적 접근을 효과적으로 채택한 바, 그녀의 남편과 일생의 친구(오랫동안 그녀를 소외당하게 했던 인물)를 치료 과정에 포함시켰다.

골치 아픈 자료들! 어쨌든 이것은 내게 약간은 안도감을 주었다.

2

"만약 강간이 합법이라면…"

IF RAPE WERE LEGAL…

"만약 강간이 합법이라면…"

• • • "선생님, 빌어먹을 내담자는 추잡한 남자예요. 어제 저녁 집단에서 제가 그렇게 말해 버렸습니다." 젊은 정신과 레지던트인 사라는 이 말을 하고 잠시 멈추며, 감히 자기를 비판할 수 있겠냐는 듯 노려보았다.

분명히 뭔가 심상치 않은 일이 일어났다. 수련생이 내 사무실로 돌진해 들어오는 것은 흔한 일이 아니다. 더욱이 그녀는 두려워하는 기색도 없이 오히려 자랑스러워 보였고 도전적인 듯도 했는데 나의 내담자 중 한 사람을 자기가 그런 말로 공격했다고 말했다. 특히 상당히 암이 진전된 환자였다.

"사라, 좀 앉아서 그 일을 이야기해 주겠어요? 다음 내담자를 만나기 전까지 몇 분 정도는 시간이 있는데."

평정을 잃지 않으려고 애를 쓰면서 사라는 말을 시작했다. "칼로스는 내가 이제껏 본 사람 중에 가장 천박하고 야비한 인간이에요!"

"글쎄, 내게도 마음에 드는 사람은 아니지요. 사라, 내가 의뢰할 때도 그 이야긴 했었잖아요." 칼로스는 내가 6개월간 개인치료를 했었는데, 몇 주 전에 사라의 치료 집단에 포함시켜 주도록 의뢰했었다. "하지만 계속해 봐요. 말을 끊어서 미안해요."

"저, 아시겠지만, 대체로 그는 불쾌한 사람이었습니다. 발정 난 안캐처럼 쿵쿵거리며 여자들 냄새를 맡기나 하고, 집단에서 일어나는 다른 모든 것은 무시했지요. 마사는 금새 깨질 듯이 약한 경계선 장애를 가진 여성인데, 집단 내에서 거의 말을 안 해요. 어제 저녁 그런 그녀가 작년에 강간당한 이야기를 하기 시작했어요. 전에는 그녀가 그 이야기를 공개하고 집단에서 함께 나누리라고 생각을 할 수 없었을 정도였지요. 그녀는 무척 두려워했고, 심하게 훌쩍이면서 이야기를 너무나 힘들게 했는데, 그것은 말할 수 없는 고통이었습니다. 모두들 그녀가 이야기하도록 도우려고 했고, 옳건 그르건 간에, 저도 3년 전에 강간당한 적이 있다는 이야기를 집단과 나눈다면 마사에게 도움이 되리라고 생각했기 때문에 그 이야기를 하기로 결심했어요."

"그건 몰랐네요, 사라."

"이제까지 아무도 몰랐습니다!"

사라는 여기서 잠시 멈추고 눈물을 꼭꼭 찍어 내어 닦았다. 그녀가 이 이야기를 하기 어려웠다는 것을 알 수 있었다. 이 시점에서 자기가 당한 강간 이야기를 내게 하는 것과, 집단에서 자기가 지나쳤다는 이야기를 하는 것 중 어느 것이 더 큰 상처인지 확인할 수는 없었다. 하지만 내가 그 집단 치료 프로그램의 교수라는 것이 그녀에게 일을 더 복잡하게 한 것임에는 틀림없었다. 혹시 그녀가 내게 보고하는 것이 난감한가? 나는 그 점에 대해서는 있는 그대로 받아들여 두기로 결정했다.

"그리고 나서?"

"음, 그때 당신의 칼로스가 행동을 개시했어요."

나의 칼로스? 세상에나! 나는 생각했다. 그가 마치 내 자식이나 되는 것처럼 나는 그를 위해 답변해야 했다. 그러나 내가 그를 집단에 넣어 주도록 사라에게 종용했기 때문에 그건 사실일지도 모른다. 그녀는 암 환자를 자기 집단에 넣는 것을 주저했었다. 그러나 그녀의 집단은 집단 원이 5명으로 줄어 새로운 집단원 보충이 필요했다는 것도 또한 사실이 었다. 나는 그녀가 그렇게 비합리적이고 그렇게 도전적인 모습을 본 적 이 없었다. 나는 이 뒤늦게 합류한 집단원에 대해 당황할까 봐 걱정이 되었고, 그에 대해 비판적인 이야기를 해서 선입견을 심어 주어 상황을 더 나쁘게 보게 하고 싶지 않았다.

"그가 무엇을 했는데요?"

"그는 마사에게 사실적인 것들을 여러 가지 물었어요. 언제, 어디서, 무엇을, 누가 하는 식으로요. 처음에는 그녀가 말할 수 있도록 도왔지 요. 그러나 제가 공격당했던 이야기를 시작하자마자, 마사를 무시하고 서 제게도 똑같은 것을 묻기 시작하는 거예요. 그러고 나더니 우리 둘 다에게 더 깊은 세세한 사항을 묻기 시작했어요. 강간범이 우리 옷을 찢 었느냐? 그가 안에다 사정을 했느냐? 한순간이라도 우리가 그걸 즐긴 적이 있었느냐? 이것이 모두 아주 교활하게 이루어져서 그가 무엇을 캐 내고자 하는지 집단에서 알아차리는 데 시간이 조금 걸렸어요. 그는 마 사와 제게 조금이라도 뭔가를 주려 한 것이 아니고 자기의 성적 흥미를 채우고 있었던 거예요. 그를 좀 더 불쌍히 여겨야 했다는 것은 알지만 그는 너무나 야비하게 굴었어요!"

"그래서 어떻게 끝났지요?"

"음, 결국 집단은 그걸 알아차리고서 그가 얼마나 무신경한지를 직면시키기 시작했지만 그는 전혀 양심의 가책을 보이지 않았어요. 사실, 그는 더 공격적이 되어 마사와 나 그리고 모든 강간 피해자들이 그 일을 너무 크게 생각한다고 비난했습니다. '그래서 뭐가 그리 큰 문제요?' 라고 묻더니만 자기가 매력적인 여성에게 강간을 당했다면 자기는 전혀 상관없겠다고 우겼지요. 집단이 끝나고 나가며 그가 집단에 한다는 소리가, 집단에 있는 어떤 여성이라도 자기를 강간하려 한다면 환영한 다고 하더라고요. 그래서 제가 '당신이 그렇게 생각한다면, 빌어먹을, 당신은 정말 추접한 남자예요!' 라고 하게 되었어요."

"그를 빌어먹을, 추접한 남자라고 부른 게 당신의 치료적 개입이었다고 생각되는데?" 이 말은 사라의 긴장감을 감소시켰고 우리는 함께 웃었다.

"그것도 맞아요! 저는 냉정함을 잃었어요."

나는 지지적이고 건설적인 말을 하려 했지만 내가 의도했던 것보다 선생이 가르치듯 말이 나와 버렸다. "사라, 이처럼 극단적인 상황은 신중하게 잘 다루면 중요한 전환점이 되어 잘 끝날 수 있다는 점을 명심하세요. 일어난 모든 일을 치료에서 빻을 곡물로 봅시다. 이 일로 인해 그가 뭔가 배울 수 있는 기회가 되도록 만들어 봅시다. 내가 내일 그를 만납니다. 그러면 이 일에 대해 열심히 작업하겠어요. 그러나 무엇보다 사라 자신을 잘 돌보기를 바라요. 누군가 이야기할 사람이 필요하다면 오늘 난 가능해요. 오늘 늦게나 이번 주 어느 때든."

사라는 내게 감사하고 거기에 대해 좀 더 생각할 시간이 필요하다고 했다. 그녀가 내 사무실을 떠나고 나서 그녀가 안정이 되어 자신의 문제를 누군가와 이야기했다 하여도, 그녀 자신도 배울 수 있는 기회로 이를 활용할 수 있도록 나중에 나도 꼭 그녀를 만나야겠다고 생각했다. 내가 느끼기에, 그것은 그녀에게 끔찍한 경험이었지만 자기의 치료를 위한 작업을 슬쩍 집단에서 하려 했기 때문에 정도에서는 벗어난 것 같았다. 내 생각에는 개인치료에서 우선 자신을 위해서 작업을 하고, 그러고 나서 그 경험에 대한 이야기를 집단에서 한다면―그래도 문제가 될 수 있기는 하지만―관련된 모든 이들을 위한 것으로 더 잘 다룰 수 있을 것 같았다.

그러고 나서 나의 다음 내담자가 들어와서 나는 그에게 관심을 돌렸다. 그러나 나는 칼로스에 대한 생각을 지울 수가 없었고 그와의 다음 시간을 어떻게 다루어야 할지 생각하지 않을 수 없었다. 그가 내 마음을 흩트려 놓는 것은 드문 일은 아니었다. 그는 아주 특이한 환자여서 몇 달 전 그를 보기 시작한 이래, 나는 그를 보는 매주 한두 시간을 훨씬 넘어 그에 대해 생각하였다.

"칼로스는 9개의 삶을 두루 거친 고양이 같지만, 지금 그는 마치 아홉 번째 생의 마지막이 다가오는 것처럼 보입니다." 이것이 그를 정신과 치료에 의뢰한 종양학과 의사가 내게 한 첫마디였다. 그러면서 설명을 계속했는데 칼로스의 종양은 아주 드문 경우로서 악성이어서보다는 부풀어 오르는 게 더 문제인, 서서히 진행되는 림프 육종이라고 하였다. 10년간 그 종양은 치료에 잘 반응을 하였는데 이제는 폐에 전이가 되었고 심장을 잠식하고 있는 중이라고 하였다. 그의 주치의는 선택의 여지가 없이 화학약물요법은 더 이상 할 수 없고 최대량의 방사선 치료만 하고 있었다. 얼마큼 솔직해져야 하느냐? 그들이 내게 물었다. 칼로스는 듣지 못한 것 같다. 그가 얼마나 자신에게 솔직해질 것인지를 그들은 확신할 수가 없었다. 다만 그가 점점 더 깊은 우울에 빠지고 있다는 것과 그에게 지지를 해 줄 사람이 아무도 없다는 것을 알고 있었다.

칼로스는 정말 소외되어 있었다. 17세 된 이란성쌍생아인 칼로스의 아들과 딸은 남아메리카에서 칼로스의 전 부인과 살고 있었으므로 39세인 칼로스는, 이 세상에서 실질적으로 혼자였다. 그는 아르헨티나에서 독자로 태어나 줄곧 그곳에서 자랐다. 그의 어머니는 아이를 낳다가 죽었고, 아버지는 지금 그를 죽어 가게 하고 있는 것과 똑같은 종류의 림프 육종으로 20년 전에 죽었다. 그는 동성 친구를 가져 본 적이 없었다. "누가 동성 친구를 필요로 해요?" 한번은 그가 내게 이렇게 말했다. "돈 때문에, 일 때문에, 혹은 여자 때문에 살인하지 않을 놈은 본 적이 없어요." 그는 아주 잠깐 결혼한 적이 있을 뿐 여성과도 의미 있는 관계를 맺어 본 적이 없었다. "어떤 여자와도 한 번 이상 성교를 하면 미친놈이 틀림없을 거요!" 그의 인생 목표는 가능하면 많은 다양한 여자들과 성교를 하는 것이라고 조금의 수치심이나 양심의 가책 없이 내게 말했다.

아니, 처음 만남에서부터 그에 대해 좋게 볼 만한 구석이라고는 없었고 성격은 물론, 그의 외모조차도 좋게 보아 줄 수가 없었다. 야윈데다, 팔꿈치와 목, 귀 뒤 등에 눈에 띄게 부풀어 오른 종양투성이였고, 화학약물요법의 결과로 머리도 완전히 다 빠져 있었다. 가엾게도 그의 위장술 — 챙이 넓은 파나마 모자와 짙게 그려 넣은 눈썹, 부풀어 오른 목 부위 송양을 가리기 위한 스카프 — 은 원치도 않는 관심을 더 집중하게 만들고 말았다.

그는 10년간 암으로 고생한 탓에 매우 우울했고 — 당연히 그럴 만하다 — 신랄하면서도 지친 듯한 말투로 이야기를 했다. 그는 림프 육종이 자기를 단계적으로 죽이고 있다고 말했다. 그것은 자기의 전 부인과 자기의 에너지, 힘과 자유(그는 스탠퍼드 병원 근처에 살고 있었는데 이곳은 자신의 아르헨티나 문화로부터 영원히 추방당한 곳이므로)를 거의 다 이미 빼앗아가 버렸다고 했다.

　무엇보다 중요한 것은 자신의 사회생활을 죽인 것인데, 이는 성생활을 잃은 것을 의미하였다. 화학약물요법을 받고 그는 발기 불능이 되었다. 일련의 화학약물요법 과정을 끝냈을 때 성의 정수는 흘러나가 버렸고, 대머리가 되었기 때문에 여성과 성관계를 할 수가 없었다. 화학약물요법이 끝나고 몇 주 후, 다시 머리가 자라기 시작했지만 자기 머리카락은 손가락으로 셀 수 있을 정도였다고 말했다. 임파절이 커져 있어서 에이즈처럼 보였기 때문에 매춘 여성들도 그와 상대를 하지 않았다. 요즘 그의 성생활은 가학 · 피학 내용의 섹스 비디오를 빌려 보며 자위 행위를 하는 것뿐 완전히 차단되어 버렸다.

　내가 그를 자극했을 때만 말했지만 자기가 소외된 것은 사실이고, 보통 때는 이것이 문제가 되지 않다가 너무 약해져서 자기의 신체적 욕구를 돌볼 수 없을 때는 문제가 되었다. 성적이 아닌 인간적 접촉으로부터 기쁨이 온다는 생각은 그에게 낯선 듯했다. 딱 한 가지 예외가 자식들에 관해서인데, 자식들에 대해 얘기할 때는 정서가 — 내가 동참할 수 있는 진정한 정서가 배어나왔다. 그가 아이들까지도 자기를 버리면 어떻게 하나 하는 두려움과, 애들이 자기에게서 등을 돌리도록 애들 엄마가 자기의 이미지에 독약을 뿌리는 데 성공하면 어떡하나 하는 두려움, 아이들이 암 때문에 자기를 멀리하고 돌아서 버리면 어떡하나 하는 두려움을 이야기하면서 흐느껴 울며 쇠약한 육체가 흔들리는 것을 보았을 때 나는 진심으로 가슴이 찡했다.

　"내가 어떤 것을 도울 수 있을까요, 칼로스?"

　"나를 돕고 싶으시다면, 어떻게 하면 아르마딜로(중미산 빈치 포유동물)를 미워할지나 가르쳐 주시죠!"

잠시 동안 칼로스는 내가 당황하는 것을 즐기다가 자기는 시각 영상 훈련 작업을 하고 있다고 설명했는데 이것은 많은 암 환자가 시도하는 자기치료 형태였다. 새로운 화학약물요법(종양 주치의가 BP라고 칭했는데)에 대한 그의 시각적 비유가 대문자 B와 P, 즉 곰(Bear)과 돼지(Pig)였다. 자기의 단단한 암세포로 변한 림프의 혹을 뼈로 판금된 아르마딜로에 비유했다. 그래서 명상 시간에 그는 곰과 돼지들이 아르마딜로를 공격하는 영상을 떠올렸다. 문제는 자기의 곰과 돼지들이 아르마딜로를 크게 벌려 찢어 파괴할 만큼 악독하지가 않은 것이었다.

그의 암에 대한 공포와 정신세계의 편협함에도 불구하고, 나는 칼로스에게 끌렸다. 아마도 운 좋게 나는 죽음을 모면했다는 안도감에서 오는, 즉 죽어 가는 것이 내가 아니고 그라는 데서 오는 관대함 때문이었을지도 모른다. 아니면 그의 자식에 대한 애정 혹은 내 사무실을 떠날 때 두 손으로 애처롭게 내 손을 잡았기 때문이었을지도 모른다. 어쩌면 그의 "어떻게 하면 아르마딜로를 미워할지나 가르쳐 달라."라는 부탁이 기발했기 때문일지도 모른다.

그러므로 내가 그를 치료할 것인지를 고려할 때, 나는 치료에 장애가 되는 그의 속성들을 극소화해서, 그가 악의적인 반사회적(antisocial) 성향이라기보다는 사회화되지 못한 쪽(unsocialized)일 것이며 그의 불쾌감을 주는 성향이나 믿음은 수정될 수 있는 부드럽고 개방된 것이라고 스스로 합리화하며 자신을 설득했었다. 분명 나는 그러한 결정을 할 때 꼼꼼히 검토하지 못했고, 그를 치료에 받아들이기로 결정한 이후에도 적절하고 현실적인 치료 목표를 확실히 세우지 못한 채 있었다. 나는 단순히 그의 화학약물요법 과정의 동반자로 생각했을까? 다른 많은 환자들처럼, 칼로스는 화학약물요법 치료를 받는 동안 죽도록 고통스럽고 비관하게 되었으니까. 혹은 그가 죽음의 단계로 이미 들어섰다면, 죽을 때까지 그와 함께 있어 주려 했던 것일까? 단순히 함께 있어 주고 지지해 주는 것에 만족하려 했었던 것일까? 아마 그것으로 충분할지도 모른다. 그가 이야기 나눌 사람이 아무도 없다는 것은 신도 안다! 물론, 그가 소외된 것은 자기가 그렇게 굴었기 때문이지만, 그가 그것을 인지하고 변화하도록 내가 도우려는 것은 아니었었나? 지금? 죽음을 눈앞에 두고 있는데 그 생각은 하찮은 것이 아닐까? 아니, 그렇지 않은 것일까? 칼로스가 좀 더 치료에서 '야심 찬' 목표를 성취한다는 것이 가능할까? 아니, 아니, 아니! 삶이 기껏해야 몇 개월밖에 안 남은 사람에게 '야심 있는 치료 목표'에 대해 이야기한다는 것이 무슨 의미가 있을까? 누가, 나라도, 그런 덧없는 계획에 시간과 에너지를 투자하고 싶어 하겠는가?

칼로스는 나와 만나는 데 기꺼이 동의했다. 예의 그 전형적인 비꼬는 듯한 방식으로, 내게 지불되는 치료비의 90퍼센트를 보험회사에서 지불하므로 그런 거래를 거절할 이유가 없다고 말했다. 게다가, 그는 뭐든지 단번에 해치우길 바라는 사람이어서 이전에는 한 번도 정신과 의사와 이야기를 해 본 적이 없었다. 나는, 고통스러운 감정이나 생각을 누군가와 나눈다는 것은 항상 도움이 된다는 이야기는 별개로 하고서, 우리의 치료적 계약을 불분명하게 놔둔 채 있었다. 그리고 여섯 번을 만나고 나서 치료가 가치가 있는지 평가해 보자고 제안하였다.

놀랍게도, 칼로스는 치료를 아주 유용하게 활용하였는데, 여섯 회기가 지나고 나서 우리는 지속적으로 치료를 하기로 동의하였다. 매시간 그는 함께 이야기하고 싶은 일련의 주제, 꿈, 직장에서의 문제(그는 성공한 재무 분석가로, 병중에도 일을 계속하고 있었다.) 등 이야깃거리를 가지고 왔다. 때때로 그는 신체적 불편함과 화학약물요법이 싫다는 이야기를 했지만 대부분은 여자와 성에 관한 이야기였다. 매 회기 그는 그 주에 마주쳤던 여성에 대해 이야기를 했고 종종은 식품점에서 한 여성과 눈길이 마주쳤다는 것 이상의 것은 없기도 했지만, 매 경우마다 관계를 만들기 위해서는 자기가 이러이러하게 했어야 했다는 것에 사로잡혀 있었다. 그는 여성에 대한 생각에 사로잡혀 있어서 활성화된 암세포가 자기 몸 곳곳에 스며들고 있는 것을 마치 잊어버린 것 같았다. 그의 생각이 사로잡혀 있는 지점은 암의 출몰을 잊고 있는 바로 그 지점이었다.

그러나 여성에 대한 집착은 암이 발병하기 훨씬 이전부터였다. 그는 항상 여성 주위를 서성거렸고 여성을 매우 성적이고 비천한 용어로 언급했다. 그러므로 칼로스가 집단에서 보인 모습에 대한 설명이 충격적이긴 하지만, 내게 그리 놀라운 것은 아니었다. 나는 그가 그러한 천박한 행동이나 그보다 더한 행동도 할 만한 사람이란 것을 알고 있었다.

그렇다면 다음 시간에 어떻게 이 상황을 다루어야 할 것인가? 무엇보다 나는 우리 관계를 보호하고 지속시키기를 바랐다. 우리에게는 진전이 있어서, 지금은 내가 그의 일차적인 인간 접촉이 되고 있었다. 그러나 그가 치료 집단에 계속 참석하는 것도 또한 중요했다. 6주 전에 나는, *그*가 소외감을 극복하는 데 도움이 되도록 또 사회적으로 저항감이 생길 만한 일부 행동을 스스로 발견하고 고치도록 자극하기 위해 사회적으로 접촉할 수 있는 공동체로서 집단치료를 권했던 것이다. 처음 5주간 그는 집단을 아주 유용하게 활용했으나 자기의 행동을 극적으로 변화시키지 않는 한, 틀림없이 그는 모든 집단원으로부터 소외당할 것이었고 그가 이미 그렇게 하지 않았을 리가 없다!

우리의 다음 회기는 무난하게 별 사건 없이 시작되었다. 칼로스는 집단에 대해 언급조차 하지 않았으나 대신, 얼마 전 교회 모임에서 만난 매력적인 여성, 루스에 대해 이야기하고 싶어 했다. 그는 교회를 여섯 군데나 다녔는데 그 이유는 거기보다 사람을 만나기에 더 좋은 곳은 없었기 때문이었다. 루스는 곧바로 집에 가야 해서 실례한다고 양해를 구했기 때문에, 그는 루스와 잠깐밖에 이야기를 하지 못했다. 칼로스는 안녕히 가시라고 말하고서 나중에야 그녀를 집에까지 데려다 준다고 하지 않은 것이 황금의 기회를 놓친 것이라고 믿게 되었다. 그리고 사실상 그때가 그녀와 결혼을 하게 될 수도 있는 상당히 좋은 기회, 아마 10~15퍼센트 정도 되는 기회였다고 자기 혼자 생각했다. 신속하게 그런 행동을 하지 못한 것에 대한 자기비난이 일주일 내내 계속되어 자신을 언어적으로 공격하기도 하고 살을 꼬집고 머리를 벽에 찧는 등 신체적으로 자기학대를 하기도 하였다.

그것들은 분명 비합리적이어서 언젠가 그 이야기로 되돌아오려고 마음은 먹었지만 우선은 집단에 대해 토론을 하는 것이 더 급하다고 생각했기 때문에 루스에 대한 그의 감정을 추적하지 않았다. 그에게 나는 사라와 집단 모임에 대해 이야기했다고 말하고서 "오늘은 그 집단에 대해 좀 더 이야기하시겠습니까?" 하고 물었다.

"특별히 할 게 없는데. 그건 별로 중요하지 않아요. 어쨌든 난 그 집단을 그만두려고 합니다. 그걸 하기엔 내가 너무 앞서 있죠."

"무슨 뜻이에요?"

"모두 너무 솔직하지 않고 게임들을 하고 있어요. 거기서 진실을 말할 만큼 용기 있는 사람은 나 하나뿐입니다. 모두 세상 물정 모르는 멍청이들이, 훌쩍훌쩍 울거나 아무 말도 안 하면서 둘러앉아 있어요."

"그날 모임에 대해 당신 시각으로 이야기해 주세요."

"사라가 강간당한 이야기를 했어요. 그녀가 당신에게 그 얘기를 했나요?"

나는 끄덕였다.

"그리고 마사도 그랬대요. 그 마사, 세상에, 당신도 그녀를 봐야 해요. 엉망이고, 정말 진저리 나는, 그녀는 그래요. 그녀는 정신질환 사례죠, 약물을 필요로 하는. 제길할, 내가 그런 사람들과 한 집단에서 도대체 뭐하는 거지요? 그렇지만 내 말 좀 들어 보세요. 중요한 것은 그네들이, 자기들이 강간당한 이야기를 했다는 것이고, 모두들 입을 헤벌리고 말 없이 앉아 있더라고요. 적어도 나는 반응을 했지요. 나는 그들에게 질문을 했어요."

"사라는 당신이 한 일부 질문은 도움이 안 되는 종류의 것이라고 하더군요."

"누군가라도 그들이 말하게 했어야 했어요. 게다가, 나는 항상 강간에 호기심을 갖고 있죠. 선생님은 안 그래요? 남자는 다 그렇지 않은가요? 어떻게 되었는지, 강간 피해자의 경험은 어떤 건지?"

"오, 봐요, 칼로스, 그것이 당신이 찾고 있는 것이라면 책에 얼마든지 나와 있잖아요. 거기 있는 사람들은 진짜 사람들이라고요, 정보의 원천이 아니라. 뭔가 다른 일이 일어나고 있었을 거예요."

"그랬을지도 모르죠. 받아들이겠어요. 내가 집단을 시작할 때, 당신은 집단에서 내 감정을 표현할 때 솔직해야 한다는 지침을 주었어요. 믿어 주세요. 맹세컨대, 지난 모임에서 나는 유일하게 솔직한 사람이었어요. 나는 흥분했었어요, 인정해요. 사라가 섹스를 하고파 흥분해 있다는 생각을 하니 대단히 흥분이 되더군요. 나도 함께 가세해서 그녀의 젖가슴에 손을 대고 싶었어요. 그녀와의 데이트를 금지시킨 당신을 용서

할 수 없었지요." 6주 전 그가 처음 집단을 시작했을 때 그는 사라와 열정적 사랑, 아니 그보다는 그녀의 유방에 빠지는 것에 대해 장황하게 이야기했었고 그녀도 기꺼이 자기와 데이트하리라고 확신했다. 칼로스가 집단에 동화되는 것을 돕기 위해 나는, 처음 몇 번의 모임에서 적절한 사회적 행동을 그에게 코치했었다. 나는 어렵게, 사라에게 성적인 접근을 하는 것은 헛되고 가능할 것 같지 않다고 그를 설득했었다.

"게다가, 남자들이 강간에 의해 흥분한다는 것은 비밀도 아니지요. 나는 우리 집단에 있던 다른 남자들이 나에게 미소 짓는 것을 봤어요. 포르노 사업을 봐요! 책이나 비디오에서 강간이나 사디즘과 마조히즘에 관한 것을 재미나게 본 적 없어요? 해 보세요! 텐더로인에 있는 포르노 가게에 가 보라고요. 당신에게 훌륭한 교육이 될 테니까요. 사람들을 위해서 프린트를 해 주기도 하죠. 거기에도 그런 걸 파는 시장이 있다고요. 사실 말하면, 만약 강간이 합법이라면, 나는 그 일을 저지를 거예요. 가끔은."

칼로스는 거기서 멈추고 내가 자기 공범이나 되는 듯 혹은 동지라는 뜻으로 팔짱이라도 껴 보자는 추파를 보내며 싱긋 웃었다. 강간범의 형제애로서 자기 곁에 내 자리를 마련해 주는 초대쯤이랄까?

나는 내가 할 수 있는 것들이 무엇일까 찾아보려 애쓰며 말없이 몇 분간 앉아 있었다. 사라의 이야기에 쉽게 동의하고 싶을 만큼 그는 정말 타락한 인간처럼 보였다. 그러나 나는 그중 일부는 허세이고, 뭔가 더 나은, 그의 안에 있는 좀 더 고상한 무엇인가에 다가갈 수 있는 방법이 있을 것이라고 확신했다. 나는 감사하게도 그의 마지막 한마디, '가끔은'이란 말에 관심이 갔다. 그 말은 이야기 끝에 덧붙여진 것인데 일말의 양심이나 수치심의 조각이 있음을 암시하는 듯했다.

"칼로스, 당신은 집단에서 솔직했다고 자랑스럽게 여기는데 정말로 솔직했습니까? 혹은 부분적으로만 솔직하거나 쉬운 부분만 솔직한 것 아닌가요? 당신이 그 집단에 있던 다른 남자들보다 개방적이었다는 것은 사실입니다. 당신은 일부 진실한 성적 느낌을 표현했지요. 그리고 그러한 감정이 얼마나 널리 퍼져 있는지에 대해 지적을 했어요. 포르노 사업은 모든 남자가 가진 충동을 자극하는 무엇인가를 제공하는 것이니까요."

"그러나 당신이 전적으로 솔직했던 것인가요? 당신 내부에서는 일어나고 있지만 **표현하지는 않은** 다른 감정들은 무엇인가요? 이런 것을 한 번 상상해 보겠습니다. 사라와 마사에게 그들이 몇 년 전에 당한 강간에 대해 '별일 아닌 것'이라고 말했을 때 당신은 자기의 암에 대해서 그리고 자기가 항상 직면해야 하는 것들에 대해서 생각하고 있었다는 것을 말해도 될까요? 1, 2년 전에 일어났던 일보다는 **지금** 자기 삶을 위협하는 어떤 것과 맞서야 한다는 것이 훨씬 지독하게 어려운 일이지요."

"아마 당신도 집단에서 뭔가 따뜻한 돌봄을 받고 싶겠지요. 그러나 그렇게 지독하게 구는데 어떻게 그것을 받을 수 있겠어요? 당신은 암에 걸렸다는 것을 아직 얘기도 하지 않았잖아요." 나는 칼로스에게 자기가 암이 있다는 것을 집단에 개방하라고 재촉했으나 사람들이 자기를 동정할까 봐 두렵고, 여자 집단원들과의 성적인 기회를 놓치고 싶지 않다면서 질질 끌며 미루고 있었다.

칼로스는 나를 보며 싱긋 웃었다. "훌륭한 시도군요, 박사님! 상당히 그럴 듯한데요. 정말 머리가 좋으시네요. 그러나 나도 솔직해지겠는데 암에 대한 생각이 내 머리에 들어오질 않는걸요. 두 달 전에 화학약물치료를 그만둔 이래, 암에 대해 생각하지 않고 지나가는 날들이 많아졌어요. 그건 기차게 좋은 거죠. 그것을 잊어버리고, 그것으로부터 자유로워져서 잠시라도 정상적인 삶을 살 수 있으니까요.”

좋은 질문이다! 나는 생각했다. 망각하고 있는 게 좋은가? 나도 잘 모르겠다. 몇 달 동안이나 나는 칼로스를 봐 왔고, 놀라우리만큼 정확하게, 그의 생각을 주시하며 암의 진전 과정에 대해 내가 함께 이야기할 수 있다는 점을 알게 되었다. 그의 암 상태가 더 나빠져서 죽음을 직접적으로 눈앞에 만나게 되었을 때에는 언제나 자기 생에서 중요한 것의 순서를 다시 매기고 더 사려 깊고 열정적이며 현명해졌다. 반대로 회복이 되고 나면, 그가 말한 그대로 옮기면 자기 음경에 의해 인도되어 눈에 띄게 음탕하고 천박해졌다.

전에 한번, 신문 만화에서 길 잃은 땅딸막한 남자가 이렇게 말하는 것을 봤다. “40대나 50대쯤이면, 어느 날 갑자기 모든 게 분명해지지요… 그리고 금방 다시 사라져 버려요!” 칼로스는 한 번이 아니라 반복적이라는 점을 제외하면 항상 다시 사라져 버린다는 점에서 칼로스에게도 그 만화는 적용되는 것 같다. 그가 지속적으로 죽음을 의식하고 죽음의 영향에 ‘결말을 낼’ 방법을 찾을 수 있다면, 자기 삶이나 다른 사람들과 관계를 맺는 방식에 크게 변화를 가져올 수 있도록 도울 수 있겠다는 생각을 나는 종종 했다.

오늘 그리고 며칠 전에 집단에서, 겉만 번드르르하게 이야기하고 있는 것으로 보아 그의 암은 또다시 가라앉고 부수적으로 지혜를 따르게 하던 죽음은 마음에서 또 멀리 사라졌음이 분명했다.

나는 대못을 하나 더 박아 보기로 하였다. “칼로스, 당신이 집단을 시작하기 전에 내가 집단치료에 전제가 되는 기본적인 근거를 설명했었지요. 집단에서 어떤 일이 일어나든지 간에 그것은 우리가 치료 작업을 하는 데 도움이 될 수가 있다고 내가 얼마나 강조했는지 기억하세요?”

그는 끄덕였다.

나는 계속했다. "그리고 집단에서 가장 중요한 원리는 집단이 하나의 작은 세상이라는 것입니다. 우리가 집단에서 어떤 환경을 만들어 내든지 그것은 우리가 선택한 삶의 방식을 반영하는 것이라는 이야기도 기억하시지요? 우리 각자는 바깥세상에서 하는 것과 똑같은 사회적 세계를 집단에서 만들고 있다고 한 내 이야기도 기억하시지요?"

그는 또다시 끄덕거렸다. 그는 듣고 있었다.

"이제, 당신에게 집단에서 무슨 일이 일어났는지 봅시다! 가까운 관계로 발전시킬 수 있는 많은 사람들과 집단을 시작했어요. 그리고 당신이 관계를 발전시킬 수 있는 방법을 개발할 필요가 있다는 데 우린 둘 다 동의했어요. 그것이 집단을 시작한 이유 아닌가요, 기억납니까? 그런데 지금, 겨우 6주 지났는데, 모든 집단원 그리고 적어도 공동 치료자 중 한 사람이 당신을 경멸해요. 그리고 그것은 당신이 한 행실 때문이에요. 당신은 집단 밖에서 하는 행동을 그대로 집단 안에서 했지요. 정직하게 대답해 봐요. 그래서 당신에게 만족스러운가요? 다른 사람들과의 관계에서 당신이 원하는 것이 그것인가요?"

"박사님, 당신이 무얼 말하는지 다 알아듣겠습니다. 그러나 당신 논지에는 결함이 있어요. 나는 집단에 있는 사람들에 대해 허튼소리는 한마디도 안 했습니다. 그들은 실제 사람이 아닙니다. 나는 그런 패배자들과 어울리고 싶지 않아요. 그들의 의견은 내게 아무 의미가 없지요. 나는 그들과 가까워지고 싶지 않아요."

다른 경우에도 칼로스는 이처럼 완전히 꽉 닫고 있다는 것을 알고 있다. 그는 1~2주일은 보다 합리적인 사람이 되기도 하지만 보통은 내 인내심을 실험하고 있는 게 아닌가 하는 의구심이 들게 한다. 그러나 뭔가 빨리 변화가 있지 않으면, 다음 주에는 그가 집단을 중도에 그만두거나 다른 집단원들과의 관계가 회복할 수 없을 만큼 깨져 버릴 것이었다. 매력적이기는 하지만 이런 사건 후에, 다른 치료자에게 그를 받아들이라고 또 설득할 수 있을지, 내가 그렇게 끈질길지도 매우 의심스러웠다.

"화가 나고 그렇게 판단하게 된 당신 감정들을 잘 들을 수 있고 또, 난 당신이 진정 그렇게 느낀다는 것을 알아요. 그렇지만 칼로스, 잠시 그것들을 괄호로 묶어 두고 마음에 와 닿는 다른 게 있는지 보세요. 사라와 마사는 큰 고통 속에 있었어요. 그들에게 그 이외에 어떤 감정들이 드나요? 난 지금 주된 혹은 제일 큰 감정을 말하는 것이 아니고 그 외 다른 반짝 떠올랐던 작은 감정들을 말하는 것입니다."

"난 당신이 무얼 기대하는지 알아요. 당신은 나를 위해 최선을 다하고 있어요. 나도 당신을 돕고 싶은데, 나는 거짓말 않고 그게 다예요. 당신은 내 입에 감정을 쑤셔 넣고 있어요. 바로 여기, 이 사무실은 내가 진실을 말할 수 있는 딱 한 곳인데 사실은, 다른 무엇보다도, 집단에 있는 그 두 여성생식기와 내가 하고 싶은 것은 성교라고요! 강간이 합법이라면 그걸 하겠다는 말은 바로 그 뜻이죠! 그리고 난 어디서 시작해야 할지를 알고 있습니다!"

대부분은 그가 사라를 지칭한 것이었지만 난 묻지 않았다. 내가 하고 싶은 것은 그의 안으로 들어가서 그와 대화를 하고 싶은 거였다. 아마 우리 둘 사이에 중요한 오이디푸스적 경쟁이 일어나고 있어서 대화를 더욱 어렵게 하고 있었는지도 모른다. 그녀를 차지하는 데 있어서 나를 마치 경쟁자로 생각하는 듯 자기가 사라에게 하고 싶은 것을 생생하게 설명할 기회를 그는 절대 놓치지 않았다. 내가 전에 사라를 밖으로 초대하면 안 된다고 설득한 것이 그녀를 내 것으로 지키고 싶어서 그랬다고 그가 믿고 있다는 것을 나는 알고 있다. 그러나 그는 너무나 폐쇄적이고 방어적이기 때문에 이런 식의 분석은 지금 전혀 소용이 없다. 이를 헤쳐 나가려면 좀 더 설득력 있는 무엇인가를 이용해야 한다.

이와 관련해서 내가 생각할 수 있는 유일한 접근 방법은 첫 만남에서 보았던 정서의 표출이었는데 이 전법은 너무나 정교하고 간단해서 초 래될 놀라운 결과를 예측조차 할 수 없었다.

"좋아요, 칼로스. 당신이 상상하면서 옹호하는 그 이상적인 사회, 강 간이 합법화된 사회를 생각해 봅시다. 몇 분만, 당신 딸에 대해 지금 생 각해 봐요. 그런 세상에서 그녀가 사는 것이 어떨지. 강간이 합법적으로 허용되어, 성욕이 우연히 생긴 시시한 녀석이 열일곱 된 여자애에게 힘 으로 달려든다면 어떨까요?"

갑자기 칼로스에게서 웃음기가 싹 가셨다. 그는 눈에 띄게 멈칫하며, "그 애에겐 그런 일이 일어나지 않으면 좋겠어요."라고 단순히 말했다.

"그러나 그러면, 이 세상 어디에 그 딸아이를 둘까요? 수녀원에 넣고 잠가 버릴까요? 그 애가 살 수 있는 장소를 당신이 만들어 주어야겠네 요. 그게 아빠들이 하는 일이지요. 자기 자식을 위한 세상을 만들어 주 는 것. 전에는 한 번도 물어본 적이 없지만 당신은 그 딸에게 진정 무엇 을 바랍니까?"

"나는 그 애가 사랑하는 남자와 관계를 맺고 사랑하는 가족을 갖기를 바라요."

"그런데 그 애 아버지가 강간이 판치는 세상을 옹호한다면 그게 어떻 게 이루어질 수 있겠어요? 그 애가 사랑의 세계에서 살 수 있는 것이 당 신이 원하는 바라면, 그런 세상을 만드는 것은 당신에게 달려 있어요. 스스로 행동하는 데서부터 시작을 해야지요. 당신만 자기가 만든 법테

두리 밖에 있을 수는 없지요. 그것이 모든 윤리 체계의 근간이지요."

그 시간의 분위기가 바뀌었다. 더 이상 경쟁적인 투창 시합이나 상스러움은 없었다. 우리는 아주 심각해졌다. 난 치료자라기보다는 철학이나 종교 교사같이 느껴졌으나 그것이 적절한 길이라는 것을 알고 있었다. 그리고 이것은 전에 이야기했어야 하는 것이었다. 그는 자기 자신의 일관성 없는 모습에 대해 농담을 하곤 했었다. 한번은 그가 기쁨에 차서 자녀들(그들은 1년에 두세 차례 그를 방문했다.)과 저녁 식탁에서 했던 대화 내용을 이야기했었다. 그때 그는 딸에게 함께 외출하고픈 어떤 남자라도 만나는 것을 허락할 것이라고 하였다. 그리고 아들에게는 "너는, 가능한 대로 어떤 시시한 계집애라도 모두 만나라!"라고 하였다고 말했었다.

내가 그의 관심을 끌었다는 것은 의심의 여지가 없었다. 나는 나의 영향력을 삼각으로 분할하여, 같은 주제를 다른 방향에서 접근하기로 결정했다.

"그리고 칼로스, 내 마음에 다른 것이 또 하나 떠오르는군요. 2주 전에 초록색 혼다 자동차를 꿈에서 본 기억나요? 그것으로 되돌아가 봅시다."

그는 꿈을 가지고 작업하는 것을 즐겼고 그렇게 하는 동안, 자기 딸에 대해 이야기하는 고통을 떠날 수 있어서 너무나 반겼다.

꿈에 칼로스는 차를 빌리기 위해 렌터카 센터에 갔는데, 그곳에 남아 있는 차라고는 그가 제일 싫어하는 혼다 시빅 종류밖에 없었다. 몇 개 색깔 중에 그는 빨간색을 골랐다. 그런데 주차되어 있는 곳으로 가 보니, 남아 있는 색깔은 그나마 초록색뿐이었고 그 역시 자기가 제일 싫어하는 색이었다! 이 꿈에서 가장 중요한 사실은 그때의 정서인데, 이 꿈은, 그 상서로운 내용에도 불구하고 공포로 가득 찼었고, 그 때문에 그는 깨어나서 몇 시간을 불안 속에 떨었다.

2주 전에 우리는 그 꿈 내용에 그리 가까이 갈 수 없었다. 칼로스는, 회상컨대, 차를 대여해 주던 여자 점원의 정체에 대해서만 연상하며 빗나간 길을 따라갔다. 그러나 오늘 나는 그 꿈을 다른 빛으로 비춰 보았다. 몇 년 전부터 그는 환생에 대한 강한 믿음을 갖기 시작했고 그 믿음은 죽어 간다는 공포에 안도감을 주는 축복이었다. 우리가 만난 시간 중 어느 회기에 그는 죽음이란 마치 낡은 차를 바꾸듯 단지 한 육체에서 다른 육체로 옮겨 가는 것일 뿐이라는 비유를 했었다. 나는 그에게 그 비유를 지금 다시 생각나게 했다.

"우리 한번 이렇게 가정해 봅시다, 칼로스. 즉 그 꿈은 차에 대한 것 이상의 꿈이라고 말입니다. 분명 차를 대여하는 것은 전혀 공포스러울 것이 없는 것이지요. 뭔가 악몽이 되어 밤새도록 깨어 있게 하는 그런 것이 아니란 말입니다. 나는 그 꿈이 죽음과 미래 삶에 대한 것이라고 생각되고, 그리고 그 꿈은 죽음과 환생을, 차를 교환하는 것에 비유한 당신의 상징을 활용한 것이지요. 당신이 가질 수 있는 차가 오로지 초록색 시빅 혼다뿐이라는 사실이 어떤가요?"

"난 초록색이 싫고 혼다 시빅을 싫어해요. 내 다음 차는 마세라티가 될 겁니다."

"그러나 만약 차가 꿈에서 육체를 상징하는 것이라면, 어째서 당신은 다음 생에서 그 육체, 혹은 당신이 무엇보다도 가장 싫어하는 생을 갖게 되나요?"

칼로스는 내 이야기에 반응하는 것 외에 다른 선택의 여지가 없었다. "이승에서 어떻게 했느냐 혹은 이승의 삶을 어떻게 살았느냐에 따라, 그에 상응하는 삶을 갖게 되지요. 남이 그 값어치를 더 올리거나 내릴 수 없어요."

이제 그는 이 이야기가 어떻게 유도되어 가는지를 깨달았고 땀을 흘리기 시작했다. 그를 둘러싸고 있던 어리석음과 냉소의 짙은 숲은 그를 방문한 이에게 항상 충격을 주어 떠나가게 했었다. 그러나 이제는 그가 충격을 받을 차례였다. 나는 그의 가장 안쪽 깊숙이 자리 잡은 사원, 즉 자식에 대한 사랑과 환생에 대한 믿음을 침범해 들어갔다.

"계속해요, 칼로스. 이것은 중요해요. 그것을 당신과 당신 삶에 적용시켜 봐요."

그는 단어를 한마디씩 끊어 천천히 말했다. "그 꿈은 내가 바르게 살지 못하고 있다는 것을 말하고 있군요."

"동의합니다. 내가 생각하기에 그것이 꿈이 말하고 있는 것입니다. 바르게 사는 것에 대한 당신의 생각을 좀 더 이야기해 보세요."

나는 어떤 종교적 체계에서든 훌륭한 삶을 구성한다고 하는 것 ― 사랑, 관용, 돌봄, 품위 있는 생각, 선함의 추구, 자비 ― 들이 그 어느 것도 필수 불가결한 것은 아니라는 점을 하나씩 이야기하려 하였다. 칼로스는 현기증이 난다고 하며 내가 요지를 말했다는 것을 알려 주었고 사실 그것을 하루에 다루기에는 너무 많았다. 이번 주에 그에 대해 더 생각할 시간을 갖고 싶어 했다. 우리에게 15분이 아직 남은 것을 보고 나는 다른 각도에서 작업을 하기로 결정했다.

나는 그가 이 시간이 시작될 때 꺼내 놓았던 처음의 주제, 즉 그가 교회에서 잠깐 만났던 여성, 루스와 천금의 기회를 놓쳤다고 생각하며 차까지 따라가지 않은 것을 자책하고 머리를 벽에 찧을 수밖에 없었던, 바로 그 신념으로 돌아갔다. 이 비합리적 신념이 하고 있는 기능은 분명했다. 그가 매력적인 여성에게 사랑받게 되어 간절히 그녀가 원하는 사람이 되는 한, 자기가 남들과 별로 다르지 않으며, 크게 잘못되지 않았고, 보기 흉하지도, 죽어 갈 정도로 아프지도 않다는 믿음을 지지해 주는 것이다.

과거에 나는 그가 하는 부정(denial)에 손대지 않았다. 일반적으로 해결하는 것보다 문제를 더 일으키지 않는 한, 그리고 대신할 더 나은 무엇이 있지 않는 한, 방어를 파헤치지 않는 것이 최선이다. 환생이 그런 경우다. 개인적으로 나는 그것이 일종의 죽음에 대한 부정이라고 생각되지만 이 믿음은 칼로스(이 세상의 많은 사람에게도 그러하듯이)에게 아주 크게 공헌을 한다. 사실, 나는 그것을 파헤치기보다는 항상 지지해 왔고 이 회기에도 환생에 내포된 것들을 생각할 때 일관성을 찾도록 촉구함으로써 이 믿음을 지지했다.

그러나 그의 부정이라는 방어 체계가 도움이 되지 않는 부분에 대해 도전을 할 시간이 왔다.

"칼로스, 당신이 그녀 차가 있는 데까지 같이 걸어갔다면 정말 루스와 결혼할 수 있는 확률이 10퍼센트에서 15퍼센트는 되었다고 생각하나요?"

"한 가지를 하면 다음 것으로 이어지지요. 우리 사이에 뭔가 오가고 있는 셋이 있었어요. 난 그걸 느꼈쇼! 난 내가 아는 건 안단 말예요!"

"그렇지만 매주 슈퍼마켓에 있는 여성, 치과 접수 창구에 있는 여성, 극장의 표 파는 사람 등등을 이야기해요. 사라에게까지 그렇게 느꼈잖아요. 봐요, 몇 번이나 당신이, 이 세상 어떤 남자라도 그렇겠지만, 그녀들의 차까지 가고도 결혼을 안 했는지요?"

"좋아요, 좋아요. 아마 1~0.5퍼센트에 가까울지도 모르지만 그러나 아직은 확률이 있는 거잖아요, 내가 그렇게 세상 물정 모르는 바보가 아니었더라면. 나는 차까지 같이 걷겠다는 제안을 할 생각조차 못했단 말예요!"

"그것이 당신 스스로를 속이기 위해 선택한 방식이라는 거죠! 칼로스, 지금부터 좀 대담하게 얘기할게요. 당신이 하고 있는 이야기는 전혀 상식적이지가 않아요. 당신이 루스에 대해 내게 이야기한 것은 — 당신은 딱 5분 그녀와 이야기했지요 — 그녀가 23세이고 아이가 둘 있는데 최근 이혼했다는 것이 전부예요. 우리 좀 현실적이 됩시다. 당신 말대로 여기는 솔직해질 수 있는 곳입니다. 당신의 건강에 대해 그녀에게 뭐라고 이야기할 건가요?"

"그녀를 좀 더 알게 되면 사실을 말할 거예요 — 나는 암에 걸렸고, 이제 그것은 조절이 가능하다, 의사가 치료할 수 있다."

"그리고?"

"의사는 어떤 일이 벌어질지 확신하지는 못한다, 그렇지만 매일 새로운 치료법들이 발견되고 있다, 그런데 어쩌면 미래에 재발할지도 모른다."

"의사가 당신에게 뭐라고 했는데요? 그들이 당신에게 재발할지도 모른다고 했나요?"

"당신 말이 맞아요 — 미래에 재발할 것이다, 치료법이 발견되지 않는 한."

"칼로스, 난 잔인해지고 싶지는 않아요. 하지만 객관적이고 싶어요. 당신이 루스 입장이라고 생각해 봐요. 23세에, 어린 두 아이가 있고, 어려운 시간을 지내 왔어요. 자기와 아이들에게 강한 의지가 될 무엇인가를 찾고 있었을지도 모르죠. 보통 사람이 가지고 있는 암에 대한 지식과 공포심을 가지고 있으면서요. 당신이 그녀가 찾는 안전감과 의지가 될 사람을 대표하는 사람이 되나요? 당신 건강을 둘러싸고 있는 불확실함을 그녀가 기꺼이 받아들일 수 있을까요? 당신을 간호해야 될지도 모르는 상황으로 들어가는 위험을 그녀가 감수하려 할까요? 당신이 원하는 방식으로 당신을 알게 되어, 당신과 관계를 맺을 수 있는 확률이 진정으로 얼마나 될까요?"

"아마 백만분의 일도 안 되겠죠." 칼로스는 아주 슬프고 힘없는 목소리로 말했다.

나는 잔인해지고 있었지만, 잔인해지지 않을 수 있는 가능성, 단순히 그를 어르며 현실을 직시할 수 없다는 것을 암암리에 전하는 것은 더 잔인할 것이다. 루스에 대한 환상은 아직 자기가 다른 인간과 접촉할 수 있고 또한 돌봄을 받을 수 있다는 것을 느낄 수 있게 해 줄 것이다. 나는 그와 기꺼이 관계를 맺으려는 나의 마음을, 자기 등 뒤에서 눈을 꿈벅거리기보다는 내 방식의 접촉과 돌봄이라는 것을 그가 이해하기를 바랐다.

허세는 이제 완전히 사라져 버렸다. 부드러운 목소리로 칼로스는 물었다. "그러니 난 이제 어떡하지요?"

"만약 당신이 지금 원하는 것이 친밀감이라면, 아냇감을 찾겠다는 열망을 벗어던져 버릴 때라는 것입니다. 난 몇 달 동안 당신이 이것을 스스로 포기하지 않고 있는 걸 봐 왔어요. 그걸 그만둘 시기라고 생각합니다. 당신은 어려운 약물치료 과정을 방금 끝냈어요. 4주 전만 해도 당신은 먹지도, 침대에서 일어나지도, 구토를 멈추지도 못했어요. 체중이 많이 줄었고, 이제 원기를 회복해야 해요. 아내 될 사람을 찾으려는 기대를 그만둬요. 그건 자신에게 너무 많은 걸 요구하는 겁니다. 합리적인 목표를 세우세요. 당신은 나만큼이나 이것을 잘할 수 있어요. 훌륭한 대화를 하는 데 신경을 집중해 보세요. 당신이 이미 알고 있는 사람들과 우정을 깊게 하려는 노력을 해 봐요."

나는 칼로스의 입술에서 미소가 배어나오기 시작하는 것을 봤다. 그는 나의 다음 말이 나오는 것을 보고 있었다. "그리고 집단보다 이것을 실천하기 좋은 곳이 어디 있어요?"

그 회기 이후로 칼로스에게서 이전과 같은 모습을 전혀 볼 수 없었다. 다음 우리 약속은 다음 집단 모임의 다음 날이었다. 그가 제일 처음 한 말은 자기가 집단에서 얼마나 훌륭했는지 내가 믿지 못할 것이라는 것이었다. 그는 이제 자기가 제일 지지적이고 민감한 집단원이라고 자랑했다. 그는 현명하게도 집단에서 자기의 암에 대해 이야기함으로써 골칫거리로부터 자신을 해방시켜 주기로 결정했다. 그는 몇 주 후, 사라도 이를 확인해 주었지만, 행동이 너무나 극적으로 변해서 이제는 집단원들이 그에게 지지를 바라며 쳐다본다고 주장했다.

그는 우리의 이전 회기를 칭찬했다. "지난번 회기가 지금까지 중에 최고였어요. 매번 우리 치료 시간이 그랬으면 좋겠어요. 우리가 무슨 이야기를 했었는지는 정확히 기억이 안 나지만, 내가 크게 변하는 데 무척 도움이 되었습니다."

나는 그가 언급한 것 중 하나가 특히 장난스럽다는 것을 발견했다.

"나도 왜인지는 모르겠는데, 집단에 있는 남자들과도 관계를 달리 맺고 있어요. 그들은 모두 나보다 나이가 많은데, 웃기게도 마치 그들을 내가 아들처럼 대하고 있다는 기분이 들거든요!"

그가 지난 회기의 내용이 기억이 안 난다고 하는 것이 나는 별로 불편하지 않았다. 우리가 이야기했던 걸 기억 못하는 것이 그 반대의 경우 (내담자가 보다 흔하게 채택하는 방식인데)보다 차라리 낫다. 이야기한 내용은 정확히 기억하지만 변화는 없는 것보다 훨씬 낫다는 뜻이다.

칼로스는 기하급수적으로 눈부신 진전을 보였다. 2주 후, 그는 자기가 주된 통찰을 두 가지 하였다고 공언하며 회기를 시작하였다. 그는 그 통찰을 대단히 자랑스럽게 여겨 새롭게 명명을 하였다. 자기 노트를 보며 첫 번째를 "모든 이에게는 심장이 있다.", 두 번째는 "나는 내 신발이 아니다."라고 명명하였다.

우선 그는 "모든 이에게는 심장이 있다."를 설명하였다. "지난주 집단 모임에서 세 여성이 모두 감정을 나누었어요. 결혼하지 않고 사는 것이 얼마나 어려운지에 대해서, 외로움에 대해서, 부모에 대하여 느끼는 슬픔에 대해서, 그리고 악몽에 대해서. 왜인지는 모르겠는데 갑자기 난 그들이 다르게 보였어요! 그들도 나 같더라고요! 그들도 살아가는 데 나랑 똑같은 문제를 가지고 있구나. 여자는 올림포스 산에서 남자들을 죽 도열시켜 놓고 이건 내 침실로, 저건 쫓아내고 하는 식으로 고른다고, 전에는 항상 여자를 그렇게 상상해 왔었지요!"

"그러나 그 순간," 칼로스는 계속했다. "그들 가슴의 벽이 그냥 녹아 내려 사라지며 창살을 이룬 갈비뼈 사이로 발가벗은 푸른기 도는 붉은 심장이 눈앞에 그려졌어요. 우묵 파진 네모난 곳이 보였고, 그 중심에 적갈색으로 빛나는 심장이 뛰고 있는 거예요. 일주일 내내 난 모든 사람의 심장이 뛰는 것을 보았고, 난 '모든 사람에게는 심장이 있다, 모든 사람에게는 심장이 있다.' 혼잣말을 했지요. 나는 모든 이에게서 심장을 보았어요. 접수 창구에서 일하는 불운한 곱추에게서도, 바닥 청소를 하는 늙은 여성에게서도, 나와 함께 일하는 남자들에게서도!"

칼로스가 내게 들려준 이야기가 너무나 기뻐서 내 눈에서도 눈물이 흘렀다. 그는 내 눈에서 눈물이 흐르는 것을 봤다고 생각되지만, 내가 당황스럽지 않도록 아무 언급도 하지 않고 서둘러 다음 통찰, "나는 내 신발이 아니다."로 넘어갔다.

그는 지난 회기에 직장에서의 프레젠테이션에 대한 불안을 이야기했던 것을 상기시켰다. 항상 그는 대중 앞에서 이야기하는 것에 크게 어려움을 느껴 왔었다. 그는 어떠한 비판에도 극도로 민감해서, 그의 말에 따르면 종종 자기가 한 프레젠테이션의 어떠한 측면에 대해서건 질문을 한 사람에게 모두 다 악의에 찬 역공을 함으로써 자기 꼴을 우습게 만들곤 하였다.

나는 그가 자아의 경계(personal boundary)에 대한 시각을 잃고 있다는 것을 이해하도록 도왔다. 나는 그에게 사람이 자기의 중심이 되는 핵심을 공격받으면 그런 상황은 결국, 생존 자체를 위협하는 것이므로 적의를 가지고 반응하게 되는 것이 자연스러운 것이라고 말했었다. 그런데 칼로스는 자기의 개인적인 경계를 직장까지 포함되는 듯 넓혀 놨고 그래서 결과적으로, 자기 일의 어느 측면에 대한 사소한 비판에 대해서까지 마치 자기 존재의 중심부를 치명적으로 공격당해 생존이 위협을 받은 것처럼 반응한다고 말했다.

나는 칼로스에게 자기의 핵심이 되는 자아(core self)와는 다른, 주변적인 속성 혹은 활동을 변별하도록 자극했었다. 그러고 나서 그는 핵심이 아닌 부분을 '동일시하지 않아야' 하고 핵심이 아닌 부분들은 자기가 좋아하는 것, 자기가 행한 것, 혹은 가치를 두는 것 등으로 나타날 수 있으나 그것이 자신, 즉 자기의 중심적 존재(central being)는 아닌 것이라고 말했었다.

칼로스는 이 구조에 혼동이 있었다. 그가 설명한 직장에서의 방어적인 성향에서뿐 아니라 자기 신체에 대해서도 이 '동일시하지 않기' 모델을 확산시켜 적용할 수 있다. 다시 말하면, 그의 신체는 위태롭다 할지라도 그 자신은, 그의 생생한 본질은 손상되지 않은 것이다.

이 해석은 그의 불안을 많이 완화시켰고, 지난주 그가 직장에서 한 프레젠테이션은 명쾌하면서도 방어적이지 않게 진행되었다. 그보다 더 잘할 수는 없을 정도였다. 프레젠테이션하는 동안 내내, 그는 머릿속에서 "내 일은 내가 아니다."라는 진언(mantra)을 짧게 흥얼거렸다. 그가 프레젠테이션을 끝내고 상사 옆에 가서 앉았을 때도 진언 읊기가 계속되었는데, "내 일은 내가 아니다. 내 말도 아니다. 내 옷도 내가 아니다. 그런 것들은 어느 것도 내가 아니다." 그러다가 그가 다리를 겹쳤는데 밑창이 닳고 해진 자기 신발이 눈에 띄자, "내 신발도 내가 아니다."라고 하였다. "내 신발은 내가 아니야!" 하고 외치고 싶은 듯 발가락이 제 주인의 관심을 끌려고 꼼지락대기 시작했다.

칼로스의 두 가지 통찰 — 많은 것 중에서도 우선 — 은 나와 나의 학생들에게는 선물이었다. 그 두 가지 통찰은, 각각 서로 다른 형태의 치료로부터 왔는데, 즉, 개인 간(communion between)에 초점이 있는 집단치료로부터 얻는 것과 개인 내(communion within)에 초점이 있는 개인치료에서 얻는 것의 차이의 정수를 보여 주고 있다. 나는 아직도 가르칠 때 그의 이러한 그림 같은 통찰의 예를 많이 사용한다.

칼로스는 자기에게 남아 있는 삶의 몇 개월 동안 남에게 주는 삶을 계속하기로 결정했다. 그는 '마지막 정거장'을 선택한 이들의 모임이라는 재치 있는 농담을 곁들여 암환자 자조집단(self-help group)을 조직했고, 자기가 나가는 교회 중의 한 곳에서 대인관계 기술 향상을 위한 집단의 도우미가 되었다. 사라는, 지금은 그의 가장 훌륭한 후원자가 되어 그의 집단 중 하나에 초청 연사로 초대받아 그의 책임 있고 능력 있는 지도력을 증언해 주었다.

그러나 무엇보다도 그는 자기 자식들에게 많은 것을 주었다. 그의 내적 변화를 알게 된 자녀들은 아버지가 있는 곳 가까이에 있는 대학에 등록을 하고 그와 함께 살기로 결정했다. 그는 놀라우리만큼 관대하고 지지적인 아버지였다. 항상 나는 사람이 죽음 앞에 서는 방식은 자기 부모가 만들어 놓은 모델에 의해 크게 영향을 받아 결정된다고 느낀다. 부모가 자식에게 줄 수 있는 마지막 선물은 스스로의 예를 통해서, 어떻게 침착하게 죽음을 맞이하느냐를 가르쳐 주는 것인데 칼로스는 너무나 품위 있게 훌륭한 가르침을 주었다. 그의 죽음은 어두운, 덮개에 싸인 음침한 사라짐이 아니었다. 삶의 마지막 순간까지 그와 그의 자식들은 그의 병에 대해 서로 솔직했고 그가 자기의 "임파선 조—옹—야—앙"을 지칭하며 콧바람을 내뿜고, 눈길을 마주치고 입술을 오무리는 식으로 함께 낄낄거렸다.

그러나 그가 죽기 직전에 내게 준 선물보다 더 큰 선물은 없었는데, 그 선물이란, 시한부 삶을 살고 있는 이들에게 '야심 찬' 치료를 위한 분투가 합리적인가 혹은 적절한가라는 늘상의 의문에 답을 해 준 것이었다. 내가 그의 병원으로 문병을 갔을 때 그는 너무나 약해서 거의 움직일 수도 없었다. 그러나 그는 내 손을 꼭 쥐며 자기 머리를 들어 속삭였다. "감사합니다. 내 삶을 구해 주셔서 감사합니다."

3

"잃은 아이, 남은 아이"

THE WRONG ONE DIED

The Wrong One Died

"잃은 아이, 남은 아이"

• • • 몇 년 전, 가족을 잃은 이(bereavement)들의 사례 연구 계획서를 준비하면서 나는 이런 내용을 담은 짧은 광고 기사를 지역 신문에 실었다.

현재 연구를 계획하는 단계인데 슬픔을 극복하기 어려운 사람들과의 면담을 얄롬 박사는 소망하고 있습니다. 면담을 받고 싶은 자원자는 555-6532로 전화를 하기 바랍니다.

면담 약속을 신청한 35명 중, 페니는 처음으로 전화를 한 사람이었다. 그녀는 내 비서에게 자기가 서른여덟 살이며, 이혼했고, 4년 전에 딸을 잃었는데 즉시 만나고 싶다고 했다. 그녀는 주당 60시간 택시 운전을 하지만, 낮이든 밤이든 언제든지 면담하러 올 수 있다고 강조했었다.

24시간 후에 그녀는 나와 마주 앉아 있었다. 세련되지 않은, 근육질의 여성이었는데, 세파에 시달리고, 가정 폭력으로 매를 맞고 살았으며, 자부심 있어 보였지만 덜덜 떨고 있었다. 누가 봐도 그녀가 얼마나 많은 풍파를 겪고 살아왔을지 알 수 있었다. 그녀는 1930년대에 강인하게 대사를 하던 영화 배우, 그리고 죽은 지 이미 오래된, 마조리 메인을 생각나게 했다.

페니가 위기에 있다는, 혹은 위기에 있었다는 사실은 내게 딜레마에 빠지게 했다. 나는 새로운 환자를 받을 시간이 없었기 때문에 그녀를 치료할 수가 없었다. 나는 연구 계획서를 작성할 시간조차도 빠듯했고 연구비 신청 마감일이 시시각각 다가오고 있었다. 당시 그 일이 내 생활의 최우선 과제였고, 그래서 자원자를 구한다는 광고를 낸 것이었다. 게다가 나는 3개월간의 연구년이 예정되어 있어서, 제대로 된 심리치료 과정을 거치기에는 시간이 부족했다.

오해가 일어나지 않도록 하기 위해, 나는 곧바로 과제를 분명히 하는데 최선을 다하기로 결정했고 페니와 너무 깊이 들어가기 전에, 딸이 죽은 지 4년이나 지난 아직까지도 즉시 치료자를 만나야 하는 이유를 묻기 전에 이미 그렇게 했었다.

그래서 나는 그녀에게 가족을 잃은 슬픔에 대해 나에게 2시간을 이야기해 주기로 자원을 한 데 감사를 했다. 나는 그녀가 면담 진행을 동의하기 전에, 이것은 연구를 위한 것이지 치료를 위한 면담은 아니라는 것을 아는 것이 중요하다고 말해 주었다. 그리고 이야기하는 것만으로 우연히 도움을 받을 수 있을지 모르지만 이야기함으로써 일시적으로 더 불안정해질 수도 있다는 것을 덧붙여 이야기하였다. 그러나 만약, 치료가 필요하다고 생각이 되면 치료자를 선택하는 것을 기꺼이 돕겠다고 하였다.

나는 잠시 멈추고 페니를 바라보았다. 나는 나 자신을 보호했고 어떤 오해도 방지할 만큼 충분히 분명하게 설명했기 때문에 내가 한 말에 만족했다.

페니는 고개를 끄덕였다. 그녀가 의자에서 일어났다. 잠시 나는 그녀가 나가 버리려 한다고 생각해서 긴장했다. 그러나 단지 긴치마를 바로 하기 위해서였을 뿐, 도로 앉아 담배를 피워도 괜찮으냐고 물었다. 내가 그녀에게 재떨이를 건네주자 담배에 불을 붙이고는 깊고 강한 어조로 시작했다. "난 이야기가 필요해요. 좋습니다. 그렇지만, 난 치료비를 댈 수 없어요. 돈이 궁해요. 지역센터에서 싼 치료자 둘 ─ 하나는 아직도 학생이지요 ─ 을 만난 적이 있습니다. 그러나 그들은 나를 두려워했어요. 아무도 아이의 죽음에 대해 이야기하고 싶어 하지 않았어요. 18세 때 나는 알코올 중독 치료센터에 간 적이 있었는데 거기서 예전에 알코올 중독이었던 상담자를 만났었어요. 그녀는 훌륭했었고, 제대로 된 질문을 했었지요. 어쩌면 자기 아이를 잃은 정신과 의사가 필요한지도 몰라요! 어쩌면 정말 전문가가 필요하고요. 나는 스탠퍼드대학교에 굉장한 존경심을 가지고 있어요. 그래서 신문에서 그 기사를 봤을 때 곧바로 달려왔지요. 항상 난 딸이 스탠퍼드대학교에 갈 것이라고 생각했었어요. 그 애가 만약 살아 있었더라면요."

그녀는 나를 똑바로 쳐다보며 곧바로 이야기를 했다. 나는 강인한 여성을 좋아하는데, 그녀의 스타일이 마음에 들었다. 나는 다소 모질게 이야기를 시작해야 한다는 것을 염두에 두었다.

"난 당신이 이야기하도록 도울 거예요. 그리고 어려운 질문도 할 수 있지요. 그러나 빙빙 돌려 조각조각을 모으려 하지는 않을 겁니다."

"알아들었어요. 당신은 그냥 내가 시작할 수 있게만 도우세요. 나는 스스로 알아서 할 테니까요. 난 10세 때 이미 제 밥벌이를 하는 아이였는걸요."

"좋아요, 그럼 왜 나를 즉시 만나고 싶었는지부터 시작을 합시다. 내 비서 말로는 당신이 절망적인 것처럼 들렸다던데요. 무슨 일입니까?"

"몇 년 전, 운전하면서 일에서 돌아오는 길이었는데 ─ 새벽 1시경에 일이 끝납니다 ─ 전혀 아무 생각도 나지 않았습니다. 정신을 차렸을 때 나는 일방통행길을 반대편 차선으로 들어가 역주행하여 운전을 하고 있는 것을 깨닫고는 부상당한 동물같이 비명을 질렀지요! 만약 차가 반대 방향에서 오고 있었다면, 오늘 여기 있지도 못했을 겁니다."

이것이 우리가 시작을 했던 이야기이다. 나는 부상당한 동물같이 비명을 지르는 이 여성의 이미지를 그리며 당황한 나머지, 이야기가 머릿속에서 이해되는 데 조금 시간이 걸렸다. 그러고 나서 나는 질문을 시작하였다. 페니의 딸 크리시는 9세에 희귀한 형태의 백혈병이 생겨 4년 후, 13번째 생일 바로 전날에 죽었다. 그 4년 동안 크리시가 학교를 계속 다니기는 했으나, 반은 침대에 누워 있었고 3~4개월에 한 번씩 입원을 했었다.

그 아이의 암과 치료는 둘 다 극히 고통스러웠다. 4년간 병을 앓으며 받은 화학약물요법은 아이의 생명을 연장시켰지만 매번 대머리로 만들고 고통스럽게 했다. 크리시는 수십 번 고통스러운 골수 채취를 했고 너무나 주사를 많이 맞아 종국에는 주사를 놓을 정맥을 찾을 수가 없었다. 그 애가 살아 있었던 마지막 해에, 주치의는 혈액순환을 시키기 위하여 정맥에 관을 영구 삽입했었다.

페니는 그 애의 죽음이 무시무시했다고 하였는데 어떻게 무시무시했는지 나는 상상할 수가 없었다. 이때 그녀는 흐느끼기 시작했다. 어려운 질문을 하겠다는 내 말대로, 나는 크리시의 죽음이 어떻게 무서웠는지에 대해 말해 달라고 재촉했다.

페니는 자기가 시작할 수 있게 내가 어떻게 해 주기를 바라긴 했지만 정말 우연히도 나의 첫 질문에 감정이 분출됐다. 나중에 알게 되었지만 내가 어디를 건드렸어도 페니는 깊은 고통으로 빠져들었을 것이다. 크리시는 결국, 폐렴으로 죽었고, 심장과 폐가 숨도 쉴 수 없을 만큼 쇠약해져서 마지막에는 자기의 체액 속에 익사한 것이었다.

가장 끔찍한 것은, 페니가 흐느끼며 내게 이야기했는데, 자기가 딸의 죽음을 기억할 수 없다는 것이었다. 크리시의 마지막 순간이 전혀 기억이 나지 않았다. 기억할 수 있는 것은 오로지 그날 저녁 딸 옆에서 자려 했다는 것 — 크리시가 입원해 있는 동안 페니는 아이 옆에 놓아둔 간이 침대에서 잤다 — 그리고 한참 후, 자기가 크리시 침대 머리맡에 앉아 아이의 시신을 팔로 껴안고 있었다는 것뿐이었다.

페니는 죄책감에 대한 이야기를 하기 시작했다. 크리시가 죽어 가는 동안 자기가 한 행동에 대해 생각하며 시달리고 있었다. 그녀는 자신을 용서할 수가 없었다. 목소리가 점점 커졌고, 어조는 보다 자기비난 조였다. 그녀는 마치 자기의 직무 태만을 나에게 설득시키려는 검사처럼 말을 했다.

"믿을 수가 있어요?" 그녀가 말했다. "어미인 내가 딸 크리시가 죽은 게 언제였는지도 기억 못하고 어떻게 죽었는지도 기억을 못한다는 걸?"

그녀는 자기가 옳다고 확신을 했고, 자기의 부끄러운 행동에 대한 죄책감이 바로 자기가 크리시를 보낼 수 없는 이유이며, 4년간 슬픔이 그대로 얼어붙어 있는 이유라고 나를 설득했다.

나는 연구 계획대로 계속 따라가기로 결정했다. 나의 연구는 가족을 잃은 이들의 만성적인 비탄에 대해 가능하면 지식을 많이 축적해서 구조화된 면접 양식을 만드는 것이었다. 그럼에도 불구하고, 너무 치료에 익숙한 때문인지, 나는 연구를 잊어버리고, 점차 치료 양식으로 미끄러져 들어가고 있었다. 죄책감이 가장 기본적인 문제 같아서, 나는 2시간의 면담 시간 중 나머지 시간을 페니의 죄책감에 대해 가능한 한 많이 알아보기로 하였다.

"무엇에 대한 죄책감이지요?" 나는 물었다. "책임이 무엇인데요?"

그녀에게 있어 자신이 다하지 못했다고 하는 가장 큰 책임은 진정 크리시와 함께하지 못했다는 것이었다. 그녀의 표현을 빌자면, 자기가 환상 게임을 했다는 것이었다. 크리시가 죽을 수도 있다는 것을 인지하도록 스스로에게 허용하지 않았다는 것이다. 의사가 크리시는 얼마 살지 못할 것이라고 말했더라도, 이 질병에서는 아무도 회복되지 못한다고 했어도, 그 애가 마지막으로 입원했을 때 별로 오래 살지 못할 것이라고 마침표를 찍으며 말했더라도, 페니는 크리시가 회복되지 않을 것이라는 것을 믿지 않았고 이를 귀담아듣지 않고 부정했다. 의사가 마지막 폐렴이 더 이상 방해할 수 없는 축복이라고 했을 때에는 너무나 화가 났었다.

사실상, 그녀는 크리시가 4년 전에 죽었다는 것을 아직도 받아들이지 않았다. 바로 전주에도, 동물모양의 솜 채운 헝겊 인형을 크리시 손에 쥐어 주려고 가게 계산대에 '서 있는' 자신을 발견하였다. 그리고 나와 인터뷰를 하는 동안에도, 크리시는 살아 있다면 다음 달에 열일곱이 "될 거예요."라는 표현 대신에, "곧 열일곱이에요."라고 했다.

"그게 그렇게 죄악입니까?" 나는 물었다. "희망을 잃지 않는 것이 그렇게 죄악입니까? 자기 아이가 죽을 거라는 것을 믿으려 하는 엄마가 어디 있어요?"

페니는 자기가 크리시를 최우선으로 두고 사랑하는 행동을 하지 못했고 자신을 먼저 생각했다고 대답했다. 어떻게? 그녀는 크리시가 두려움이나 자기 감정에 대해 이야기하도록 해 주지 못했다. 크리시가 절대 죽음이란 일어날 것 같지 않은 척하는 엄마에게 어떻게 죽음에 대해 이야기할 수 있을까? 결과적으로, 크리시는 혼자 생각하며 외로워하라고 강요를 당한 것이다. 그녀가 딸 옆에서 잤다 한들 무엇이 달라질 것인가? 아이를 위해 진정으로 거기 있지를 않았다. 사람에게 일어날 수 있는 것 가운데 최악의 것은 혼자 죽는 것이며, 그게 바로 자기가 딸에게 한 것이라는 것이었다.

그러고 나서 페니는 자기가 윤회를 깊이 믿는데, 그 믿음은 가난하고 비참하던 10대에 시작이 되었다고 하였다. 이승의 삶은 너무나 고문 같은 삶이어서 자기에게 또 다른 삶의 기회가 올 것이라는 생각으로 위로를 받을 수 있었다고 말했다. 페니는 다음 생에는 보다 운이 좋으리라—아마 좀 더 부자가 되리라고 생각했다. 또한 크리시도 건강하고 행복한 또 다른 삶을 살게 되리라고 생각했다.

그러나 그녀는 크리시가 죽는 것을 돕지 않았다. 사실, 페니는 크리시가 죽는 데 그렇게 오래 걸리게 한 것은 자기의 잘못이라고 믿었다. 엄마를 위해서 크리시는 그냥 머물러 고통을 연장하고 고통에서 해방되기를 미뤘다. 페니가 크리시 생의 마지막 순간을 기억하지는 못하지만, 자기가 이야기했어야 하는 것을 이야기하지 않았다고 확신했다. "가거라! 가거라! 이제 네가 가야 할 시간이다. 날 위해 여기 더 머무를 필요는 없다."

그녀가 말을 할 때, 나의 아들이 10대였으므로 나는 아들아이에 대해 생각하기 시작했다. 나라면 그 애가 가도록, 죽을 수 있도록 도우며, "가

거라! 이제 가야 할 시간이다."라고 말할 수 있을까? 그 애의 햇살 같은 얼굴이 내 눈에 어른거리며 표현할 수 없는 고통이 나를 감쌌다.

"안 돼!" 안도감으로 떨며, 자신에게 말했다. 이렇게 감정에 압도당하게 되는 것이 바로 다른 치료자들, 그녀를 도울 수 없었던 치료자들에게 일어났던 일이었던 것 같다. 나는 페니와 작업을 하기 위해서, 이성의 돛대를 달고 자신을 채찍질해야 한다는 것을 알았다.

"내가 듣기에 그러니까 두 가지 때문에 죄책감을 느낀다고 말할 수 있겠네요. 하나는 크리시가 죽음에 대해 이야기하도록 돕지 않았기 때문이고, 두 번째는 당신이 그 아이를 충분히 빨리 이승을 떠나가도록 허용하지 않았기 때문이라는 것이죠."

페니는 끄덕였고, 나의 분석적인 어조 때문에 정신을 차리고, 흐느낌을 멈추었다.

심리치료에서 간결한 요약, 특히 일목요연하게 항목을 요약하는 것보다 잘못된 안전감을 주는 것은 없다. 나는 스스로 한 말에 고무되었고, 문제가 갑자기 분명하고 보다 친숙하고 훨씬 더 조절 가능한 것이 된 듯했다. 이전에 내가 아이를 잃은 사람과 한 번도 작업을 해 본 적이 없다 할지라도, 그녀의 슬픔 중 많은 부분이 죄책감으로 귀결될 수 있는 것이므로 나는 그녀를 도울 수 있어야 했다. 죄책감과 나는, 개인석으로나 전문가적으로나 오랜 친구 사이였다.

페니는 크리시와 영적 교감을 자주 하며, 매일 묘지에 가서 하루에 1시간씩 무덤의 풀을 다듬어 주고 이야기를 나눈다고 했다. 페니가 너무 딸에게 헌신하는 데 에너지를 쓰고 딸에게만 관심을 기울였기 때문에 결혼 생활은 엉망진창이 되어 버렸고, 남편은 결국 2년 전에 가정을 영원히 떠나 버렸다. 페니는 그가 떠난 것을 거의 알지도 못했다고 말했다.

크리시를 잊지 않기 위해 페니는 아이의 방을 바꾸지 않았고, 옷도, 소지품도 익숙한 곳에 그대로 두었다. 하다못해 크리시의 끝내지 못한 마지막 숙제까지도 책상 위에 그대로 둔 채였다. 딱 한 가지만이 변했다. 페니는 크리시의 침대를 자기 방으로 가져와 매일 밤 거기서 잤다. 나중에 아이를 잃은 부모들을 더 면담한 후에야, 나는 바로 그 행동이 얼마나 통상적인 것인지를 알게 되었다. 그러나 그때는 내가 너무 무지했던 탓에 그것에 화가 났고, 부자연스러운 것이며, 바로잡아야 할 것이라고 생각했었다.

"그러니까 당신은 크리시에게 집착해서, 자기 삶으로 돌아가지 않음으로써 자기의 죄책감을 그대로 간직하고 있군요?"

"나는 다만 그 애를 잊을 수가 없어요. 왜 있잖아요, 스위치를 껐다 켰다 할 수가 없는 거요!"

"그 아이를 보내는 것은 잊는 것과 같은 것이 아닙니다. 아무도 당신에게 스위치를 끄라고 하지 않아요." 지금은 페니에게 곧바로 대답을 하는 것이 중요하다고 생각했었는데, 그냥 내가 딱딱하게 가만있으면 그녀는 더욱 움츠러들었다.

"크리시를 잊는 것은 마치 내가 그 애를 사랑하지 않았다고 말하는 것 같아요. 마치 딸에 대한 사랑이 뭔가 희미하게 사라지는 일시적인 것이었다고 말하는 것 같지요. 나는 그 애를 잊지 않겠어요."

"그 애를 잊지 않겠다. 그것은 스위치를 끄라고 요구하는 것과는 다른데요." 그녀가 잊는 것과 보내는 것을 구분하는 내 이야기를 무시했지만 나는 지나쳤다. "크리시를 당신이 보내기 전에 당신이 그걸 원하고, 기꺼이 그렇게 하려 할 필요가 있어요. 우리 이것을 이해하려고 해 봅시다. 잠시, 당신이 그렇게 하기로 선택했기 때문에 크리시에게 집착하고 있다고 가정을 해 봅시다. 이 선택이 당신에게 어떤 기여를 하나요?"

"무슨 말씀을 하시는지 모르겠는데요."

"그래요, 알아요! 그냥 내 비위를 맞춰 봐요. 크리시에게 집착함으로써 당신은 무엇을 얻나요?"

"그 애가 죽어 갈 때, 나를 필요로 할 때, 나는 그 애를 버렸지요. 다시는 그 애를 버릴 길이 없어요."

페니는 아직 이해를 못했고, 다만 크리시와 머물겠다는 결심과 윤회에 대한 신념 사이의 양립할 수 없는 모순에 그녀는 갇혀 있다. 페니에게 슬픔들이 딱 달라붙어 있어서 교통 정체 상태였다. 아마, 그녀가 이러한 모순을 직면하게 되면 다시 슬퍼하기 시작할 것이다.

"페니, 당신은 크리시에게 매일 이야기를 하지요. 크리시는 어디 있어요? 그녀가 어디에 존재하지요?"

페니의 눈이 동그래졌다. 이전에는 아무도 그녀에게 그런 대담한 질문을 한 적이 없었다. "그 애가 죽던 날, 나는 그 애 영혼을 집으로 다시 데리고 왔어요. 나는 차 안에 나와 함께 있다는 것을 느낄 수 있었어요. 처음에는 그 애가 내 주변에 머물러 있었고, 때로는 자기 방에 있어요. 그리고 나서 나중에는 내가 항상 무덤에서 그 애와 만날 수 있었어요. 그 애는 대개 내 삶에 어떤 일이 일어나고 있는지 알지만, 자기 친구들이나 오빠, 동생에 대해서도 궁금해해요. 나는 그 애 친구들을 만나니까 그 아이 친구들 소식을 전해 줄 수 있지요." 페니는 잠시 멈추었다.

"그리고 지금은요?"

"지금은 희미해지고 있어요. 그건 다행이에요. 그건 그 애가 또 다른 삶으로 다시 태어나고 있다는 뜻이거든요."

"그 애가 이승에 대해 기억하나요?"

"아니요, 그 애는 다른 인생 속으로 들어가요. 끔찍한 이승의 삶을 기억하리라고 생각 안 해요."

"그럼 다음 삶으로 가기 위해서는 자유로워져야 되겠군요. 그렇지만 그 애를 보내지 않는 당신이라는 부분이 아직 있군요."

페니는 아무 말도 하지 않았다. 그냥 나를 뚫어지게 바라보았다.

"페니, 당신은 엄격한 판사예요. 당신은 크리시가 죽어 갈 때 그 애를 보내 주지 않은 범죄를 스스로 재판하고, 자기혐오라는 선고를 내렸어요. 나는, 개인적으로는 당신이 너무 가혹한 판결을 내렸다고 생각해요. 다른 방법이 있는 부모가 있다면 좀 알려 줘요. 나도 만약 내 아이가 죽어 가고 있다면, 그렇게밖에 하지 못했을 거예요. 하지만 더 나쁜 것은 그 선고가 너무 무자비하고 저주스러울 만큼 가혹하다는 것이지요. 당신의 죄책감과 슬픔은 벌써 당신의 결혼 생활을 깨뜨린 것 같아요. 그리고 그 선고의 길이를 봐요! 그것이 내게는 충격적이에요. 벌써 4년이에요. 도대체 얼마나 더 길어야 해요? 1년 더? 4년 더? 종신형?"

나는 자기가 무엇을 하고 있는지 보도록 어떻게 그녀를 도울 것인지 결정하기 위해서 생각을 모으고 있었다. 그녀는 움직이지 않고, 무릎 위에 놓은 재떨이에서 담배가 타들어 가는 것도 잊은 채, 잿빛 눈을 내게 고정시키고 있었다. 거의 숨도 쉬지 않고 있는 것 같았다.

나는 계속했다. "나는 여기 앉아서 줄곧 그 의미를 찾으려고 했는데 방금 생각이 하나 떠올랐어요. 당신은 4년 전에, 크리시가 죽어 갈 때 뭔가 한 것에 대해서는 전혀, 단 한 번도 자신을 처벌하지 않고 있어요. 지금 자기가 하고 있는 것을 처벌하고 있는 중이지요, 지금 이 순간까지 당신이 계속하고 있는 무언가를. 당신은 그 애에게 집착해서, 그 애가 다른 어딘가에 속하려 하고 있다는 것을 알기에, 이 삶을 계속하도록 잡으려 하는 거지요. 그 애를 보내는 것은 그 애를 버리거나 사랑하지 않는다는 표시가 아니라, 오히려 바로 그 반대, 즉 진정 사랑한다는—다른 삶으로 갈 수 있도록 허용할 만큼 충분히 사랑한다는 표시예요."

페니는 계속 응시했다. 그녀는 말하지 않았지만 내가 하는 이야기에 감동을 받은 것 같았다. 내 말은 강력하게 **느껴졌고**, 그리고 침묵하며 그녀와 함께 가만히 앉아 있는 것만이 최선이라는 것을 알고 있었다. 그러나 나는 뭔가 다른 이야기를 하기로 하였다. 아마도 확인 사살이었다.

"그 순간으로 돌아가 봐요, 페니. 당신이 크리시를 보냈어야 했던 순간, 당신 기억으로부터 지워진 그 순간으로요. 지금 그 순간이 어디 있습니까?"

"무슨 말인가요? 못 알아듣겠는데요."

"글쎄, 어디지요? 그것이 어디 존재하지요?"

페니는 불안해 보였고 강요당하거나 알쏭달쏭해서 약간 불편한 듯했다. "난 당신이 무엇을 잡으라는지 모르겠는데요. 그건 과거예요. 이미 지나갔다고요."

"그게 존재한다는 아무 기억도 없어요? 크리시 안에? 당신은 그 애가 이승의 자취를 모두 잊었을 거라고 말했잖아요."

"모두 없어졌어요. 그 애는 기억 못해요. 나도 기억 못해요. 그래서요?'"

"그래서 당신은 어디에도 존재하지 않는 순간, '순간의 망령 (phantom moment)'에 대해 스스로에게 고문을 계속하고 있다고요. 아마 다른 누군가가 그러고 있다면 당신은 그 사람더러 멍청이라고 부를걸요."

지금 이렇게 주고받은 것을 되돌아보면, 내 말이 상당히 궤변이었다는 것을 알 수 있다. 그러나 그 순간에는 그것이 무척 강력하고도 심오

한 듯이 느꼈었다. 페니는 세상 물정에 밝았기에, 항상 모든 것에 답을 가지고 있었고, 충격을 좀 받긴 했지만, 다시 한 번 말없이 앉아 있었다.

우리에게 주어진 2시간이 끝날 때가 거의 되었다. 페니가 시간을 좀 더 내 달라고 하지는 않았지만, 우리가 다시 만나야 한다는 것은 분명했다. 너무 많은 것이 일어났던 것이다. 그녀에게 시간을 더 내주지 않는 것은 전문가로서 무책임한 것이었다. 내 제안에 그녀는 별로 놀라지 않았고 다음 주 같은 시간에 다시 오기로 하였다.

만성적인 비탄(grief)에 대한 비유로 얼었다(frozen)는 표현은 적절하다. 몸은 경직되어 있고 얼굴이 굳어 있으며, 얼음덩어리 같은 반복적인 생각이 뇌 활동을 막고 있다. 페니는 얼어붙어 있었다. 내가 시킨 직면으로 그 얼음덩어리가 깨졌을까? 그랬으리라고 나는 낙관했다. 난 무엇이 자유로워졌을지는 추측할 수 없었지만, 이번 주 동안 상당히 휘저어졌을 것이라고 예측하며 호기심을 크게 갖고 그녀가 다음에 오기를 기다렸다.

페니는 무겁게 의자에 풀썩 내려앉으며 이렇게 말하면서 다음 시간을 시작하였다. "세상에, 다시 만날 수 있어서 기뻐요! 대단한 한 주였어요."

그녀는 억지로 명랑한 척하며 계속했는데, 좋은 소식을 하나 전하겠다고 하며 지난주에 죄책감을 덜 느꼈고, 크리시 생각에 덜 몰두했었다고 하였다. 나쁜 소식은 크리시 위의 아들 짐과 거세게 부딪혔고, 그 결과 분노와 눈물이 교차되어 그 주 내내 법석이었다는 것이었다.

페니에게는 브렌트와 짐, 남은 아이가 둘이 있었다. 둘 다 학교를 그만두고 심각한 문제를 일으키고 있었다. 16세인 브렌트는 강도짓에 가담해서 소년교도소에 유치되었고, 19세인 짐은 약물 사용이 심각한 지경이었다. 현재의 대란은, 짐이 석 달째 묘지의 비용을 내지 않고 있다는 것을 페니가 알게 된, 지난 회기 바로 다음 날 시작이 되었다.

묘지? 내가 잘못 들은 것 같아 다시 한 번 말해 달라고 했다. '묘지' 라고 그녀가 말했다. 그렇다. 약 5년 전, 크리시가 아직 살아 있으나 점점 쇠약해지고 있을 때, 페니는 충분히 큰 비싼 못자리를 계약해 놓고 와서, 마치 너무나 당연하다는 듯이 "가족 전체를 한자리에 둘 수 있다." 고 주장하였다. 가족 모두는 — 페니와 남편인 제프, 그리고 그녀의 두 아들 — 그녀가 강하게 압력을 가한 끝에, 7년에 걸쳐 내야 하는 비용을 분담하기로 동의했었다.

그러나 약속에도 불구하고, 그 땅에 대한 경제적 부담은 전부 그녀의 어깨로 떨어졌다. 남편 제프는 벌써 떠나 버린 지 2년이 지났고, 살았건 죽었건, 전혀 상관하고 싶지 않았다. 막내 아들 브렌트는 지금 투옥된 상태여서 자기 몫을 낼 수 없었다(이전에 방과 후 아르바이트를 하여 아주 조금 낸 적은 있었다.). 그리고 짐이 지금 자기에게 거짓말을 하고 자기 몫을 내지 않았다는 것을 알게 되었다. 나는, 성장하며 겪는 자기 문제만으로도 충분한 그 두 어린 아들이 가족들이 묻힐 땅값까지 지불해야 한다는 페니의 기괴한 기대에 대해, 페니가 이번 주에 괴로웠던 일에 대해 설명을 계속할 때 언급할 참이었다.

짐과 한바탕 한 날 밤에, 약물 중개인인 두 사나이가 짐을 찾으러 집 앞에 왔다. 페니가 짐은 집에 없다고 하자, 그들 중 하나가 짐이 빚진 돈을 페니에게 갚으라고 명령했고 그러지 않으면 다시는 짐이 집에 돌아오길 기대도 하지 말라고 하였는데, 그가 돌아올 집조차 남아 있지 않기는 했다.

지금 페니는 자기에게 집보다 더 중요한 것은 없다고 하였다. 자기가 18세 때 아버지가 돌아가시고 나서, 엄마는 자기와 자매들을 데리고 이 아파트, 저 아파트로 스무 번도 넘게 이사를 다녔고, 어떤 때는 월세를 내지 못해 두세 달 만에 쫓겨나기도 했었다. 그때 자기는 언젠가 가족을 위한 진짜 집을 갖겠노라고 맹세했었고 그 맹세를 이루기 위해 그녀는 미친 듯이 일했다. 다달이 내야 하는 주택 상환금도 굉장히 많았는데, 제프가 떠난 후 페니는 그 짐을 혼자 져야 했다. 지금 그녀는 밤늦게까지 일을 하지만 거의 그것을 다 낼 수가 없었다.

그러니 그 두 남자는 해서는 안 될 이야기를 하고 있는 것이었다. 그들이 떠난 후 그녀는 한동안 문 앞에 그냥 서 있다가 묘지 비용을 지불하는 대신 약물을 구입하는 데 돈을 다 써 버린 짐을 저주했다. 그러고 나서는, 그녀 말대로 하면, '완전히 정신을 잃고' 그냥 울어 버렸다. 그들은 이미 떠난 후였으나 그녀는 힘 좋은 픽업 트럭을 몰고, 있는 대로 속도를 높여 고속도로까지 쫓아가서 그들 차를 들이받으려고 했었다. 그들은 타고 온 BMW를 100마일이 넘는 속도로 가속하여 달아났다.

그러고 나서 자신이 위협을 받고 있다고 경찰에 신고하여(그러나 물론, 고속도로에서의 추적에 대해서는 말하지 않았다.) 지난주 그녀의 집은 계속 경찰의 보호를 받았다. 짐은 그날 밤늦게 집에 돌아와, 무슨 일이 일어났는지를 듣고는, 서둘러 옷가지 몇 개를 챙겨 떠났다. 그 이후로는 그에게 아무 소식을 듣지 못했다. 페니는 자기 행동에 대해 전혀 후회하는 목소리가 아니었고 오히려, 그 이야기를 신나서 했다. 그럼에도 불구하고, 깊은 불안이 있었다. 그날 밤늦게 그녀는 점점 안절부절해져서 잠을 푹 자지 못했고 다음과 같은 강렬한 꿈을 꾸었다.

나는 어떤 낡은 건물에서 방들을 수색하고 있었습니다. 문 하나를 열었더니 어린 두 소년이 마치 단 위에 장식처럼 배열되어 서 있는 것을 보았어요. 그들은 내 두 아들 같아 보였지만, 머리가 여자애처럼 길었고 드레스를 입고 있었어요. 모든 게 잘못되어 있었지요. 그 애들이 입은 드레스는 더럽고 앞뒤와 안팎이 모두 뒤집혀 있었고, 신발도 왼발과 오른발을 바꿔 신고 있었어요.

나는 압도당한 기분이 들었는데 너무 많은 것들로 가득 차 있어서 어디서 시작을 해야 할지 알 수가 없었다. 첫째, 나는 페니가 모두 하나로 뭉치게 하는 것, 어린 시절 자기가 가져 보지 못한 안정된 가족을 만들고픈 소망, 그리고 그것이 집과 묘지를 소유하려는 결심으로 어떻게 드러나는지에 대해 생각을 했다. 그리고 지금 그 중심을 잡을 수 없다는 것이 분명했다. 그녀의 계획과 가족은 산산조각이 났다. 딸은 죽었고, 남편은 떠났고, 아들 하나는 교도소에 갔고, 다른 하나는 도피해 숨었다.

내가 할 수 있는 것은 오직 내 생각을 그녀와 나누며 대화를 하는 것뿐이었다. 나는 그 꿈, 특히 그녀의 두 아이들에 대한 끝부분에 대한 작업을 할 시간을 충분히 남겨 두고 싶었다. 내담자가 치료에 가지고 오는 첫 꿈은, 특별히 풍성하고 상세한 것이어서 깊은 조명을 하게 해 준다.

나는 그 꿈에 대해 주된 감정을 묘사해 보라고 하였다. 페니는 자기가 울며 깨어났지만 그 꿈에서 어느 부분이 슬픈지는 꼬집어 말할 수가 없다고 하였다.

"작은 두 소년은 어떤가요?"

거기에도 연민이 느껴지는 뭔가가 있는데, 아마 그들이 입었던 것들 —왼발과 오른발이 바뀐 신발, 안팎이 뒤집힌 더러운 옷 같은 것들 때문에 슬픈 것 같다고 말했다. 그리고 드레스는? 긴 머리와 여자 드레스는? 페니는 그에 대해 아들을 가진 게 완전히 실수였을지 모른다는 말을 한 것을 제외하고는 설명을 하지 못했다. 그녀는 그들이 여자애였으면 하는 소망을 가진 것일까? 크리시는 그녀가 꿈꾸던 아이, 훌륭한 학생, 예쁘고 음악적 재능이 있는 아이였다. 크리시는, 내 추측에, 페니의 미래 소망이었다. 가정을 가난과 범죄라는 운명으로부터 구원할 수 있을 아이였다.

"그래요." 페니는 슬픈 어조로 계속했다. "그 꿈은 내 아들들에 대한 것이 맞아요. 옷을 잘못 입고, 신을 잘못 신었죠. 그 애들은 모든 게 잘못되었어요. 언제나 그랬어요. 그 애들은 문제밖에 일으키질 않아요. 나는 세 아이를 가졌지요. 하나는 천사이고, 나머지 둘은, 걔들을 봐요. 하나는 감옥에, 그리고 다른 하나는 약물 중독에. 나는 세 아이가 있는데 죽어서는 안 될 애가 죽었어요."

페니는 숨을 헐떡이며 손으로 입을 막았다. "전에 이런 생각을 한 적은 있었지만 입 밖으로 말해 본 적은 없어요."

"어떻게 들리는데요?"

그녀는 고개를 거의 무릎까지 떨구었다. 눈물이 그녀의 얼굴을 타고 내려 두꺼운 면 치마까지 적셨다. "너무 잔인해요."

"아니, 그 반대예요. 내게는 인간적인 감정일 뿐이라고 들려요. 듣기 좋은 말은 아니지만 아마 우리가 그렇게 생겨 먹었지요. 당신의 상황과 세 아이를 놓고 볼 때 어느 부모가 엉뚱한 아이가 죽었다고 생각하지 않을까요? 나라도 틀림없이 그랬을 겁니다!"

나는 그 이상 무엇을 그녀에게 줄 수 있는지 알 수 없었지만 그녀가 내 이야기를 들었다는 아무 표시도 하지 않았기 때문에 다시 한 번 그 이야기를 반복했다. "내가 당신 상황이었더라도, 나도 그렇게 느꼈을 거예요."

그녀는 머리를 파묻은 채 거의 알아볼 수 없을 만큼 고개를 끄덕였다.

우리의 3시간째가 끝나 가고 있을 때, 더 이상 페니가 연구 면담을 하고 있을 뿐이지 나와 치료를 하고 있는 것이 아닌 척할 수가 없었다. 그래서 나는 그러한 사실을 공개적으로 인식시키고 우리는 여섯 번 더 만날 것이며 우리가 할 수 있는 만큼 하자고 제안하였다. 나는 다른 의무들이 많고, 여행 계획이 있어서 앞으로 6주 이상을 더 만나는 것은 불가능하다고 강조했다. 페니는 나의 제안을 받아들였으나 자기에게는 돈이 큰 문제라고 하였다. 몇 개월로 나눠서 지불하게 해 줄 수 있는가? 나는 전혀 치료비를 걱정할 필요가 없다고 안심을 시켜 주었다. 왜냐하면, 우리 연구 계획의 일부로 만나기 시작했기 때문에 이 시점에서 양심상 나는 갑자기 우리 계약을 바꿔 돈을 내라고 할 수는 없다고 말했다.

사실상, 나는 페니에게 치료비를 받지 않고 만나는 데 대해서 전혀 문제가 없었는데, 난 가족을 잃은 사람의 상실감에 대해 더 배우고 싶었고 그녀는 그 점에서 훌륭한 선생님이라는 것을 증명하고 있었기 때문이다. 바로 그 시간에 그녀는 가족을 잃은 이들에 대한 나의 미래 작업에 기여할 개념, 즉 죽은 자와 더불어 살아 나가려면 살아남은 자와 살아가기를 먼저 배워야 한다는 개념을 훌륭하게 가르쳐 주었다. 페니에게는 살아있는 이들 — 특히 두 아들과 아마도 남편과의 관계에 대해 해야 할 작업이 많이 있는 것 같았다. 그리고 그것이 우리에게 남은 6시간을 어떻게 보내야 하는지에 대한 나의 가설이었다.

엉뚱한 아이가 죽었다. 엉뚱한 아이가 죽었다. 다음 2시간은 이 모진 주제에 대한 여러 가지 변주곡들로 구성되었다. 흔히 '훈습(working through)'이라고 부를 수 있는 절차였다. 페니는 아들들에게 깊은 분노를 표현하였는데 그들이 사는 방식에 대해서뿐 아니라 그들이 살아 있다는 것 자체에 대한 분노였다. 기진맥진해진 후에야, 지난 8년간(크리시가 죽음에 이르는 암이 있다는 것을 처음 들은 이래) 자기가 어떻게 느끼고 있었는지를 감히 다 말하고 나서야 그녀는 두 아들을 모두 이미 포기했었다는 것을 이야기했다. 16세인 브렌트는, 이미 도울 수 없는 상황이 되어 있었고, 몇 년 동안이나 짐의 신체를 크리시에게 줄 수 있었으면 하는 기도를 했었다. "걔가 도대체 몸이 왜 필요해? 걔는 약물이나, AIDS 때문에 어쨌건, 곧 죽을 텐데 말야. 왜 걔는 튼튼한 몸을 갖고 있고, 자기의 작은 몸을 사랑하는 크리시는 암세포에 먹혀 들어가야 하는 거지?" 페니가 이 모든 이야기를 하고서야, 그녀는 가만히 앉아 자기가 한 말을 곱씹어 볼 수 있었다.

나는 가만히 앉아서 듣기만 하였고 기회가 있을 때마다 그것은 사람이 느낄 수 있는 감정이며, 그런 생각을 한다는 것이 그녀가 단지 사람일 뿐이라는 이야기를 하여 안심시켰다. 결국, 그녀로 하여금 아들에게 눈을 돌리도록 도울 시간이 왔다. 나는 처음에는 부드럽게 그리고 점차 도전적으로, 그녀에게 질문을 던졌다.

아들들이 언제나 문젯거리를 만들어 냈었는가? 태어날 때부터 어렵게 했나? 어떤 일이 일어나 그 애들을 그들이 선택한 방식으로 몰아넣게 되었나? 크리시가 죽었을 때 그들은 어떤 경험을 했을까? 그들은 얼마나 두려웠을까? 그들과 죽음에 대해 함께 이야기를 나누어 주었을까? 그 애들은 매장할 땅을 사는 것에 대해 어떻게 느꼈을까? 크리시 옆에 누울 땅? 자기들을 버리고 떠난 아버지에 대해 그 애들은 어떻게 느꼈을까?

페니는 내 질문들을 좋아하지 않았다. 처음에는 그녀를 놀라게 했고, 화나게 했다. 그러고 나서는 자기네 가족에게 무슨 일이 일어났는지 아들들의 입장에서 생각해 본 적이 한 번도 없음을 깨달았다. 그녀가 남자와 긍정적인 관계를 맺어 본 적이 없었던 그 벌을 고스란히 자기 아들들이 받고 있었다. 우리는 그녀 삶에 있었던 남자들을 생각해 봤다. 기억속에서는 희미해지고 있지만 엄마가 늘 욕설을 퍼부었던 아버지는 비록 죽음으로 인한 것이었다 할지라도, 자기를 버렸다. 여덟 살 때에. 낮이면 사라져 버리지만 밤이면 줄을 서는 남자들, 엄마의 연인들. 열일곱 살 때 결혼한 지 한 달 만에 자기를 버린 첫 남편. 자기를 슬픔 속에 혼자남겨 두고 홀연히 떠나 버린 냉담한 알코올 중독자, 두 번째 남편.

그녀는 지난 8년간 남자아이들을 돌보는 데 태만했던 것이 분명했다. 크리시가 아팠을 때, 페니는 그 애하고만 시간을 보냈다. 크리시가 죽은 후에도, 페니는 여전히 아들들에게는 눈길을 줄 여유가 없었다. 그 애들을 향한 분노, 그중 대부분은 그 애들이 크리시 대신 아직도 살아 있다는 이유 때문이었지만, 그들에게는 침묵으로 일관하고 있었다. 그녀의 아들들은 멀리 떨어져 외로이 어렵게 자랐지만, 그녀에게 감정의 문을 닫기 전에, 딱 한 번 엄마에게 좀 더 원하는 무엇이 있다는 이야기를 했었는데, 크리시의 무덤가에서 보내는 하루 1시간만이라도 엄마와의 시간을 원한다고 말한 적이 있었다.

아들들이 받은 죽음의 영향이라? 크리시가 치명적인 질병이 발병하던 시기에 그 애들은 8세와 11세였다. 누이에게 일어난 일 때문에 두려웠을 것이다. 그들은 또한, 슬펐을 것이다. 그들은 점차, 자신의 죽음을 의식하게 되고, 무서워지기 시작했을 것이다. 이러한 가능성 어느 것도 페니는 생각해 본 적이 없었다.

그리고 아들들의 침실 문제만 해도 그렇다. 페니의 작은 집은 방이 3개였는데 크리시가 자기 방을 갖고 있는 반면 아들들은 항상 방을 같이 썼다. 크리시가 살아 있을 때도 그런 방 배분에 화가 났겠지만, 그 애가 죽은 뒤에도 페니가 그 방을 쓰지 못하도록 했으니 얼마나 화가 났을까? 그리고 크리시의 마지막 유언과 유서를 딸기 모양의 자석으로 냉장고에 붙여 놓은 것을 보며 지난 4년간 어떻게 느꼈을까?

그리고 크리시에 대한 기억을 영원하게 하려는 엄마의 시도, 즉 매년 크리시의 생일을 기념하는 것을 보며 얼마나 엄마에게 화가 났을까! 그리고 자기네 생일날은 엄마가 어떻게 해 주었나? 페니는 얼굴이 빨개지며 내 질문에 "보통 하듯이죠."라고 퉁명스럽게 중얼거리듯 대답했다. 내가 제대로 파고들고 있음을 알 수 있었다.

아마 페니와 제프의 결혼 생활은 실패로 끝날 숙명을 지녔는지도 모르지만, 그러나 최종 결말이 비탄 때문에 서둘러졌다는 것은 의문의 여지가 없다. 페니와 제프는 슬퍼하는 방식이 달랐다. 페니가 추억 속에 푹 빠지는 쪽이라면 제프는 의식적으로 기억이 떠오르지 않게 억압하고 주의를 딴 데로 돌리는 쪽이었다. 다른 부분에서 서로 화합이 잘 되는가는 이 지점에서 별로 중요하지 않았다. 그들은 슬픔에 대해서 엄청나게 화합이 되지 않았고 각자의 방법이 상대방을 간섭하는 것이 되었던 것이다. 페니가, 크리시가 그린 그림들을 벽에 붙여 놓고 그 아이 침대에서 자며 아이 방을 기념관으로 꾸며 놓는데 제프가 어떻게 잊고 살수 있을까? 제프는 크리시에 대해 이야기를 꺼내는 것조차 거부했으므로 그 애가 죽은 지 반년 후에 있었던 크리시의 중학교 졸업식에 참석하지 않겠다고 했는데(이것은 도화선이었다.) 어떻게 페니가 자기의 슬픔을 딛고 일어설 수 있었을까?

살아 있는 자와 더 잘 살아가는 것을 배워 가는 작업을 하던 다섯 번째 시간에 페니는 다른 형태의 의문을 제기하여 작업을 가로막았다. 자기 가족, 죽은 딸과 두 아들에 대해 생각하면 할수록, 이런 생각을 더하게 된다는 것이었다. 내가 무엇을 위해 사나? 도대체 무슨 의미가 있나? 성인이 되어서의 자기 삶은 오로지 한 가지를 위해서였던 것이다. 내가 가질 수 있었던 것보다 나은 삶을 내 아이들이 살게 해 주자. 그러나 지금 지난 20년간의 세월은 무얼 말해 주고 있는가? 자신이 삶을 낭비했던 것은 아니었나? 그리고 앞으로도 이제까지처럼 삶을 낭비하며 살아가야 할 의미가 도대체 있는가? 왜 자기를 죽여 가면서까지 집의 대출을 갚느라고 허덕이나? 도대체 미래라는 것이 무슨 의미가 있나?

그래서 우리는 초점을 바꾸었다. 우리는 페니의 아들들과의 관계나 전남편과의 관계에서 눈을 돌려 아이를 잃은 부모의 또 다른 중요한 특성인 삶의 의미를 잃는다는 것에 대해 생각하기 시작하였다. 부모를 잃는다거나 일생의 친구를 잃는 것은 과거를 잃는 것이다. 죽은 사람만이 예전에 일어난 황금 같은 사건의 또 다른 증인이기 때문이다. 그러나 자식을 잃는 것은 미래를 잃는 것이며, 삶의 장기 계획을 잃는 것이다. 사람이 무엇을 위해 살고, 어떤 미래를 계획하며, 죽음을 어떻게 초월할 것인가? 사실, 자식은 자기의 영원한 삶의 계획이 되기 때문에 인생 계획을 잃은 것과 같은 것이다. 그러므로 전문적으로 이야기해서, 부모를 잃는 것은 '대상의 상실'(object loss, 인간의 내적 세계를 구성할 때 도구적 역할을 하는 인물이 '대상'이다.)인 반면, 자식을 잃는 것은 '미래 과제의 상실'(project loss, 사람이 인생을 이러이러하게 살아가겠다고 정한, 삶의 **이유**와 **방법**을 제시하는 자기의 중심 원리)인 것이다.

그러나 페니가 다시 진행 방향을 바꾸었을 때, 우리는 삶의 목적을 찾는 데로까지 별로 나아가지 못했다. 사실 그렇게 진전되리라고 예측할 수가 없었고, 목적이 없다는 것은 살아갈 때 일어나는 하나의 문제에 불과하지 삶 자체는 아니었으니까. 이제 나는 그녀가 거의 매시간 새로운 관심거리를 가져오는 데에 익숙해졌다. 처음에 내가 생각했던 것처럼, 그녀는 변덕스럽다거나 초점을 유지할 수 없는 것은 아니었다. 오히려 그녀는 다층 구조로 되어 있는 자기의 슬픔을 용감하게 벗겨 내갔다. 얼마나 더 많은 층을 그녀가 내게 드러내 보일 것인가?

그녀는 일곱 번째 회기 두 가지 생생한 꿈과 다시 한 번 기억이 끊어졌던 사건을 보고하며 시작했다.

완전히 기억이 끊어졌던 사건은 전에 솜이 채워진 헝겊 동물 인형을 쥐고서 정신이 퍼뜩 났던 적이 있었던 바로 그 상점에서였다. 고등학교 졸업 축하 카드를 쥐고 울다가 '퍼뜩 정신이 든 것'이었다.

꿈은 악몽은 아니었지만 좌절과 불안으로 가득 찬 것이었다.

> 결혼식이 거행되고 있었어요. 크리시가 이웃집 소년─진짜 쓸모없는 녀석과 결혼을 하고 있었지요. 나는 옷을 갈아입어야 했어요. 내가 작은 방이 아주 여러 개 있는 커다란 편자 모양의 집에 있었는데, 이방 저방 옷을 갈아입을 방을 찾고 있었어요. 나는 계속 다녔지만, 적절한 방을 찾을 수가 없었어요.

그리고 조금 후에, '연이어' 또 꿈이 이어졌다.

> 나는 커다란 기차 안에 있었어요. 기차가 점점 빨라지다 드디어 떠올라 하늘의 큰 반경 속으로 들어갔어요. 참으로 아름다웠어요. 별이 가득했고요. 거기 어딘가에, 제목이 써 있었는데 아닐 수도 있겠

네, 무슨 글자였는지 그 글자를 기억할 수가 없거든요. 아, 진보 (evolution)라는 단어였어요. 그 단어에서 강렬한 느낌이 왔어요.

이 꿈은 한 수준에서는 크리시와 관련되었다. 우리는 잠시 꿈속에서 본 형편없는 결혼식에 대해 이야기하였다. 아마도 신랑은 죽음인 것 같았고 페니가 자기 딸에게 원했던 결혼이 아니었다는 것은 분명했다.

진보? 페니는 그 애의 묘지에 들를 때(지금은 일주일에 두세 번으로 줄었다.) 이제 더 이상은 크리시와 연결된다는 느낌이 들지 않는다고 말했다. 아마 진보란, 크리시가 진정 떠나 다른 삶으로 가고 있다는 것을 상징하는 것이 아니냐고, 내가 의견을 제시했다.

그러나 페니는 기억이 끊겼던 일과 꿈이 슬픈 이유에 대해 더 나은 설명을 했다. 상점에서 기억이 끊겼다가 깨어났을 때, 자기가 손에 쥐고 있는 고등학교 졸업 축하 카드가 크리시(살아 있었다면, 그 애는 이맘 때쯤 고등학교를 졸업했을 것이다.)를 주기 위한 것이 아니라, 자기 자신을 위한 것이라는 기분이 강하게 들었다고 하였다. 페니는 고등학교를 마치지 못했고, 크리시는 엄마와 자신 둘 다를 위해 학교를 마치려 했었던 것이다(그리고 둘 다를 위해 스탠퍼드에 가려 했던 것이었다.).

결혼과 옷 갈아입을 방을 찾는 꿈은, 페니가 생각하고 있는 자신의 형편없는 결혼 생활과 삶을 변화시키려는 자신의 현재 노력에 관한 것이었다. 꿈속에서 본 건물에 대해 연상을 하며, 꿈속의 건물과 내 사무실이 있는 진료소가 너무나 닮았다는 것을 확인함으로써 이러한 견해를 확인하였다.

그리고 진보 역시, 자기를 지칭하는 것이지 크리시가 아니었다. 페니는 뭔가 다르게 변화할 준비가 되어 있었다. 그녀는 품위 있는 세상으로 돌진해 들어가 성공을 하기로 굳건히 결심을 했다. 몇 년간, 그녀는 택시 승객들에게서 어휘력 증진을 위한 독학용 어학카세트 테이프와 훌륭한 책들, 예술 감상에 대해 들을 수 있었다. 그녀는 자기가 재능이 있으나 13세 때부터 생활비를 벌어야 했기 때문에 재능을 발전시키지 못했다고 느꼈었다. 일을 그만두어야 자기 자신을 위해 뭔가를 하고, 고등학교를 마치고 대학에 진학하며, '멈추지 않고(nonstop)' 공부해 여기를 '뜰(take off)' (하늘로 '떠오른' 꿈속 기차처럼) 수 있었다.

페니가 강조하는 것이 바뀌기 시작하였다. 자신의 비극에 대해 이야기하는 대신 자기 삶의 비극을 설명하는 데 다음 두 시간을 썼다. 우리의 아홉 번째, 그리고 마지막 시간이 다가왔을 때, 나는 약속을 꼭 지킨다는 내 신용을 희생해 가며, 연구년을 떠나기 직전까지 세 번 더 만나자고 페니에게 제안을 하였다. 여러 가지 이유가 있었지만 종결하기가 일단 어려웠고, 그녀 고통의 엄청난 무게가 나로 하여금 그녀와 더 머물지 않을 수 없게 했다. 그리고 그녀의 임상적 상태에 대해서도 걱정이 되고 책임감을 느꼈는데, 매주 새로운 자료가 떠오르면서 그녀가 점점 우울해졌기 때문이다. 나는 그녀가 치료를 활용하는 데에도 감명을 받았는데 이처럼 생산적으로 작업을 하는 내담자를 본 적이 없을 정도였다. 그리고 마지막으로 솔직히 고백하건대 매주 새롭고 흥미롭게 그리고 완전히 예측 불가능한 일화들이 전개되는 이 드라마에 매료되었다.

페니는 조지아 주 애틀랜타에서 지독히도 황량하고 가난하게 어린 시절을 보냈다고 기억하였다. 그녀의 어머니는 마음에 상처를 많이 준 의심 많은 여성이었고 페니와 두 자매를 먹이고 입히는 것에 심한 압박감을 느꼈다. 아버지는 백화점에서 배달 업무를 해서 수입이 꽤 괜찮았었

으나 어머니의 설명을 곧이곧대로 믿는다면, 무신경하고 쾌활함이라고
는 찾아볼 수 없는 사람이었고, 페니가 8세 때 알코올 중독으로 사망하
였다. 아버지가 돌아가시자 모든 것이 변해 버렸다. 돈이 없었다. 어머
니는 하루 12시간을 세탁소에서 일했고 밤에는 대부분 근처 바에서 술
을 마시며 남자를 사냥하느라 시간을 보냈다. 페니가 밥벌이하는 아이
역할을 시작한 것은 바로 그때부터였다.

다시는 가족이 안정된 집을 가질 수 없었다. 그들은 빈민가의 싸구려
아파트를 여기저기 이사 다녔고, 월세를 낼 수 없어 종종 쫓겨나기도 했
다. 페니는 10세에 일을 시작했고, 15세 때 학교를 그만두었으며, 16세
에 알코올 중독에 걸렸고, 18세도 되기 전에 결혼하고 이혼을 했으며, 19
세에 재혼하여 서부로 도망쳐 와 거기서 세 아이를 낳고, 집을 사고, 딸
을 묻었고, 남편과 이혼했으며 그리고 커다란 묘지에 계약금을 걸었다.

나는 페니의 인생 이야기 중 특히 두 가지 강력한 주제에 충격을 받았
다. 하나는 그녀가 매우 척박한 삶을 살았다는 것, 8세 때쯤부터 매우
어려운 상황이었다는 것이었다. 그녀가 다음 생에서 가장 바라는 것은,
자신이나 크리시를 위해서 '고약한 부자'가 되는 것이었다.

또 하나의 주제는 '도피'였는데, 애틀랜타에서, 가족에게서, 가난과
알코올 중독의 악순환에서 물리적으로 도피하는 것뿐 아니라 사기 엄
마처럼 '불쌍하게 미친 늙은 여자'가 되는 숙명으로부터의 도피였다.
최근에 페니는 친정 엄마가 지난 몇 년간 여러 번 정신병원에 입원했었
다는 것을 알았다.

사회적 계급이라는 숙명과 자신이 불쌍하게 미친 늙은 여인이 되는
숙명으로부터의 도피는 페니 인생의 주된 동기였다. 그녀는 자기가 미
치게 되는 것으로부터 도피하기 위하여 나를 만나러 왔다. 그녀는, 가

난하지 않게 되는 것은 스스로 할 수 있다고 말했다. 실제로, 페니의 일 중독증에 영양을 공급해 주고 그 오랜 시간을 일할 수 있게 지켜 주는 것은 바로 자기 숙명으로부터 도피하고자 하는 그녀의 강한 동기였다.

가난과 실패의 숙명으로부터 도피하고자 하는 그녀의 강한 동기를 멈추게 할 수 있는 것은 오직 더 큰 운명인 삶의 유한성뿐인데 이는 참 아이러니하다. 페니는 우리들 대부분보다 더 죽음의 불가피성과 타협하지 않았다. 그녀는 약물 중개인들 차를 고속도로까지 쫓아가 받아 버리려는 생각을 할 정도로 본질적으로 능동적인 사람이다. 크리시가 죽어 가는 동안 직면해야 했던 가장 큰 어려움은 자기가 무력하다는 것이었다.

나는 페니가 새로운 주제를 펼쳐 놓는 것에 익숙해져 있었지만 종결 바로 전 회기인 11번째 회기에 떨어뜨릴 폭탄에는 준비가 되어 있지 않았다. 우리는 치료 종결을 이야기하고 있었고, 그녀는 자기가 얼마나 나를 만나는 것이 습관이 되어 버렸는지 그리고 다음 주면 이별이라는 것이 얼마나 어려운 일이며 나를 잃는 것이, 자기의 상실이라는 실타래에 또 하나가 쌓이는 것이라고 하면서 아주 아무렇지도 않게, "내가 열여섯 살 때 쌍둥이를 낳았다는 이야기를 했던가요?"라고 말했다.

나는 거의 이렇게 소리를 지를 뻔했다. "뭐라고? 쌍둥이? 열여섯 살 때? '내가 말했던가요'라니 무슨 소리요? 내게 말 안 했다는 거 뻔히 알잖아!" 그러나 종결까지는 오늘 나머지 시간과 다음 회기밖에 남지 않았기 때문에 이런 식으로 자기를 노출하는 것을 무시해야 했고 그 소식 자체만을 다루어야 했다.

"아니요, 말한 적이 없어요. 마저 이야기해 주세요."

"음, 열다섯 살에 난 임신을 했지요. 그게 그때 내가 학교를 그만둔 이유입니다. 난 뭔가 조치를 하기에는 너무 늦어 버릴 때까지 아무에게도 그 사실을 이야기하지 않았어요. 그래서 나는 어쩔 수 없이 아이를 낳았지요. 낳고 보니 여자애 쌍둥이였어요." 고통이 그녀 목에 걸려 있어서 잠시 멈추었다. 그녀가 지금 아무렇지도 않은 척하려 하지만 사실은 이야기하기 너무 어려운 것이 분명했다.

나는 그 쌍둥이들이 어떻게 되었냐고 물었다.

"복지 기관에서는 내가 엄마로서 적절하지 않다고 말했는데, 그건 내가 봐도 맞는 말이었어요. 하지만 난 애들을 포기하라는 제의를 거부하고 내가 기르려 했어요. 그런데 6개월쯤 후에, 그들은 애들을 빼앗아 가 버렸어요. 나는 그 애들이 입양될 때까지 두 번 정도 그들을 방문했어요. 그 후로는 그 애들에 대해 아무 소식을 듣지 못했고 알아보려 하지도 않았어요. 나는 애틀랜타를 떠나 다시는 뒤돌아보지 않았지요."

"그 애들에 대해 많이 생각을 합니까?"

"지금까지는 그렇지 않았어요. 크리시가 죽은 후 몇 번 내 마음에 떠올랐지만 그 생각에 잠기게 된 것은 지난 2주 정도 전부터였어요. 그 애들이 어디 있을까, 어떻게 지내고 있을까, 부자로 살고 있을까, 이런 것들이 입양 기관에 묻고 싶은 전부예요. 그들은 노력해 보겠다고 말했지요. 난 지금 항상 신문에서 가난한 엄마들이 부유한 가정에 아이를 팔아 먹는 이야기를 읽어요. 하지만 그때 내가 도대체 뭘 알았겠어요?"

이 시간의 나머지를 다 써서 이 새로운 정보의 부산물에 대해 탐색한 것이 그날의 마지막 부분이었다. 흥미롭게도 그녀가 개방한 이 사실은 치료의 종결을 도왔는데, 그것은 치료 시작 때 두 아들이 계집아이처럼 옷을 입고 전시되어 있는 듯이 나타났던, 지금까지 풀리지 않은 채 의문으로 남아 있던 그녀의 첫 꿈으로 돌아가게 하여, 완전한 원으로 완성을 할 수 있게 해 주었기 때문이다. 크리시의 죽음과 두 아들에 대한 실망감은 딸들을 포기했던 후회를 불러일으켰음에 틀림없고, 그녀로 하여금 엉뚱한 아이가 죽었다는 기분뿐 아니라 엉뚱한 아이들을 입양시켰다는 느낌이 들게 했음에 틀림없다.

나는 그녀가 자식들을 포기했던 것에 대해 죄책감이 드는지를 물었다. 페니는 자기가 한 일이 자기를 위해서나 애들을 위해서나 최선이었다고 사실 기술적으로 대답했다. 만약 자기가 16세에, 두 아이를 그냥 기르려 했다면, 자기도 엄마가 살았던 삶과 똑같은 삶의 나락으로 떨어졌을 것이었다. 그리고 자식들에게도 그것은 재앙이었을 것인데, 자기는 혼자 사는 어린 엄마로서 그들에게 아무것도 해 줄 수 있는 것이 없었기 때문이다. 그리고 여기서 나는 왜 페니가 쌍둥이에 대해서 내게 더 일찍 이야기하지 않았는지 그 이유를 더 잘 알 수 있었다. 그녀는 부끄러웠다. 아기 아버지가 누구인지조차 자기도 모르고 있다는 것을 내게 말하기가 부끄러웠던 것이다. 그녀는 10대 때 아주 난잡하게 성관계를 가졌고, 사실 소문난 '학교의 걸레'(그녀 용어로)였으므로, 아이 아버지는 10명쯤 되는 사내 녀석들 중 누구일 수도 있었던 것이다. 지금까지 그녀 일생에 누구도, 남편까지도, 그녀의 과거에 대해, 쌍둥이 아이에 대해 혹은 고등학교 때의 악명에 대해 아는 사람은 없었는데 그것 역시, 그녀가 도피하고자 하는 무엇에 속했다.

그녀는 그 시간을 "당신이 이것을 아는 유일한 사람입니다."라며 마쳤다.

"내게 말하고 나니 어떤 기분이 드나요?"

"복잡해요. 이야기하려고 많이 생각했었어요. 일주일 내내 당신과 대화를 나눴지요."

"어떻게 복잡한가요?"

"두렵고, 좋고, 나쁘기도 하고, 올라가기도 하고, 내려가기도 하고……" 페니는 이 이야기를 하며 그르렁거렸다. 더 부드러운 감정을 이야기할 때까지 견딜 수가 없어 점점 더 안절부절했다. 그녀는 스스로 감지하고 천천히 누그러들었다. "나를 판단할까 봐 두려운 것 같아요. 아직은 나를 존중해 주고 있는 당신에게 다음 주 마지막 회기에 이 이야기를 하고 싶었거든요."

"내가 그러지 않으리라고 생각해요?"

"내가 어떻게 알아요? 당신이 하는 건 질문뿐인데요."

그녀 말이 옳았다. 우리는 이 11번째 시간 끝까지 내처 달려왔고, 내게는 더 이상 미루어 두고 있을 시간이 없었다.

"페니, 내가 어떻게 생각할까 걱정할 필요가 없어요. 당신에게 이야기를 듣게 될수록 나는 점점 더 당신이 좋아져요. 나는 당신이 극복해 온 것과 당신이 삶에서 해 온 것에 대해 아주 존경하고 있어요."

페니는 울음을 터뜨렸다. 그녀는 손가락으로 자기 시계를 가리키며 내게 시간이 다 되었다는 것을 알리고는 크리넥스로 얼굴을 가린 채 서둘러 사무실을 떠났다.

일주일 후 마지막 시간에, 나는 그 눈물이 거의 일주일 내내 계속되었다는 것을 알았다. 이전 회기가 끝나고 집으로 가는 길에 그녀는 묘지에 들러 크리시의 무덤 옆에 앉아, 종종 그래왔듯이, 딸 때문에 울었다. 그러나 그날의 눈물은 끝이 없었다. 그녀는 드러누워 크리시의 비석을 안고 엉엉 울기 시작했는데 크리시에 대해서만이 아니라 모든 다른 이들에 대해서, 잃어버린 다른 모든 것들에 대해서 소리 내어 실컷 울었다.

그녀는 아들들에 대해서, 돌이킬 수 없는 세월에 대해서, 난파된 그들의 삶에 대해서 울었다. 그녀는 자기가 버렸고 이제는 생사를 알 수도 없는 두 딸을 생각하며 울었다. 그녀는 자기 아버지를 생각하며 그가 누구든, 뭘 했든 상관없이 울었다. 남편을 생각하며, 그들이 함께했던 젊은 날의 사라져 버린 희망찼던 시간들을 생각하며 울었다. 그녀는 20년 전에 자기 생에 오점을 남겼던 불쌍한 늙은 엄마와 자매들을 생각하며 울었다. 그러나 대부분은 자기가 꿈꾸었지만 결코 이룰 수 없었던 삶을 생각하며 자신 때문에, 울었다.

곧 우리 시간이 끝이 났다. 우리는 일어서서 문 쪽으로 걸어갔고, 악수를 하고 헤어졌다. 나는 그녀가 계단을 내려가는 것을 바라보았다. 그녀는 내가 바라보고 있는 것을 뒤돌아보았고, 돌아서서 "내 걱정은 하지 마세요. 난 잘할 거예요. 기억하세요." 그리고 목에 걸고 있던 은목걸이를 꼭 쥐며 "난 제 밥벌이는 하는 아이였거든요."라고 말했다.

후기

1년 후 나는, 연구년에서 돌아와 페니를 한 번 더 만났다. 다행스럽게도 그녀는 많이 좋아져 있었다. 괜찮을 거라고 나를 안심시키기는 했어도 나는 아주 걱정이 많이 됐었다. 그렇게 짧은 시간 동안 그렇게 많은 고통스러운 자료들을 그렇게 기꺼이 내어놓은 내담자를 나는 본 적이 없다. 또한 그렇게 큰 소리로 울었던 사람도 없었다. 나의 비서는, 내 사무실 바로 옆에 사무실이 있는데, 페니의 치료 시간 동안에는 습관적으로 긴 휴식 시간을 갖곤 했었다.

첫 회기에 페니는 내게 "그냥 내가 시작만 하게 해 주세요. 나머지는 내가 알아서 할게요."라고 했었고 실제로 그것이 우리에게 일어났던 일이었다. 그녀는 나와의 치료 후에 내가 연구년을 떠나며 추천했던 치료자에게 다시 치료를 받지 않고 혼자 발전을 거듭해 갔다.

추수 회기에 만나 보니 그렇게도 교통 정체처럼 꽉 막혀 있던 그녀의 슬픔은 액체가 되어 녹아내려 있었다. 그녀는 아직도 유령에 사로잡힌 여성이긴 했으나, 그녀를 따라다니는 귀신은 이제 과거가 아니라 현재에 머물고 있었다. 이제 그녀는, 크리시의 죽음을 둘러싼 사건을 잊어야 했기 때문이 아니라 자기의 두 아들을 게을리했던 것 때문에 고통을 받고 있었다.

사실, 아들에 대한 행동에 변화가 있었다는 분명한 증거가 있었다. 두 아들이 모두 집으로 돌아와 있었던 것이다. 그리고 아직도 모자간에 갈등이 일어나 노발대발하고 있었지만 그 성격은 바뀌었다. 묘지 비용을 지불하는 문제나 크리시의 생일 파티 문제로 페니와 아들이 싸우는 것은 끝났지만, 브렌트가 픽업 트럭을 빌려 달라는 것이나 짐이 한 직장에 오래 다니지 못하는 것을 가지고 싸웠다.

더구나 페니는 크리시로부터 떨어지기를 계속해 왔다. 묘지를 방문하는 시간이 짧아지고 덜 빈번해졌고, 크리시의 옷과 장난감 대부분을 남에게 줘 버렸으며 크리시가 쓰던 방을 브렌트 방으로 바꿔 주었다. 크리시의 마지막 유언과 유서를 냉장고에서 떼어 버리고, 크리시 친구들에게 전화 걸기를 그만두었으며, 그 애가 살아 있었더라면 경험했을 사건들—예를 들면, 졸업 댄스 파티라든가 대학에 입학원서를 내는 것 같은 일을 더 이상 상상하지 않았다.

페니는 살아남은 자였다. 나는 이것을 시작 때 알아야 했었다고 생각한다. 지금 첫 만남을 회상해 보면 어떻게 내가 치료를 하겠다는 덫에 걸려들지 않으리라고 결심을 했었는지 모르겠다. 그러나 페니는 얻을 것을 얻어 갔다. 무료 치료를, 그것도 스탠퍼드 교수에게. 어떻게 그런 일이 있어났었나? 모든 일이 우연히 그냥 그렇게 된 건가? 아니면 내가 교묘한 그런 작전에 말려들었나?

아니면 아마도, 그렇게 작전이 이루어지도록 짠 것이 나였는가? 그건 사실 문제가 아니었다. 나도 역시, 우리 관계로부터 이득을 얻었다. 나는 가까운 이의 상실에 대해 배우고 싶었고, 페니는 12시간이라는 짧은 시간에, 한 층 한 층 벗겨 가며 나를 슬픔의 핵심으로 데려다 주었다.

첫째, 우리는 살아 있기 때문에 피할 수 없는 죄책감에 대해 탐색했다. 페니는 기억 상실에 대해 그리고 죽음에 관해 자기 딸과 이야기를 더 나누지 못한 것에 대해 죄책감을 느꼈었다. 다른 이들은 또 다른 것에 대해 죄책감을 느끼는데, 뭔가 충분히 하지 못했다, 더 빨리 의료적 도움을 청하지 않았다, 좀 더 잘 돌보거나 간호를 더 잘하지 못했다는 등에 대해서이다. 나의 내담자 중 한 사람은 각별히 간호를 잘한 아내였는데, 남편이 마지막으로 병원에 입원했을 때에는 그의 곁을 거의 떠나지 않았었다. 그런데 그는 아내가 신문을 사러 나간 몇 분 사이에 숨을 거두었고 그 때문에 그녀는 몇 년간을 스스로를 고문하며 괴로워했다.

사람이 '뭔가 좀 더 했어야 했다'는 감정은, 내가 생각하기에, 통제 불가능한 것을 통제하고자 하는 소망을 반영하는 것 같다. 결국 사람이 했어야 하는 것을 하지 않아서 느끼는 죄책감이라면, 뭔가 할 수 있었던 것이 있어야만 한다는 이야기가 되는데, 이는 죽음 앞에서 우리가 어쩔 수 없이 갖게 되는 무력감으로부터 우리를 안심시키려는 생각인 것이다. 우리는 무한한 힘과 발전에 대한 환상에 갇혀서 적어도 중년의 위기가 올 때까지는, 실존이 오로지 우리의 의지에 따라 성공을 향하여 나선형으로 상승한다고 믿고 있다.

이런 스스로를 안심시키기 위한 환상은, 급박하고 되돌릴 수 없는 경험에 의해 깨지게 되는데, 철학자들은 이를 '경계선 경험(boundary experience)'이라고 하였다. 여러 가지 경계선 경험 중에서, 칼로스의 이야기에서 보듯이 코앞에 닥친 자신의 죽음보다 더 강력하게 유한성과 우연성을 직면하게 하고 극적인 변화가 일어나도록 즉각적으로 영향을 줄 수 있는 것도 없을 것이다.

또 다른 경계선 경험이라면 중요한 타인 — 사랑하는 남편이나 아내 혹은 친구 — 의 죽음을 들 수 있을 것인데 이것 또한 자신의 불사신 환상을 깨지게 한다. 대부분의 사람들에게 있어서, 가장 견디기 어려운 큰 상실감은 자식을 잃을 때 온다. 그러면 삶의 모든 측면이 공격을 받는다. 부모들은 죄책감과 함께 자기가 해 줄 수 있는 것이 없다는 무능함에 두려움을 느낀다. 의료진이 무능하고 둔감한 데 대해서 화가 난다. 그리고 신이나 혹은 우주가 불공평하다고 불평을 한다(많은 이들은 불공평한 것이 사실상 우주의 원리라는 것을 결국 이해하게 된다.). 자식을 잃은 부모는 또한 간접적으로 자신의 죽음과도 직면하게 된다. 자기 방어를 할 수 없는 아이를 자기가 보호할 수 없었으며, 캄캄한 밤 뒤엔 새벽이 오는 것처럼, 자신들도 보호를 받을 수 없는, 다음이 바로 자기 차례라는 씁쓸한 진리를 이해하게 된다. 이러한 진리를 존 던(John Donne)은 "그러므로, 누구를 위해 종이 울릴지는 아무도 모른다. 당신을 위해서도 울린다."라고 쓴 바 있다.

자기 자신의 죽음에 대한 페니의 두려움은, 치료에서 분명하게 드러나지는 않았지만 간접적으로 드러났었다. 예를 들면, '시간이 다 가 버리는 것'에 굉장히 걱정을 했었다. 남은 시간이 너무 적어 교육을 받을 수 없고, 휴가를 갈 수 없고, 유산을 남겨 줄 수 없다는 것 그리고 우리에게 너무 시간이 부족해서 함께 작업을 다 끝낼 수 없다고 한 것 등이다.

게다가 치료 초기에는, 죽음에 대한 불안이 꿈을 통해 상당히 많이 나타났다. 두 꿈에서 그녀는 익사라는 주제를 통해 죽음에 직면했는데, 첫 번째 것에서는 수면이 거의 자기 입까지 차오르는 동안 둥둥 떠다니는 지푸라기에 필사적으로 매달리려 했었으며, 다른 꿈에서는 둥둥 뜬 자기 집의 파편을 꽉 쥐고서 흰 가운을 입은 의사에게 도와 달라고 외쳤는데 그들은 그녀를 물에서 구조해 주는 대신 손가락에 도장을 찍었다.

그 꿈에 대한 작업을 하면서 나는 죽음에 대한 그녀의 걱정을 언급하지는 않았다. 12시간의 치료는 죽음에 대한 불안을 발견해 내어 표현하고, 유용하게 작업을 하기에는 너무나 짧았다. 그 대신에, 이미 치료에 떠오른 주제들을 탐색하는 데 꿈 자료들을 활용했다. 이렇게 꿈을 실용적으로 활용하는 것은 치료에서 상식적인 일이다. 꿈은 증상처럼 한 가지 설명만 가능한 것은 아니어서, 때로 지나친 결론을 내리게 되지만 사실은 여러 층의 의미를 담고 있다. 아무도 하나의 꿈을 완전히 분석할 수 없고, 대신에 치료자들 대부분은 치료의 즉각적 작업을 가속시키기 위하여 꿈 주제들을 탐색하는 방향으로 접근한다.

나는 집을 잃고 자기 인생의 기초를 쓸어 없애 버린다는 주제에 초점을 맞췄다. 나는 또한 우리의 관계에 대한 작업을 하는 데에도 꿈을 활용하였다. 깊은 물속으로 다이빙해 들어간다는 것은 자기의 무의식 깊은 곳으로 다이빙해 가는 행위를 상징하는 것으로 자주 나타난다. 그리고 나는 물론 그녀를 도와주기를 거부하고 대신, 손가락에 도장을 찍어 주었던 흰 가운을 입은 의사였다. 이런 이야기를 해 가는 과정에서 페니는 처음으로 내가 자기를 지지해 주고 지침을 주었으면 하는 욕구가 있었다는 것을 찾아냈고 자기를 내담자로서보다는 연구 대상자로 보려는 내 시각에 대해 분노가 있다는 것을 탐색하였다.

나는 그녀의 죄책감에 대해 그리고 딸에 대한 기억에의 끈질긴 집착에 합리적인 접근을 하였다. 그녀의 행동과 환생에 대한 믿음 간의 불일치를 직면시켰던 것이다. 이렇게 이성에 호소하는 것이 때로 비효율적인 경우가 있는 반면, 페니는 기본적으로 그런 설득력 있는 강의에 반응을 보이는 잘 통합되고 자원이 풍부한 사람이었다.

치료의 다음 단계에서, 우리는 "죽은 자와 살아가기를 배우기 전에 살아 있는 자와 사는 법을 배워야 한다."라는 개념을 탐색해 들어갔다. 지금은 그것이 페니가 한 말인지, 내가 했는지 아니면 동료 누군가가 했는지조차 잊어버렸지만 이 개념의 중요성을 내게 인식시켜 준 것이 그녀라는 것만은 확실하다.

여러 가지 면에서 이 비극의 진정한 희생자는 그녀의 아들들이었다. 그리고 이 사실은 죽은 아이의 형제자매들 모두에게 해당된다. 때로, 페니의 가족이 그러했던 것처럼, 살아남은 아이들은 부모가 죽은 아이를 기념하고 이상화시키느라 에너지를 너무 많이 써서 고통을 받는다. 살아남은 아이들은 그렇게 부모의 시간과 에너지를 다 뺏어 가 버린 죽은 형제에 대해 분노가 가득하다. 때로 그 분노는 자기 자신의 슬픔과 함께 부모의 모순을 자기 식으로 이해하며 공존한다. 이러한 조합은 살아남은 아이들에게 있어 죄책감과 무가치감과 그리고 자기가 나쁜 사람이라는 느낌으로 완벽한 공식이 되어 나타난다.

또 하나의 그럴듯한 시나리오는, 다행스럽게도 페니에게는 일어나지 않았지만, 부모들이 즉시 대체할 다른 아이를 갖는 것이다. 이런 상황은 과정을 좋아지게도 하지만 때로는 문제를 더 일으킨다. 왜냐하면 살아남은 아이들과의 관계를 손상시킬 수 있기 때문이다. 덧붙여서, 부모의 비탄이 해결되지 않은 채 남아 있을 경우, 새로 생긴 대치된 아이도 또한 고통을 받기 때문이다. 자기들의 삶에서 이루지 못한 목표를 실현시켜 주리라는 부모의 희망을 업고 자라나는 것만으로도 충분히 힘들지만, 죽은 형제자매의 영혼을 수용해야 하는 또 하나의 짐은 동일시라는 미묘한 과정을 압도한다.

또 하나의 통상적인 시나리오는 살아남은 아이를 부모들이 과잉보호한다는 것이다. 나는 추수 상담에서 페니가 이 역동의 폐해에 빠졌다는 것을 알았다. 그녀는 아들이 운전하는 것이 겁이 나 아들이 픽업 트럭을 운전하는 것을 꺼렸으며, 두 아들 중 누구에게도 오토바이 사 주기를 단호히 거부했다. 게다가 그녀는 암을 조기 발견하기 위한 건강검진을 불필요하게 자주 시켰다.

아들에 대한 이야기를 하면서, 나는 조심스럽게 단계를 밟아 나가야 한다고 느꼈던 것, 즉 그들의 입장에서 크리시의 죽음의 결과를 평가하도록 그녀를 도운 것이 만족스러웠다. 나는 페니가 새로이 이를 '발견하고' 이 새로운 대상에 또다시 죄책감을 느끼게 되기를 바라지 않았었다. 몇 달 후에, 아들들과의 관계에 대해 차츰 죄책감이 생기기 시작했으나 그때쯤은 그것을 더 잘 견딜 수 있게 되었고 자기 행동을 변화시켜 이를 개선할 수 있게 되었다.

페니의 결혼 생활의 운명은, 불행하게도, 자식을 잃은 가족 모두에게 너무나 흔히 일어나는 일이었다. 자식의 죽음은 가족의 유대감을 더욱 공고히 할 것이라는 기대와는 상반되게, 자식을 잃은 부모의 결혼 생활에는 불화가 증가한다는 연구 결과가 나타났다. 페니의 결혼 생활에서 순차적으로 일어난 사건은 전형적인 것이었다. 남편과 아내는 다른 ─ 사실, 완전히 정반대 ─ 방식으로 슬퍼하며 종종 부부가 서로 이해하고 지지할 수가 없고, 한쪽의 애도 방식은 다른 쪽 배우자의 애도 방식을 간섭하여 충돌과 소외의 원인이 되고 점차 별거를 하게 만든다.

치료는 슬픔과 비탄에 빠진 부모에게 해 줄 수 있는 것이 많다. 부부 치료를 하면 결혼 생활의 긴장의 원천을 조명하여 상대방의 슬퍼하는 방식을 인지하고 존중하도록 도울 수 있다. 개인치료도 역기능적인 애도 방식을 변화시킬 수 있다. 일반화는 항상 조심을 해야 하지만, 이 경우만큼은 남성-여성의 전형이 자주 들어맞는다. 많은 여성은, 페니처럼 과거로 돌아가서 자기들의 상실감을 반복적으로 표현하고 나서야 살아 있는 자, 미래 과제들 그리고 자신의 삶에 의미를 주던 모든 것으로 다시 돌아와야겠다고 느낀다. 남자들은 대체로 의식적으로 억제하고 회피하는 대신 자기의 슬픔을 경험하고 나누는 것을 배워야 한다.

그녀의 비탄 작업의 다음 단계에서, 페니는 두 꿈을 통하여 — 하늘 높이 날아오르는 기차와 진보, 그리고 결혼식과 옷 갈아입을 방을 찾는 것 — 자기의 슬픔은, 크리시와 자신의 실현되지 않은 욕망과 잠재력이 섞여 있다는 중요한 발견을 했다.

우리 관계가 끝나 갈 무렵 페니는 비탄의 마지막 층을 찾아냈다. 그녀는 여러 가지 이유에서 치료의 종결을 두려워했다. 나의 전문적인 인도를 그리워하는 것은 자연스러운 것이었으나 그녀는 나를 인간으로서도 그리워했다. 전에는 결코 남자를 신뢰할 수 없었고 도움을 받아들이지 않았었다. 그러나 그걸 넘어서, 종결이라는 순수한 행위는 — 견디어 낼 뿐 결코 느끼거나 애도하도록 자신에게 허용하지 않았던, 고통스러운 상실의 기억들을 생각나게 했다.

페니의 많은 치료적 변화가 자가발생적이고 스스로 방향을 잡아 간 것이라는 사실은 치료자에게 중요한 교훈을 담고 있다. 내가 훈련 중이던 시절 스승이 내게 준 이런 교훈이 위로가 된다. "기억하라, 당신이 모

든 작업을 다 할 수는 없다. 내담자가 무엇을 해야 했는지를 깨닫고 성
장과 변화에의 욕구가 있음을 스스로 믿게 되는 데에 만족하라."

뚱뚱한 여인
FAT LADY

Fat Lady

뚱뚱한 여인

• • • 세계에서 가장 우수한 테니스 선수는 경기에서의 약점을 보완하기 위해 하루에 5시간을 훈련한다. 높은 경지에 오른 선의 달인은 마음의 평정을 위해, 무희는 균형을 최대한 유지하기 위해 끊임없이 정진하며, 성직자는 자신의 양심을 끊임없이 검토한다. 모든 전문직에는 가능성이라는 영역이 있고 임상가들은 아마도 거기서 완전함을 추구해 가고 있는지도 모른다. 심리치료자들이 아무리 노력해서 자기 계발을 거듭해도 결코 졸업을 할 수가 없는 대표적 영역이 **역전이**(counter-transference)일 것이다. **전이**(transference)란 내담자가 치료자에게 잘못 애착하는 것(혹은 '전이시키는 것') ─ 그러나 실은 어린 시절의 관계에서 발생한 것이고, 역전이는 이와 반대의 것 ─ 즉 치료자가 내담자를 향해 갖는 유사한 비합리적 감정이다. 때로 역전이는 매우 극적이어서 깊이 있는 치료를 불가능하게 한다. 유태인이 나치를 치료한다거나, 성적 학대를 당한 적이 있는 여성이 강간범을 치료한다고 상상해 보라.

그러나 이보다는 약한 형태일지라도, 역전이는 모든 치료 과정에 슬며시 들어가 있다.

베티가 내 사무실로 들어오던 날, 그녀가 5피트 2인치(약 158cm)에 250파운드(약 110kg)의 체구를 조종하여 잘 정돈된 내 하이테크 사무실 의자를 향했을 때 나는 나의 역전이 문제가 시험에 들겠다는 것을 감지했다.

항상 나는 뚱뚱한 여자에게 혐오감을 느꼈다. 나는 그들에게 싫은 점이 많았다. 뒤뚱뒤뚱한 걸음걸이, 몸매라고는 없는 외모 — 가슴, 허벅지, 엉덩이, 어깨, 턱선, 뺨 등 내가 여성에게서 감탄하며 보고 싶은 것이 모두 살들로 가려져 있었다. 살사태인 것이다. 나는 그들의 옷도 싫은데 — 굴곡 없고, 펑퍼짐한 드레스, 그보다 더한 것은, 넓적다리까지 꽉 끼어 코끼리처럼 빵빵하게 보이는 청바지. 그들은 어떻게 대담하게 그 신체를 우리들에게 내보이는 것일까?

그 유감스러운 감정의 기원? 의문 삼아야 한다는 생각조차 한 번도 해 본 적이 없었다. 너무나 깊은 데서 움직이고 있어서 나는 그것이 편견이라는 생각조차도 하지 못했다. 그러나 내게 설명을 하라고 요구한다면, 내 가족 중에 뚱뚱했던 사람들, 나의 어머니를 포함하여 어린 시절 함께 살며 나를 통제했던 여인들을 지목할 수는 있다. 비만은 우리 가족의 풍토병이었는데, 미국에서 태어난 야심 찬 1세대였던 내가 내 발에 묻어 있는 러시아계 유태인 마을의 먼지를 영원히 털어 내기로 결정했을 때, 뒤로 하고 떠나야 하는 것 중의 하나였다.

다른 추측도 할 수 있다. 나는 항상, 다른 많은 남자들보다는 더, 여성의 몸에 감탄을 해 왔다. 아니, 그냥 감탄이 아니다. 난 나의 모든 합리적 이성의 한계를 넘어서는 단계와 목표까지 추켜세우고, 이상화하고,

황홀경에 빠졌다. 내 욕망을 모독해서, 그리고 내가 마음에 품고 있는 각각의 사랑스러운 모양을 있는 대로 빵빵해지게 하여 흉하게 만들어 모독하기 때문에 뚱뚱한 여인들에게 분노를 느끼는 걸까? 내 달콤한 환상을 벗겨 내고 살의 근본 — 분노로 미쳐 날뛰는 살을 드러내서?

나는 인종차별이 있는 워싱턴 D.C.의 흑인 이웃들 중 유일한 백인 가정의 독자로 성장했다. 길거리에서는 내가 백인이라는 이유로 흑인 아이들이 나를 공격했고, 학교에서는 유태인이라는 이유로 백인 아이들이 나를 공격했다. 뚱뚱함은 도처에 있었다. 뚱뚱한 아이, 커다란 조롱거리 엉덩이, 운동 팀에서 제외되기 가장 쉬운 아이들, 트랙을 완전히 돌 수 없는 아이. 나 역시 미워할 누군가가 필요했다. 아마 그것을 배운 것은 거기서일 것이다.

물론 이런 편견을 가진 사람이 나만은 아닐 것이다. 문화적으로도 도처에서 이런 편견을 강화시켜 준다. 뚱뚱한 여성을 누가 좋게 말한단 말인가? 그러나 나의 경멸감은 모든 문화적 기준을 넘는 것이다. 예전에 나는 내담자 중 가장 경미한 범죄가 단순 살인인 흉악범들이 수감되어 있던 교도소에서 일한 적이 있다. 그러나 거기서는 어떤 내담자와도 그들을 이해하고, 지지적이 될 수 있는 방법을 찾는 데 어려움이 없었다.

그러나 뚱뚱한 여인이 먹는 것을 보면, 나는 인간을 이해하는 사다리의 몇 단계 아래로 내려간다. 난 그 음식을 뺏어서 치워 버리고 싶다. 얼굴을 아이스크림에 처박으며, "배에 그만 채워 넣어요! 도대체 충분하다는 걸 모르겠소?" 하며 그녀의 입을 꿰매 버리고 싶다.

불쌍한 베티 — 하느님 감사합니다, 하느님 감사합니다 — 는 순진하게 내 의자를 향해 걸음을 계속했고, 천천히 자기 몸을 낮추어 앉아 주름진 부분을 정리하였고, 발이 바닥에 닿지 않은 채 기대에 차서 나를 올려다보았을 때, 내가 이런 마음이라는 것을 전혀 모르고 있었다.

　나는 생각하기를, 근데 저 여자 발이 왜 바닥에 닿지를 않지? 그렇게 키가 작지 않은데. 그녀는, 마치 무릎을 접고 올라앉은 것처럼, 의자에 높게 앉아 있었다. 넓적다리와 엉덩이가 너무 부풀어서 바닥에 발이 닿으려면 발을 더 뻗어야 되는 건가? 나는 재빨리 이 수수께끼를 마음에서 쓸어버렸다. 어쨌든 이 여인은 내게 도움을 구하러 왔다. 조금 후, 베티는 영화 〈메리 포핀스〉에 나오는 작고 뚱뚱한 만화 여주인공을 생각나게 했고 ― 'supercalifragilisticexpialidocious'란 노래를 불렀던 ― 곧 내가 그 생각을 하고 있다는 것을 발견했다. 노력을 해서 그 생각도 지워 버렸다. 그녀와 있는 시간 내내 집중하기 위해서 내게 떠오르는 경멸 섞인 생각을 지워 버리면 또 다른 것이 떠오르고 하는 식으로 시간이 흘러갔다. 나는 〈환타지아〉에서 마법사의 견습생이었던 미키마우스를 상상했고, 베티에게 집중하기 위해서 이 이미지도 또한 지워야 한다는 생각이 들 때까지 떠오르는 산만한 생각들을 지우고, 또 지웠다.

　보통 때처럼 기본적인 질문들을 하기 시작하였다. 베티는 27세로 미혼이었고 뉴욕에 본부를 둔 체인점에서 고객 관련 일을 했었는데, 3개월 전 새로운 지점을 여는 것을 지원하기 위해 18개월간 전보 발령을 받아서 캘리포니아로 왔다고 하였다.

　그녀는 텍사스에 있는 작고 가난한 농장에서 무남독녀로 자라났고, 15년 전 아버지가 사망하였고 어머니는 거기서 아직 혼자 살고 있었다. 베티는 훌륭한 학생이었고, 주립대학을 다녔으며, 텍사스에 있는 백화점에서 일을 했었고, 2년 후 뉴욕에 있는 본부로 옮겼다. 항상 과체중이기는 했지만 사춘기 이후 두드러지게 비만이 되었다. 갑작스러운 감식으로 40~50파운드가 감소했던 두세 번의 짧은 기간을 제외하면 그녀는 21세 이후로 항상 200~250파운드(역자 주 : 90~110kg) 사이를 왔다 갔다 했다.

나는 바로 치료작업으로 들어가 표준적인 첫 질문을 했다.

"괴로운 게 무엇이지요?"

"전부 다요." 베티가 대답했다. 그녀의 생활에서 제대로 돌아가는 것은 하나도 없었다. 그녀가 말하기를, 사실 자기에게는 삶이 없다고 했다. 그녀는 1주일에 60시간을 일하고, 캘리포니아에는 친구도 없고, 사회적 교류도 없으며, 바깥 활동도 안 한다고 했다. 늘 그런 식이기는 했지만, 어쨌든 자기의 삶은 뉴욕에 있는데, 뉴욕으로 전보를 시켜 달라고 요구하면, 동료 관계에 문제가 있기 때문이라고 볼 것이라서 이미 위기에 처해 있는 자신의 직업이 더욱 위태롭게 될 것이라고 말했다. 회사에서는 원래 8명의 다른 초심자들과 함께 3개월간의 집중 과정으로 그녀를 훈련시켰었다. 베티는 같이 훈련받았던 다른 8명의 동료들처럼 업무를 잘 수행하지도, 승진을 하지도 못할 것이라는 생각에 사로잡혀 있었다. 그녀는 가전제품과 가구가 완비된 풀옵션의 변두리 아파트에서 일하고 먹으면서 18개월이 지나가기를 기다리며 하루하루 날짜를 지워 가는 것 외에는, 아무것도 하지 않고 있다고 말했다.

뉴욕에 있는 정신과 의사 파버 박사는, 약 4개월간 항우울제 치료를 했었다. 계속 약을 복용하기는 했지만, 별로 도움이 되지는 않아서 그녀는 깊은 우울에 빠져 있었고, 매일 저녁 죽었으면 하고 바라며 울었고, 불규칙하게 잠을 잤지만 새벽 4시나 5시면 어김없이 깨어났다. 그녀는 쉬는 일요일에는 집 안도 안 치우고 옷도 갈아입지 않은 채 종일 TV 앞에서 단것을 입에 달고 보냈다. 전주에 그녀가 파버 박사에게 전화를 하였더니, 그가 내 이름을 알려 주며 전화로 의논해 보라고 권하였다.

"당신이 생활 속에서 싸우고 있는 것들에 대해 좀 더 말해 보세요." 내가 물었다.

"나는 먹는 것을 조절할 수가 없어요." 베티는 소리 없이 웃으며 말을 덧붙였다. "나는 항상 먹는 걸 조절하지 못해 왔다고 말할 수도 있겠지만, 이제야말로 정말 조절할 수가 없어요. 지난 석 달간 전 20파운드(약 9kg)가량 체중이 늘었고, 맞는 옷이 없어요."

그 말은 나를 놀라게 했는데 그녀의 옷은 전혀 모양이 필요 없어서 무한히 늘어날 것 같았으므로 옷이 맞지 않는다는 걸 난 상상할 수가 없었다.

"꼭 지금 오게 된 또 다른 이유들은요?"

"지난주에 머리가 아파서 의사를 만났는데, 혈압이 110에 220으로, 위험할 정도로 높다면서 체중 감량을 시작해야 한대요. 그는 무척 기분이 나빠 보였어요. 캘리포니아 사람들은 모두 건강에 미친 작자들이니까 얼마나 심각하게 받아들여야 할지 모르겠는데 어쨌든 그는 사무실에서 청바지를 입고 운동화를 신고 있었어요."

그녀는 이 모든 이야기를 재미있는 이야기를 하듯이 했기 때문에 마지 다른 사람 이야기를 하며 키들대고 있거나, 대학 2학년쯤 된 우리가 비 오는 일요일 오후에 기숙사에서 잡담을 하고 있는 것 같았다. 그녀는 나를 재미있는 이야기 속으로 끌어들이려고 애쓰는 것 같았다. 그녀는 농담을 했다. 그녀는 액센트를 흉내 내는 천부적인 재주가 있어서, 마린 카운티의 쌀쌀맞은 의사와 자기의 중국인 고객, 중서부에 있을 때의 상사 등을 흉내 냈다. 아마 그 회기 동안 그녀가 스무 번은 깔깔거리며 웃었을 텐데, 나는 이를 바로잡으려고 함께 웃기를 매정하게 거부했기 때문에 그녀의 한껏 들떠 있는 태도가 결코 나도 같이 킬킬거리게 하지 못했다.

나는 항상 내담자와 치료적 접촉에 들어가는 일을 매우 심각하게 받아들인다. 일단 누군가를 치료에 받아들이면, 나는 그 사람을 지지하는데 끝까지 최선을 다한다. 그 내담자가 진전을 볼 수 있도록 모든 시간과 에너지를 투입한다. 그리고 무엇보다도, 그 내담자와 친밀하고 진실한(authentic) 관계를 맺으려고 한다.

그러나 내가 베티와 관계를 맺을 수 있을까? 비호감. 솔직히 말해서 난 그녀에게 반감이 들었다. 문자 그대로 살이 겹겹이 접혀 둘둘 감겨 있어, 내가 그녀 얼굴을 바라보는 것조차 굉장한 노력을 요했다. 마찬가지로 그녀가 하는 바보 같은 해설도 불쾌감이 들었다. 그녀와의 첫 시간이 끝나 갈 무렵 나는 화가 나고 지루했다. 그녀에게 내가 친밀해질 수 있을까? 난 이보다 더 친밀해지지 않고 싶었던 사람은 거의 생각해 낼 수가 없었다. 그러나 베티의 문제가 아니고 이건 내 문제다. 25년간의 치료 경험을 가진 내게, 변화를 요구하는 시간이 온 것이었다. 베티는 궁극적으로 역전이에 대한 도전을 의미했으며 바로 그 이유 때문에, 나는 그때 그녀의 치료자가 되기로 했다.

치료자가 자신의 기술을 발전시키기 위해 애를 쓰는 데 대해 비판할 수 있는 사람은 아무도 없을 것이다. 그러나, 좀 불편하게 생각되는 것은, 내담자의 권리는 어떻게 되는 것이란 말인가? 치료자가 아마도 역전이의 녹을 문질러 없애는 것과 무용가나 경지에 오른 선사가 자기 분야에 완벽을 기하기 위해 노력하는 것 사이에 차이가 없는 것일까? 백핸드 서비스를 받아 내는 기술을 개발하는 것과 어떤 면에서 무너지기 쉽고, 어려움을 겪는 사람을 희생시킨 대가로 자기의 기술을 연마하는 것은 다른 것일 것이다.

이러한 생각들이 모두 내게 떠올랐지만 그것들을 모두 불식시킬 수 있다는 것을 알았다. 베티가 치료자로서의 내 개인적인 기술을 발전시킬 수 있는 기회를 제공하고 있다는 것은 사실이었다. 그러나 또한, 내가 성장함으로써 미래의 내 내담자들이 이익을 얻을 수 있다는 것도 사실이었다. 게다가, 인간에게 봉사하는 전문가들은 언제나 살아 있는 내담자들을 만나 실습하고 있는 것이다. 대안은 없다. 하나의 예를 들자면, 임상 실습하는 학생이 없다면 의학 교육이 어떻게 살아남을 수 있었을까? 더구나, 책임 있는 초보 치료자들은 호기심과 열정을 가지고 대단히 훌륭한 치료적 관계를 형성하고 경험 많은 전문가만큼이나 효율적이 될 수 있다는 것을 항상 볼 수 있었다.

"치유하는 것은 관계다, 치유하는 것은 관계다, 치유하는 것은 관계다." 이는 나의 전문가로서의 신념이다. 나는 학생들에게도 종종 이 이야기를 한다. 그리고 나는 다른 이야기들도 하는데, 이를테면 내담자와 관계를 맺는 방법에 대해서 — 무조건적 긍정적 관심, 비판단적(nonjudgmental) 수용, 진솔한 몰입(authentic engagement), 공감적 이해 등을 이야기한다. 나는 우리의 관계를 통해 어떻게 베티를 치료하고자 하는가? 내가 얼마나 진실하고, 공감적이고, 수용적이 될 수 있을까? 얼마나 진솔하게? 그녀가 자기에 대한 내 감정을 물으면 어떻게 대답할 것인가? 나는, 베티와 내가 그녀의(우리의) 치료에서 발전이 있을 때 나도 변화했으면 하는 소망을 가졌다. 당분간은, 베티의 사회적인 상호작용 능력이 매우 미발달 상태이고 피상적이어서 통찰력 있는 치료자·내담자의 관계 분석이 필수적이지 않을 것 같았다.

나는 그녀의 외모가 대인관계적 특성, 말하자면 몇몇 뚱뚱한 여인에게서 보았던 순수한 발랄함 혹은 정신적 쾌활함 같은 것으로 상쇄될 수 있었으면 하고 은근히 바랐으나 아, 슬프게도 그렇게 되지 않았다. 그녀를 알아 가면 알아 갈수록, 점점 더 지루하고 피상적인 듯했다.

처음 몇 회기 동안, 베티는 끝도 없이 상세하게 직장에서 고객과 동료, 상사 등과 직면하게 되는 문제들을 설명했다. 난 속으로 으르렁거렸지만, 그녀는 종종 몇 개의 역할을 연기하면서 진부한 대화 내용을 특별한 듯이 묘사했는데 나는 그걸 항상 미워했다. 다시 그녀는 직장에 있는 매력적인 남성에 대해서, 그리고 그들과 나눈 몇 마디를 통해 경험한 세세하고 어울리지 않는 책략들을 지겹게도 상세히 묘사하였다. 표면 밑으로 파고들어 가려는 내 쪽에서의 노력에 모두 저항을 하였다.

처음 만났을 때 잠시 하는, '칵테일 파티에서나 할 사교적 이야기'들이 끝도 없이 길어졌을 뿐 아니라 이 단계를 지나서도, 표면에서 맴돌고 있다는 느낌이 강하게 들었는데 ― 베티와 만나는 한 우리는 체중이나 다이어트, 사소한 직장에서의 불만, 에어로빅 강좌에 등록하지 않는 이유 등에 대해서만 이야기할 운명이었다. 오! 하느님, 내가 어떻게 개입해야 한단 말입니까?

이 초기 회기 동안의 내 노트에는 이런 말들이 항상 들어 있었다. "또 하나의 지루한 회기였다.", "오늘은 3분마다 시계를 보았다.", "내가 본 내담자 중 가장 지루한 사람이었다.", "오늘은 거의 잠들 뻔했다. 깨어 있기 위해 의자에 곧추세워 앉아 있어야 했다.", "오늘은 의자에서 거의 굴러떨어졌다."

내가 딱딱하고 불편한 의자로 바꿔 앉을까 생각하다가 갑자기 롤로 메이에게 상담을 받았던 생각이 났는데, 그는 등이 직각으로 세워진 나무 의자에 앉곤 했었다. 그는 등이 안 좋아서라고 말했지만, 그 후로도 여러 해 동안 그에게서 자기 등에 문제가 있다는 말을 들어 본 적이 없었다. 그가 나에게서 그 지루함을 느꼈던 걸까?

베티는 파버 박사가 종종 상담 시간에 잠들곤 했기 때문에 그를 좋아하지 않았다고 말했었다. 이제 나는 그가 왜 그랬는지를 알았다. 내가 파버 박사와 전화 통화를 했을 때, 물론 그는 자기가 졸았다는 것을 이야기하지 않았지만, 베티가 치료를 어떻게 활용하는지 배울 수 없었다는 이야기를 자발적으로 했었다. 그가 왜 그녀에게 약물치료를 시작했는지를 이해하는 것은 어렵지 않았다. 치료에서 아무것도 얻을 수 없을 때 우리 정신과 의사들은 약물치료에 자주 의존을 하게 된다.

어디서 시작을 할 것인가? 어떻게 시작을 할 것인가? 나는 문고리를 찾으려고 애를 썼다. 그녀의 몸무게에 대해 이야기를 시작하는 것은 의미가 없었다. 베티는 치료를 통해 자기가 즉시 체중 감량을 심각하게 생각할 수 있게 되기를 바란다고 분명히 말했으나 그녀는 지금 그것으로부터는 너무 멀리 있었다. "내가 이처럼 우울할 때, 먹는 것만이 내가 할 수 있는 유일한 활동이지요."

그러나 내가 그녀의 우울에 초점을 맞췄을 때 그녀는 자기 삶의 상황을 보면 우울할 수 밖에 없는 상황이라는 설득력 있는 사례를 제시하였다. 18개월 동안 인간미라고는 없는 캘리포니아 근교의 작은 아파트에 갇혀, 자기의 진정한 삶인 집, 사회 활동, 그리고 친구를 떼어 낸 채 살아가는데 누가 우울하지 않을 수 있을 것인가?

그래서 나는 그녀가 삶의 상황을 어떻게 해 보게 도우려고 시도를 했지만 그리로 별로 나아가지 못하고 있었다. 그녀는 내 기를 꺾는 설명을 많이 했다. 그녀는 자기가 쉽게 친구를 만들지 못한다는 점을 스스로 지적하였는데 뚱뚱한 사람은 그렇다는 것이었다. 그 점에 있어서는 나를 설득할 필요가 전혀 없었다. 캘리포니아 사람들은 자기들끼리 단단히 패거리를 만들고 있어서 이방인을 환영하지 않는다. 그녀의 유일한 사회적 접촉 창구는 직장인데, 동료들은 그녀의 관리 책임 방식에 분개하고 있다. 게다가, 모든 캘리포니아 사람들이 그렇듯, 그들은 모두 스포츠광들이어서 서핑이나 스카이다이빙을 즐겼다. 그녀가 그걸 할 수 있을까? 나는 서핑보드에 올라탄 그녀가 물속으로 서서히 잠겨 들어가는 모습을 상상하다 지워 버리면서 그녀의 지적이 옳다는 것을 알았다. 그것은 그녀가 즐기는 스포츠가 될 수 없을 듯했다.

"그렇다면 다른 선택의 여지는 무엇이 있나요?" 그녀가 물었다. 비만한 사람들에게는 독신자들의 모임에 참여하는 것도 불가능하다. 그러한 시각을 증명하기 위해 그녀는 한 달 전에 있었던 데이트, 몇 년 만의 유일한 데이트에서 느낀 절망감을 설명했다. 그녀는 지역 신문인 베이가디언에 났던 개인 광고란을 보고 전화를 했었다. 남자들이 내는 대부분의 그런 광고에는 '날씬한' 여성을 원함이라고 분명하게 표현되어 있지만 그렇지 않은 것이 하나 있었다. 그녀는 조지라는 이름의 남자에게 전화를 하여 밖에서 저녁 식사를 하기로 했었는데, 그는 머리에 장미를 꽂고 있으라고 하며 근처의 레스토랑에 있는 바에서 만나기로 했었다.

그는 처음 그녀를 보고 표정이 침울해졌으나, 자신의 명예를 지키기 위해 자기가 조지라고 소개를 하고 저녁 식사 내내 신사답게 행동했었다고 그녀는 보고를 하였다. 조지에게서 다시는 아무런 소식을 듣지 못했지만 때때로 그녀는 그에 대해 생각을 하였다. 그전에도 몇몇에게 그런 시도를 했었지만 아마 자기를 멀리서 먼저 보고 가 버렸는지 혼자 눈이 빠지게 기다리다 돌아왔다고 했다.

어느 정도 자포자기한 채 그래도 베티에게 도움이 될 수 있는 방법들을 찾아내려 하였다. 아마도 나의 부정적인 감정을 감추기 위해 나는 지나치게 노력했을 것이고, 여러 대안들을 제시하며 충고하는 초심자들의 실수를 범했다. 그녀가 시에라 클럽을 생각해 봤을까? 아니, 하이킹을 하기에는 너무 스태미나가 부족해. 아니면 익명의 과식자 모임 (Overeaters Anonymous), 거기서는 뭔가 사회적 네트워크를 제공할지도 몰라. 아니야, 그녀는 집단을 싫어해. 다른 대안들도 이와 비슷한 운명이었다. 뭔가 다른 방법이 있어야 했다.

치료적 변화에 있어서 첫 단계는 책임성 가설이다. 만약 어떤 사람이 자기가 처한 곤경에 대해 책임이 전혀 없다면, 어떻게 그것을 변화시킬 수 있겠는가? 베티가 처한 상황이 바로 그랬다. 그녀는 전적으로 문제를 외부 탓으로 돌리고 있었다. 모든 것은 그녀가 한 게 아니었다. 직장의 전보 발령 때문이거나 메마른 캘리포니아 문화 혹은 문화 행사가 없기 때문에, 혹은 스포츠광이어야 하는 사회 현상 때문에, 혹은 뚱뚱한 사람에 대한 사회의 끔찍한 편견 때문이지 자신이 한 것은 아니었다. 내가 아무리 최선을 다해도 베티는 자기를 그런 불행한 삶의 상황 속으로 몰아넣은 데 스스로 기여한 바는 전혀 없다고 부정하였다.

오! 그렇다. 그녀는, 지적인 수준에서는 자기가 그만 먹고 체중을 빼다면, 세상이 자기를 다르게 대우할 거라는 데에 동의를 했다. 그러나 그걸 하기는 목표가 너무 멀고, 오래 걸렸으며, 먹는 것을 통제하기가 너무나 어려웠다. 게다가 책임을 면할 수 있는 또 다른 주장도 많았다. 유전적인 요인(그녀 가계를 보면 부모 양쪽이 모두 상당히 비만했다.)과 최근의 연구 결과들, 즉 비만인은 기초대사율이 낮다는 것에서부터 몸무게는 타고날 때 이미 프로그램되어 있어서 후천적 노력이 상대적으로 영향력이 없다는 것까지 신체적 비정상성이 있다는 것이다. 아니, 그것은 효과적이지 않을 것이다. 궁극적으로 자기 외모에 대해 스스로 책임이 있다는 것을 생각하도록 도와야 할 것이지만 지금은 그것을 해 볼 어떤 틈도 엿볼 수가 없다. 뭔가 더 즉각적인 것부터 시작해야 한다. 나는 그 방법 하나를 알고 있었다.

심리치료자가 가진 가장 가치 있는 하나의 도구는 '과정'에 초점을 맞추는 것이다. 내용(content)과는 상반되는 과정(process)을 생각해 보자. 대화를 할 때 내용은 실제 소리가 되어 나온 말, 즉 논의되고 있는 실질적인 주제이다. 그러나 과정은 그 내용이 어떻게 표현되는가와 특히 이러한 표현 방법이 개인들 간의 관계에 대해서 무엇을 드러내고 있는가를 말한다.

내가 해야 할 것은 내용으로부터 벗어나는 것, 예를 들어 베티에게 지극히 단순한 해결책을 제시하려 하기를 그만두는 것과 과정, 우리가 서로 어떤 방식으로 관계를 맺고 있는지에 초점을 맞추는 것이다. 그리고 우리 관계에는 두드러진 하나의 특징이 있었는데 그것은 지루함이었다. 그리고 역전이로 말미암아 이 사태가 더 복잡해지는 것이었다. 내가 지루함을 느끼는 데 내 문제가 얼마나 개입되었느냐, 즉 뚱뚱한 여자이기 때문에 내가 지루하게 느끼는 것이 얼만큼이냐에 관한 것이었다.

그래서 나는 조심스럽게 진척을 시켜 나갔다. 너무 조심스럽게. 나의 부정적인 감정들이 나로 하여금 느리게 가게 만들었다. 나는 비만에 대한 나의 혐오가 들킬까 봐 너무나 두려워했다. 내가 좀 더 좋아하는 내담자였다면 결코 이토록 오래 기다리지는 않았을 것이다. 나는 스스로에게 움직이라고 독촉했다. 베티에게 도움이 되고자 한다면 나는 내 감정을 골라 구분해 내고, 신뢰하고, 그에 의거하여 행동해야 한다.

매우 지루한 여성이라는 것은 사실이고, 이러한 사실을 그녀에게 받아들여질 수 있는 방법으로 직면시킬 필요가 있었다. 다른 모든 것, 즉 현재 자기 삶에 친구가 없다는 것, 독신자 생활은 어렵다는 것, 주변인으로 밀려나는 데 대한 공포 등에 대해서는 책임을 부정할 수 있지만, 나를 지루하게 만든다는 것에 대한 책임만큼은 부정할 수 없게 하고자 했다.

나는 감히 **지루하다**는 말은 쓰지 못했는데, 이 단어는 너무나 모호하고 경멸적인 어투로 들릴 것 같았기 때문이다. 보다 정확하고 건설적일 필요가 있었다. 그래서 나는 베티에 대해 정확히 무엇이 지루한가 스스로에게 물었으며, 두 가지 분명한 특징을 알아냈다. 첫째, 그녀는 자신에 대해 친밀한 아무것도 드러내 보이지 않았다. 둘째, 빌어먹을 놈의 낄낄거림과 억지 쾌활, 적절한 진지함에 대한 저항이었다.

그녀에게 상처를 주지 않으면서 이러한 특징들을 그녀가 인식하도록 하는 것이 어려울지도 모른다. 나는 일반적인 전략을 결정했다. 즉, 나의 기본적 입장은 그녀에게 좀 더 가까워지고 싶은 것인데 그녀의 행동 특성은 이것을 방해한다는 것이다. 나는 이러한 맥락 안에서 자기 행동에 대한 어떤 비판을 하더라도 그녀가 그 공격을 받아들이기는 어려울 것이라고 생각했다. 그녀는 단지 자기에 대해 더 잘 알고 싶다는 내 소망에만 기뻐할 것이다. 나는 자기를 적절하게 드러내는 것이 부족하다는 것에서부터 시작하기로 했고, 유별나게 수면제 같은 회기를 끝장내기 위해 뛰어들었다.

"베티, 이걸 내가 왜 물었는지는 나중에 설명할게요. 그러나 오늘은 뭔가 새로운 것을 당신이 시도해 봤으면 해요. 오늘 우리가 함께 1시간 동안 자기를 얼마나 드러냈는지 1~10점 사이에서 스스로 점수를 매겨 보시겠어요? 당신이 상상할 수 있는 한도에서 가장 의미 있게 드러낸 것을 10점이라고 하고 극장에 줄을 서서 처음 본 사람에게 자기를 드러낸 정도를, 이를테면 1점이라고 하고서요."

실수. 베티는 극장에 자기가 왜 혼자 가지 않는지를 설명하느라고 몇 분을 썼다. 사람들이 친구도 없이 혼자 와 있는 자기를 불쌍히 여길 것이라고 상상했다. 자기가 옆에 앉음으로써 자리가 비좁아질까 봐 사람들이 피한다는 것을 감지했다. 그녀는 사람들의 호기심, 즉 자기가 좁은 의자에 앉기 위해 얼마나 몸을 비틀며 안간힘을 쓰는지 바라보며 웃는 얼굴들을 상상했다. 그녀가 삼천포로 빠지기 시작했을 때 — 비행기를 탈 때 자기가 좌석을 찾으며 통로를 걸어가기 시작할 때 이미 자리를 잡고 앉은 승객들의 얼굴이 얼마나 하얗게 질리는지에 대한 이야기로 확산시켜 가고 있었는데 — 나는 그녀의 이야기에 끼어들었고, 내 질문을 반복했으며, '1점'을 '직장에서의 일상적인 대화'로 다시 정의했다.

베티는 자신에게 '10점'을 주었다. 나는 '2점'이나 '3점'쯤을 기대했기 때문에 놀랐고, 그렇게 이야기했다. 그녀는 자기가 전에는 누구와도 이야기하지 않았던 일들을 이야기했다는 것을 근거로 그렇게 점수를 매겼다고 항변했다. 그것은, 예를 들면 편의점에서 딱 한 번 잡지를 훔친 적이 있다는 것과 식당이나 극장에 혼자 가는 것이 두렵다는 이야기 같은 것이었다.

우리는 몇 번이나 같은 시나리오를 반복했다. 베티는 자기가 무지무지한 위험을 감수했다고 우겼지만, 나는 그녀에게 "베티, 당신은 스스로 '10점'을 매겼지만, 그렇게 했다고 내게 **느껴지질** 않았어요. 나와 있을 때 당신이 진정으로 위험을 감수하는 것으로 느껴지지 않았어요."라고 말했다.

"나는 다른 누구에게도 그런 것을 이야기한 적이 없어요. 이를테면 파버 박사에게도요."

"내게 그런 이야기를 하는 것이 어떻게 느껴지나요?"

"그렇게 하니까 좋아요."

"좋다(fine) 대신에 다른 말로 한번 표현할 수 있겠어요? 처음으로 그런 이야기를 하니까 두렵다 혹은 해방감이 들었다!"

"그렇게 하는 게 괜찮게(O.K.) 느껴졌어요. 나는 당신이 전문가적으로 듣고 있다는 걸 알아요. 괜찮았어요, 괜찮게 느껴졌어요. 나한테 무얼 원하는 건지 모르겠네요."

"내가 전문적으로 듣고 있다는 것을 어떻게 확신할 수 있지요? 아무 의심도 들지 않아요?"

조심, 조심! 내가 기꺼이 보일 수 있는 솔직함보다 더 솔직해지면 곤란하다. 내가 드러낸 부정적인 감정을 그녀가 다룰 수 있는 방법은 없었다. 베티는 조금이라도 의심이 든다는 것을 부정했고, 이 시점에서 파버 박사는 잠들곤 했었다는 이야기를 하며 나는 그 사람보다 훨씬 더 자기에게 관심이 있는 것 같았다고 덧붙였다.

내가 그녀에게 원했던 것은 무엇이었나? 그녀 입장에서 보면 굉장히 많이 드러낸 것이다. 내가 그걸 알고 있다는 것을 확신해야 했었다. 그녀가 드러내는 것에 대해 나를 꼼짝날싹 못하게 하는 것은 무엇이었는가? 나는 그녀가 다른 시간, 다른 장소에서 일어난 무엇인가에 대해서는 항상 드러내고 있었다는 사실에 충격을 받았다. 그녀는 우리 둘이 나누고 있는 바로 지금의 경험에 대해 드러낼 수 없거나, 혹은 드러내고 싶지 않았던 것이다. 그러므로 내가 지금 여기에서의 느낌에 대해 그녀에게 물어볼 때 언제나 하는 반응은 '괜찮다(O.K.)'나 '좋다(fine)'는 회피적인 것이었다.

그것은 베티에 대한 첫 번째 중요한 발견이었다. 그녀는 절망적으로 고립되어 있고, 그 고립감 속에서 친밀감을 느낄 수 있는 삶은 다른 어딘가에 있다는 신화로 지탱하며 살아남고 있었다. 친구, 아는 사람들은 여기에 있지 않았고, 어딘가 다른 곳, 뉴욕, 텍사스, 과거 어딘가에 있었다. 사실상, 모든 중요한 것은 다른 어딘가에 있었다. 내가 처음으로 베티에 대하여 '여기'라는 것이 없다는 의문을 갖기 시작했던 것은 이때였다.

　또 하나. 그녀가 이전의 다른 사람들보다 내게 자기를 많이 드러낸 것이라면, 그녀가 가진 가까운 관계라는 것의 본질은 무엇일까? 베티는 대화하기가 쉬운 사람으로 유명했었다고 말했었다. 그녀가 말하기를, 자기와 나는 같은 일을 하고 있고 자기도 모든 사람에게 상담자였다고 하였다. 그녀는 자기에게 친구가 많지만, 아무도 자기를 알지는 못한다고 덧붙였다. 잘 들어주고 재미나게 해 주는 것이 그녀의 전매특허였다. 뚱뚱한 여자는 쾌활하다는 생각이 자기는 싫지만 그러나 그 고정관념은 사실이었다.

　이것은 내가 베티를 그렇게 지루하다고 느낀 바로 그 첫 번째 이유로 자연스럽게 이어졌다. 우리가 얼굴을 맞대고 이야기할 때도 그녀는 결코 진술하지 않고, 가식과 잘못된 쾌활함뿐이라고 내가 부정적으로 생각하도록 행동하고 있었기 때문이다.

　"나는 쾌활한, 혹은 쾌활한 척한다는 당신의 말에 진심으로 관심이 있어요. 당신이 나를 즐겁게 해 주기 위한 운명을 타고난 사람처럼 군다고 생각해요."

　"흐으으으음, 재미있는 이론이군요, 왓슨 박사님."

　"당신은 우리가 처음 만나서부터 쭉 그래 왔어요. 절망감으로 가득한 삶에 대해 이야기하지만, '우리 즐거운 시간을 보내지 않았나요?' 식으로 행동하지요."

"내가 그런 식이에요."

"당신이 그렇게 쾌활하다는 듯 앉아 있을 때, 나는 당신이 얼마나 고통스러울지에 대한 제대로 된 시각을 잃어버려요."

"그게 벽을 두들기고 있는 것보단 나아요."

"그렇지만 여기에 도움을 받으러 왔잖아요. 나를 재미나게 해 주는 게 왜 그리 당신에게 중요하지요?"

베티는 얼굴이 빨개졌다. 그녀는 내가 시킨 직면에 움찔하며 자기 몸을 매만졌다. 쬐꼬만 손수건으로 이마를 닦으며, 한동안 꼼짝달싹 못하고 있었다.

"피의자는 묵비권을 행사할 수 있다."

"베티, 오늘은 좀 끈기 있게 가 보려 합니다. 나를 즐겁게 해 주려 하기를 그만두면 어떤 일이 일어나나요?"

"재미있는 게 뭐가 잘못된 건지 모르겠어요. 왜 모든 걸 그렇게 심각하게… 그렇게… 모르겠어요… 당신은 항상 굉장히 심각해요. 게다가, 이게 저예요. 내가 이런 식인 사람이라고요. 당신이 무슨 이야기를 하고 있는지 잘 모르겠어요. 내가 당신을 즐겁게 해 주려 한다는 것이 무슨 뜻인가요?"

"베티, 이건 중요해요. 지금까지 중에 가장 중요한 자료일 거예요. 그러나 맞아요. 우선, 당신은 내가 말하는 의미를 정확히 알아야 해요. 괜찮을지 모르지만, 지금 이 시간부터 만약 당신이 나를 즐겁게 하고 있다고 판단되면 바로 그 순간에 끼어들어서 그 점을 지적해도 될까요?"

베티는 동의했다. 그녀는 아마 거의 내 제안을 거부할 수 없을 것이었고, 그리고 나는 이제 임의로 자유로운 장치를 갖게 되었는데, 뭔가 중요한 것을 조명하려는 시도를 할 때 언제나 그녀가 낄낄거리며, 주의를 분산시키면서 바보스러운 말투로, 혹은 나를 웃기려 하면 이제는 즉각 방해해도 좋다는(물론, 우리의 새로운 동의 약정을 상기시키겠지만) 허락을 받은 것이었다.

서너 회기 내에, 그녀가 처음으로 진지하게 자기 삶에 대해 이야기하기 시작했을 때, '재미있게 해 주려는' 행동은 사라졌다. 그녀는 다른 사람에게서 관심을 끌기 위해서는 남을 웃겨야 했다는 것을 생각해 냈다. 나는, 이 사무실에서는 그 반대가 진리라고, 즉 나를 즐겁게 하려 할수록 점점 멀어지며 나는 관심이 점점 적어지는 것을 느낀다고 말했다.

그러나 베티는 달리 어떻게 해야 하는지 모르겠다고 말했는데 생각해 보니, 나는 그녀의 사회적 연주곡의 목록들을 몽땅 내다 버리라고 요구하고 있는 것이었다. 자신을 드러낸다? 그녀가 자기를 드러내 보인다면 무엇을 보여 줄 것인가? 내부에 아무것도 없는데. 그녀는 텅 비어 있었다. 치료가 계속되어 갈수록 '텅 빈' 이라는 단어가 점점 더 빈번하게 떠올랐다. 섭식장애를 가진 사람들의 치료에 있어 심리적 '공허감(emptiness)' 은 통상적인 개념이다.

이 점에서 나는 가능한 한 많이 그녀를 지지했다. 이제, 나는 베티가 위험을 감수하고 있다는 것을 알 수 있었다. 노출 척도에서 이제는 8점이나 9점 가까이 가고 있었다. 스스로 그 차이를 느낄 수 있을까? 그녀는 요점을 빨리 파악했다. 그녀는, 마치 낙하산도 없이 비행기에서 뛰어내리려 하는 사람처럼 공포심을 느낀다고 말했다.

나는 이제 덜 지루해졌다. 시계를 덜 쳐다보게 되었고, 가끔 시간을 점검하였지만, 전처럼 아직도 내가 견디어야 할 시간이 몇 분 남았는지를 보기 위해서가 아니라 새로운 주제를 열었을 때 충분한 시간이 남아 있는지를 점검하기 위해서였다.

또한 더 이상 그녀의 외모에 대한 경멸스러운 생각들을 없앨 필요도 없었다. 나는 더 이상 그녀의 신체에 주목하지 않았고, 대신에 그녀의 눈을 쳐다보았다. 놀랍게도 사실상, 처음으로 그녀에게 공감이 일어나고 있다는 것을 알게 되었다. 베티가 서부식 바에 갔는데, 무식한 백인 노동자 둘이 그녀 뒤로 살금살금 다가가 음메 음메 소 울음소리를 내며 그녀를 조롱했다는 이야기를 들었을 때 나는 너무나 화가 났고, 무척 화가 난다고 그녀에게 말했다.

베티에 대한 나의 새로운 감정은, 그녀에 대한 나의 처음 반응들을 떠오르게 했고 부끄러웠다. 내가 참을성 없이 비인간적으로 관계를 맺었던 모든 다른 뚱뚱한 여성들에 대해서도 반성하며 너무 부끄러워 숨고 싶은 기분이 되었다.

이러한 변화들은 모두 우리가 진전을 보고 있다는 표시였는데, 우리는 베티가 이야기하는 소외감과 친밀감의 굶주림에 대해 성공적으로 이야기를 나눌 수가 있었다. 나는 누군가 다른 사람이 자기를 충분히 알고 그러면서도 관심을 가질 수 있다는 것을 그녀가 알 수 있었으면 하고 바랐다.

베티는 이제 치료에 완전히 몰입했다. 그녀는 치료 시간에 했던 이야기에 대해 생각을 하고, 그 주 내내 상상 속에서 나와 이야기하였으며, 다음 만남을 기다리고, 사업상의 출장 때문에 우리가 만날 수 없게 되면 매우 화가 나고 실망감을 느꼈다.

그러나 동시에 그녀는 훨씬 더 고통을 많이 느끼고, 슬픔이나 불안을 더 많이 보고했다. 나는 이러한 발전을 이해할 수 있는 기회를 놓치지 않고 꼭 잡았다. 내담자가 치료자와의 관계라는 측면에서 증상을 발달시킬 때는 언제나, 진짜 치료가 시작되는 것이며 이러한 증상에 관해 탐색을 해 들어가는 것이 중심 주제로 가는 길을 여는 것이다.

그녀의 불안은 치료에 너무 의존하고 치료에 중독이 되면 어떡하나 하는 두려움과 관계가 있었다. 우리의 치료 시간은 그녀 삶에 가장 중요한 것이 되어 가고 있었다. 매주 '고정'된 일정을 갖지 못하면 자기에게 어떤 일이 벌어질지 그녀는 알 수 없었다. 그녀는 치료자인 나와의 약속이라는 말보다는 '고정'된 일정이라는 말로써 친밀감에 대해 아직 저항감을 보이고 있는 것 같았고, 나는 점차 이 점을 직면시켰다.

"베티, 당신에게 내가 문제가 된다고 하면 어떤 위험이 있습니까?"

"나도 잘 모르겠어요. 두려워요, 내가 선생님을 너무 필요로 할까 봐요. 날 위해 당신이 거기에 있다는 것을 확신할 수가 없어요. 난 1년쯤 있으면 캘리포니아를 떠나요, 기억하시지요."

"1년은 긴 시간입니다. 영원히 나와 있을 수 없기 때문에 지금부터 나를 피하는 건가요?"

"바보 같다는 건 나도 알아요. 그러나 캘리포니아에 대해서도 마찬가지예요. 난 뉴욕을 좋아하고 캘리포니아같이 되지 않았으면 해요. 나는 이런 게 두려워요. 내가 만약 여기서 친구를 만들어서 좋아하기 시작하면, 떠나고 싶지 않을지도 모르죠. 그리고 또 하나는 내가 '괴로울 걸 왜?'라고 느끼기 시작했다는 거예요. 나는 여기 잠시만 있을 건데. 누가 일시적일 수밖에 없는 우정을 원하겠어요?"

"그런 태도가 가진 문제점은 종국적으로 당신을 사람이 없는 삶으로 끝나게 만든다는 거예요. 아마 부분적으로는 그것이 속이 텅 비었다고 느끼게 하는 이유이기도 할 거예요. 이런 방식으로든 저런 방식으로든,

모든 관계는 끝이 납니다. 세상에 평생 보장되는 것은 없어요. 그건 마치 해가 지는 걸 보고 싶지 않아서 해 뜨는 광경을 즐기지 않겠다고 거부하는 것과 같아요."

"그렇게 비유를 하시니까 꼭 바보 같은 짓을 하는 것같이 들리지만 어쨌든 난 그래요. 내가 좋아하는 사람을 새로 만나게 되면 나는 곧장 그들에게 안녕 하고 이별을 고하는 상상을 하죠."

나는 이것이 중요한 주제라는 것을 알았으므로 다시 이 주제로 돌아올 것이었다. 오토 랑크는 이러한 삶의 자세를 다음과 같은 멋진 말로 묘사했다. "죽음이라는 빚을 지지 않으려고 생명이라는 대출을 받지 않는다(Refusing the loan of life in order to avoid the debt of death)."

베티는 이제 단기간의 짧은 우울에 빠졌고 호기심은 있지만 모순된 굽은 길을 누비며 나아갔다. 즉, 우리 상호작용의 친밀감과 개방성으로 인해 활기가 생겼지만 반면에 그런 감정을 즐기기보다는 지금까지 자기 인생에 그런 친밀감이 빠져 있었다는 것을 자각함으로써 더욱 슬픔을 느꼈다.

나는 1년 전에 치료를 했던, 지나치게 책임감 강하고 양심적인 44세의 내과 의사가 생각났다. 어느 날 저녁, 부부 싸움 중에 그녀는 술을 너무 많이 마셔 통제력을 잃고 접시를 벽에 던지고 레몬 파이를 남편에게 집어던져 레몬 파이에 거의 남편이 맞을 뻔했었다. 이틀 후 그녀를 만났을 때 그녀는 죄책감을 느끼고 우울에 빠져 있었다. 그녀를 위로할 요량으로, 나는 통제력을 잃는 것이 언제나 파국으로 이어지는 것은 아니라고 이야기했다. 그러나 그녀는 내 말을 가로막으며 내가 뭔가 잘못 이해하고 있다고 말했는데, 자기는 죄책감을 느끼는 게 아니라 통제력을 잠재우고 진정한 자기 감정이 나오도록 허용하는 데에 44년이나 기다려야 했다는 것이 통탄스럽다는 것이었다.

베티가 250파운드를 넘었음에도 불구하고 그녀와 나는 섭식이나 체중에 대해서는 거의 이야기하지 않았다. 그녀는 종종(전혀 생산적이지 않게) 자기 엄마나 친구가 자기가 먹는 것을 통제할 수 있게 도와주려 했던 서사시적인 투쟁사를 이야기하곤 했다. 나는 그들이 했던 역할을 피하기로 했다. 그 대신에, 내가 만약 그녀의 길에 방해가 되는 장애물들을 치우도록 도와줄 수 있다면, 베티는 스스로 자기 몸을 돌보는 일에 주도성을 가질 것이라는 가설을 나의 신조로 삼았다.

그녀에게 고립감에 대해 이야기하도록 함으로써 나는 이미 주요 장애물을 치웠다. 베티의 우울감을 걷어 내고 스스로 사회생활을 만들었기 때문에 더 이상 음식이 만족의 유일한 원천이 아니라는 것을 알게 되었다. 그러나 다이어트를 시작하겠다고 스스로 결정하는 것은 체중 감소의 위험 때문에 자신이 망설이고 있다는 것이 확실하게 드러날 때까지는 실행되지 않았다. 하지만 이제 거의 이 길로 들어섰다.

그녀가 몇 개월간 치료를 받았을 때 나는 그녀가 개인치료에서처럼 집단치료에서 작업을 한다면, 진전 속도는 가속화될 것이라고 생각하여 이를 결정했다. 한 가지는, 임박해 오는 다이어트의 날들 동안 만나게 될 어려움을 지탱해 줄 지지적인 모임을 만드는 것이 현명할 것이었다. 게다가, 치료 집단은 우리 치료에서 밝혀진 대인관계 주제 ─ 감추기, 웃기려는 욕구, 아무것도 남에게 제공할 것이 없다는 기분에 대해 탐색할 기회를 베티에게 제공할 것이다. 베티는 무척 두려움을 느꼈고 처음에는 내 제안에 저항을 했지만, 결국 게임을 하듯 동의하고 두 정신과 레지던트가 이끄는 치료 집단에 들어갔다.

그녀의 첫 집단 모임은 아주 이례적인 일이 있어났는데, 나와 개인치료를 했던 칼로스("만약 강간이 합법이라면…" 장을 보라.)가, 자기는 치료 불가능한 암에 걸렸다고 집단에 공개를 했던 회기였었다. 베티가 12세 때, 아버지가 암으로 죽었기 때문에 그녀는 암에 공포심을 가지고 있었다. 대학에서 그녀는 처음에 의대 예과 과정에 입학했으나 암환자와 만나게 될까 봐 두려워 의대를 포기했었다.

다음 몇 주간, 베티는 칼로스를 만나는 것이 너무나 불안해서 응급으로 몇 번 그녀를 만나야 했고 집단을 계속하도록 설득하느라 애를 먹었다. 그녀에게 스트레스로 인한 신체 증상 — 두통(그녀 아버지는 뇌종양으로 사망했다.)을 포함해서 등이 쑤시고 호흡이 짧아지는 등 — 이 일어났고, 자기에게도 암세포가 있을 것이라는 강박적 생각에 시달렸다. 그녀는 의사를 만나는 것에도 공포증을 가지고 있었다. 신체에 대한 부끄러움 때문에 거의 건강 검진을 받지 않고 특히 골반에 대한 검진은 받은 적이 없었다. 그래서 그녀는 자기의 건강에 대해 확신하기가 어려웠다.

칼로스가 체중 감소에 대한 증언을 경고 조로 했을 때 그녀는 뚱뚱하던 자기 아버지가 12개월 안에, 얼마나 뼈에 살갗으로 도배를 한 듯 말라 갔는지 봤던 것이 기억에 떠올랐다. 불합리한 생각인 것은 분명했지만 그녀는 아버지의 죽음 이래로, 체중 감소는 곧 암이 다가오고 있는 것이라고 믿어 왔다는 것을 깨달았다.

그녀는 머리카락이 빠지는 것에 대해서도 강한 감정을 가지고 있었다. 그녀가 처음 집단에 참여했을 때, 칼로스는(화학약물요법의 결과로 머리칼이 다 빠졌었다.) 가발을 쓰고 있었으나 집단에 자기의 암에 대해 알리기로 한 그날, 그는 대머리인 채로 모임에 왔다. 베티는 공포심에 사로잡혔고, 자기 아버지의 민머리 — 뇌수술을 위해 머리를 밀었었다 — 영상이 되살아났다. 그리고 또한 이전에 끔찍한 다이어트를 했을 때 머리카락이 많이 빠지는 고통이 얼마나 두려웠었는지 기억이 났다.

이런 혼란스러운 감정들은 베티의 체중 문제와 폭넓게 얽혀 있었다. 음식은 만족감을 주는 유일한 형태일 뿐 아니라, 공허감을 채우는 방법이고, 체중 감소는 아버지의 죽음이라는 고통스러운 기억을 불러일으키며, 무의식적으로 체중이 준다는 것은 죽음이라는 결과를 가져온다고 느꼈던 것이다.

점차 베티의 급성적인 불안은 줄어들었다. 이전에는 누구와도 이러한 주제에 대해 공개적으로 이야기 나눠 본 적이 없었다. 아마 순전히 감정정화가 도움이 되었을 것이고, 생각의 마술적 속성을 인식한 것이 도움이 되었을 것이다. 그리고 아마도 공포스러운 생각을 냉정하고 합리적인 방식으로 비추어 보며 단순히 그 이야기를 했다는 것만으로 둔감화(desensitized)가 되었을 것이다.

이 기간 동안, 특별히 칼로스가 도움이 되었다. 베티의 가족들은, 마지막까지도 아버지 질병의 심각성을 부정했었다. 그러한 대중의 집단적 부정은 항상 남은 자들에게 대혼란을 불러일으키며, 그 덕에 베티는 아버지의 죽음에 대비하여 준비하고 또 마지막 인사를 나눌 기회도 갖지 못했었다. 그러나 칼로스는 자기의 운명에 대해 매우 다른 접근을 하고 있는 모델이 되었는데, 용감하고 합리적이며 자기의 병이나 다가오는 죽음에 대한 감정에 대해 개방적이었다. 더구나, 그는 특별히 베티에게 친절했는데 아마 그녀가 내 내담자라는 것을 알아서였을 수도 있고, 그의 마음 상태가 관대해졌을 때("모든 이에게는 심장이 있다.") 그녀가 들어왔기 때문일 수도 있고, 항상 자기는 뚱뚱한 여자가 좋다고 말했듯 단순히 그의 기호 때문일지도 모른다. 말하기 쑥스럽지만, 그의 빙퉁맞음 때문에 나는 항상 증거를 더 확실하게 대려고 생각하곤 했다.

베티는 주요 캠페인이 시작되려 하고 있다는 증거를 주었고 자기가 체중을 감소하는 데 방해가 되는 장애물을 충분히 치웠다고 느껴 왔다. 나는 시기의 선택과 준비의 복잡함에 놀랐다.

첫째, 그녀는 내가 일하는 곳에서 하고 있는 섭식장애 프로그램에 등록을 하고, 복잡한 건강 검진(여전히 복부 측정은 거부했다.)과 심리검사 배터리가 포함된, 그들이 요구하는 기초 자료를 모두 완성했다. 그러고 나서 자기 아파트에서 음식 — 깡통, 봉지, 병에 든 모든 음식 — 을 치워 버렸다. 그리고 그것을 대신할 사회 활동을 계획했다. 그녀는 달력에서 점심과 저녁 식사 유혹을 모두 지워 버렸다고 말했다. 놀랍게도 그녀는 댄스 그룹('와! 배짱이 두둑한 여자군'이라고 나는 생각했다.)에 등록하고 매주 볼링 시합에 참가했다. 그녀의 아버지는 어렸을 때 자기를 볼링장에 데리고 가곤 했었다고 설명했다. 그녀는 중고자전거 운동 기구를 사서 TV 앞에 세워 놓았다. 그리고 오랜 옛 친구들, 감자칩과 초콜릿, 마지막으로 이별이 가장 어려운 친구인 설탕 듬뿍 얹은 도넛에게 작별 인사를 했다.

또한 내적 준비도 상당히 되어 있었는데, 베티가 '내적인 해결 방안을 모색'하고 있었고 다이어트를 시작할 적절한 순간을 기다리고 있었다는 것 외에 다른 말로 표현하기가 어렵다. 나는 거대한 스모 선수가 사세를 잡고 달려들 기세를 취하고 있는 듯한 상상을 하였고 너무나 재미있어 참을 수가 없게 되었다.

갑자기 그녀는 빠졌다! 그녀는 액체로 된 옵티패스트 다이어트를 하며 고체 음식은 전혀 먹지 않았고, 매일 아침 40분간 자전거 타기를 했으며, 매일 오후 3마일을 걸었고, 일주일에 한 번씩 볼링과 댄스를 했다. 그녀의 뚱뚱한 윤곽은 해체되기 시작했다. 그녀는 살을 벗어던지기 시작했다. 주렁주렁 달려 있던 살덩어리들이 툭툭 떨어져 나가며 씻겨 내려갔다. 체중계의 눈금이 죽죽 내려갔다─3, 4, 어떤 주에는 5파운드씩.

베티는 매번 10파운드(약 4.5kg), 그리고 20, 25, 30파운드 하는 식으로 진척 상황을 이야기하는 것으로 시작을 했다. 체중이 240파운드, 그리고 230, 그리고 220으로 내려갔다. 놀랍게도 빠르고 쉬운 것 같았다. 나는 기뻤고 그녀의 노력에 대해 매주 칭찬을 했다. 그러나 그 초기 몇 주간은 자비심 없는 목소리가 내 안에서, "하느님 아버지, 그녀가 이렇게 빨리 체중이 빠지면 얼마나 많은 음식을 내다 버려야 할까 하고 생각합니다!"라고 외치는 소리가 인식되었다.

시간이 매주 지나갔고, 캠페인은 계속되었다. 3개월 후 그녀는 210파운드가 되었다. 그리고는 200파운드. 50파운드(약 22kg)가 빠진 것이다! 그리고 190. 그 반대 경우의 어려움도 있었다. 때로 어떤 주에는 음식을 안 먹어도 그만큼 체중이 빠지지 않는다고 내 사무실에 울며 들어왔다. 한 파운드 한 파운드가 싸움이었으나 베티는 다이어트를 계속했다.

끔찍하게 몇 달이 흘렀다. 그녀는 모든 걸 미워했다. 삶은 고문이었다. 지긋지긋한 액체 음식, 자전거 운동기구, 배고픔의 고통, 사악한 맥도날드의 TV 광고, 그리고 냄새, 도처에 깔려 있는 냄새들, 극장에 가면 나는 팝콘 냄새, 볼링장에서 나는 피자 냄새, 상가를 지날 때 나는 빵 냄새, 피셔맨스 월프에 가면 나는 게 냄새. 이 세상 어디에도 냄새가 없는 장소는 없단 말인가?

매일매일이 끔찍한 나날들이었다. 삶에 기쁨을 주는 것은 없었다. 섭식장애 모임의 체중 감소 집단원 대부분이 포기를 했으나 베티는 지독하게 남아 있었다. 그녀에 대한 나의 존경심은 커져만 갔다.

나도 먹는 것을 좋아한다. 때로는 뭔가 특별한 음식을 기대하며 하루 종일을 보내기도 한다. 그리고 그 갈망이 극에 달았을 때, 이것저것 마음대로 골라 먹는 딤섬 레스토랑이나 젤라토 아이스크림 진열대로 달려가는 나를 막을 수 있는 장애물은 없다. 그러나 베티의 시련이 계속되고 있을 때, 나도 먹는 것에 대해 죄책감이 들기 시작했다. 그녀 쪽에서 보면 마치 내가 나쁜 짓을 하고 있는 것처럼. 내가 피자나 파스타를 먹으려 하거나 살사에 엔칠라다 콘, 혹은 독일식 초콜릿 아이스크림, 혹은 베티가 좋아한다고 알고 있는 어떤 음식이라도, 특별한 음식으로 먹으려고 하면 언제나 그녀 생각이 났다. 나는 그녀가 식탁 앞에서 깡통 따개를 손에 들고, 다이어트 식품 옵티패스트액을 담은 캔 앞에 서 있다는 생각을 할 때 부들부들 떨렸다. 때로는 그녀를 존중하여 안 먹고 넘어가기도 하였다.

이 무렵, 나도 내가 정한 상한 체중을 넘어서고 있었기 때문에 3주간의 다이어트를 하였다. 나의 다이어트란 것은 기본적으로 아이스크림과 감자튀김을 먹지 않는 것이었기 때문에, 베티에게는 나도 그녀와 같은 심정으로 동참하고 있는 중이라고 감히 말할 수조차 없는 것이었다. 그럼에도 불구하고, 그 3주 동안 나는 그녀의 박탈감을 훨씬 예민하게 느낄 수 있었다. 그녀가 어서 잠이 들었으면 하고 눈물을 흘린다고 말했을 때 나는 감동을 받았다. 배고픈 아이가 마치 "날 좀 어떻게 해 주세요. 먹을 것을 주세요!" 하며 울부짖고 있는 것 같다고 묘사를 했을 때 그녀의 아픔이 그대로 내게 전달되어 나도 마음이 아팠다.

180. 170. 80파운드가 빠졌다니! 이제 베티의 기분은 무섭게 오르락내리락하였고, 나는 점점 더 그녀에 대해 관심을 갖게 되었다. 그녀는 자부심을 느끼고 기분이 좋아지는 시간(특히 작은 사이즈의 옷을 장만하

러 나갔을 때)이 잠깐 있기는 했으나 주로 의기소침해 있었는데 매일 아침 일하러 나가는 것이 자기가 할 수 있는 전부라는 것이었다.

때로 그녀는 화가 나서 예전에 내게 하던 불평을 다시 하곤 하였다. 내가 그녀를 버리는 방법의 하나로, 혹은 내 짐을 좀 덜어 보려고, 그리고 부분적으로 그녀에게서 손을 떼려고 그녀를 집단에 의뢰했던가? 왜 그녀의 식습관에 대해 내가 더 묻지 않았었나? 궁극적으로, 먹는다는 것은 그녀의 생활이다. 그녀를 사랑하라, 그녀의 먹는 것을 사랑하라. 조심하자, 조심하자, 그녀가 점점 가까워지고 있다. 그녀가 자기에게 의과 대학은 불가능하다는 이유들(나이, 체력의 한계, 게으름, 미리 들었어야 하는 여러 과목을 거의 안 들었다는 것, 학자금 부족)을 댔을 때, 나는 왜 그녀 의견에 동의했던가? 그녀는 이제야 내게 말을 했는데, 내가 가능성 있는 직업으로 간호학을 추천한 것이, 자기를 깔보는 차별적 견해였다면서 "여학생은 의과 대학을 갈 만큼 영리하지 않다 — 그러므로 간호사가 되게 하자!"는 이야기였다고 비난을 했다.

때로 그녀는 성급해지고 퇴행을 하기도 했다. 예를 들면, 한번은 내가 치료 집단에서 왜 수동적으로 되어 가느냐고 물었을 때, 그녀는 노려보기만 하며 대답하기를 거부했다. 정확히 무슨 생각을 하고 있는 거냐고 압력을 가하자 아이 목소리로, "내게 과자를 주지 않으면, 당신을 위해서는 아무것도 안 할 거예요."라고 노래를 불렀다.

우울 기간에 한번은, 아주 생생한 꿈을 꾸었다.

자살이 합법이어서 사람들이 자살하러 정상으로 올라가는 메카 같은 장소에 있었어요. 나는 아주 친한 친구와 있었는데 누구였는지는 기억할 수가 없어요. 그녀는 깊은 터널로 뛰어내려 자살하려 하고 있었어요. 난 그녀에게 시신을 수습해 주겠다고 약속했지요. 근데, 나중에서야, 그렇게 하려면 각종 썩은 시신들이 널려 있는 끔찍하게 무서운 터널로 기어들어 가야 한다는 걸 깨닫고는 그걸 할 수 없을 것 같다는 생각이 들었어요.

이 꿈에 대해 연상을 하며, 베티는 그 꿈을 꾸기 얼마 전에 자기 신체 전부를 내다 버렸다는 생각을 하고 있었고, 자기는 체중이 80파운드 빠졌는데, 자기 사무실에는 80파운드밖에 안 나가는 여성이 있다고 이야기했다. 그 시기에 그녀는 시체 해부와 자기가 내다 버린 '몸'에 장례를 지내는 상상을 했었다. 이러한 죽음에 대한 섬뜩한 생각이, 친구의 시신을 터널에서 수습하는 꿈 이미지로 반영된 것이 아닌가 베티는 생각했다.

그 꿈에서 나타난 심상과 깊이는 그녀가 얼마나 멀리 달려왔는지 내게 분명하게 자각하게 하였다. 불과 몇 달 전, 그녀는 낄낄대고, 피상적이기만 한 여성이었다는 것을 떠올리기 어려웠다. 이제 베티는 매 회기, 매분 나로 하여금 집중을 하게 했다. 공허한 잡담으로 나와 이전 정신과 의사를 무척 지루하게 했던 그 여인에게서 이렇게 생각이 깊고 자발적이며 민감한 여성이 출현하리라고 그 누가 상상할 수 있었겠는가?

165. 다른 종류의 일이 일어났다. 어느 날 내 사무실에 나타난 베티를 보고 나는, 처음으로, 그녀에게도 무릎이 있다는 것을 발견했다. 난 다시 봤다. 무릎이 원래 거기 있었나? 아마 내가 그녀에게 이제 좀 더 관심이 생겨서일 수도 있을 것이다. 나는 그렇게 생각하지 않았다. 그녀의 몸매는, 턱에서 발끝까지 항상 부드러운 둥근 곡선이었다. 약 2주쯤 후에 나는 가슴이, 유방 둘이 있다는 표시를 보았다. 일주일 후에는 턱선, 턱, 그리고 팔꿈치. 모두가 있었다. 거기엔 항상 매장되어 숨겨져 있던

사람, 아주 아름다운 여성이 있었다.

다른 이들, 특히 남자들은 그 변화를 주시했고, 그녀와 이야기를 하면서 그녀에게 신체 접촉을 하기도 했고 찬찬히 살피기도 했다. 사무실에서 어떤 남자는 주차장까지 그녀와 함께 걸어가기도 했다. 미용사는 기꺼이 그녀에게 두피 마사지를 해 주었다. 상사가 자기 가슴을 슬쩍 훔쳐보았다는 것도 확실했다.

어느 날 베티가, '159'(약 70kg)를 선포했고, '처녀지(virgin territory)'라고 덧붙였는데 고등학교 때 이래로 150대에 들어서 본 일이 없었기 때문이다. 그러나 나의 반응은 섹스를 경험하게 되는 '비처녀지(nonvirgin territory)'로 들어서는 것이 걱정스러운지, 유감스러운 농담이었긴 하지만, 그럼에도 불구하고 섹스에 대하여 중요한 이야기를 시작하게 하였다.

성생활에 대한 상상은 활발했지만 포옹이라든가 키스, 성적인 느낌이 곁들여진 손잡기까지, 남자와 신체적 접촉은 해 본 적이 없었다. 그녀는 항상 섹스를 갈망했고 비만한 여성에 대한 사회의 태도가 자기에게 성적 좌절을 선고한 데 화가 났다. 성적인 초대가 이루어질 수 있는 체중에 가까워 온 지금에서야, 자기 꿈이 위협적인 남성상(그녀 배에 커다란 주삿바늘을 찌른 마스크 쓴 의사, 배의 큰 상처 딱지를 떼어 내며 노려보는 남자)으로 가득 찬 지금에서야, 그녀는 자기가 섹스를 무척 두려워하고 있었다는 것을 깨달았다.

이러한 이야기를 하는 과정에서 일생 동안 남자들에게 거부당했던 고통스러운 기억들이 홍수처럼 쏟아져 나왔다. 그녀는 한 번도 데이트 신청을 받아 본 적이 없었고 학교에서 열리는 무도회나 파티에 가 본 적도 없었다. 그녀는 비밀을 고백할 수 있는 극히 친한 친구 역할을 매우 잘

했고 친구들이 결혼 계획을 세우는 데 많은 도움을 주었다. 그들은 지금 거의 다 결혼을 했고 그녀는 영원히 자기가 선택되지 못한 관찰자 역할을 하리라는 것을 더 이상 스스로에게 감출 수가 없었다.

우리는 곧 섹스로부터 기본적인 성적 정체감이라는 보다 깊은 흐름으로 옮겨 갔다. 베티는 자기 아버지가 아들을 원했어서 자기가 태어났을 때 말은 안 했지만 적잖이 실망을 했었다는 이야기를 들은 적이 있었다. 어느 날 밤에 그녀는 잃어버린 쌍둥이 남자 형제에 대한 꿈을 두 가지 꾸었다. 한 꿈에서 자기와 쌍둥이 남자애가 서로를 구분하는 배지를 달고 있었는데 서로서로 바꾸기를 하고 있었다. 다른 꿈에서 그녀는 그를 제거해 버렸다. 사람이 꽉 차 너무 뚱뚱한 자기는 들어갈 수 없는 엘리베이터에 남자애는 가까스로 탔다. 그런데 엘리베이터가 쿵 내려앉는 바람에 모든 승객이 죽었고 그녀는 그의 유해를 수습하라고 남겨져 있었다.

또 다른 꿈에서는, 아버지가 자기에게 '숙녀'라 불리는 말을 한 마리 주었다. 그녀는 항상 아버지에게 말을 원했는데, 꿈에서 어린 시절의 소망이 충족되었을 뿐 아니라 아버지가 공식적으로 자기에게 숙녀라는 별칭을 지어 준 것이었다.

섹스를 실제로 하는 것과 자신의 성적 정체감에 대한 이야기는 심한 불안과 매우 고통스러운 공허감을 불러일으켜 몇 번은, 과자와 도넛을 진탕 먹어 배를 채웠다. 이제부터 베티는 약간의 고체 음식 — 하루에 TV 앞에서의 다이어트 저녁 한 끼 — 이 허용되었지만 이것은 액체만으로 하는 다이어트보다 한층 어려운 것이라는 것을 알게 되었다.

미리 불안해지는 것은 중요한 상징적 표시였다 — 100파운드(약 45kg)가 빠진 것. 이 특정한 목표는, 한 번도 성취해 본 적이 없는 강력한 성적 의미를 함축하고 있었다. 하나는, 몇 개월 전에 칼로스가 반농담으로, 100파운드가 빠지면 주말에 그녀를 하와이에 데리고 가겠다고 말했었던 것이었다. 게다가 다이어트 전의 정신적 준비 기간에 그녀는 100파운드가 빠지면, 신문의 개인 광고란에서 보고 연락을 취했던 그 사람, 조지를 만나 자기의 새로운 육체로 그를 놀라게 해 주고 신사답게 행동했던 그에게 보상을 해 주겠노라고 스스로 다짐을 했었다.

그녀의 불안을 감소시키기 위해 나는 중용을 취하라고 하며 덜 극단적인 단계를 밟으며 섹스에 접근하도록 추천했다. 예를 들면, 남자와 이야기를 하며 시간을 보낸다든지, 성에 관한 해부학적 주제나 섹스의 기제, 자위행위에 대해 스스로 배운다든지 하는 것이었다. 나는 읽을거리를 추천해 주었고, 산부인과 여의사를 찾아가 보도록 권유했으며 여자친구들이나 치료 집단과 그러한 주제에 관해 탐색해 보라고 하였다.

체중 감소가 급속히 일어나던 이 시기 동안 또 하나의 아주 특별한 현상이 일어났다. 베티는 순간적으로 정서가 느껴졌던 장면들이 떠오르는 경험을 했는데 떠오른 생생한 기억들, 이를테면 자기가 텍사스에서 뉴욕으로 떠나던 날, 혹은 대학 졸업식, 혹은 엄마가 너무 수줍음을 타고 두려움이 많아 자기의 고등학교 졸업식에 오지 않은 데서 생긴 엄마에 대한 분노 등을 이야기하며 치료 시간 내내 펑펑 울었다.

처음에는 그런 순간 장면들이, 극단적인 기분 변화(mood swing)를 동반해서 시시때때로 혼란스럽게 나타났다. 그러나 몇 주 후, 베티는 거기에 어떤 패턴이 있다는 것을 깨달았다. 즉, 체중이 감소함에 따라 바로 그 체중 때 일어났던 상처 깊은 혹은 해결되지 않은 주된 생활 사건을 재경험하고 있었던 것이었다. 그래서 200파운드로부터 내려가며 그 시기의 생활 사건에서 경험했던 정서가 시기별로 거꾸로 돌아가 떠오르고 있다. 텍사스를 떠나 뉴욕으로(210파운드), 대학 졸업(190파운드), 의대 예과 과정 포기 결정(그리고 자기 아버지를 죽게 만든 암 치료법 발견의 꿈 포기, 180파운드), 고등학교 졸업식의 외로움 ― 다른 아이들의 아빠와 딸 관계에 대한 부러움, 졸업 댄스 파티에 가기 위한 데이트가 자기에게는 불가능함(170파운드), 중학교 졸업과 졸업식 날의 아버지에 대한 그리움(155파운드). 무의식 영역에 대한 얼마나 기가 막힌 증명인가! 마음은 오랫동안 잊고 있었던 것을 베티의 몸은 모두 기억하고 있었다.

이 모든 순간 기억들 속에는 아버지에 대한 기억이 모두 스며들어 있었다. 자세히 들여다보면 볼수록 모든 것이 아버지, 그의 죽음 그리고 당시 체중인 150파운드로 가고 있다는 것이 점점 더 분명해졌다. 그 체중에 근접해 갈수록 그녀는 점점 더 우울해졌고 마음은 점점 더 아버지에 대한 추억과 감정들로 가득 찼다.

곧 우리는 치료 시간 내내 아버지에 대한 이야기로 보냈다. 모든 것을 파헤쳐야 할 시기가 왔다. 나는 그녀에게 기억 속에 푹 빠져들어 기억나는 모든 것, 아버지의 질병, 그의 죽음, 마지막으로 그를 병원에서 봤을 때의 모습, 장례식의 세세한 것, 자기가 입었던 옷, 목사님의 설교, 참석했던 사람들, 모든 것을 표현하도록 격려했다.

전에도 베티와 나는 아버지에 대해 이야기를 했지만 이토록 강도 높게 그리고 깊이 있게 한 적은 없었다. 그녀는 결코 전에는 볼 수 없었던 상실감을 느꼈고, 거의 2주 넘게 계속 울었다. 이 기간 동안 우리는 일주일에 세 번을 만났는데, 나는 그녀로 하여금 눈물의 근원을 이해하도록 도우려 했다. 부분적으로 그녀는 자기가 상실한 것 때문에 울었지만, 대부분은 자기 아버지의 삶이 너무나 비극이었다고 생각했기 때문이었다. 아버지는 아버지가 원했던 만큼 혹은 그녀가 아버지에게 원했던 만큼 교육도 받지 못했고 은퇴 직전에 죽음을 맞이했으며 자기가 소망하던 여가 시간을 즐기지도 못했다. 그러나 나는 그녀가 묘사한 바 있는 아버지가 한 활동들, 그의 대가족, 폭넓은 사회 반경, 매일 친구와 함께 가졌던 황소와의 시간, 땅에 대한 사랑, 해군에서 보낸 젊은 시절, 오후의 낚시 등 아버지가 아는 사람들과의 공동체 속에서 사랑받으며 충만했던 한 폭의 그림 같은 삶을 살았다는 점을 그녀에게 지적했다.

내가 그와 자신의 삶을 비교해 보라고 재촉했을 때, 그녀는 자기 슬픔을 엉뚱한 사람에게 두고 있음을 깨달았다. 충만하지 않아 비극적인 삶은, 아버지가 아닌 자신의 삶이었던 것이다. 그러면, 실현되지 않은 자기 소망에 대한 비탄은 얼만큼일까? 이 질문은 베티에게 특별히 고통스러운 것이었는데, 그 즈음 그녀는 산부인과 의사에게 내분비선 이상으로 아기를 가질 수 없다는 이야기를 들었기 때문이다.

나는 우리 치료가 밝혀내고 있는 고통 때문에 이 기간 내내 너무나 잔인하다고 느꼈다. 매 회기가 엄한 시련이어서, 종종 베티는 무섭게 떨며 내 사무실을 떠났다. 그녀는 급성 공황 발작(acute panic attack)을 경험하기 시작했고 어지러운 꿈에 시달렸으며, 그녀의 표현을 빌자면, 하룻밤에 적어도 세 번은 죽었다 깨어났다. 그녀는 아버지가 죽고 난 직후, 청소년기에 시작되어 반복되는 2개의 꿈을 제외하고는 다른 것은 기억할 수 없었다. 하나는, 벽돌로 꽉 막힌 작은 벽장에 자기가 마비된 채 누워 있는 것이었다. 또 하나는, 자기가 병원 침대에 누워 있고 자신의 영혼을 상징하는 촛불이 하나 켜져서 그것이 침대 머리에서 타고 있는 것이었다. 그녀는 그 불꽃이 다하면 자기가 죽을 것이라는 것을 알고 있었고, 초가 점점 작아지는 것을 보며 무력감(helplessness)을 느꼈다.

아버지의 죽음을 이야기하는 것은 분명 자기 자신의 죽음에 대한 두려움을 불러일으켰다. 나는 베티에게 죽음에 대한 첫 경험과 어린 시절에 가졌던 죽음에 대한 개념을 물었다. 농장에 살았던 그녀는 죽음에 관한 한 멀리 있지 않았다. 어머니가 닭 잡는 것을 보았고 돼지들이 도살될 때 지르는 비명 소리를 들었다. 아홉 살에 할아버지의 죽음을 맞이했을 때 극단적으로 안절부절했었다. 어머니는(어머니는 전혀 이것을 기억하지 못한다고 베티는 말했다.) 늙은 사람들만 죽는 것이라고 자기를 달랬으나 그 후 몇 주간이나 자기는 자라나서 늙고 싶지 않다고 노래를 불렀고 엄마 아빠에게 당신들은 몇 살이냐고 반복해서 물어 그들을 괴롭혔었다. 그러나 베티가 자기도 언젠가는 죽는다는 불가피한 사실을 파악하게 된 것은 아버지가 죽은 직후였다. 그녀는 그 순간을 정확히 기억했다.

"장례식이 끝나고 이틀쯤 후였는데, 아직 난 학교를 결석하고 있었어요. 선생님은 내게 준비가 되었다고 느껴지면 학교에 나오라고 했지요. 더 일찍부터 학교를 나갈 수 있었지만 나는 그렇게 일찍부터 학교를 가는 것은 옳지 않은 것 같았어요. 사람들이 내가 충분히 슬퍼하지 않는다고 생각할까 봐 두려웠지요. 나는 집 뒤에 있는 들판을 걸었어요. 추웠지요. 나는 내 입김을 볼 수 있었고 땅은 덤불로 가득 차 있고 경작지 이랑은 얼어 있어서 걷기가 매우 힘들었어요. 나는 아버지가 그 땅 밑에 누워 있으니 얼마나 추울까 생각을 하고 있었는데, 갑자기 "다음은 네 차례다!" 하는 소리가 위에서 들려오는 것이었어요."

베티는 여기서 멈추고 나를 바라보았다. "내가 미쳤다고 생각하세요?"

"아니요, 전에도 이야기했지만, 조리 있게 이야기하지 않아도 돼요."

그녀는 미소 지었다. "나는 아무에게도 이 이야기를 한 적이 없어요. 실은 잊어 먹고 있었지요, 이번 주까지 몇 년 동안이나."

"당신이 기꺼이 나를 믿어 줘서 좋네요. 매우 중요한 것같이 들리는데요. '다음 차례' 란 것에 대해 좀 더 이야기해 주세요."

"더 이상 아버지는 거기서 나를 보호해 주며 있지 않은 것 같았어요. 그는 나와 무덤 사이에 서 있었어요. 그가 없었기 때문에 바로 다음 줄에 서 있는 사람은 나지요." 베티는 어깨를 추켜올리며 몸서리를 쳤다. "이 생각을 하고 있으면 아직도 귀신이 나올 것 같은 기분을 느낀다는 걸 믿을 수 있으신가요?"

"어머니는? 이런 때에 어머니는 어디 있었나요?"

"전에 말씀드린 것처럼 저기, 뒷마당 저기에. 그녀는 음식을 만들어 나를 먹였지요. 진짜 요리를 잘하셨어요. 그러나 약했지요. 내가 그녀를 보호해야 했어요. 운전을 못하는 텍사스 사람이 있다는 걸 믿을 수 있어요? 어머니는 운전 배우는 걸 두려워했기 때문에 아버지가 아프기 시작했던 열두 살 때부터 나는 운전을 하기 시작했어요."

"그러니까 아무도 당신을 보호해 줄 사람이 없었군요?"

"그것이 악몽을 꾸기 시작한 때지요. 촛불에 관한 그 꿈이요. 난 그 꿈을 스무 번도 더 꿨을 거예요."

"그 꿈은 전에 몸무게가 줄어드는 것에 대한 두려움, 그러니까 아버지처럼 암으로 죽어 가는 것을 피하려면 몸무게가 많이 나가야 하는 것이라고 당신이 말했던 생각이 나는데요. 촛불이 크게 켜져 있으면, 당신은 사는 것이라고요."

"아마요, 그러나 그 이상인 것 같아요."

치료자가 너무 서둘러 해석하는 것이, 이처럼 훌륭한 것이었을지라도 이렇게 무의미한 것이 될 수 있다는 또 하나의 좋은 예라고 나는 생각했다. 내담자는, 다른 모든 사람도 그러하듯, 그들 스스로 발견한 진실로부터 가장 이득을 얻는다.

베티는 계속했다. "그해 어느 때인가 나는 삼십 전에 죽을 것이라는 생각이 들었었어요. 아시겠지만, 나는 아직도 그걸 믿고 있거든요."

이러한 이야기들로 죽음에 대한 부정을 탐색하게 되었다. 베티는 안전하지 못하다고 느끼기 시작했다. 그녀는 부상당할 것을 항상 경계했다. 운전할 때도 자전거 탈 때도 길을 건널 때도. 그녀는 죽음이 가진 변덕스러움에 사로잡혔다. "그것은 언제든지 올 수 있다." 그녀는 말했다. "가장 안전하다고 여길 때에도." 그녀의 아버지는 돈을 모아 온 가족이 유럽으로 여행을 가려고 했는데, 떠나는 날을 며칠 앞두고 뇌종양이 급격히 진전되었다. 그녀든, 나든, 누구든 언제고 갑자기 쓰러질 수 있다. 누구라도, 나라도. 이것을 어떻게 직면할까?

이제 베티가 완전히 '현재'에 있도록 나는 그녀가 묻는 어떤 질문에 대해서도 움츠러들지 않으려 했다. 나는 죽음이라는 단어가 떠오를 때 나 자신이 느끼는 어려움을 함께 이야기했는데, 죽음이라는 사실이 변화될 수 없는 것이라 할지라도, 그에 대한 태도는 큰 영향을 받을 수 있다는 것이 요지였다. 개인적 경험으로나 전문가로서의 경험으로나 나는 항상 사람이 자기의 삶을 충분히 살지 못하고 있었다고 느낄 때 죽음에 대한 공포가 가장 크다고 믿게 되었다. 이를 공식으로 잘 만들어 보면, 삶을 제대로 살지 못하거나 잠재력을 실현시키지 못하고 있을수록 사람의 죽음에 대한 불안은 커진다.

내가 베티에게 말한 가설은, 그녀가 자기 삶에 충분히 들어가면 죽음에 대한 공포를 잊을 것이다. 전부는 아닐지라도 어느 정도는. 우리는 누구나 어느 정도는 죽음에 대한 공포에 시달린다. 이는 자각을 허용하는 대가이다.

어느 때에는 베티가 자기의 병적인 주제에 대해 생각하도록 내가 강요하는 것에 분노를 표현하기도 했다. "왜 죽음에 대해 생각해요? 우리는 아무것도 할 수가 없는걸요!" 나는 그녀에게 죽음이라는 **사실**(fact)은 우리를 파괴하지만, 죽음에 대한 **생각**(idea)은 우리를 구원한다는 것을 이해하도록 도우려 했다. 다시 말하면, 우리가 죽음을 의식함으로써 인생에 대해 다른 시각을 가질 수 있고 중요도의 순서를 다시 한 번 생각해 볼 수 있다는 것이다. 칼로스가 그 교훈을 배워 죽음을 맞이하는 자리에서 자기 삶이 구원을 받았다고 이야기했을 때 의미한 것이 바로 그것이었다.

내가 생각하기에 베티가 죽음에 대한 자각으로부터 배워야 할 중요한 교훈은 삶은 현재를 살아야 한다는 것이며 그것을 또한 언제까지나 미루고 있을 수만은 없다는 것이었다. 그녀가 지금까지 삶을 피해 온 방식을 설명하기는 어렵지 않았다. 다른 사람들과 관계 맺기를 꺼리는 것(헤어지는 것이 무서워서), 삶에 있는 많은 것들로부터 자기를 멀어지게 하는 결과를 가져왔던 그녀의 과식과 비만, 슬그머니 과거나 미래로 미끄러져 들어감으로써 현재 이 순간을 회피하는 것 등이 그녀의 방식이었다. 또한 이런 양식을 고칠 힘이 자기 자신에게 있다는 것을 주장하기도 어렵지 않았다. 사실 그녀는 이미 시작을 했으니까. 바로 그날 그녀가 나와 얼마나 깊이 관계를 맺었는지 생각해 보라!

나는 그녀에게 자신의 슬픔 속에 침잠해 보도록 격려하여 그에 대한 모든 단면을 탐색하고 표현하기를 바랐다. 나는 같은 질문을 다시 던졌다. "누구에 대해, 무엇이 슬퍼요?"

"나는 사랑 때문에 슬퍼하고 있다는 생각이 들어요. 팔을 둘러 나를 안아 준 유일한 사람은 아빠뿐이에요. 아빠만이, 내게 사랑한다고 말해 준 유일한 남자, 유일한 사람이지요. 내게 그런 일이 또 일어날 수 있을지 모르겠어요."

나는 내가 감히 한 번도 가 보지 못한 새로운 영역으로 들어가고 있다는 것을 알았다. 불과 1년 전만 해도 나는 베티를 쳐다보기도 힘들었다는 것을 기억조차 할 수 없었다. 오늘 나는 그녀에게 긍정적인 쪽으로 부드러운 마음이 되었다는 것을 느꼈다. 나는 반응할 방법을 찾았으나 아직도 내가 주려 했던 것보다 훨씬 적게 반응하고 말았다.

"베티, 사랑받는다는 것은 단지 우연이거나 숙명이 아닙니다. 당신이 그것에 영향을 끼칠 수 있어요. 당신이 생각하는 것보다 훨씬 많아요. 몇 달 전보다 당신은 사랑에 대해 훨씬 더 준비가 되어 있어요. 난 그 차이를 볼 수도, 느낄 수도 있어요. 당신은 예전보다 훨씬 예쁘게 보이고, 관계를 낫게 맺고, 지금은 훨씬 더 접근하기 쉽고 준비되어 있어요."

베티는 나에 대한 긍정적인 감정을 더 개방했고 자기가 의사나 심리학자가 되어 나와 함께 연구 프로젝트를 하는 오랜 환상을 나눴다. 내가 자기 아버지였으면 하는 소망은 항상 자기에게 커다란 고문이었던 슬픔의 마지막 국면으로 우리를 이끌었다. 아버지에 대한 사랑과 함께 그에 대한 부정적인 감정도 가지고 있었다. 아버지의 외모(그는 극도로 비만했다), 야망이나 교육 수준이 낮은 것, 사회적 예설에 대해 무식한 것 때문에 그녀는 아버지가 부끄럽게 느껴졌었다. 이 이야기를 하며 그녀는 무너졌고 흐느꼈다. 자기 아버지를 부끄러워했다는 것이 너무 창피해서 이 이야기를 하는 것이 어려웠다고 말했다.

대답을 생각하고 있을 때, 나의 첫 분석가 올리브 스미스가 30여 년 전에 내게 했던 이야기가 생각났다. 나는 그것을 잘 기억하는데, 내 생각에 그것이 600시간 동안 그녀가 간접적으로나마 개인적인 — 그리고 가장 도움이 되는—이야기를 했던 유일한 것이기 때문이다. 나는 어머니에 대한 무서움을 표현하며 부들부들 떨고 있었는데, 올리브 스미스는 소파에 비스듬히 기대어 부드럽게, "그게 우리가 생겨 먹은 방식 같아요."라고 말했었다.

　나는 그 말을 매우 소중히 간직했는데 30년이 지난 지금, 그 선물을 베티에게 이야기하여 전해 주었다. 수십 년이 흘러도 그것이 복원되는 힘은 전혀 부식되지 않는다. 그녀는 깊이 숨을 내쉬었고, 냉정을 되찾으며 의자에 등을 기대고 앉아 있었다. 나는 고등교육을 받아 성인이 된 사람이 교육 수준이 낮은 노동자 계급의 부모와 관계를 맺는 것이 얼마나 어려운지를 개인적인 경험으로 알고 있다고 덧붙였다.

　캘리포니아에서 1년 반을 보내라는 베티에게 내려진 회사의 명령은 이제 거의 끝나 가고 있었다. 그녀는 치료를 중단하고 싶지 않아서 캘리포니아에서의 근무를 연장시켜 달라고 회사에 요구하였다. 그것이 안 되었을 때, 그녀는 캘리포니아에서 직장을 구할까도 생각했으나 결국 뉴욕으로 돌아가기로 결정하였다.

　하필 이런 시간에 그만두어야 하나, 이런 중요한 주제를 작업하고 있는 중간에 그리고 150파운드라는 도로 장애물 밖에서 베티와 야영 중인 이때에! 처음에 나는 시기가 이보다 더 나쁠 수는 없다고 생각했다. 그러나 좀 더 생각을 해 보니, 베티는 시간 제한에도 불구하고가 아니라 시간 제한 *때문에* 치료에 깊이 몰입하였을지도 모른다는 것을 깨달았다. 미리 정해 놓은 종결일이 있을 때 종종 치료의 효율성이 높아진다는 것을 이해했던 칼 로저스, 그리고 그전, 오토 랑크까지 거슬러 올라가 보면 이것은 심리치료의 오랜 전통이었다. 베티가 만약 치료를 받을 수 있는 시간이 제한되어 있다는 것을 몰랐다면, 그녀가 체중 감소를 시작할 필요가 있다는 내적 결정을 내리는 데 훨씬 더 시간이 걸렸을지도 모른다.

게다가, 우리가 아주 많이 나아갈 수 있었다는 것은 너무나 자명했다. 치료의 마지막 달에, 베티는 새로운 것을 찾아내는 것보다는 우리가 이미 개방했던 주제를 해결하는 데에 더 관심을 보이는 것 같았다. 내가 그녀에게 뉴욕에 가서도 치료를 계속하도록 권하며 적절한 치료자의 이름을 제시했을 때 자기가 치료를 계속할지 확실하지 않다는 말로 시작하여 충분히 한 것 같다고 하며, 여지를 주지 않았다.

베티가 더 이상 하지 않으리라는 증거는 또 있었다. 떠벌리지는 않았지만, 그녀는 더 이상 다이어트를 하고 있지 않았다. 우리는 160파운드에 이른 그녀의 체중을 유지하는 데 집중하기로 했고, 바로 그 마지막 지점에서, 그녀는 새 옷들을 샀다.

치료의 이 시점에서 꾼 꿈은 이것을 조명해 준다.

> 꿈에서 페인트공이 우리 집의 외벽을 마무리 페인트칠하리라고 생각했어요. 근데 집 전체를 온통 다 칠할 것 같았어요. 창문마다 페인트 스프레이를 들고 있는 남자가 있었어요. 얼른 옷을 입고 나가 그들을 말리려 했지요. 그들은 집 밖을 전부 페인트칠하고 있었어요. 마룻바닥 사이에서 온 집안으로 연기가 올라오고 있었어요. 나는 얼굴에 스타킹을 뒤집어쓰고 집안을 페인트칠하고 있는 남자를 봤지요. 그에게 페인트로 끝마무리만을 원한 거라고 이야기했어요. 그는 안팎을 전부 다 페인트칠하라는 명령을 받았다고 말했지요. "이 연기는 뭐예요?" 하고 내가 물었어요. 그건 박테리아라고 말하고는 부엌에서 무시무시한 박테리아가 배양되고 있었다고 덧붙였어요. 나는 무서워져서 자꾸자꾸, "나는 페인트로 끝마무리만을 원한다고요."라고 말했어요.

치료를 처음 시작할 때 베티는 정말로 페인트 끝마무리만을 원했었으나 그녀는 집의 깊은 내부 장식 재건 작업까지 하게 되었다. 더구나, 페인트공인 치료자는 아버지와 자기 자신의 죽음이라는 스프레이를 그녀의 집에 뿌렸다. 이제 그녀는 자기가 충분히 멀리 왔다고 말하고 있고 중단할 시기가 왔다는 것을 이야기하고 있었다.

마지막 회기가 가까워 옴에 따라 나는 고비를 넘어온 듯한 안도감과 기쁨을 느꼈는데 마치 내가 무엇인가로부터 자유로워진 느낌이었다. 심리치료의 원리 중 하나가, 다른 이에 대한 중요한 감정은 항상 이러저러한 채널을 통해 언어적으로든, 비언어적으로든 전달된다는 것이다. 내가 기억하는 한, 나는 학생들에게 치료 관계에서 내담자 쪽에서든 치료자 쪽에서든 이야기되지 않은 뭔가 큰 것이 있으면, 다른 어떤 중요한 것도 이야기되지 않는다고 가르쳐 왔다.

그러나 베티에 대해 나는 굉장히 부정적인 감정을 가지고 치료를 시작했었는데 그 감정을 그녀와 한 번도 이야기하지 않았고 그녀가 감지하지도 못했었다. 그럼에도 불구하고, 분명히 우리는 중요한 주제를 이야기했다. 물론 치료에 진전을 봤다. 그 원리가 틀렸음을 내가 증명한 것인가? 심리치료에 있어 '절대(absolute)'란 없어서일까?

마지막 3시간은 우리가 이별할 시간이 임박한 데 대한 베티의 고통에 대한 작업을 하는 데 총력을 기울였다. 그녀가 치료 시작 시점에 두려워했던 바로 그것을 극복해야 하는 것이었는데 나에 대한 감정을 깊이 느끼고 이제 나를 잃으려는 것을 자신에게 허용해 주어야 하는 것이다. 나를 신뢰했다는 것의 의미는 무엇인가? 그것은 그녀가 처음 말했던 "관계를 맺지 않으면, 이별도 없다."는 것이다.

이러한 오랜 감정이 되살아나는 것에 나는 낙담하지 않았다. 첫째, 종결이 가까워짐에 따라 내담자는 일시적으로 퇴행한다(절대적인 것이 있다.). 둘째, 문제가 치료에서 한 번에 다 해결되는 것은 아니다. 그 대신에 치료자와 내담자는 배운 것을 적용하고 강화시키기 위해 불가피하게 거듭 되돌아온다 — 실제로, 이런 이유 때문에 심리치료를 종종 '되풀이치료(cyclotherapy)'라고 부르기도 한다.

나는 베티의 낙심과 믿음, 즉 일단 자기가 나를 떠나면 우리가 했던 작업은 아무것도 아닌 것이 될 것이라는, 왜냐하면 자기의 성장은 내게도 그리고 자기 밖의 어떤 대상에게도 남아 있지 않고, 혼자 지녀야 하는 자기의 일부로만 남을 것이므로 아무것도 아니라는 믿음에 착수했다. 만약 나를 신뢰하고 이전 어느 누구에게보다 내게 자신을 드러내 보였다면, 그녀는 자기 안에 그것을 또 할 수 있는 능력과 아울러 그 경험을 가지고 있는 것이다. 이러한 논지를 분명히 심어 주기 위해 나는 마지막 회기에 나 자신을 예로 들었다.

"나도 마찬가지예요, 베티. 우리가 만났던 것을 그리워할 거예요. 그러나 당신을 알게 된 결과로 나는 변화했지요."

그녀는 울고 있었고, 눈을 내리깔고 있었으나 내가 말을 시작하자 그녀는 흐느낌을 멈추고 나를, 기대를 담은 눈으로 바라보았다.

"그리고, 우리가 다시 만나지 않게 된다 할지라도, 그 변화는 여전히 내게 지속될 거예요."

"무슨 변화인데요?"

"글쎄, 내가 전에 이야기한 것처럼, 난 별로 전문적인⋯ 음⋯ 비만 문제에 대한 경험이 없었어요." 나는 베티가 실망하여 눈을 내리까는 것을 보며 내가 그렇게 비인간적인 데 대해 조용히 한숨을 내쉬었다.

"글쎄, 내가 의미하는 것은 전에는 체중이 많이 나가는 내담자들과 작업을 하지 않았다는 것인데, 나는 새로운 평가를 하게 되었어요, 그 문제에 대해." 나는 그녀가 더 실망해서 낙담하고 있다는 표시를 볼 수 있었다. "내가 말하는 뜻은 비만한 사람에 대한 나의 태도가 바뀌었다는 것이지요. 우리가 시작했을 때 나는 개인적으로 비만한 사람과 함께 있는 것이 편하지 않게 느껴졌었어요."

이상하게도 버벅거리고 있을 때 베티가 내 말을 가로챘다. "호! 호! 호! '편안치가 않았었다.' 그건 너무 약한 표현인데요. 처음 6개월 동안 당신은 나를 거의 쳐다보지 않은 걸 아세요? 그리고 1년 반 동안 결코 — 단 한 번도 — 나와 신체 접촉을 안 한 것을 아시나요? 악수조차도요!"

나는 심장이 쿵 내려앉았다. 아이구 하느님, 그녀가 옳았다. 나는 결코 그녀에게 손을 댄 적이 없었다. 단지 내가 그것을 인식하지 못하고 있을 따름이었다. 그리고 내가 그녀를 자주 쳐다보지는 않았다고 추측했을 따름이었다. 나는 그녀가 그것을 주시하고 있다고 예상하지 못했었다.

나는 더듬거렸다. "알다시피, 정신과 의사들은 보통 접촉을 잘 안 하지요, 자기의……."

"당신이 더 거짓 핑계를 대어 피노키오처럼 코가 자꾸자꾸 커지기 전에 잠시 내가 방해를 할게요." 베티는 내가 당황한 것을 즐기는 듯했다. "내가 힌트를 하나 드리겠어요. 기억해 보세요. 칼로스와 나는 같은 집단에 있어서 집단이 끝난 다음에 당신에 대해 가끔 수다를 떨어요."

우 — 오, 이제는 알았다. 나는 이것을 예측 못했다. 치료 불가능한 암환자인 칼로스는, 매우 고립되어 있고 너무나 소외되어 있다고 느껴져서 신체 접촉을 통해 그를 지지하기로 결정했었다. 나는 그와의 시간을 시작할 때와 끝낼 때 악수를 했고 대체로 그가 사무실을 떠날 때면 그의 어깨에 손을 얹어 토닥거렸다. 한번은, 암세포가 뇌에 퍼졌다는 것을 알고는 그가 울고 있을 때, 팔로 그를 안아 주기도 하였다.

어떻게 말을 해야 할지 모르겠다. 베티에게 칼로스는 특별한 사례고, 그는 그것을 필요로 한다는 것을 이야기할 수가 없었다. 그녀도 그것이 필요하다는 것은 하느님이 아신다. 나는 얼굴이 달아오르는 것을 느꼈고, 깨끗이 자백하는 수밖에 선택의 여지가 없음을 알았다.

"음, 당신은 내 맹점을 지적했어요! 사실이에요. 아니, 사실이었어요. 우리가 처음 만났을 때, 나는 당신 신체 때문에 피하려 했었어요."

"알아요, 알아요. 그건 그렇게 미묘하지는 않았어요."

"내게 말해 줘요, 베티. 내가 당신을 보지 않는다거나 당신을 불편해한다는 것을 알면서 왜 그대로 머물러 있었나요? 왜 나를 그만 만나고 다른 치료자를 찾지 않았어요? 나 말고도 정신과 의사들은 굉장히 많잖아요." 뜨거운 자리에서 내려가기 위한 질문은 아니었다!

"글쎄요, 적어도 두 가지 이유는 생각할 수가 있겠네요. 하나는, 내가 거기에 익숙해 있다는 걸 기억해 보세요. 그건 내가 남들에게 기대하는 것 이상의 것이 아니었어요. 모두들 나를 그렇게 대하지요. 사람들은 내 외모를 싫어해요. 아무도 나와 신체 접촉을 한 적이 없어요. 기억하시나요? 그것이 미용사가 두피 마사지를 해 주었을 때 내가 놀란 이유예요. 그리고 당신이 나를 쳐다보지는 않았지만, 당신은 내가 이야기하는 것에 적어도 관심이 있는 것 같았어요. 아니, 아니, 그건 맞지 않아요. 당신은 내가 쾌활해지기를 그만두면 내가 이야기할 수 혹은 할지도 모르는 것에 관심을 가졌어요. 사실, 그것이 도움이 되었고요. 또한, 당신은 잠에 빠지지 않았어요. 그건 파버 박사보다 발전이었거든요."

"두 가지 이유라고 말했는데요."

"두 번째 이유는 내가 당신이 어떻게 느끼는지를 이해할 수 있었다는 것이에요. 당신과 나는 굉장히 비슷한 점이 많아요. 적어도, 어떤 면에서는요. 당신이 나를 익명의 과식자 모임(Overeaters Anonymous)에 들어가라고 강요했던 때 기억나세요? 다른 비만한 사람을 만나라고요. 친구를 만들고 데이트도 하기 위해서?"

"그래요, 기억해요. 당신은 집단을 싫어한다고 말했잖아요."

"음, 그건 사실이에요. 난 집단을 싫어해요. 그러나 그것이 전부는 아니에요. 진짜 이유는 난 뚱뚱한 사람을 참을 수가 없어요. 위가 뒤집어져요. 난 그들처럼 보이고 싶지 않아요. 그러니 내가 당신이 그런 똑같은 감정을 가졌다고 어떻게 당신을 비난할 수 있겠어요?"

우리는 시간이 다 되었다는 것을 시계가 알려 줄 때까지 둘 다 의자 가장자리에 앉아 있었다. 이런 이야기는 나를 놀라게 하였고, 나는 끝나는 것이 싫었다. 나는 베티를 만나는 것을 그만두고 싶지 않았다. 나는 그녀와 계속 이야기하고 그녀를 더욱 알고 싶었다.

그러나 시간이 다 되어 우리는 헤어지기 위해 일어섰고, 나는 그녀에게 손, 양손을 내밀었다.

"오 싫어요, 오 싫어요, 나는 포옹을 원해요! 그것만이 내게 속죄할 방법이에요."

우리가 서로 껴안았을 때, 나는 내 두 팔로 충분히 그녀를 안을 수 있다는 것을 발견하고는 아주 놀랐다.

"어찌 내게 이런 일이···"
I NEVER THOUGHT IT
WOULD HAPPEN TO ME

"어찌 내게 이런 일이…"

··· 나는 엘바를 대기실에서 만나 사무실까지 함께 걸어왔다. 무슨 일인가가 있었음에 틀림없다. 오늘 그녀는 조금 달라 보였다. 걸음걸이가 무거웠고 낙담해서 얼이 빠진 것 같았다. 지난 몇 주 동안 그녀의 걸음걸이에는 활기가 있었는데 오늘 그녀는 8개월 전 처음 만났을 때처럼, 초췌하고 고통스러워하는 여인의 모습이었다. 그녀가 했던 첫마디를 기억한다. "난 도움이 필요해요. 도무지 나는 살 만한 가치가 없는 것 같거든요. 남편이 세상을 뜬 지 1년이 되었는데 도대체 아무것도 나아지질 않아요. 나는 진전이 더딘 사람이라서 그럴지도 몰라요."

그러나 그녀가 진전이 느리다는 것은 사실이 아니었다. 너무 쉽게 진행되어 가는 것이 아닐까 할 정도로 치료는 눈부시게 빨리 잘 진척되었었다. 그런데 무엇이 그녀를 이렇게 도로 뒤로 돌려놨을까?

엘바는 앉으면서 한숨을 푹 내쉬며 말했다. "이런 일이 내게 일어나리라고는 생각해 본 적도 없어요."

그녀는 강도를 당했다. 흔히 당하는 지갑 소매치기를 당했던 것이다. 강도는 몬테레이 해변의 레스토랑에서 그녀가 친구 셋 — 모두 나이 든 미망인들 — 의 음식값을 현금으로 치르는 것을 보고 그녀를 범행 대상으로 찍어 두었던 것이 틀림없다. 범인이 주차장까지 따라왔지만 파도 소리 때문에 발소리를 듣지 못했다. 그는 전속력으로 달려와 핸드백을 낚아채서 자기 차로 날쌔게 도망갔다.

엘바는 다리가 부은 채 레스토랑으로 급히 돌아가 도움을 요청했지만 너무 늦었다. 몇 시간 후에, 경찰이 길가 숲에 버려져 있는 빈 가방을 발견했다.

300불은 그녀에게 매우 큰돈이다. 며칠간 엘바는 잃어버린 돈 생각에 사로잡혀 있었다. 그러다가 돈에 대한 아까운 마음이 점차 가라앉으면서 그 대신에 쓰디쓴 후유증이 남았는데 — 그것은 "내게 이런 일이 생기리라고는 생각조차 해 본 일이 없다."라는 말에 표현되어 있다. 300불이 든 지갑과 함께, 자신만은 특별하다는 착각마저 강탈을 당했다. 그녀는 항상 특권의식이라는 틀 속에서 살아왔는데, 강도를 당하거나 불구가 되는 것 같은 불쾌한 일은 신문이나 방송에서 볼 수 있는 수많은 대중, 그녀를 제외한 보통 사람에게나 찾아오는 것이지, 자신은 예외라는 것이었다.

강도는 모든 것을 바꿔 놓았다. 삶의 안락함과 부드러움과 안전이 날아가 버렸다. 그녀의 집은 항상 쿠션, 정원, 각종 편안한 가재도구와 폭신한 카펫으로 안락함을 유지하고 있었다. 이제 그녀는 자물쇠, 문, 도난경보기, 그리고 전화 등을 살펴보게 되었다. 그녀는 매일 아침 6시면 개를 산책시키곤 했었다. 새벽의 고요함은 이제 위험 신호가 되었다. 그녀와 개는 멈추어 서서 위험이 어디에 도사리고 있지 않나 살피게 되었다.

이 어느 것도 그리 눈에 띄게 두드러진 것은 아니었다. 엘바는 충격을 받아서 지금은 흔한 외상 후 스트레스 장애(post-traumatic stress)로 고통을 받고 있었다. 어떤 충격적 사건을 경험하거나 충격을 받고 나서 대부분의 사람들은 안전하지 않은 기분이 들고 쉽게 놀라고 지나치게 경계심이 많아지게 된다. 그러나 시간이 가면서 점차 사건의 기억은 희미해지고, 피해자도 점차 이전의, 세상을 신뢰하던 상태로 되돌아간다.

그러나 엘바에게 있어서 그것은 단순한 공격 이상의 것이었다. 세상에 대한 신뢰가 산산조각이 났다. 그녀는 "눈, 코, 입이 달린 사람인 이상, 나는 어느 누구와도 친구가 될 수 있어요."라고 주장했었다. 그러나 더 이상은 아니었다. 그녀는 선의에 대한 믿음, 그리고 자신은 공격당하지 않으리라는 신념을 잃었다. 빼앗겨 버린 기분, 평범하며 보호받지 못하는 기분을 느꼈다. 강도 사건의 영향으로 그녀는 환상이 깨지고, 남편의 죽음을 확인하게 되었다.

물론, 그녀는 앨버트가 죽은 줄 알고 있었다. 이미 죽어 1년 반이나 무덤 속에 있다는 것을. 그녀는 의식을 거치며 미망인의 길을 걸었다. 암진단을 받은 후 무섭고, 구역질 나는 미봉책인 화학약물요법을 거치며, 마지막으로 카멜을 함께 방문하고, 엘 카미노 지역으로 자동차여행을 하였다. 그리고 집으로 병원 침대를 들여왔고 장례식을 치렀으며 서류정리를 하였다. 점차 저녁 초대가 줄어들었고 미망인과 홀아비 클럽, 길고 외로운 밤들, 모든 비극들을 맞이했다.

그러나 이 모든 것에도 불구하고, 엘바는 앨버트가 살아 있다는 기분을 계속 간직하고 있었으므로 안전과 특별함은 지속되고 있었다. 그녀는 계속 '척'하며 살았는데, 세상이 안전한 척, 또 앨버트가 차고 옆 저 뒤에서 무언가를 만들고 있는 척 그를 느끼며 살아왔던 것이다.

나는 지금 망상에 대해 이야기하고 있는 것이 아님을 염두에 두시라. 엘바는 앨버트가 사라졌다는 것을 이성적으로는 알지만, 그 사실을 앎으로써 생기는 고통을 느끼지 않고 이를 완충시켜 주는 착각 속에서 예전에 살던 대로 살아가고 있었다. 근원이나 지속 기간은 점차 희미해졌지만 그 기본적인 속성은 분명한 계약 ─ 앨버트는 엘바를 영원히 돌볼 것이라는 계약을 40년 넘는 세월 동안 그녀는 믿고 살았다. 이러한 무의식적인 전제로 인하여, 엘바는 자기가 세운 완전한 가상세계 ─ 안전 그리고 선의로 가득한 후견인이 든든히 있다는 것을 특징으로 하고 있는 자기의 세상을 만들어 살고 있었다.

앨버트는 수리공이었다. 그는 지붕 수리공이었고, 자동차 기술자였으며, 모든 것을 고칠 수 있는 손재주 많은 하청업자였다. 가구나 조그만 자동차 부속품 같은 것을 신문이나 잡지에서 보고 마음에 들면, 그는 그것을 모방하여 똑같이 만들어 내곤 하였다. 손재주라고는 전혀 없는 나로서는, 그의 이야기를 들으면 항상 신기했다. 그런 재주꾼과 41년간이나 산다는 것은 대단히 편안한 일이었다. 저 뒷마당에서 앨버트가 아직도 자기를 위해 뭔가 고치고 있다는 기분에 왜 그렇게 엘바가 집착하는지를 이해하기는 어렵지 않았다. 어떻게 포기를 할 것인가? 도대체 포기해야 하는 이유가 무엇인가? 41년간의 경험으로 강화를 받아 온 추억은 냉정한 현실로부터 보호할 수 있게 그녀를 둘러싸고 있는 누에고치와 같은 것이었다 ─ 적어도 소매치기를 당하기 전까지는.

8개월 전에 처음 엘바를 봤을 때, 나는 그녀에게서 사랑스러운 구석을 거의 찾아볼 수가 없었다. 그녀는 짜리몽땅한 매력 없는 여성으로, 어떻게 보면 난쟁이 같기도 하고 요정 같기도 하고, 두꺼비 같기도 한데 각 부분들이 모두 잘못 조합된 것 같았다. 난 그녀 얼굴의 변화, 즉 눈을 깜빡거리고, 얼굴을 찌푸리고, 한쪽 눈 혹은 양쪽 눈을 둥그렇게 뜨는 것 때문에 꼼짝할 수가 없었다. 그녀의 이마는 빨래판처럼 주름이 져서 마치 살아 움직이는 것 같았다. 그녀는 혀가 항상 보였는데, 혀가 입속을 들락날락하기도 하고 둥그렇게 돌아가 입에 침을 묻히고, 크기도 아주 빨리 변해서 입술이 맥박 뛰듯 커졌다 작아졌다 움직였다. 나는 장기간 안정제를 투여받아 근육이 둔화된, 약물로 인한 안면 근육 이상 환자에게 그녀를 소개하는 상상을 혼자 하고는 큰 소리로 웃을 뻔했다. 그 환자들은 몇 초 안에 엘바가 자기들을 놀리고 있다고 믿고는 기분이 많이 상할 것 같았다.

그러나 내가 엘바에게 진정 싫었던 점은 그녀의 분노였다. 그녀는 분노를 뚝뚝 흘렸다. 처음 만났을 때 몇 시간 동안 그녀는 자기가 아는 모든 사람들에 대해 악의에 찬 이야기를 늘어놓았다―물론, 남편 앨버트는 제외하고. 그녀는 더 이상 자기를 초대하지 않는 친구들을 미워했다. 그녀를 초대하면 또 자기를 쉽게 생각하는 사람들이라고 싫어했다. 자기를 부르든 부르지 않든 그녀에게는 똑같았고, 모든 사람에게서 미워할 점을 찾아냈다. 앨버트가 죽을 운명이라고 말해 준 의사도 미워했다. 그러나 살아날 것이라고 그릇된 희망을 자기에게 심어 준 사람은 훨씬 더 미워했다.

그런 시간은 내게 참으로 힘들었다. 나는 어린 시절에 어머니의 악의에 찬 혀를 미워하느라고 너무나 많은 시간을 보냈기 때문이었다. 나는 어려서 상상 속에서 어머니가 미워하지 않을 인물을 창조하는 놀이를 했었다. 상냥한 이모? 엄마에게 옛날 이야기를 해 주었던 외할아버지? 엄마를 옹호해 주었던 오랜 소꿉친구? 그러나 나는 어느 누구도 발견할 수 없었다. 물론, 우리 아버지는 예외였다. 그는 진정 엄마의 일부여서,

엄마의 마우스피스이고, 아니무스이며, 로봇은 자기를 만든 주인에게 결코 등을 돌리지 않는다는 아시모프의 제1법칙에 따르는 엄마의 창조물이었다 — 아버지가 한 번, 딱 한 번만이라도 엄마에게 폭발을 했으면 하는 내 기도에도 불구하고.

내가 엘바에게 해 줄 수 있는 것이란 참고, 그녀 말을 들어주고, 그 시간을 견디면서 뭔가 지지적인 이야기를 할 수 있도록 나의 진실성(ingenuity)을 활용하는 것이었는데, 대체로 그렇게 큰 분노를 지니고 사니 얼마나 힘들겠느냐는 정도의 김빠진 이야기였다. 때로 나는 심술궂게 다른 가족에 대해서 물었다. 분명 존중을 할 만한 누군가가 있었을 것이었기 때문이다. 그러나 아무도 없었다. 아들은? 아들의 엘리베이터는 "꼭대기 층까지 올라가지 못했다."고 그녀는 대답하였다. '그는 부재중', 그가 거기 있어도 없는 거나 다름없으니 그는 '부재중'이였던 것이다. 그러면 며느리는? 엘바의 표현을 빌자면, 그녀는 'GAP' — 이방인 미국 공주(Gentile American Princess)이다. 아들은 집으로 가면서 핸드폰으로 아내에게 전화를 하여 곧장 저녁을 먹었으면 좋겠다고 한다. 문제없었다. 9분이면, 그 이방인 미국 공주는 필요한 모든 것을 준비했다. TV 광고에 나오는 훌륭한 저칼로리 인스턴트 식품 '누크(nuke)' 요리에 9분이면 충분했다.

엘바는 모든 이에게 별명을 붙이고 있었다. 손녀딸 '잠자는 숲 속의 미녀'(눈을 껌뻑거리고 고개를 끄덕이면서 속삭이지요.)에게는 "화장실이 2개예요, 기억하세요."라고 했다. 외로움을 덜기 위해 고용한 가정부는 '루니 툰(Looney Tunes)'이었는데, 담배 피우는 걸 감추려고 담배 연기를 변기에다 뿜어내는 멍청이였다. 그녀의 오랜 브리지 게임 상대는 '메이 휘티 여사(Dame May Whitey)'였다. 엘바에 따르면 메이 휘티 여사는, 다른 알츠하이머(치매) 환자나 술고래들과 비교하면 — 샌프란시스코에서 브리지 게임을 하는 인구 대부분은 이들이다 — 머리가 잘 돌아갔다.

그러나 그녀의 증오심을 내가 싫어하고 나의 엄마에 대한 감정을 불러일으킨다는 것에도 불구하고, 어느 정도 극복해 왔다. 나는 내 불편함(irritation)을 견뎌 냈고, 약간 가까워졌으며, 나의 엄마가 엘바와 얽혀서 생겨나는 역전이를 해결했고, 천천히 아주 천천히 그녀에게 따뜻한 심정을 갖게 되었다.

어느 날 그녀가 내 의자에 털썩 주저앉으며 "휴, 피곤하네요." 했을 때가 전환점이었다고 생각한다. 내 눈썹이 의구심으로 살짝 올라가자 그녀는 자기가 스무 살짜리 조카와 골프를 치며 18홀을 돌고 왔다고 했다. 엘바는 60세였고, 4피트 11인치에 160파운드는 족히 되었다.

"어땠어요?" 대화가 내 차례인 것을 받아들이고서 나는 명랑하게 물었다.

엘바는 앞으로 몸을 굽히며 마치 방에 있는 누군가가 듣지 못하게 하려는 듯 손으로 자기 입을 막았다가는 이를 다 드러내며 "내가 그 녀석을 팍 꺾어 버렸지!"라고 말했다.

그 모습이 너무나 웃겨서 웃기 시작했는데, 나중에는 너무 웃어서 눈물이 다 났다. 엘바는 내가 웃는 것을 좋아했다. 나중에 그녀는 처음으로 박사 교수님(Herr Doctor Professor)(결국은 그것이 내 별명이었다!)이 웃는 행동을 자발적으로 보여 주었다고 말해 주었는데 그녀도 나와 함께 웃었다. 그 후로 우리는 잘 어울렸다. 나는 엘바의 대단한 유머 감각, 지능, 익살 등을 높이 평가하기 시작했다. 그녀는 다채롭고 파란만장한 삶을 살아왔다. 우리는 많은 점에서 유사했다. 나처럼 그녀도 커다란 세대차를 경험했다. 나의 부모님은 20대에 돈 한 푼 없이 러시아에서 미국으로 이민을 왔다. 그녀의 부모는 아일랜드에서 이민 온 가난한 사람들이었다. 보스턴 남부의 아일랜드인 거주지와 샌프란시스코 놉힐에 똑같이 만들어진 브리지 토너먼트 사이만큼 벌어진 간격에 양다리를 걸치고 있었다.

치료 초기에는 엘바와 함께하는 1시간이 무척 힘이 들었다. 그녀를 데리러 대기실로 갈 때 내 발걸음은 무거웠다. 그러나 두 달쯤 지나자 모든 것이 달라졌다. 나는 그녀와 함께하는 시간을 기다렸다. 신나게 웃지 않고 지나가는 시간은 없었다. 내 비서는 내가 웃는 것을 보면 항상 '그날 엘바를 만났구나' 하는 것을 알 수 있다고 했다.

우리는 몇 달 동안 매주 만났고, 대개 치료자와 내담자가 함께 즐겼을 때 그러하듯이 치료는 잘 진행이 되었다. 우리는 그녀가 미망인으로서 살아가는 삶에 대해, 그녀의 변해 버린 사회적 역할에 대해, 혼자인 두려움에 대해, 다시는 신체적 접촉을 할 수 없다는 슬픔에 대해 이야기했다. 그러나 무엇보다도 우리는 그녀의 분노, 그 분노가 어떻게 가족과 친구들을 멀어지게 하는지에 대해 이야기했다. 점차 그녀는 분노를 내보내고 부드럽고 상냥해지기 시작했다. 루니 튠, 잠자는 숲 속의 미녀, 메이 휘티 여사와 알츠하이머 브리지 모임 사람들에 대한 이야기도 점차 덜 신랄해졌다. 친교가 일어났다. 그녀의 분노가 잦아들자 가족과 친구들이 다시 그녀의 삶에 등장했다. 그녀는 지갑을 소매치기 당하기 직전까지는 아주 잘 해와서 난 종결 문제를 제기할까 생각하던 참이었다.

그러나 그녀가 강도를 당하고 나서는 처음으로 돌아가 모든 걸 다시 시작하는 것 같았다. 무엇보다도, 강도는 그녀의 일상을 조명했다. 즉, "내게 그런 일이 일어나리라고는 생각도 해 본 적이 없다."는 개인적으로 특별하다고 생각해 온 믿음을 그녀는 상실한 것이었다. 물론, 특별한 자질과 재능을, 그리고 독특한 생활사를 지녔다는 점에서 그리고 어느 누구도 그녀와 같은 삶을 산 사람은 없으니 그 점에서 여전히 특별했다. 그것은 특별함에 대한 합리적인 측면이다. 그러나 사람들은—특히 더 심한 사람도 있지만—특별함에 대한 비합리적 측면을 가지고 있다. 이는 죽음을 부정하는 주된 방법 중의 하나이고, 죽음에 대한 공포를 덜어 보려고 자기는 공격당하지 않는다는 비합리적 신념을 가동시키고 있다. 노화나 죽음 같은 유쾌하지 않은 일은 다른 사람들이나 당할 운명이지 나에게 닥칠 운명은 아니며 자기만큼은 인간이고 생물이라는 숙명을 넘어서 있고, 자연의 이치를 넘어서서 존재한다고 믿는 것이다.

엘바가 비합리적인 것 같은, 즉 예를 들어 자기는 이 지구 상에서 살기에 적합하지 않고, 집을 나서기가 두렵다는 식으로 소매치기 사건에 반응을 했을지라도 그녀가 **사실**은 비합리성을 빼앗겨 버려 고통을 받고 있다는 것은 분명했다. 특별하다는 느낌, 마법이 걸려 있어서 자기만은 예외라는, 영원히 보호를 받으리라는 느낌—그녀를 잘 지낼 수 있게끔 기여한 모든 자기기만이 갑자기 그녀에게 설득력을 잃었던 것이다. 환상으로 그녀를 보호했던 모든 것들이 환상을 뚫고 나와 발가벗은 채 두려움에 떨고 있는 것을 봤던 것이다.

그녀의 슬픈 상처들이 이제 완전히 노출되었다. 지금이, 크게 열어젖혀 직접적으로 진실하게 치유할 수 있는 적기다.

"당신에게 그런 일이 일어나리라고 생각조차 해 본 적이 없다는 말을 했을 때, 말 그대로 난 그 뜻을 알아요."라고 나는 말했다. "나도 역시 그런 재앙—늙고, 상실하고, 죽고—이 내게 일어난다는 것을 받아들이기 어려워요."

엘바는 내가 개인적인 이야기를 하는 것에 놀라 이마에 긴장감이 지나가며 고개를 끄덕였다.

"당신은 앨버트가 마치 살아 있고, 이런 일이 당신에게 결코 일어나지 않으리라고 느끼고 있었음에 틀림없어요." 나는 '앨버트가 살아 있었다면 그런 암탉 같은 늙은이들과 점심을 먹으러 가지도 않았을 거'라고 말을 가로채는 것을 무시했다. "그래서 강도를 당한 일은, 그가 정말 없다는 것을 당신에게 뼈저리게 느끼게 했지요."

그녀의 눈에는 눈물이 고였으나 나는 계속할 권리가, 임무가 있다고 느꼈다. "당신이 이미 그걸 알고 있었다는 것을 나도 알아요. 그러나 당신은 부분적으로 그것을 모르고 있지요. 이제야 당신은 그가 죽었다는 것을 진정 알게 되었어요. 그는 뒷마당에 없어요. 그는 저 뒤 어딘가에서 일하고 있지 않아요. 그는 어디에도 없어요. 당신의 기억 속을 제외하고는."

엘바는 이제 진짜 울었는데, 몇 분간 그녀의 짜리몽땅한 체구가 흐느낌으로 흔들렸다. 전에는 내 앞에서 그래 본 적이 한 번도 없었다. 나는 그저 앉아 있으면서, '이제 내가 무엇을 해야 하지?' 하고 생각하였다. 그러나 다행스럽게도 나의 본능이 이끄는 대로 이끌려 갔는데 나중에 보니 징녕 훌륭한 선택이었다. 내 눈은 그녀가 소매치기 당했넌 아주 낡은 손가방으로 갔고 이렇게 말했다. "재수가 나빴어요. 하지만 저렇게 큰 가방을 들고 다니면 소매치기를 해 달라고 광고하고 다니는 것이 아닌가요?" 엘바는, 평상시처럼 활기 있게, 나의 불룩한 호주머니와 의자 옆에 있는 테이블에 어지럽게 널린 것들에 대해 지적했다. 그러고는 그 가방이 '중간 사이즈'라고 단언하였다.

"조금만 더 큰 걸 가지고 다닌다면 여행가방을 끌고 다녀야겠군요."

라고 나는 대답했다.

"게다가," 그녀는 내 이야기를 무시하며, "여기 있는 모든 것이 난 필요하다고요."라고 했다.

"농담이시겠지요! 어디 봅시다!"

그에 힘입어, 엘바는 자기 가방을 내 테이블 위에 올려놓고, 가방을 크게 열어젖혀 안에 든 것들을 꺼내 놓기 시작했다. 처음 꺼낸 품목은 강아지용 빈 봉지 3개였다.

"비상시를 위해 2개의 여분이 필요한가요?" 내가 물었다.

엘바는 낄낄거리며 가방을 비워 나갔다. 우리는 함께 그것을 조사하고, 각 품목에 대해 토론을 하였다. 엘바는 휴대용 휴지 3통과 펜 12자루 더하기 몽당연필 3자루가 너무 많다는 것은 인정했지만, 향수 2병과 빗 3개는 고집을 부렸고, 커다란 손전등, 두툼한 노트 묶음, 그리고 사진 한 묶음에 대한 나의 도전은 당당하게 손을 저으며 가볍게 넘겼다.

우리는 모든 것에 대해 논쟁을 했다. 10센트짜리 동전 50개의 역할. 사탕 3봉지(물론, 저칼로리). 그녀는 내가 "엘바, 이걸 많이 먹을수록 날씬해질 거라고 믿고 있나요?"라고 물었을 때 낄낄 웃었다. 오래된 오렌지 껍질을 넣은 비닐봉지, "이게 언제 필요한지는 당신도 모를 겁니다." 한 묶음의 뜨개바늘, '스웨터를 찾아 헤매는 6개의 뜨개바늘'. 탐광자 스타터(sourdough starter). 문고판 스티븐 킹의 소설 반쪽(엘바는 이미 읽은 페이지는 뜯어냈다.), "읽은 부분은 갖고 다닐 가치가 없어요." 라고 그녀가 설명했다. 작은 스테이플러. "엘바, 이건 미친 짓이에요!" 선글라스 3개. 그리고 각종 동전들, 종이 집게, 손톱깎이, 손톱 다듬는 줄, 붕대 같은 것들.

그 큰 가방이 결국 다 비었고, 엘바와 나는 테이블 위에 줄을 서 있는 물건들을 놀랍게 바라보았다. 우리는 가방이 비어서 아쉬웠으나 비우기 작업은 어쨌든 끝이 났다. 그녀는 돌아보며 미소 지었고, 우리는 부드럽게 서로 바라보았다. 특별한 순간이었다. 어떤 면에서 보면 이전에 어떤 내담자도 경험해 본 적이 없는, 그야말로 내게 자기의 전부를 보여 주었던 것이다. 그리고 나는 모든 것을 받아들였고 더 요구할 정도였다. 나는 구석구석 그녀를 따라갔고 한 늙은 여성의 가방이 그토록 고독과 친밀감의 매개체가 된다는 것에 경외감을 가졌다. 실존을 통합하는 절대 고독 그리고 고독의 공포를 몰아낸 친밀감이 그 속에 들어 있었던 것이다.

그것은 변화를 일으킨 시간이었다. 친밀감의 시간, 사랑, 사랑을 만들어 가는 것이라고 부를 수 있는 그런 것이 되살아났다. 그 한 시간에, 엘바는 버림받은 자의 위치에서 신뢰받는 사람으로 옮겨 갔다. 그녀는 활기를 되찾았고 다시 한 번, 자기에게 친밀감의 능력이 있음을 확인했다.

나는 그 시간이, 내가 그녀에게 주었던 가장 좋은 치료 시간이었다고 생각한다.

6

"너무 쉽게 오케이하지 말라"
DO NOT GO GENTLE

Do Not Go Gentle

"너무 쉽게 오케이하지 말라"

• • • 나는 어떻게 반응해야 좋을지 몰랐다. 내담자가 연애편지를 맡아 달라고 부탁을 한 적은 한 번도 없었기 때문이었다. 데이브는 이유를 직접 설명하였다. 69세의 노인은 갑자기 죽을 수도 있다. 그럴 경우, 아내가 그 편지들을 발견하면 그것을 읽고 괴로워할 것이었다. 나 말고는 아무도 그것을 맡아 달라고 부탁할 사람이 없는데, 어떤 친구에게도 감히 그 연애에 대해 이야기할 수가 없었다. 그의 연인, 소라야? 30년 전에 아이를 낳다가 죽었다. 나의 아이는 아닙니다. 데이브는 재빨리 덧붙였다. 그녀에게 보낸 그의 편지가 어떻게 되었는지는 아무도 모른다. 오직 신만이 안다!

"내가 그것들을 어떻게 했으면 좋겠어요?" 내가 물었다.

"아무것도. 아무것도 하실 필요 없이, 그냥 보관해 주시기만 하면 됩니다."

"그것을 언제 마지막으로 읽었습니까?"

"안 읽은 지 족히 20년은 되었을 겁니다."

"뜨거운 감자로군요." 나는 계속했다. "어째서 보관하고 계신가요?"

데이브는 의심스럽게 나를 바라보았다. 나는 일말의 의심이 그에게 스쳐 지나가고 있다고 생각했다. 내가 그렇게 바보 같아요? 그를 도울 수 있다고 생각한 게 실수라고 생각했을까? 몇 초 후에 그는 "난 그 편지들을 버릴 수가 없었어요."라고 말했다.

그 말에는 원망이 서려 있어서, 지난 6개월간 우리가 쌓아 온 관계에 처음으로 팽팽한 긴장감이 돌았다. 내가 한 말이 큰 실수였다. 나는 좀 더 유화적이고 개방적인 질문으로 물러났다. "데이브, 그 편지들과 그 것이 당신에게 갖는 의미를 내게 좀 더 이야기해 주세요."

데이브는 소라야에 대해 이야기하기 시작했고, 몇 분 안에 긴장감은 사라지고 그의 자기확신에 찬 당당함이 되돌아왔다. 그는 한 미국 기업의 베이루트 지사에서 관리직으로 근무할 때 그녀를 만났다. 그녀는 자기가 정복한 여인 중 가장 아름다운 여인이었다. **정복**이란 그가 쓴 단어였다. 데이브는 그런 용어를 써서 나를 놀라게 하곤 했는데, 부분적으로는 그의 솔직함(ingenuousness)이고, 부분적으로는 그의 냉소적 특성 때문에 그런 용어를 즐겨 썼다. 어떻게 그는 **정복**이라고 말할 수 있을까? 그는 내가 생각하는 것보다는 자기인식(self-aware)이 적은 것일까? 아니면, 나의 예측을 훨씬 뛰어넘어 모순을 미묘하게 만들면서 자신과 나를 조롱하는 것이 아닐까?

그는 소라야를 사랑했었다 —아니면, 적어도 그가 '사랑한다'는 말을 한 유일한 연인이었다. 사실 그에게 연인은 족히 한 사단은 되었었다. 그와 소라야는 4년간 달콤하게 내연의 관계를 즐겼다. 달콤하기만 하거나 은밀하기만 했던 것이 아니라, **달콤하면서도 은밀한** 것이었는데

이 점에 대해서는 좀 더 설명이 필요하다. 비밀스러움이 데이브의 성격의 축이기 때문이다. 비밀스러움으로 인하여, 그는 성적으로 끌리고 흥분이 되었으며, 때로는 큰 대가를 치루면서까지 구애를 했다. 많은 관계들, 특히 그의 전 부인 둘과 현재의 아내와의 관계가 직접적이거나 개방적이지 않은 그의 바로 이 속성 때문에 왜곡되고 깨졌다.

4년 후 회사에서는 그를 다른 곳으로 전보 발령했고, 소라야가 죽을 때까지 그 후 6년 동안 데이브는 그녀를 네 번밖에 만나지 못했다. 그러나 그들은 거의 매일 편지를 주고받았다. 그는 수백 통에 이르는 소라야의 편지를 깊이 숨겨 간직하고 있었다. 때때로 그는 그것들을 파일 박스에 G : guilty, 즉 죄책감이라는 항목, 혹은 D : depression, 즉 우울이라는 항목으로 분류해 놓고 깊은 우울감에 빠질 때면 꺼내 읽기도 했다.

한번은 3년간쯤 은행 금고에 보관한 적도 있었는데, 아내와 금고 보관함 열쇠의 관계에 대해, 난 의문이 들었지만 묻지는 않았다. 그의 비밀과 음모에 대한 취향을 알기 때문에 나는 어떤 일이 일어났을지 상상할 수 있었고 우연히 그는 아내가 그 열쇠를 보게 하여 호기심을 자극하고 거짓 이야기를 꾸며댔을 것이다. 그러고 나서, 아내가 점점 불안해져 다그치면, 그녀가 형사처럼 냄새를 맡으며 자기를 의심하여 코너로 몬다고 하며 그녀를 경멸했을 것이다.

"지금 나는 점점 더 소라야의 편지에 신경이 쓰여서 당신이 보관해 줄 수 있는지 묻는 겁니다. 간단한 거예요."

우리는 함께 소라야 — 죽은 지 오래되어, 뇌와 정신은 다 사라져 버린 사랑스러운 소라야, 산산히 부서진 DNA 잔재들은 모두 흙으로 돌아가 더 이상 데이브나 그 무엇에 대해서도 생각할 수 없는 그 소라야로부터 온, 사랑의 밀어로 가득 찬 그의 가방을 바라보았다.

나는 잠시 데이브가 뒤로 한 발자국 물러나서 자신에 대한 증인이 될 수 있을까 궁금했다. 자기가 얼마나 어리숙하고, 얼마나 불쌍하며, 얼마나 우상숭배적인지를 볼 수 있을까—30년 전에 사랑했었고 또 사랑받은 적이 있었다고 주장하는 근거가 될 한 움큼의 편지로 위안 삼으며 죽음을 향해 성큼성큼 다가가는 늙은 남자라는 것을. 데이브에게 그런 상상을 해 보게 하는 것이 도움이 될까? 자신이나 그 편지들에 대해 품격을 떨어뜨린다는 감정을 불러일으키지 않으면서 '스스로 증인'이 되어 보도록 그를 도울 수 있을까?

내 생각에, '좋은(good)' 치료란 (나는 이것을 깊은 혹은 꿰뚫는 치료와 동일하다고 보지만, 효과적인 혹은 도움이 되는 치료와 같은 의미는 아니다.) '좋은(good)' 내담자와 함께 바닥의 진실을 찾으려는 모험을 하는 것이라고 생각된다. 수련 기간을 거치고 있는 초심자였을 때, 나는 과거의 진실과 삶의 좌표를 모두 추적하여 그 사람의 현재 삶과 병리, 동기 그리고 행위의 좌표를 찾아 설명하려 했었다.

나는 아주 확신했었다. 웬 교만인지! 그런데 **지금**은 어떤 진실을 광적으로 스토킹하며 따라다니고 있는가? 내가 캐내려 한 채석광은 환상이었다고 생각한다. 나는 마법과 싸우는 전쟁을 하고 있었다. 그 환상이 때로 용기를 주기도 하고 안심을 시켜 수기도 하지만 궁극적으로 그리고 엄청나게 영혼을 약해지게 하고 제한되게 하는 것이라고 생각한다.

그러나 시기적 적절성에 대한 판단이 필요하다. 더 나은 것을 제공할 것이 없으면 결코 빼앗아 벗겨 버리지는 말라. 현실의 냉혹함을 견딜 수 없는 내담자를 발가벗기지 말아라. 종교적 마법과 창싸움을 하느라 자신을 지치게 하지 말라. 당신은 적수가 되지 않는다. 종교에 대한 갈망은 너무나 강하고, 그 뿌리는 너무 깊으며, 문화적인 강화가 너무 강력하다.

그러나 나의 신조는, 헤일 메리(Hail Mary)가 한, "검증되지 않은 (unexamined) 삶은 살 가치가 없다."는 말이다. 그러나 그것은 나의 신조지, 데이브의 신조는 아니었다. 그래서 나는 호기심을 억제했다. 데이브는 한 다발의 편지의 의미에 대해 궁극적으로 의문을 품지 않고 있으며, 지금은 긴장해 있고 마음이 약해서, 그러한 질문을 심각하게 받아들이지 않을 것이다. 그리고 도움이 되지도 않을 것이다. 지금이든 언제든.

게다가 내 질문은 빈 종소리다. 나는 데이브에게서 내 자신을 보고 있었으므로 위선에 한계가 왔다. 나 역시 오래전에 잃어버린 연인의 편지를 담아 둔 가방이 있다. 또한 그것을 깜찍하게 감추어 두고 있다. 내 분류 방식에 따라, 삶이 가장 황량했을 때 읽었던 내가 좋아하는 디킨스의 소설, **황폐한 집**(Bleak House)을 나타내는 B에 분류해 놓고 있었다. 나 역시 그 편지들을 결코 다시 읽지는 않았다. 읽으려고 할 때마다 편안함이 아닌 고통이 몰려왔다. 그것들은 손길이 닿지 않은 채 거기 있었고, 그것들을 없애 버릴 수 없었다.

내가 내담자였다면 치료자는 이렇게 말했을 것이다. "그 편지들이 사라졌거나 손상되었다, 혹은 잃어버렸다고 상상해 봐요. 무엇이 느껴지나요? 그 감정에 들어가 탐색해 봐요." 그러나 나는 할 수 없었다. 종종 그것을 태워 버릴까도 생각을 했지만 그때마다 설명할 수 없는 아픔이 밀려들었다. 데이브에 대한 흥미가, 내 호기심과 매혹의 소용돌이가 어디서 오고 있는지 나는 알았다. 나는 데이브에게 나를 위한 치료 작업을 해 달라고 요구하고 있었다. 혹은 **우리**를 위한 **우리**의 작업이었다.

나는 시작 때부터 데이브에게 끌린다고 느꼈었다. 6개월 전 첫 회기에, 몇 마디 가볍게 이야기를 나눈 후에 그에게 물었다. "무엇이 괴로

우신가요?"

그는 대답했다. "난 더 이상 그게 서질 않습니다!"

나는 놀랐다. 나는 그를 바라보며 키가 크고 지방이 없는 근육질의 육체, 빛나는 검은 머리, 예순아홉이라고 믿기지 않는 장난기 있는 눈, 그리고 '모자(chapeau)!' 라고 했을 때, '모자를 벗고(hats off)!' 정중하게 '안녕하십니까' 라고 말하는 것 같다고 생각을 했던 기억이 난다. 나의 아버지는 마흔여덟에 처음으로 관상동맥에 이상이 생겼다. 내가 예순아홉이 되어도 데이브처럼 충분히 활기가 넘치고 생명력이 있어서 '그게 서는' 것에 대해 걱정할 수 있었으면 하고 바랐다.

데이브와 나는 둘 다 많은 것을 성적으로 보는 습성이 있었다. 나는 그것을 데이브보다 좀 더 내 안에 잘 담고 있었고 그것이 내 삶을 지배하지 않도록 하는 것을 배운 지가 오래되었다. 또한 데이브처럼 비밀스럽고 싶은 열망을 갖고 있지 않았고, 아내를 포함하여 모든 것을 공유할 수 있는 친구가 많이 있었다.

편지로 돌아가 보자. 내가 어떻게 해야 하나? 데이브의 편지를 내가 보관해야 하나? 글쎄, 왜 안 돼? 결국 나를 신뢰한다는 경사스러운 표시가 아닌가? 그는 다른 사람을 결코 신뢰하지 않고 특히 남자는 신뢰하지 않는다. 발기 불능이 그가 치료를 받으러 왔다고 한 이유지만, 나는 치료의 진정한 임무는 다른 이들과 관계를 맺는 방식을 개선하는 것이라고 느꼈다. 신뢰하고 신임하는 관계는 모든 치료의 선행 조건이며, 데이브의 경우, 비밀을 많이 가지려는 그의 병적 욕구를 변화시킬 수 있는 도구가 될 수 있을 것이다. 그 편지를 보관하는 것이 우리 사이의 신뢰로운 결속을 단단하게 할 것이다.

아마도 편지는 내게 지렛대를 하나 더 주는 것일 것이다. 나는 데이브가 치료에 안전하게 머물러 있다는 느낌이 전혀 안 들었다. 우리는 그의 발기 불능 문제에 대해 작업을 잘해 왔다. 나는 결혼 생활의 불화에 초점을 맞췄고, 발기 불능은 그런 분노와 상호 불신 관계에서 일어날 수 있는 것이라고 말했다. 데이브는 최근에 결혼을 했는데(네 번째로), 지금의 결혼 생활을 이전 결혼과 똑같다고 불평했다. 자기는 감옥에 갇혀 있고, 아내는 자기가 전화하는 걸 엿듣고 편지와 개인적인 서류를 검열하는 간수로 느껴졌다. 나는 그가 있는 곳이 감옥이지만, 바로 자기가 지어 놓은 감옥이라는 데까지 인식되도록 도왔다. 물론, 그의 아내는 그에게서 정보를 얻으려고 한다. 물론, 그녀는 그의 행동과 편지에 호기심이 있다. 그러나 사소한 정보조차 나누지 않아 그녀의 호기심을 부추기는 것은 자기 자신이다.

데이브는 이 치료적 접근에 잘 반응하여 자기 생활이나 내적인 경험에 대해 아내와 좀 더 공유하려는 노력을 감명 깊게 하였다. 그의 행동은 악순환의 고리를 끊었고, 그의 아내는 부드러워졌으며, 그의 분노는 사라졌고 그의 성적인 문제는 개선되었다.

나는 이제, 무의식적 동기의 문제로 치료 방향을 돌리려 했다. 아내 때문에 감옥에 갇혔다고 믿음으로써 데이브가 얻는 이득은 무엇일까? 무엇이 그의 비밀에의 열망에 자양분을 주고 있을까? 무엇이 그로 하여금 남자든 여자든 성적이 아닌 친밀한 관계를 형성하지 못하게 하는 것인가? 도대체 무엇이 친밀에의 갈망을 일으킬까? 예순아홉에도 그러한 갈망들을 발굴하여 소생시키고 깨닫게 할 수 있을까?

그러나 이것은 데이브 것이라기보다는 나의 프로젝트다. 나는 그가 단지 내 비위를 맞추기 위해 무의식적인 동기를 탐색해 보는 데 동의한 것이 아닌가 하는 의심도 일부 들었다. 그는 내게 이야기하기를 좋아하지만, 기본적으로 끌리는 것은 성적으로 승리했던 태평성대 시기를 회상하며, 생생히 되살릴 수 있는 기회를 가질 수 있기 때문이라고 믿는다. 그와의 관계는 단단하지 않다고 느껴졌다. 내가 너무 그의 불안에 깊이 그리고 근접해 가까이 파고들어 가면 그는 사라져 딱 안 나타나 버릴 것이었다. 그가 다음 약속에 나타나지 않아 다시는 만날 수 없을 것 같은 기분이 항상 들었다.

내가 그의 편지를 보관한다면, 그것들은 사나이들의 약속처럼 작용해서 그는 사라져 버릴 수 없을 것이다. 적어도 종결하겠다면 내게 나타나서 말해야 할 것이며, 나를 만나서 편지를 돌려 달라고 해야 할 것이다.

게다가, 나는 그 편지를 받아들여야 한다고 느꼈다. 데이브는 매우 과민했다. 거부당했다는 느낌을 갖지 않게 내가 어떻게 거절을 할 수 있겠는가? 그는 또한 매우 판단적이었다. 한 번의 실수도 너무나 치명적이었고 그는 사람들에게 두 번의 기회를 거의 주지 않았다.

그러나 나는 데이브의 요구가 불편했다. 나는 그의 편지를 받아들이지 않을 만한 훌륭한 이유를 생각하기 시작했다. 나는 그의 그림자, 아마 병리와 연맹을 맺고 있는 것일 것이다. 그러한 요구에는 뭔가 음모가 도사리고 있었다. 우리는 나쁜 짓을 함께하는 두 소년들처럼 관계를 맺는 것일 것이다. 내가 본질에서 벗어난 그러한 토대 위에 단단한 치료적 관계를 맺을 수 있을까?

그 편지를 내가 보관함으로써 데이브로 하여금 치료 종결을 어렵게 하리라는 내 생각이 터무니없다는 것을 재빨리 나는 깨달았다. 나는 그 교활한 계략을 치워 버렸다. 나의 멍청하고 새대가리 같은, 그래서 화를 자초하는 결과를 가져오는, 상대를 꺾으려는 조종 책략 중 하나가 그 교활한 계략이었다. 교활한 수단이나 속임수로는 데이브가 다른 사람과 직접적으로 그리고 진솔하게 관계를 맺도록 도울 수가 없으며 내가 직접적이고 정직한 행동의 모범을 보여야 했다.

더구나 그가 치료를 중지하고 싶으면, 편지를 돌려받을 방법을 스스로 찾아야 한다. 20년 전에 이중성격으로 인해 치료를 곰보딱지로 만들어 버린 환자가 생각이 났다. 그녀는 다중인격이었는데 내가 새침이(Blush)와 뻔뻔이(Brazen)로 불렀던 두 인격이 서로 속여 가며 싸우고 있었다. 내가 치료한 이는 '새침이'이였는데, 억제하고 새침 떼는 어린 부분이었고, '뻔뻔이'는 거의 만날 수 없었지만, 그녀에 따르면 '성의 슈퍼마켓'이며 캘리포니아 포르노 대왕과 데이트를 하는 그녀의 성격 부분이었다. '새침이'는 '뻔뻔이'가 은행 잔고를 싹싹 털어 한 푼도 남겨 놓지 않고 섹시한 잠옷을 사고, 붉은 레이스가 달린 속옷, 멕시코 티후아나와 라스베이거스로 가는 비행기표를 사 놓은 것을 발견하고는 놀라서 '깨어났다(awoke).' 어느 날 새침이가 세계 일주 비행기표를 서랍에서 발견하고는 놀라서, 뻔뻔이의 섹시한 옷을 모두 내 사무실에 넣고 잠그면 그 여행을 막을 수 있을 것이라고 생각했다. 뭔가 재미있기도 하고 뭐라도 한번 해 보자 싶어 기꺼이 나는 내 책상 밑에 그녀의 옷을 보관해 주기로 했다. 일주일 후 어느 날 아침 사무실에 출근했을 때, 문은 부서진 채 열려 있었고, 내 책상은 샅샅이 뒤져 물건들이 널부러져 흩어져 있었으며, 옷은 모두 없어졌다. 나의 내담자도 역시 없어졌다. 나는 새침이(혹은 뻔뻔이)를 다시는 볼 수 없었다.

데이브가 도중에 죽었다고 상상해 보라. 그의 건강이 아무리 좋다 하여도 그는 69세이다. 사람은 69세에 죽을 수도 있다. 그러면 그 편지를 내가 어떻게 할 것인가? 게다가 그것들을 어디다 보관해 둔단 말인가? 그 편지들은 10파운드(킬로그램으로는 4.5kg)는 족히 될 것이다. 나는 잠시, 내 편지들 사이에 함께 두는 상상을 했다. 만약 발견되면, 그것들이 나를 어느 정도 보호해 줄 것이다.

그러나 편지들을 보관하는 데 있어 주된 문제는 집단치료와 관계가 있었다. 몇 주 전에 나는 데이브에게 집단치료에 들어가도록 권유했고 지난 3회기 동안 우리는 이 문제에 대해 오래 토론을 벌였다. 감추기를 좋아하는 그의 성향, 여성과의 교류를 모두 성적으로 받아들이고 모든 남자들에게 두려움과 불신을 갖는 성향들이, 내가 생각하기에는 집단치료에서 작업을 하기에 아주 좋은 주제들 같았다. 할 수 없이 그는 나의 치료 집단에서 집단치료를 시작하기로 동의했고, 그날이 개인치료에서 나를 만나는 마지막이었다.

데이브가 나에게 편지를 보관해 달라는 것은 이러한 맥락에서 봐야 했다. 첫째, 집단으로 옮겨 갈 시기가 임박했다는 것이 그의 요구 뒤에 있는 요인이라는 것은 너무나 쉽게 추측할 수 있는 이야기이다. 그는 분명히 나와 독점적으로 맺은 관계를 잃는 것이 아쉽고 집단원들과 나를 공유해야 한다는 생각에 화가 났을 것이다. 그러므로 나에게 편지를 간직해 달라는 것은 우리의 관계를 사적으로 특별한 관계로 지속시키는 한 방법일 것이다.

데이브의 섬세한 감수성을 건드리지 않기 위해 나는 아주, 아주 미묘하게 그 생각을 표현하려고 애를 썼다. 그가 편지를 종결의 수단으로 이용하고 있다는 것을 암시함으로써 편지의 품위를 떨어뜨리지 않도록 조심했다. 또한 우리의 관계를 정밀하게 들여다보는 느낌이 들지 않도록 조심하면서 우리의 성장에 영양을 공급하는 시간이 되도록 하려 하였다.

데이브는 치료에서 배운 것을 일상생활로 확장해 적용해 가는 데에 시간이 필요한 사람이었다. 그는 그 이야기에 어떤 진실이 있는지를 고려해 보지 않고 내 해석을 곧바로 무시하였다. 그는 단순히 한 가지 이유 때문에 내게 편지를 보관해 달라고 요구했다고 우겼다. 이제는 집을 돌보는 일을 주로 아내가 하게 되었고 아내가 꾸준히 그리고 확실하게 자기의 방식을 연구하여 자신의 방식을 알아냈기 때문에 편지가 어디에 감춰져 있는지를 알게 될 것이라는 것이다.

나는 그 이야기에 반응을 하지는 않았는데 그 순간은 내담자를 위한 것이지 직면을 위한 시간이 아니었기 때문이다. 그래서 그냥 그대로 두었다. 나는 그의 편지를 보관하는 것이 궁극적으로 그가 집단치료에서의 작업을 태만히 하게 될 것이라는 데에 더 신경이 쓰였다. 데이브에게 있어서, 집단치료는 얻는 것만큼 위험 부담률도 높은 모험이었으므로 그가 일단 집단으로 들어가도록 촉진하고 싶었다.

거기서 얻는 이익은 실로 클 것이다. 집단은 데이브에게 자기의 대인관계 문제를 인식하고 새로운 행동을 실험해 볼 수 있는 안전한 공동체가 될 수 있을 것이다. 예를 들면, 그가 좀 더 자신을 드러내고, 다른 남자들과 가까워지고, 여성들과 성적인 관계보다는 한 인간으로서 관계를 맺게 될 수 있을 것이다. 무의식적으로 데이브는 그러한 행위들로 인하여 엄청난 재앙이 올 것이라고 믿고 있었으므로 집단은 그런 가설이 틀렸다는 것을 확인할 수 있는 이상적인 곳이었다.

많은 위험 중에서도, 나는 특별한 시나리오 하나가 특히 걱정이 되었다. 나는 데이브가 집단에서 자기에 대한 중요한(혹은 사소한) 정보를 나누지 않으려 할 뿐 아니라 수줍어하거나 남들이 자꾸 자극하게 하는 방식으로 상호작용하는 것을 상상했다. 다른 집단원들은 계속 그에게 개방하라고 요청할 것이고, 이는 그가 감추려 할수록 점점 더해질 것이다. 그에 대한 반응으로 데이브는 더 감추려 하게 될 것이다. 집단원들은 화가 나서 자기들과 게임을 하고 있다고 비난할 것이다. 데이브는 상처를 입고 덫에 걸렸다고 느낄 것이다. 집단원에 대한 의심과 두려움은 더욱 확고해지고, 그는 집단에서 중도 탈락하여 시작할 때보다 더 고립되고 낙심하게 될 것이다.

만약 내가 그 편지를 보관한다면, 나는 그의 비밀을 지니려는 성향에 반치료적인(countertherapeutic) 방식으로 공모를 하고 있는 것 같았다. 집단을 시작하기도 전에 다른 집단원들을 배제하고 나와 특별한 관계를 맺어 나와 공모하려는 것이었다.

이런 모든 것을 고려한 후 나는 결국 내 반응을 선택했다.

"그 편지들이 당신에게 왜 중요한지를 이해해요, 데이브. 그리고 당신이 신뢰할 만한 사람으로 나를 선택해 준 것이 기뻐요. 그러나 집단 지도자를 포함해서, 집단에 있는 모든 사람들이 가능한 한 개방적일수록 집단치료 작업이 잘 된다는 것이 내 경험입니다. 나는 당신이 이러한 거래에 대해 집단에서 이야기를 하겠다고 동의한다면, 원하는 동안 안전한 장소에 기꺼이 그 편지를 보관해 드리겠습니다."

데이브는 놀라서 쳐다보았다. 이런 반응을 예측하지 못했었던 것이다. 그가 썰썩 뛸까? 그는 몇 분간 고심하더니 "나도 모르겠습니다. 좀 더 생각해 보겠어요. 다시 알려 드리지요."라고 하였다. 그는 갈 곳을 잃은 편지와 가방을 끌고 내 사무실을 떠났다.

데이브는 그 편지에 대해 다시 나에게 언급하지 않았다 — 적어도 내가 예상했던 방식으로는. 그러나 집단에 참여를 하였고 처음 몇 번의 모임에는 충실하게 참석하였다. 사실, 나는 그의 열성에 놀랐는데 네 번째 모임에서 그는, 집단 모임이 그 주에 자기에게 가장 중요한 부분이었다고 이야기하며, 다음 모임을 손꼽아 기다린다고 하였다. 그 열성 뒤에는, 슬프게도, 자아 발견의 환희가 아니고, 4명의 매력적인 여성 집단원들이 배후에 있는 원인이었다. 그는 오로지 그들에게만 집중하고 있었고, 그들 중 둘과는 집단 밖에서 만나려고 하였다.

내가 예상했던 바대로, 데이브는 집단에서 자기를 아주 잘 숨기고 있었고, 데이브만큼이나 비밀을 좋아하는 아름답고, 자부심 강한, 또 데이브처럼 자기 나이보다 10년은 젊어 보이는 다른 여성에게서 강화를 받고 있었다. 한 모임에서 그녀와 데이브는 서로 나이가 몇이냐고 물었다. 둘 다 나이로 정형화되는 것이 싫다는 교묘한 술책을 쓰면서 대답을 거부했다. 오래전, 성이라는 것이 '사생활(private)'로 취급되면서 치료 집단은 섹스에 대해 이야기하는 것을 피했다. 그러나 지난 20년간은 집단에서 섹스에 대해 좀 더 편안히 이야기하게 되었고 근래에는 돈 문제가 사적인 주제가 되었다. 수천 번의 집단 모임에서, 집단원들이 거의 전부를 드러내더라도 자기 수입에 대해 밝히는 것은 들어 본 적이 거의 없다.

그러나 데이브의 집단에서 불타는 비밀은 나이였다. 데이브는 자신에 대해 장난치고 농담하곤 하였지만 나이를 밝히는 것은 단호히 거부했으며, 집단에 있는 여성 중 하나가 그걸 따져 물어 그를 위태롭게 할 기회를 주지 않았다. 그에게 나이를 밝히라고 압력을 가했던 한 모임에서, 그는 자기의 비밀인 나이와 그녀의 집 전화번호를 교환하자고 제의했다.

나는 집단에서 저항이 얼마나 되는지에 점차 염려를 하게 되었다. 데이브가 진지하게 치료 작업을 하고 있지 않을 뿐만 아니라, 그의 가벼운 농담과 추근거림이 치료 집단의 전 과정을 피상적인 수준에서 맴돌게 하고 있었다.

그런데 한 모임에서 분위기가 아주 진지하게 바뀌었다. 한 여성 집단원이 자기 남자 친구가 암이라는 것을 방금 알았다고 이야기하였다. 환자 연령이 좀 높고(남자 친구는 63세였다.) 신체 상태가 쇠약하기는 해도 예후가 그리 절망적이지는 않다고 의사가 말했지만, 그녀는 남자 친구가 곧 죽을 것이라고 믿었다.

나는 데이브에게로 꽁무니를 뺐다. 그 남자 친구가 '좀 높은' 연령인 63세라 하여도 데이브보다 여섯 살이나 젊었다. 그러나 그는 눈길을 주지 않았고, 훨씬 더 솔직하게 이야기를 하기 시작했다.

"아마 집단에서 내가 이야기를 해야 할 것 같군요. 나는 질병이나 죽음에 대해 공포증이 있어요. 나는 의사를 안 만나려 하지요 — 진짜(real) 의사요." 나에게 짓궂은 눈길을 보내면서 말을 이었다. "마지막으로 신체 검사를 한 것이 15년도 더 되었을 겁니다."

다른 집단원이 "당신은 매우 몸이 좋아 보여요, 데이브. 당신 나이가 몇이든 간에요."

"고맙습니다. 노력을 많이 하지요. 수영, 테니스, 걷기 등 최소한 하루에 2시간은 운동을 합니다. 테레사, 당신이나 당신 남자 친구에 대해 감정이 느껴지시만, 어떻게 도와줘야 할지 보르겠습니다. 나도 나이를 먹는 것이나 죽음에 대해 많이 생각해 봤지만, 너무 병적으로 생각하기 때문에 말을 할 수가 없습니다. 솔직히 말하면, 나는 병문안을 가기도 싫고 병에 대해 듣기도 싫답니다. 그리고 의사는 — 다시 한 번 내게 으쓱 몸짓을 해 보이고 — 내가 항상 집단에 빛을 비춘다고 하는데, 그게 이유일 거요!"

"이유가 뭐라고요?" 내가 물었다.

"글쎄요, 여기서 내가 진지해지기 시작한다면, 내가 얼마나 늙는 것을 싫어하는지, 얼마나 죽음을 두려워하는지에 대해서부터 이야기를 시작해야 할 겁니다. 언젠가는 나의 악몽에 대해 말할 날이 있겠죠. 언젠가는."

"그런 두려움을 가진 사람이 당신만은 아닐 겁니다, 데이브. 모두가 한 배를 탔다는 것을 알게 되면 도움이 될 텐데요."

"아니요, 당신 배에는 당신 혼자뿐이지요. 죽음에 대해 가장 무서운 부분이 바로 그겁니다. 혼자 당해야 한다는 것이요."

다른 집단원이, "당신 배에는 당신 혼자뿐이라 하더라도, 가까이에 있는 다른 배의 불빛을 만나는 것은 항상 위안이 되잖아요."

모임이 끝날 시간이 되어 갈 때 나는 굉장한 희망을 느꼈다. 나는 막힌 부분을 뚫은 것같이 느꼈다. 데이브는 뭔가 중요한 것에 대해 이야기를 하려 하고 있고, 감동을 받았고, 진실해져서 다른 이들로부터 긍정적 반응을 받고 있다.

다음 모임에서, 지난 모임이 있었던 날 밤에 꾸었던 강렬한 꿈 이야기를 했다. 그 꿈은 다음과 같다(학생 관찰자에 의해 기록된 축어록이다.).

죽음이 나를 둘러싸고 있었다. 나는 죽음의 냄새를 맡을 수 있었다. 나는 속이 가득 찬 봉투 다발을 하나 가지고 있었는데, 그 봉투에는 죽음이나 부패, 혹은 변질을 막는 무엇인가가 들어 있었다. 나는 그것을 비밀로 했다. 그것을 가지러 가서 만져 봤는데, 갑자기 봉투가 비어 있다는 것을 발견했다. 그래서 나는 매우 기분이 나빴고 봉투가 길게 째져서 열려 있는 것을 보았다. 나중에 봉투에 있으리라고 추측했던 것을 길에서 발견했는데, 그것은 밑창이 너덜너덜한 더러운 신발 한 짝이었다.

그 꿈은 내게 장을 열어 주었다. 나는 가끔 그의 연애편지에 대해 생각했지만 그것이 데이브에게 지니는 의미를 다시 탐색할 기회를 가질 수 있을지 의심스러웠다.

나는 집단치료를 아주 좋아하지만, 이 형식은 한 가지 중요한 약점이 있다. 집단치료에서는 종종 보다 깊은 실존이라는 주제를 탐색하기가 어렵다는 점이다. 그러나 이제 시간이 왔고 집단을 통해, 한 사람의 깊숙한 내부 구조로 파고들어 가 대인관계라는 덤불을 깨끗이 정리하고 아름다운 길을 찾는, 실질적인(그리고 보다 도움이 되는) 임무를 동경의 눈길로 응시하고 있었다. 나는 이 꿈이 숲의 심장부로 들어가는 길이라는 것을 부정할 수 없었다. 무의식이라는 신비의 세계에 대한 답을 그렇게 투명하게 주는 꿈을 나는 거의 보지 못했다.

데이브도 집단원들도 그 꿈을 가지고 어떻게 해야 할지 몰랐다. 그들은 몇 분간 허둥댔고, 그래서 나는 데이브에게 봉투에 대한 꿈의 이미지와 관련해서 연상되는 것이 있는지 평범하게 물었다.

나는 위험을 감수해야 한다는 것을 알고 있었다. 그것이 데이브에게 드러내라고, 시기적절하지 않게 강요하는 것이든 집단을 시작하기 전의 개인치료 작업에서 그가 나를 신뢰하여 내놓은 정보를 내가 드러내는 것이든 간에 실수가, 아마도 치명적인 실수가 될지도 모르는 것이었다. 내 질문이 안전을 아슬아슬하게 지키는 것이었다고 생각되었다. 왜냐하면 내가 구체적인 꿈 자료에 머물러 있었고, 데이브는 그와 관련된 연상을 하지 못하면 쉽게 이의를 제기할 수 있었기 때문이다.

그는 게임처럼 계속했지만, 보통 하던 그런 장난조는 아니었다. 그는 꿈이 자기가 지키고 있는 비밀스러운 편지 — '모종의 관계'에 대한 편지를 의미할지도 모른다고 진술했다. 다른 집단원들은 호기심이 동해서, 데이브가 오래전 소라야와의 연애 사건과 편지를 보관할 만한 적절한 장소를 찾는 문제를 관련지을 때까지 그에게 질문했다. 그는 그 연애가 30여 년 전 사건이라는 것을 이야기하지 않았다. 그리고 나와의 협상이나 이 모든 이야기를 집단에서 나누면 내가 편지를 보관해 주겠다고 한 제안에 대해서도 언급하지 않았다.

집단은 비밀이라는 주제에 초점을 맞추었는데 ─ 어쨌든 관련된 치료적 주제이기는 하지만, 지금 나를 가장 매료시키고 있는 주제는 아니었다. 집단원들은 데이브의 감추는 면에 대해 놀랐고 일부는 자기 아내에게 그 편지를 비밀로 하고 싶은 그의 소망을 이해하기도 했지만 아무도 그의 과도한 비밀 유지 소망에 대해서는 이해하지 못했다. 예를 들면, 데이브는 왜 자기 아내에게 치료를 받고 있다는 이야기를 안 하는가? 치료받고 있는 것을 아내가 안다면, 남편이 거기 가서 자기에 대해 불평을 하리라고 생각하기 때문에 그리고 남편이 집단에서 이야기한 것에 대해 매주 들들 볶을 것이기 때문에 자기 삶이 비참해질 것이라는, 말도 안 되는 변명을 아무도 높이 사주지 않았다.

아내의 마음이 평화롭기를 진정 원한다면서 남편이 매주 어디를 가는지 아는 것이 훨씬 덜 불안할 것이라는 점을 그들은 지적하였다. 매주 집단에 참석하기 위해 집을 나서며 그녀에게 하는 같잖은 변명들을 보라고 하였다. 그는 은퇴를 해서 규칙적으로 집을 나가야 하는 일이 없었다. 그리고 매달 날아드는 치료비 청구서를 감추기 위해 그가 해야 하는 책략을 보라. 이것은 눈 가리고 아웅이다! 무엇을 위해서? 보험 문서조차 그의 비밀 사서함에 보관해야 했다. 집단원들은 데이브가 집단에서 감추는 게 많은 데에 대해서도 불평을 했다. 자기들을 신뢰하지 않기 때문에 그를 멀게 느꼈다. 왜 그는 집단 초기에 '모종의 관계에 대한 편지'

라고 말을 해야 했을까?

그들은 직접적으로 그를 직면시켰다. "그만둬요, 데이브. 정정당당하게 '연애편지'라고 말하는 데 얼마나 시간이 더 필요해요?"

집단원들은, 고맙게도, 오로지 그들이 해야 하는 것을 하고 있었다. 그들은 꿈 중에서 데이브가 그들과 관계를 맺는 방법에 가장 관련이 있는 부분 — 비밀이라는 주제 — 을 선택해서, 그것을 기가 막히게 탐색해 가고 있었다. 데이브는 약간 불안해졌지만 신선한 기분으로 몰입했고, 오늘은 더 이상의 게임을 하지 않았다.

그러나 나는 욕심이 났다. 그 꿈은 순금덩어리여서 금광을 캐고 싶었다. "그 꿈의 나머지 부분에 대해 생각한 사람은 없으신가요?"라고 나는 물었다. "이를테면, 죽음의 냄새라든가 그 봉투에는 '죽음, 부패, 변질을 막는' 무언가가 들어 있었다는 사실 같은 것에 대해서요?"

집단에는 잠시 침묵이 흘렀고 그러고 나서 데이브가 나를 향해 말했다. "당신은 무슨 생각을 하고 계신가요, 박사님? 정말 듣고 싶은데요."

덫에 걸린 듯한 기분이 들었다. 나는 데이브가 개인치료에서 나와 나누었던 일부 자료를 드러내지 않고는 대답을 할 수가 없었다. 예를 들면, 소라야가 이미 30년 전에 죽었다든가, 69세가 되니 죽음을 가까이 느낀다든가, 내게 편지 보관자가 되어 달라는 부탁을 했었다는 것을 집단에 이야기하지 않았다. 그러나 내가 그것들을 드러내면, 데이브는 배신감을 느낄 것이고 아마도 집단을 떠나게 될 것이다. 올가미 속으로 걸어 들어갈 것인가? 탈출할 수 있는 유일한 방법은 완전히 솔직해지는 것이다.

"데이브, 당신 질문에 대답하는 것이 내게는 정말 어려운 일이에요. 나는 당신이 집단에 들어오기 전에 나와 나누었던 정보를 드러내지 않고는 꿈에 대해 내가 어떤 생각을 했는지 말할 수가 없어요. 나는 당신이 사적인 프라이버시의 비밀에 대해 무척 신경을 쓴다는 것을 알고 있으니 당신의 신뢰를 배신하고 싶지 않아요. 그러니 내가 어떻게 하면 좋겠어요?"

나는 뒤로 기대앉았다, 내 자신에게 뿌듯함을 느끼면서. 기가 막힌 기법이었다! 내가 학생들에게 말하는 바로 그것이다. 딜레마에 빠졌거나 양립할 수 없는 강한 두 감정이 갈등을 일으키고 있으면, 당신이 할 수 있는 최선은 그 딜레마나 갈등되는 감정을 모두 내담자와 나누는 것이다.

데이브는 말했다. "염병할! 계속합시다. 나는 당신 의견에 대해 비용을 지불하고 있습니다. 감출 것도 없소. 내가 무슨 말을 했든 뚜껑이 열린 셈이니까. 내가 편지에 대해 우리가 한 이야기를 언급하지 않은 것은 당신과 타협하고 싶지 않아서였소. 내 요구나 당신의 반대 제안은 둘 다 미친 짓이었으니까."

이제 데이브의 허락을 받았으니까, 나는 우리가 서로 나눈 이야기에 대해 지금 호기심이 가득할 집단원들에게 적절한 배경 설명을 할 수 있었다. 데이브에게 온 편지의 중요성, 30년 전 소라야의 죽음, 어디다 편지를 보관할 것인지에 대한 데이브의 딜레마, 그것들을 내게 보관해 달라고 했던 요구, 그리고 그가 집단에서 우리의 그런 거래를 밝히겠다는 동의를 할 때에만 보관하겠다는 나의 제안을 말했다. 나는 그의 나이나 다른 여타 자료들을 드러내지 않도록 함으로써 데이브의 사생활을 존중하려고 주의 깊게 노력하였다.

그리고 나는 꿈으로 돌아갔다. 나는 왜 그 편지들이 데이브를 그렇게 무겁게 하는지 꿈에서 답을 주고 있다고 생각했다. 그리고 감추어 둔 내 편지들이 내게 왜 그리 짐이 되는지에 대해서도 함께 답을 주고 있었다.

그러나 내 편지에 대해서는 말하지 않았다. 내 용기에도 한계가 있었다. 물론 나는 합리화를 하고 있다. 집단원들은, 자기의 치료를 위해 여기 오는 것이지 나를 치료해 주기 위해 오는 것이 아니다. 집단에 주어진 시간이 매우 적고—8명의 내담자에게 90분밖에 되지 않으니까—치료자 문제에 대해 들어주게 하는 것은 집단원을 위해 시간을 잘 사용하는 것이 아니다. 치료자들은 개인적인 문제를 직면하고 해결한다는 믿음을 내담자들이 가질 필요가 있다.

그러나 이것들은 정말 합리화이다. 요는 용기가 필요했다는 것이다. 나는 자기개방을 너무 많이 하기보다는 너무 적게 하는 실수를 끊임없이 해 왔다. 나 자신에 대해 많이 나누었을 때, 나도 인간이기 때문에 겪는 문제들과 싸우고 있다는 것을 앎으로써 언제나 그들처럼 나도 너무나 많은 이익을 얻는다.

그 꿈은, 나는 계속했는데, 죽음에 관한 꿈이었다. 나는 이렇게 시작했다. "죽음이 나를 둘러싸고 있다. 나는 죽음의 냄새를 맡을 수 있다." 그리고 중심이 되는 이미지는 봉투, 죽음과 변질을 막아 주는 무엇인가가 들어 있는 봉투였다. 이보다 무엇이 더 분명할 수 있는가? 연애편지는 부적, 즉 죽음을 부정하는 도구였다. 그것들은 나이를 먹는 것을 막아 주고, 시간이 얼어붙었으면 하는 데이브의 열망을 지켜 준다. 진정으로 사랑받는 것, 기억되고 다른 이와 영원히 하나가 되는 것은 불멸이며 실존의 중심부에 있는 고독으로부터 방패막이다.

꿈이 계속되면서 데이브는 봉투가 약간 찢어져서 열려 있고 속이 비어 있는 것을 보았다. 왜 찢어져 열려 있고 비었는가? 그것들을 다른 이들에게 말하면 그 힘을 잃을 것이라고 느꼈기 때문일까? 늙고 죽는 것을 막아 주는 편지의 능력에 대해 스스로 부여하고 사적으로만 간직하고 있는 비합리적인 — 합리라는 차가운 불빛으로 비추어 보면 날아가 버리는 캄캄한 데서 부리는 요술 같은 무엇인가가 있었을 것이다.

집단원 하나가 물었다. "밑창이 너덜거리는 낡고 더러운 신발은 뭔 가요?"

나는 몰랐다. 그러나 내가 반응을 하기 전에, 또 다른 집단원 하나가, "그것은 죽음이에요. 신발 밑창, 즉 S-O-L-E을, 발음이 같은 S-O-U-L, 즉 영혼으로 쓰면요."

물론 밑창의 sole이 아닌, 영혼의 soul이었다! 와, 기가 막히다! 왜 그 생각을 못했지? 나는 앞부분 반, 즉 낡고 더러운 신발이 데이브를 상징한다는 것은 파악을 했었다. 예를 들면, 40년은 연하인 여성 집단원에게 그가 전화번호를 물었을 때, 집단은 데이브를 '추접한 늙은이(dirty old man)'라고 생각을 했다. 그 욕설이 입에서 튀어나오지 않은 게 다행스러웠지만 그를 움찔하게는 했다. 그러나 집단 토론 중, 데이브가 제입으로 그 말을 발설했다.

"오, 세상에! 영혼이 거의 떠나려 하는 추접한 늙은이로구먼. 그게 나니까 괜찮아!" 그는 자기가 말해 놓고 낄낄거렸다. 그는 여러 나라의 언어를 구사할 수 있는 언어의 마술사로, 영혼의 soul과 밑창의 sole이 변환되는 것에 감탄했다.

데이브가 농담조로 이야기하고 있었지만 매우 고통스러운 자료를 다루고 있다는 것은 분명했다. 집단원 중 하나가 추접한 늙은이 같은 기분에 대해 좀 더 감정을 나누자고 물었다. 다른 이는 편지 이야기를 집단에서 한 것이 어떤 기분인지 물었다. 이런 것들이 집단원들에 대한 그의 태도를 바꿀 것인가? 또 다른 이는 모두가 늙고 쇠약해지는 것을 직면하고 있다면서, 이런 것에 대한 그의 감정들을 더 나누어 달라고 그에게 재촉했다.

그러나 데이브는 문을 닫았다. 그는 그날 자기가 할 작업을 이미 다 해 버렸다. "오늘 난 내가 지불한 돈만큼을 얻었습니다. 내게 이 모든 것들을 소화시킬 시간이 좀 필요해요. 내가 오늘 모임의 75퍼센트를 이미 잡아먹은 것 같고, 다른 이도 오늘 무언가를 하고 싶은 사람이 있을 것 같네요."

할 수 없이 우리는 데이브를 떠나 다른 문제로 옮겨 갔다. 그때 우리는 몰랐다. 그것이 영원한 이별이 될 줄을. 데이브는 다음 모임에 나타나지 않았다. 그리고 그는 나나 다른 어떤 이와의 개인치료도 다시 시작하고 싶어 하지 않았다.

모두가, 나만큼이나, 자신에게 수없이 질문을 던졌다. 우리가 데이브를 떠나게 한 것은 무엇이었을까? 우리가 너무 그를 벗겨 냈나? 어리석은 노인네를 너무 빨리 현명하게 바꾸려고 시도했나? 내가 그를 배신했나? 내가 그의 덫에 빠졌나? 편지에 대해 이야기하지 않고 꿈을 그냥 그대로 놔두었으면 나았을까? 꿈 해석 작업은 성공적이었지만, 집단을 떠나 버렸으니 내담자는 죽은 셈이다.

아마 우리가 그의 중도 탈락을 미연에 방지할 수 있었을지도 모르지만, 나는 그것도 의심스럽다. 데이브의 갇혀 있기나 회피, 부정은 궁극적으로 지금과 똑같은 결과로 이끌었을 것이다. 나는 처음부터 그가 집단을 중도 탈락하리라는 걱정을 했었다. 내가 치료자보다는 예언자로서 더 훌륭했다는 사실은, 그러나, 별로 위로가 되지 않는다.

무엇보다도 난 슬펐다. 데이브 때문에, 그의 고독과 환상에의 집착, 용기에의 갈망, 발가벗겨지고 비참한 삶의 현실을 직면하기 싫어함 때문에 슬펐다.

그러고 나서 나 자신의 편지에 대한 환상으로 슬쩍 빠졌다. 만약 내가 죽고 나서(나는 '만약'이라고 내가 말을 했다는 사실에 웃었다.) 그것들이 발견된다면 어떤 일이 일어날까? 아마 난 몰트나 제이나 피트에게 나를 위해 그걸 보관해 달라고 줘야 될지도 모르겠다. 왜 나는 골치 아파하면서도 그 편지들을 간직하고 있는 것일까? 전부 태워 버리고 나면 편안할 텐데 왜 그러지 않는 것일까? 왜 지금 하지 않는가? 지금! 그렇게 하려고 생각하니 가슴이 아프다. 가슴을 꼬챙이로 찌르는 것 같다. 그러나 왜? 오래되어 누래진 편지에 대해 왜 그렇게 고통이? 나는 이에 대해 작업을 해야겠다 — 언젠가.

7

두 번의 미소

TWO SMILES

두 번의 미소

••• 어떤 내담자들은 참으로 쉽다. 변화할 만반의 준비를 하고 내 사무실에 나타나므로 가만 있어도 치료는 저절로 굴러간다. 때로는 너무나 아무 노력도 내게 요구되지 않아서 나 자신을 확인하기 위하여, 그리고 내담자에게는, 내가 이 관계에서 꼭 필요한 사람이란 것을 확인시키기 위하여 질문을 하거나 해석을 하는 등 일을 만들어 낸다.

마리는 그런 쉬운 내담자가 아니었다. 그녀와 함께하는 매 회기가 많은 노력을 요했다. 그녀가 3년 전에 처음 나를 만나러 왔을 때, 남편은 이미 죽은 지 4년이 지났으나 그녀는 슬픔으로 얼어붙어 있었다. 얼굴이 얼어 있었고, 상상력, 신체, 성적 욕구 — 그녀 삶의 모든 흐름이 얼어 있었다. 치료에서도 오랫동안 활기가 없었고, 나는 두 사람 몫의 일을 해야 했다. 우울증이 사라진 지 오래된 지금까지도, 우리 작업은 경직된 채였고, 우리 관계는 내가 결코 변화시킬 수 없게 냉랭하고 동떨어져 있었다.

오늘은 치료 휴일이었다. 마리는 자문 치료자와 면담을 하기로 되어 있었고, 나는 그녀와 그 시간을 풍부하게 나누되 '휴무(off duty)'인 것을 즐길 참이었다. 몇 주간 나는 그녀에게 자문 치료자의 최면치료를 받아 보라고 강권하였었다. 그녀는 모든 새로운 경험에 저항을 하였고 최면에는 특별히 두려움을 느꼈었지만, 그 회기 내내 내가 함께 있는다는 조건으로 결국 동의를 했다. 나는 상관이 없었다. 사실, 친구이고 동시에 자문 동료인 마이크 C가 하는 작업을 등 대고 앉아 본다는 사실이 꺼려지지 않았던 것이다.

　더구나 관찰자가 되어 보는 것은 내가 마리를 재평가해 볼 수 있는 아주 좋은 기회를 갖는 것이다. 3년을 만나면서 그녀에 대한 나의 견해가 고착되고 편협해져 있을 수 있기 때문이다. 아마 그녀가 의의 있게 변화했어도 내가 그것을 눈치채지 못하고 있을 수도 있다. 그리고 다른 사람은 내가 그녀를 평가하는 것과는 아주 다르게 평가할지도 모른다. 그녀를 새로운 눈으로 다시 볼 시기가 온 것이었다.

　마리는 스페인계로서 멕시코시티에서 18년 전에 이민을 왔다. 멕시코에서 대학을 다닐 때 만난 그녀의 남편은 외과 의사였는데 어느 날 저녁 응급실서 연락을 받고 급히 병원으로 나가다가 교통사고를 당해 죽었다. 마리는 키가 크고, 이목구비가 뚜렷하고, 치렁치렁한 검은 머리를 등 언저리에서 묶은, 조각처럼 생긴 아주 멋있는 여성이었다. 나이가 얼마나 되었을까? 사람들은 스물다섯쯤, 화장을 안 하면 서른쯤으로 볼 것이다. 그녀가 마흔이나 되었을 거라고 상상할 사람은 없을 것이다.

　마리는 가까이하기 어려울 만큼 깎아지른 듯한 빼어난 용모를 지녔고 대부분의 사람들은 그녀의 아름다움과 오만함으로 인해 위압감을 느끼고 멀게 느꼈다. 나는 반대로 그녀에게 강한 호감을 느꼈다. 나는 그녀에게 감명을 받았고, 편하게 해 주고 싶었는데, 종종 그녀에게 끌리는 매력의 강도에 스스로 놀라기도 하였다. 마리는 내 청소년기의 성적 환상의 대상이었던, 헤어스타일이 꼭 같은 우리 고모를 연상하게 했다. 아마 그 때문일 것이다. 이 키 크고 위엄 있는 여성에게 믿을 만하고 순수한 친한 친구이며 보호자가 되고 싶어 알랑댄 것은, 아마 단순히 그 이유에서였을 것이다.

그녀는 자기의 우울을 잘 감추었다. 그녀가 자기 인생이 끝났다고 느끼고, 너무나 외로워 밤마다 울며, 남편이 죽은 이래 7년간, 한 번도 남자와 개인적인 대화조차도 해 본 적이 없으리라고는 아무도 상상할 수 없을 것이다.

남편을 잃은 처음 4년 동안, 마리는 남자들이 절대로 가까이할 수 없게 대했다. 우울증이 약화된 지난 2년여간, 그녀는 로맨틱한 관계를 새로이 만드는 것만이 유일한 구원이라는 결론에 도달하였으나 너무 자존심이 강하고 위협적이었기 때문에 남자들은 그녀를 접근할 수 없는 사람으로 치부하였다. 몇 개월간 나는 인생이란, 진정한 인생이란, 남자에게 사랑을 받아야 살 수 있는 것이라는 그녀의 신념에 도전을 하려고 시도해 왔다. 나는 그녀가 새로운 흥미거리를 개발하고 여성과의 관계에도 가치를 두는 등 시야를 좀 넓힐 수 있게 도우려 했다. 그러나 그녀의 신념은 너무나 뿌리 깊었다. 나는 점차 그것이 난공불락이라는 결론을 내리게 되었고 그녀가 남자를 만나 관계를 맺는 법을 배우도록 집중적으로 도왔다.

그러나 우리의 작업은 마리가 샌프란시스코에서 케이블카를 타다 떨어져 턱뼈가 부러진 4주 전부터 제자리걸음이었다. 그녀는 얼굴과 이가 다친 데다 얼굴과 목이 깊게 찢어져 고통스러워했다. 일주일간의 입원

후에 그녀는 이를 치료하기 위해 구강치료를 받기 시작했다. 마리는 고통을, 특히 치통을 견디기 힘들어했고, 구강외과를 자주 방문해야 하는 것에 두려움을 느꼈다. 게다가, 그녀는 안면신경에 손상을 입어서 얼굴 한쪽에 심한 고통을 느꼈다. 어떤 약물도 소용이 없었기 때문에 최면으로 도움을 받자는 나의 제안도 결국 그 고통을 경감시키기 위한 것이었다.

보통 조건에서도 마리는 어려운 내담자였지만, 사고 후에는 더욱더 저항을 했고 빈정댔다.

"최면은 어리석은 사람들이나 의지가 약한 사람들을 위한 것이라던데요. 그래서 내게 그것을 권하시는 건가요?"

"마리, 최면은 의지나 지능과 아무 관계가 없다는 것을 어떻게 당신에게 설득시킬 수 있을까요? 최면에 빨려 들어가는 능력은 단지 그 사람이 타고난 속성이라니까요. 뭐가 위험해요? 당신은 그 고통이 참을 수 없다고 말했잖아요. 1시간 자문을 받음으로써 고통이 완화될 높은 가능성이 있다고 봅니다."

"당신에게는 굉장히 간단한 것처럼 들리겠지만, 난 바보가 되고 싶지 않다고요. TV에서 최면하는 것을 봤는데, 그 희생자들이 천치처럼 보였어요. 그들은 물기 하나 없는 무대에서 헤엄을 치고, 의자에 앉아 배의 노를 젓고 있다고 생각해요. 어떤 사람은 혀가 나온 채 굳어서 그걸 도로 집어넣을 수가 없었어요."

"내게 그런 일이 일어난다고 생각하면, 나도 당신같이 염려가 될 거예요. 그렇지만 TV에서 보는 최면과 의학적인 최면의 세계는 전혀 달라요. 우리가 무엇을 기대할 수 있는지 정확히 당신에게 설명했잖아요. 요점은 아무도 당신을 조종하지 않는다는 것이에요. 그 대신에, 당신은 스스로 고통을 통제할 수 있는 의식 상태를 만드는 법을 배우고요. 나나 다른 의사들을 아직 신뢰하지 않고 있는 것처럼 들려요."

"의사가 믿을 수 있는 자들이었다면, 그들은 제때에 신경외과에 전화를 했을 것이고 내 남편은 아직 살아 있을 거예요!"

"오늘은 여기서 굉장히 많은 것, 많은 주제들이 오가는군요. 당신의 고통, 최면에 대한 당신의 염려 그리고 오해, 당신이 바보같이 보일까 하는 두려움, 나를 포함한 의사에 대한 불신과 분노, 어떤 것부터 먼저 시작해야 할지 모르겠어요. 당신도 그렇게 느끼나요? 당신은 오늘 우리가 어디서 시작해야 한다고 생각해요?"

"당신이 의사지, 내가 의사는 아니잖아요."

치료는 그렇게 진행되었다. 마리는 성급하고, 쉽게 화내고, 그리고 내게 감사를 표현함에도 불구하고, 종종 냉소적이거나 비위를 건드렸다. 그녀는 어느 것이든 한 가지 주제에 머물러 있지를 않고 재빨리 다른 주제로 옮겨 갔다. 때때로 그녀는 스스로 그것을 파악하고는 심술궂게 군 것을 사과했으나, 몇 분도 안 되어 금새, 성급하고 자기연민에 빠지는 변덕을 부렸다. 나는 그녀에게 할 수 있는 가장 중요한 것이, 특히 지금과 같은 위기에는, 우리의 관계를 지속시키고 나로부터 달아나지 못하게 하는 것이라는 것을 알았다. 지금까지는 이러한 것을 잘 지속시켰으나 내 인내심에도 한계가 와서, 이 짐을 마이크와 나눔으로써 내 짐을 덜고 싶다고 느꼈다.

또한 나는 동료로부터 지지를 받고 싶었다. 그것이 자문을 받고자 한 숨겨진 동기였다. 내가 마리와 어떤 경험을 해 왔는지 증인을 하나 만들어, 누군가 다른 사람이 내게, "그녀는 정말 힘들군. 정말 당신, 그녀하고 너무나 잘해 왔어." 하는 이야기를 듣고 싶었다. 내게 그런 부분이 필요하다는 것은 마리에게 최선이 되도록 하는 행위는 아니었다. 나는 마이크가 물 흐르듯 자문을 쉽게 하기를 바라지 않았다. 내가 투쟁해야 했던 만큼 그도 투쟁하기를 바랐다. 그렇다, 나는 그걸 인정한다. 내 일부에서는 마리가 마이크에게 어려운 시간을 줬으면 하는 마음이 있었다.

"자, 마리, 당신 걸 보여 주시오!"

그러나 놀랍게도, 그 회기는 너무나 잘 진행되었다. 마리는 최면에 좋은 피험자였고, 마이크는 능숙하게 그녀를 유도해서 어떻게 스스로 최면 상태에 들어가는지를 가르쳤다. 그러고 나서 그는 마취 기법을 써서 그녀의 고통에 말을 걸었다. 그는 치과 의자에 앉아 마취 주사를 맞는 상상을 하라고 암시를 주었다.

"당신의 턱과 뺨이 점점 무감각해집니다. 이제 당신 뺨은 전혀 감각이 없습니다, 전혀. 손으로 한번 만져 보시고 그게 얼마나 감각이 없는지 느껴 보십시오. 당신 손은 감각이 없어지게 하는 창구입니다. 당신이 손으로 뺨을 만지면 감각이 없어집니다. 자, 이제 당신 신체의 어느 부분이라도 그 무감각을 옮길 수 있습니다."

거기서부터, 얼굴과 목 등 어디든 고통이 있는 부분이 무감각해지도록 옮기는 것은 마리에게 아주 쉬운 단계였다. 훌륭하다. 나는 마리 얼굴에서 안도의 표정을 볼 수 있었다.

그러고 나서 마이크는 그녀와 통증에 대해 이야기를 나누었다. 첫째, 그는 통증의 기능을 설명하였다. 그 통증은 경고인데, 그녀에게 턱을 움직이고 씹는 것이 얼마나 어려운지 통증이 정보를 주는 데에 어떻게 기여하는지를 설명하였다. 이것은 쓸데없이 신경이 흥분하고 손상되어 일어나는 불필요한 통증과는 대조적으로 필수적이고, 기능적인 통증이었다.

마리의 첫 단계는, 마이크가 제시하는 바에 따라, 자기 통증에 대해 배우는 것으로, 기능적인 것과 불필요한 통증을 구분하는 것이다. 이를 구분하는 가장 좋은 방법은 구강외과 의사에게 적절히 질문을 하고 통증에 대해 깊이 있게 이야기를 나누는 것이었다. 그녀의 얼굴과 입에 일어나는 현상에 대해 가장 잘 아는 사람은 그이다.

마이크가 한 이야기는 매우 멋지고 명쾌했고 전문성과 보호자 역할이 적절히 혼합된 것이었다. 마리와 그는 잠시 서로 응시하였다. 그리고 그녀가 미소를 지었고 그가 끄덕였다. 그는 그녀가 메시지를 받아들여 접수했다는 것으로 이해했다.

마이크는, 마리의 반응에 분명 만족했고 자기의 마지막 임무로 돌아갔다. 그녀는 담배를 아주 많이 피우는 흡연자였는데 마이크와의 자문에 동의한 동기 중 하나가 금연에 도움을 받는 것이었다. 마이크는 이 분야에 전문가였으므로 세련되게 잘 시행을 하였다. 그는 세 가지 주요 요점을 강조했다. 그녀는 살고 싶다는 것, 신체가 살아갈 수 있게 스스로 뭔가 할 필요가 있다는 것, 그리고 담배는 그녀의 신체에 독약이라는 것이었다.

이를 설명하기 위하여 마이크는 이렇게 암시했다. "당신의 애견, 혹시 강아지를 기르지 않는다면, 아주 예쁜 사랑스러운 강아지를 한번 상상해 보십시오. 그리고 강아지가 '독약'이라고 라벨이 붙어 있는 사료 깡통으로 가서 그 속의 음식을 먹는 상상을 해 보십시오. 당신은 사랑스러운 강아지에게 독이 든 밥을 먹게 하지는 않겠지요, 그렇죠?"

다시 한 번 마리와 마이크는 서로 응시했다. 그리고 다시 한번, 마리가 미소 지으며 끄덕였다. 마이크는 자기 내담자가 개념을 파악했다는 것을 알아도 요지를 강조하며 못을 박았다. "그렇다면 왜 당신은 사랑스러운 애견을 다루듯 자신의 육체를 다루지 않는 것이지요?"

나머지 시간 동안, 그는 자기최면에 대한 지시를 강화시켰고 자기암시 방식과 육체를 살리고 싶어 하면서 거기에 독을 뿌린다는 사실에 대해 인식 향상[그는 이것을, 과지각(hyperception)이라고 불렀다.]을 활용하여 담배를 피우고 싶은 욕망을 어떻게 다룰지 가르쳤다.

그것은 훌륭한 자문이었다. 마이크는 최고로 일을 했다. 즉, 마리와 치료적 관계, 라포를 잘 맺어 자문의 목표를 효과적으로 모두 달성했다. 마리는 분명 그날의 작업에 만족해서 내 사무실을 떠났다.

그 후, 나는 우리 셋이 함께했던 그 시간에 대해 곰곰이 생각하였다. 그 자문이 전문적인 면에서는 나를 만족시켰지만, 내가 개인적으로 갈구하고 있던 그의 지지와 높은 평가는 얻지 못했다. 물론, 마이크는 내가 그에게 이런 것을 바랐는지 전혀 모른다. 나는 나보다 훨씬 신참인 동료에게 바랐던 나의 미성숙한 욕구를 용납할 수 없었다. 더구나, 그는 마리가 얼마나 어려운 내담자였는지 그리고 내가 그녀와 얼마나 힘든 작업을 했는지 상상도 못할 것이다. 그녀는 아마도 얄팍한 술수에서였는지도 모르지만, 모범적인 그의 내담자 역할을 했으니까.

물론, 이 모든 상념들을 마이크나 마리에게는 숨겨 둔 채 혼자 간직하고 있었다. 그러고 나서 나는 그들 둘에 내하여 — 자문에서 채워지지 않은 그들의 소망, 감춰진 생각들이나 의견들은 무엇일까 궁금해졌다. 지금으로부터 1년 후, 마이크와 마리, 나 이렇게 셋이 그날 함께했던 것들에 대해 기억나는 것들을 각자 쓴다고 상상해 보자. 우리의 의견은 어느 정도나 일치될 것인가? 우리 각자가 그 시간에 대해 서로 어떤 의견을 갖고 있을지 알 수 없지 않을까 하는 의문이 들었다. 그러나 왜 1년 후지? 지금부터 일주일 후에 쓴다고 상상하면? 아니면 지금 이 순간에?

우리가 이 시간의 진정한 그리고 분명한 역사를 기록하고 포착할 수 있을까?

이것은 사소한 의문이 아니다. 내담자가 오래전에 일어났던 사건과 그 사건이 준 영향을 설명한 자료에 근거하여, 치료자는 그들의 삶을 재구성한다. 어린 시절 발달 단계에서의 중요한 사건, 부모나 형제자매와의 관계의 본질, 가족 체계, 어린 시절 삶의 공포와 상처들, 아동기와 청년기 친구 관계의 질 등을 발견한다.

그러나 치료자들이건 역사가들이건 전기 작가들이건 만약 1시간의 사실조차 제대로 기술할 수 없다면 어느 정도 정확히 그 사실을 재구성할 수 있을까? 몇 년 전에 내담자와 나는 같은 치료 시간의 경험을 각자 쓰는 실험을 한 적이 있다. 나중에 우리가 그것을 비교해 보니 우리가 같은 시간에 있었던 사실을 기술한 것인지조차 때로는 믿기 어려웠던 적이 있다. 무엇이 도움이 되었는지에 대한 견해도 달랐다. 나의 우아한 해석? 그녀는 결코 그걸 들은 적도 없었다! 그 대신에 그녀는 내가 한 통상적이고 개인적인 그리고 지지적인 이야기를 기억하고 소중히 여겼다.*

그런 때 사람들은 그 시간에 대한 사실을 심판해 주는 심판관이나 분명하게 찍은 공식적인 사진 같은 것을 바라게 된다. 현실이란 것이 환상이며, 마치 민주주의에서 다수결로 결정하듯 기껏해야 참여자들의 공통 의견에 근거해서 사실이었다고 결정해 버린다면 얼마나 불안한가.

내가 그 시간에 대해 요약한다면, 나는 '실제적인(real)' 두 순간에 관한 것이 중요하게 생각되었다. 즉, 마리와 마이크가 서로 가만히 응시하

---

* 이렇게 차이가 나는 시각에 대해 매일 조금 더 가까이(Every Day Gets a Little Closer: A Twice-Told Therapy, New York: Basic Books, 1974)라는 제목의 책으로 출간하였다.

고는 마리가 미소 짓고 끄덕였던 그 두 번이다. 첫 번째 미소는 마리에게 고통에 대한 이야기를 구강외과 의사와 상세히 하라는 말을 마이크가 하고 나서였고, 두 번째는 그녀가 사랑스러운 강아지에게 독약이라 쓰인 음식을 먹이지는 않을 것이라고 못을 박았을 때였다.

나중에 나는 마이크와 그 시간에 대해 오래 이야기를 나누었다. 전문가로서, 성공적인 자문이었다고 보았다. 마리는 최면에 좋은 피험자였고, 그는 자문의 목표를 모두 달성했다. 게다가 그는 그 전주에 환자가 2명이나 악화되어 입원해서 과장이 허겁지겁 달려온 일을 겪었던, 아주 어려운 한 주를 보냈기 때문에 개인적으로 아주 좋은 경험을 했던 것이다. 자기가 그렇게 유능하게 효과적으로 수행하는 것을 내가 봤다는 것이 그는 만족스러웠다. 그는 나보다 젊었고 항상 나의 작업을 존경했었다. 자기에 대한 나의 좋은 의견은 그에게 많은 의미를 주었다. 내가 그에게 원했던 것을 그가 내게서 얻었다는 것은 얼마나 역설적인가.

나는 그에게 두 번의 미소에 대해 물었다. 그는 그것을 잘 기억하고 있었는데 그것은 영향력과의 연결을 의미한다고 확신했었다. 그가 제시하고 있는 것이 강력한 힘을 가진 때 나타난 그 미소들은 마리가 자기의 메시지를 이해하고 영향을 받고 있다는 것을 상징한다고 하였다.

그러나 마리와 오래 관계를 맺어 알고 있는 나는 그 미소를 매우 다르게 해석했다. 첫 번째 것은, 마이크가 마리에게 구강외과 의사인 닥터 Z에게서 정보를 더 얻으라는 암시를 했을 때였다. 그런데 마리와 구강외과 의사와의 관계에는 숨어 있는 이야기가 있다!

그녀는 멕시코시티에서 20년 전에 같은 대학 학생으로 닥터 Z를 처음 만났었다. 그때 그는 열정적으로 그녀에게 구애를 했으나 성공하지 못했다. 그녀는 남편이 자동차 사고를 당할 때까지는 그와 접촉을 전혀 하지 않았었다. 역시 미국으로 오게 되었던 닥터 Z는, 그녀의 남편이 실려 온 병원에서 일을 하고 있었고, 그녀의 남편이 치명적인 두부 손상으로 임종을 기다리며 혼수상태에 빠져 있던 두 주일간 마리에게 의학적 정보를 주고 지지해 주었다.

그녀의 남편이 죽자마자, 닥터 Z는 아내와 5명의 자식이 있음에도 불구하고, 구애를 다시 시작하며 마리에게 성적으로 접근하려 하였다. 그녀는 화가 나서 거절했으나 그는 물러서지 않았다. 전화로, 그리고 교회에서, 또 법정에서조차(그녀는 남편의 죽음에 대해 병원의 조치가 미흡했다고 소송을 걸었다.) 그는 윙크를 하고 추파를 던졌다. 마리는 그의 행동을 혐오하고, 점차 심하게 노골적으로 거절했다. 닥터 Z는 혐오스럽고, 절대 연애를 하지 않을 사람이며, 자기를 계속 희롱하고 괴롭히면, 결코 만만치 않은 그의 아내에게 알리겠다고 했을 때에야 그만두었다.

그런데 그녀가 케이블카에서 떨어져 머리를 부딪히고 1시간가량 의식을 잃는 일이 생겼다. 너무나 아픈 채 깨어났을 때 그녀는 절망적으로 혼자였다. 그녀에게는 가까운 친구가 아무도 없었고, 두 딸은 유럽에서 휴가 중이었다. 응급실 간호사가 그녀에게 주치의 이름을 대라고 하자 그녀는 "닥터 Z에게 연락하세요."라고 웅얼거렸다. 그 지역에서 그는 가장 재능 있고 경험 많은 구강외과 의사였고 마리는 알지도 못하는 의사에게 도박을 거는 것은 너무 위험하다고 느꼈었다.

닥터 Z는 첫 주요 수술 과정에 자기의 애정을 실었는지 수술은 매우 잘됐다. 그러나 그들은 수술 후 치료 과정 동안 거침없이 쏘아붙이며 싸웠다. 그는 냉소적이고 권위적이며 그리고 내가 생각하기에, 가학적이었다. 마리가 히스테리컬하게 과민 반응을 한다고 생각하고서, 적절한 진통제나 진정제를 처방해 주지 않았다. 그리고 수술이 위험하고 복잡하며 얼굴에 흉터가 남을지도 모른다는 이야기를 간접적으로 넌지시 하여 그녀를 공포로 몰아넣었고, 그렇게 계속 불평을 한다면 치료를 더 이상 하지 않겠다고 위협하였다. 내가 그에게 고통을 완화시킬 필요성에 대해 이야기했을 때 그는 전투적이 되어서, 수술의 고통에 대헤선 자기가 나보다 훨씬 많이 안다는 것을 상기시켰다. 아마, 내가 말로 하는 치료에 싫증이 나서 전문 분야를 바꾸고 싶은 모양이라고도 비꼬듯 이야기를 했다. 결국 마리에게 진정제 서브로사(sub rosa)를 내가 처방하는 것으로 물러났다.

마리는 지금이라도 그의 성적인 요구를 받아 준다면, 고통으로 입과 얼굴이 쑤시는 것을 더 잘 치료해 주리라고 믿고 있었다. 그리고 나는 마리가 통증과 닥터 Z에 대해 불평하는 것을 몇 시간이나 길게 들었다. 그의 사무실에서 있은 치과 진료는 모욕적이었다. 그의 보조 간호사가 방을 떠나기만 하면, 성적인 암시를 하는 이야기를 하고 손이 그녀 가슴을 슬쩍슬쩍 스쳤다.

마리가 닥터 Z와 있는 상황이 전혀 도움이 되지 않는다는 것을 알고, 나는 강력하게 주치의를 바꾸라고 하였다. 적어도, 다른 구강외과 의사에게 자문을 받아 보라고 재촉하며 훌륭한 자문 의사의 이름들을 알려주었다. 그녀는 지금 일어나고 있는 일도 그리고 닥터 Z도 싫어했지만, 내 모든 제안에 대해서는 '그렇지만'이나 혹은 '그래요, 하지만(yes, but)' 식으로 대응하였다. 그녀는 전형적인 '그래요, 하지만(yes, but-er)' 식의 사람, '도움을 기부하는 불평자'였다. 그녀가 주로 '하지만'을 하는 이유는 닥터 Z가 치료를 시작했고, 그는 — 그리고 오직 그만이 — 자기 입에서 어떤 일이 일어나고 있는지 아는 사람이기 때문이었다. 그녀는 외모에 변형이 일어나거나 얼굴에 흉터가 영구히 남을까 봐

공포감을 가지고 있었다. 항상 자기 외모에 신경을 썼지만, 지금은 독신의 세계로 들어가고 있기 때문에 더 그랬다. 분노도, 자부심도 혹은 자기 가슴을 슬쩍슬쩍 스치는 데 대한 적개심도, 어느 것도 자기가 기능적 그리고 미용적인 측면에서 회복되는 것보다 중요할 수는 없었다.

여기에 한 가지 덧붙여 중요한 고려를 해야 한다. 그녀가 내리려는 순간 케이블카가 요동을 쳐 떨어져 넘어졌기 때문에 그녀는 시를 상대로 소송을 진행하고 있었다. 그 부상으로 인하여, 마리는 직장을 잃었고 재정 상태는 불안했다. 그녀는 소송으로 꽤 많은 경제적 보상을 계산하고 있어서 자기 부상의 정도에 대해 강력한 증언을 해 줄 닥터 Z가 불리한 증언을 할까 봐 두려웠고 또한 그 소송을 이기려면 그녀의 통증은 필수적인 것이었다.

그리고 마리와 닥터 Z도 복잡하게 얽혀 춤을 추고 있었는데, 그 얽힌 스텝에는 퇴짜 놓은 수술, 백만 불짜리 소송, 망가진 턱, 부러진 이빨 몇 개, 가슴 건드리기 등이 포함되어 있다. 이런 복잡하게 얽힌 상황 속에서 마이크가 —물론 이 모든 것을 전혀 모르는— 통증에 관해 구강 주치의와 상의하라는 순진하고 합리적인 제안을 마리에게 했던 것이다. 그 때 마리는 첫 번째 미소를 지었다.

그녀가 두 번째 미소를 지었던 것은 마이크가 똑같이 순진한 질문, "당신은 독약이라고 쓰여 있는 깡통사료를 사랑스러운 애견에게 먹이시겠습니까?"라고 했을 때였다.

여기에도 역시, 그녀의 미소 뒤에 숨은 이야기가 있다. 9년 전에 마리와 그녀의 남편 찰스는, 엘머라는 꼴사납게 생긴 닥스훈트 종의 개를 얻었다. 마리는 개를 혐오했었지만 엘머는 정말 찰스의 개처럼 굴었고 그녀도 점차 엘머에게 정이 들어서 몇 년 동안 그녀의 침대에서 같이 잤다.

엘머는 늙어, 류머티스에 걸렸으며, 찰스가 죽은 후에는 마리가 처리할 일이 많아졌는데 — 개는 미망인의 친구가 되고, 애도 기간 초기에 주의를 분산시키는 효과를 갖게 해 주는 대신 안 그래도 바쁜데 일거리를 더 만드는 것이었다. 우리 문화에서는 가족의 죽음 후에 장례 치르기나 의료보험, 재산 서류 처리 등으로 바쁘다.

심리치료를 받은 후 1년쯤 되었을 때 마리의 우울증은 없어졌고, 그녀는 자기 삶을 재건하는 데 주의를 돌렸다. 그녀는 다시 짝을 찾아야만 행복할 수 있다고 믿었다. 다른 모든 것은 전주곡일 뿐이었다. 친구들과 나누는 다른 형태의 우정이나 경험들은 한 남자와 새로운 삶을 시작할 때까지 단지 시간을 보내는 것뿐이라고 생각했다.

그러나 엘머는 마리와 그녀의 새로운 삶에 걸림돌로 대두되었다. 그녀는 남자를 찾기로 결정하였다. 헌데 엘머는 자기가 그 집을 지키는 데 충분한 남자라고 생각한 모양이었다. 그는 낯선 사람, 특히 남자를 보면 청승맞게 짖으며 방해했다. 그는 심술궂게 굴기 시작해서 밖에서 오줌누기를 거부하며, 집 안으로 들여보내 줄 때까지 기다렸다가 거실 카펫을 오줌으로 흠뻑 적셔 놓았다. 어떤 훈련이나 벌도 소용이 없었다. 오줌을 눌 때까지 그를 바깥에 내놓으면 끝없이 청승스레 짖어서 이웃들이, 꽤 떨어져 있는 집에서조차, 그녀에게 전화를 하여 개를 어떻게 좀 해 달라고 요구를 했다. 어떤 방식으로든 그에게 벌을 주면, 엘머는 다른 방 카펫에 오줌을 싸 놓아 보복했다.

엘머의 소변 냄새가 온 집안에 진동을 했다. 그 냄새는 문 앞에서부터 진동을 해서 아무리 환기를 하고, 샴푸로 빨고, 방향제와 향수를 뿌려도 집에 냄새를 없앨 수 없었다. 어떤 사람도 초대하기가 창피해서, 처음에는 초대를 레스토랑에서 대신했다. 점차 그녀는 진정한 사교 생활을 할 수 없는 것에 절망했다.

나는 개를 좋아하는 사람은 아니지만, 이것은 최악이었다. 마리가 개를 나의 사무실에 데려와서 엘머를 한번 봤는데 ─ 그는 1시간 내내 그르렁거리며 자기 성기를 시끄럽게 핥고 있는 버릇없는 놈이었다. 아마도 내가 엘머를 보내야 한다고 결정한 것은 그때 거기서였을 것이다. 나는 그가 마리의 삶을 방해하게끔 놔두기를 거부했다, 또한 내 삶도.

그러나 거기에도 만만찮은 걸림돌이 있었다. 마리가 그렇게 결단력이 있지를 않았다. 그 집에는 또 하나의 냄새 공해를 일으키는 거주자가 있었는데, 마리 표현을 그대로 따르면, 변질된 생선으로 다이어트 중인 세입자였다. 그 상황에서 마리는 신속하게 행동했다. 그녀는 내가 직접적으로 직면시켜 한 충고를 따랐다. 그 세입자가 식습관 바꾸기를 거부했을 때, 마리는 그녀에게 이사를 나가 달라고 주저하지 않고 요구하였다.

그러나 엘머는 덫이었다. 그는 찰스의 개이고, 엘머를 통해 찰스가 아직 살아 있는 듯 느낄 때가 있었다. 마리와 나는 끝없이 선택의 여지에 대해 이야기했다. 수의사의 광범위하고도 비싼 진단과 처방이 모두 소용이 없었다. 동물심리학자와 동물훈련가를 방문한 것 역시 소용이 없었다. 천천히 그리고 슬프게 그녀는 (물론, 내가 부추겨서) 자기와 엘머가 동료 관계를 청산해야 한다는 것을 인식했다. 그녀는 친구 모두에게 전화를 해서 엘머를 원하느냐고 물었지만, 아무도 그 개를 입양할 만큼 어리석지 않았다. 그녀는 신문에 광고를 냈으나 개밥을 공짜로 대겠다 했음에도 불구하고 희망자가 없었다.

불가피한 결정을 할 수밖에 없었다. 그녀의 딸들, 친구, 수의사, 모두들 엘머를 안락사시키라고 하였다. 물론 그 장면 뒤에서, 나도 미묘하게 그런 결정을 내리도록 유도했다. 결국, 마리는 동의했다. 그녀는 엄지손가락을 밑으로 향하여 표시를 하고는 어느 잿빛 가득한 음울한 아침에, 엘머를 데리고 마지막으로 수의사에게 갔던 것이다.

동시에, 다른 측면에서도 문제가 발생했다. 멕시코에 살고 있는 마리의 아버지가 점차 쇠약해져서 그녀는 아버지를 모시고 와서 같이 살까 생각 중이었다. 마리가 아버지를 무서워하고 싫어해서 몇 년간이나 거의 연락을 하지 않았기 때문에 내 생각에는 좋은 결정이 아닌 것 같았다. 사실상, 18년 전에 미국으로 이민을 가겠다고 결정한 주된 요인이 아버지의 폭압으로부터 벗어나는 것이었다. 그를 초대해서 함께 살자는 생각은 관심이나 애정에서라기보다는 죄책감에서 나온 것이었다. 이 점을 마리에게 지적하며, 나는 또한 80세의 영어를 전혀 못하는 노인이 자기 문화를 떠나 사는 것에 대하여 의문을 던졌다. 결국 그녀는 동의를 하였고 아버지는 멕시코에서 그대로 기거하며 보호를 받을 수 있도록 조치를 하였다.

마리의 정신과에 대한 견해는? 그녀는 종종 친구에게, "정신과 의사한테 가 봐라. 그들은 훌륭하지. 첫째, 그들은 맘에 안 드는 세입자를 쫓아내라고 한다. 다음, 당신 아버지를 요양원에 넣으라고 한다. 마지막으로, 애견을 안락사 시키라고 한다!"라고 농담을 하였다.

그리고 그녀는 마이크가 그녀를 바라보며 부드럽게, "당신은 사랑스러운 애견에게 독약이라 쓰인 깡통 사료를 먹이지는 않으시겠지요?" 하고 물었을 때 미소를 지었었다.

그래서 내 견해로는, 마리의 두 번째 미소는 마이크와 공감의 순간이었다는 표시가 아니라 아이러니에 대한 웃음, 즉 "당신이 내 사연을 알기만 한다면…"이란 뜻의 웃음이었다. 마이크가 구강외과 의사와 이야기를 해 보라고 그녀에게 권했을 때, 나는 그녀가 이런 생각을 하고 있다고 상상했다. '닥터 Z와 오래 이야기했지요! 아주 충분하게요! 나는 이야기 잘했단 말예요! 내가 치료되고 소송이 끝나기만 하면, 그의 아내뿐 아니라 내가 아는 모든 이들에게 말할 거예요. 그 망할 자식에게 아주 크게 경고음을 날려 줘서 다시는 껄떡거리지 못하게 한 방 먹여 줄 거라고요.'

그리고 독약 깡통의 개밥에 대한 미소도 역시 역설이었다. 그녀는 이런 생각을 하고 있었을 것이다. '오, 나는 독이 든 깡통의 개밥을 주지 않았어요. 좀 늙고 골칫거리만 만들지 않았다면요. 나는 그를 한 방에 쭉 뻗게 했지요, 아주 빠르게!'

다음 개인치료 때 우리가 자문에 대해 이야기를 했을 때, 나는 그녀에게 두 번의 미소에 대해 물었다. 그녀는 각각을 아주 잘 기억하고 있었다. "닥터 C가 내 통증에 대해 닥터 Z와 이야기를 하라고 조언을 했을 때, 나는 갑자기 굉장히 부끄러웠어요. 당신이 그에게 나와 닥터 Z의 관계를 다 이야기했을까 하는 생각을 했지요. 나는 닥터 C가 무척 좋았어요. 그는 굉장히 매력이 있어서, 내 인생에 그런 남자가 있었으면 하는 종류의 사람이었지요."

"그리고 그 미소는요, 마리?

"글쎄, 난 당황스러웠어요. 닥터 C가 나를 정숙하지 않은 여자라고 생각했을까요? 내가 마음에 둔 생각(내가 생각하지 못한)은 물물교환이라고 요약할 수 있을 거예요. 나는 닥터 Z의 비위를 맞추고 그로 하여금 내 소송에서 약간의 도움을 주는 대가로 혐오스러운 성적인 감정을 그가 계속 갖게 해 주는 거지요."

"그래서 그 미소가 말하는 것은?"

"내 미소가 말하는 것은⋯ 그런데 왜 그렇게 내 미소에 관심을 보이세요?"

"계속해 봐요."

"추측해 보건대 내 미소가 말한 것은, '제발, 닥터 C, 뭔가 다른 걸 좀 해 봐요. 더 이상 닥터 Z에 대해 내게 묻지 마세요. 그와의 관계에 어떤 일이 오가고 있는지 당신이 몰랐으면 좋겠어요.'"

두 번째 미소는? 두 번째 미소는, 내가 생각했던 개에 대한 역설 때문이 아니라 전혀 다른 것이었다.

"난 닥터 C가 개와 독에 대해 계속 이야기하는 것이 우스웠어요. 나는 당신이 엘머에 대해 그에게 이야기하지 않았으리란 걸 알았지요 — 그렇지 않으면, 자기가 하고자 하는 바를 설명하기 위해 개를 선택하지는 않았을 거예요."

"그리고?"

"글쎄, 이 모든 이야기를 말로 다 하기는 어렵군요. 별로 내가 표현하지는 않았지만 — 난 별로 감사의 표현을 잘 못해요 — 난 진정 당신이 지난 몇 달간 나를 위해 한 것들에 감사하고 있어요. 당신 없이는 내가 할 수 없었을 거예요. 나의 정신과 의사에 대한 농담을 해 드렸지요(내 친구들은 그걸 아주 좋아해요.) — 첫째, 세입자, 그리고 아버지, 그리고 자기 개를 죽이라고 한다!"

"그래서?"

"그래서, 나는 당신이 의사로서의 역할을 넘어서고 있는지도 모른다고 생각해요 — 이런 얘기를 하는 것은 어렵다고 말씀드렸지요. 나는 정신과 의사들은 직접적으로 충고를 하지 않는다고 생각했었어요. 어쩌면 개나 아버지에 대한 당신의 개인적인 감정이 삐져나왔는지도 모르지요!"

"그리고 미소가 말하는 것은?"

"세상에, 당신은 끈질기군요! 그 미소가 말하는 것은, '그래, 그래, 닥터 C, 요지를 알았어요. 이제 빨리, 다른 주제로 넘어가자고요. 내게 개에 대해 더 이상 묻지 말아요. 나는 얄롬 박사 얼굴이 일그러지게 하고 싶지 않단 말이에요.'"

나는 그녀의 반응에 복합적인 감정이 들었다. 그녀가 옳은가? 나 자신의 감정이 끼어들었나? 그에 대해 생각할수록 나는 그렇지 않다고 확신할 수 있었다. 나는 항상 아버지에게 따뜻한 감정을 느꼈고 나의 집으로 초대할 기회가 있다면 그를 환영했을 것이다. 그리고 개는? 내가 엘머에게 연민의 감정이 없다는 것은 사실이지만, 나는 개에게 흥미가 없다는 것을 알기 때문에 항상 주의 깊게 나 자신을 살펴보고 있었다. 그녀 처지를 아는 사람은 누구라도 엘머에게서 벗어나라고 충고했을 것이다. 그렇다, 나는 그녀에게 최선의 이익이 되도록 행동해 왔다고 확신한다. 그러므로, 마리가 나의 전문성을 보호하려는 것을 받아들이는 것이 편안치가 않았다. 그것은 나를 공모자라고 느끼게 했는데 — 마치 내가 뭔가 감출 것이 있다는 것을 자기가 알고 있다는 듯한 느낌이었다. 그러나 또한 내게 감사를 표현한 것이 기분이 좋았다.

미소에 대한 우리의 토론은 그렇게 풍성한 자료를 제공해 주었고 현실에 대한 서로 다른 시각은 잠시 접어 두고 닥터 Z와 그녀가 타협하는 방식인 자기비하에 대해 탐색하도록 도왔다. 그녀는 또한 나에 대한 감정을 전보다는 솔직하게 검토하였고, 그녀의 의존에 대한, 감사에 대한, 그리고 분노에 대한 두려움을 살펴보았다.

최면은 3개월 후 부러진 턱이 치료되고, 치과 치료가 끝나 안면의 고통이 경감될 때까지 통증을 견디는 데 도움이 되었다. 그녀의 우울증은 나아졌고, 분노도 감소되었다. 그러나 그런 발전에도 불구하고 나는 마리를 내가 원하는 방식으로 변화시킬 수 없었다. 그녀는 여전히 자존심이 강하고, 상당히 판단적이었으며, 새로운 생각에 저항감을 가졌다. 우리는 계속 만났으나 점점 더 할 이야기가 없어졌다. 그리고 결국 몇 달 후, 치료 작업을 종결하기로 합의를 하였다. 마리는 그 후 4개월간 사소한 위기가 닥쳤을 때 몇 달에 한 번 정도 왔고, 그 후 우리는 다시 마주치지 못했다.

소송은 3년을 끌었고, 실망스럽게도 보상금은 적었다. 그때쯤, 닥터 Z에 대한 분노는 녹이 슬어서, 불타는 복수심이 있었던 것조차 잊어버렸다. 결국 그녀는 부드럽고 나이가 많은 남자와 결혼을 했다. 그녀가 예전처럼 진정 행복한지 어떤지는 확인할 길이 없다. 그러나 그녀는 담배를 다시 피우지는 않았다.

후기

마리의 자문 시간은 진실을 안다는 것의 한계에 대한 성서이다. 그녀와 마이크, 그리고 내가 같은 시간을 공유했을지라도, 서로 아주 다르고 예측하지 못한 경험을 하였다. 그 시간은 거기에 참여했던 패널들이 각자의 견해, 색깔, 관심의 창조자라는 것을 반영하는 삼부작이었다. 아마도 내가 마이크에게 마리에 대한 정보를 주었더라면, 그의 견해는 좀 더 나의 것과 닮았을 것이다. 그러나 그녀와 함께한 수백 시간 동안 내가 그녀와 나눈 것은? 내 분노? 나의 참을성 없음? 마리에게 집착하는 나의 자기연민? 그녀의 진전에 대한 나의 기쁨? 나의 성적 흥분? 나의 지적 호기심? 마리의 시각을 바꾸고, 안을 들여다보고, 꿈과 환상을 들여다보도록 가르치고 그녀의 시야를 넓히려는 나의 열망은?

그러나 내가 시간을 들여 마이크와 이 모든 정보들을 공유했다 하더라도, 나는 마리와의 경험을 적절히 전달하지 못했을 것이다. 그녀에 대한 나의 인상, 나의 기쁨, 나의 부족한 인내심은 어느 누구와도 똑같지 않을 것이다. 나는 이야기를 하고, 비유를 하고, 유추를 했지만 그것들이 제대로 먹혀들지 않았다. 그것들은 기껏해야 내 생각을 거쳐 간 풍성한 이미지들을 근접해 그린 것일 뿐이다.

일련의 프리즘 현상이 다른 이를 제대로 보지 못하게 막는다. 청진기가 발명되기 전에, 의사들은 살아 있다는 것을 알기 위해 환자의 갈빗대를 눌러 소리를 들었다. 두 생각을 마치 미립자 핵을 교환하듯 함께 눌러 생각 이미지로 직접 이월시킨다는 상상을 해 보라. 그것이 최상급 통합이다.

아마 언젠가는 그런 통합이 일어나 소외의 궁극적 해독제, 혼자만이 알고 있는 사적인 내용을 이해하는 채찍이 될 것이다. 지금은 그러한 생각의 결합에 만만찮은 장애물이 있다.

첫째, 이미지와 언어 간의 장벽이다. 생각은 이미지로 하지만, 다른 이와 의사소통을 위해서는 이미지를 생각으로 변환한 후 다시 그 생각을 언어로 변환해야 한다. 이미지에서 생각으로 그리고 언어로의 변환 진행은 신뢰성이 없다. 흔히 오류가 일어난다. 이미지가 가진 풍부하고 푹신한 질감은 변형이 쉽고 말랑말랑해서, 그 정서적 색조에 향수를 불러일으킬 뿐 이미지가 언어로 변환되면 모든 것을 잃게 된다.

위대한 예술가들은 독자들이 비슷한 이미지를 가질 수 있도록 암시나 은유, 정확한 표현을 통해 그 이미지를 직접 전달하려고 한다. 그러나 결국 그들은 그 임무를 수행하는 도구가 부적절하다는 것을 깨닫는다. 보바리 부인에 대하여 플로베르가 한탄한 바를 들어 보라.

> 영혼의 풍부함이 언어로 흘러나오면 김이 빠진다는 것은 사실이지만, 우리 누구도 자기의 욕구나 생각 혹은 슬픔을 정확히 표현할 수가 없다. 인간의 말은, 별이 녹아내리게 할 음악을 만들고 싶어 하지만 결국 금 간 그릇을 두들겨 내는 괴상한 리듬에 맞춰 곰이 춤을 추는 것과 같은 결과를 만들어 버린다.

우리가 다른 이를 완전히 이해할 수 없는 것은 내보이겠다고 선택한 것 자체가 이미 선택적이기 때문이기도 하다. 마리는 개인적이지 않은 목표, 즉 통증을 통제하고 금연을 하는 데 마이크에게서 도움을 받으려 했기 때문에 그에게 자기를 거의 드러내지 않았다. 결과적으로, 그는 그녀가 보인 미소의 의미를 잘못 이해하였다. 나는 마리와 그녀의 미소에 대하여 좀 더 안다. 그렇지만, 나도 그 의미를 오해했다. 내가 그녀에 대해 아는 것은 그녀가 말해 주었던 아주 작은 부분에 불과하다.

한번은, 2년간의 치료 동안 나에게 직접적으로는 거의 이야기를 하지 않는 내담자와 집단치료를 한 적이 있다. 어느 날 제이는 그가 집단에서 말한, 그의 말을 그대로 옮기면 '고백한' 모든 것, 즉 다른 이에게 한 피드백, 자기를 드러낸 것, 분노와 관심을 표현한 것 등이 모두 나를 위해 한 것이었다고 하여 나와 다른 집단원들을 놀라게 했다. 집단에서 제이는 자기가 가족 속에서 경험했던 것, 아버지의 사랑을 갈구했지만 받을 수 없었고 결코 요구하지 못했다는 이야기를 했다. 집단에서, 그는 꿈 작업으로 참여를 했었지만 나로부터 무언가를 얻는 것에는 항상 저항을 했었다. 그가 다른 집단원에게 이야기하는 척하면서도 나의 인정과 지지를 끊임없이 찾고 있었다는 것을 내게 이야기했다.

그 고백의 순간에 제이에 대하여 내가 세운 가설은 깨져 버렸다. 나는 그를 일주일, 한 달, 여섯 달 전에는 잘 알고 있다고 생각했었다. 그러나 진정한, 비밀스러운 제이는 결코 몰랐던 것이다. 그리고 그의 고백 후에, 나는 그에 대한 이미지를 재구성해야 했고 과거 경험에 대해 새로운 의미를 부여해야 했다. 그렇지만, 이 새로운 제이가, 이러한 도전에 얼마나 오래 머물러 있을까? 새로운 비밀이 생길 때까지 얼마나 걸렸으며 이 새로운 층을 드러낼 때까지 얼마나 걸렸던 것일까? 미래에는 또 수많은 제이들이 나타날 것이다. 결코 나는 '진정한(real)' 것을 하나도 파악할 수 없을 것이다.

다른 이를 완전히 아는 데 장애가 되는 또 하나의 장벽은 드러낸 사람이 아닌 상대방, 즉 알고자 하는 쪽에 있다. 상대방은 말을 한 사람이 거쳤던 순서를 뒤집어, 언어를 이미지로 — 마음을 읽을 수 있는 대본으로 번역해야 한다. 수용자 측의 이미지가 보낸 자의 원래 이미지와 일치하리라는 것은, 아무리 생각해 봐도 불가능하다.

번역상의 오류는 편견에 의한 오류와 섞인다. 게슈탈트 속에 우리는 자기가 선호하는 생각과 다른 이를 섞어 넣음으로써 왜곡하는데, 이 과정을 프루스트는 다음과 같이 아름답게 묘사하였다.

> 우리는 자기가 본 창조물의 대체적인 물리적 형상을 이미 그에 대해 형성되어 있는 개념으로 밑그림을 그리고 마음속에서 완성하므로, 그 개념들이 주된 자리를 차지하게 된다. 결국 그것들은 뺨의 굴곡과 코의 선을 정확하게 따라가며, 완전하게 메워지고는 투명한 봉투에 담긴 듯 목소리와 아주 조화롭게 섞여서, 그 얼굴이나 목소리를 들을 때마다 우리가 인지하고 들은 그에 대한 우리 자신의 개념이 된다.

"우리가 그 얼굴이나 목소리를 들을 때마다… 우리가 인지하고 들은 그에 대한 우리 자신의 개념이 된다." 이 말은 오해가 일어나는 과정을 이해하는 열쇠가 된다. 내 내담자 중 하나인 댄은, 트레포사(treposa)라는 명상 수련에 참여했었는데, 이 명상 수련법은 두 사람이 손을 마주 잡고 몇 분간 응시하며 서로에 대해 깊이 명상하고, 다시 새로운 짝과 그 것을 반복하는 명상 절차였다. 그런 상호 교류를 여러 번 한 후, 댄은 짝들을 분명하게 구분할 수 있게 되었다. 연결이 거의 안 된다고 느껴지는 이가 있는가 하면 반대로 강한 연대감을 느낄 수 있는 짝이 있고, 어떤 이와는 연대감이 매우 강력해서 그의 영혼과 영적 교감을 하고 있다고 믿게 되기도 한다.

댄이 그런 경험을 이야기할 때에는 언제나, 나는 회의론과 합리주의로 제약을 가했다. "영적 교감이니까요, 정말로! 여기 지금 있는 것은 댄, 자폐적 관계라고요. 당신은 이 사람을 몰라요. 프루스트식으로, 이 창조물에게 당신이 원하는 속성들을 가득 채워 싸 놓은 것이라고요. 당신은 스스로 창조한 대상과 사랑에 빠졌다고요."

물론, 내가 이런 기분을 표현한 것은 아니다. 댄이 그렇게 회의적인 사람과는 작업을 하고 싶지 않을 것이라고 생각했다. 그러나 이러한 나의 견해가 여러 가지 간접적인 방법으로 풍겼으리라고 생각한다. 이를테면, 수수께끼를 풀고 있는 듯한 표정, 언급하거나 질문하는 시기, 어떤 주제에는 내가 관심을 보이고 또 어떤 것에는 무관심하고 하는 식으로 말이다.

댄은 이러한 표시를 눈치채고서, 자기방어를 하며 당신이 누군가를 처음 만났을 때에는 그에 대해 모든 것을 아는데 이후 만남에서 자신이 가진 혜안을 다 잃고 장님이 된다는 니체가 어딘가에서 한 이야기를 인용하였다. 니체는 내게도 매우 비중이 있는 인물이기에 그런 인용은 잠시 나를 멈칫하게 했다. 아마 처음 만남에서는 방패가 좀 내려가 있을 것이다. 아직 어느 페르소나를 작동시킬지 결정을 못하고 있어서일지 모른다. 그리고 첫 느낌이 두 번째나 세 번째보다는 더 정확할는지 모른다. 그러나 그것은 다른 이와 영적으로 교감한다는 이야기와는 전혀 다른 이야기이다. 게다가, 니체가 많은 부분에서 훌륭한 시각을 가지고 있을지라도 대인관계에는 지침이 될 수가 없다. 그보다 더 고독하고, 더 소외된 남자가 있었던가?

댄이 옳았을까? 그는 신비스러운 채널을 통해 다른 이에 대하여 생생하고 진정한 뭔가를 느꼈을까? 아니면, 단순히 자신이 가진 개념과 욕망이, 다른 이를 편안하고 사랑스럽고 관심 깊다고 느끼게 덮어씌웠을까?

명상 수련은 어떤 말도 주고받기를 허용하지 않는, '고귀한 침묵(noble silence)'을 수반하기 때문에 트레포사 상황을 결코 확인할 수 없다. 그러나 그가 여성을 사교적으로 만났을 때, 응시를 통해 영적 교감이 이루어지는 경험을 여러 번 하곤 하였다. 그러나 예외 없이 그는 영적 통합이 신기루라는 것을 알게 되었다. 그들 사이에 깊은 연대감이 있다는 그의 가설에 여성은 당황하고 두려워했다. 종종 댄은 이것을 보는 데 오래 걸렸다. 때때로 나는 현실적인 견해로 그를 직면시키며 잔인하게 굴었다.

"댄, 아마 미래에 언젠가는 그런 관계로 갈 가능성이 희미하게 있을지 모르지만, 당신이 다이앤에게 느끼는 강한 친밀감의 실체를 보세요. 그녀는 당신 전화에 응답 전화를 하지 않았고, 다른 남자와 살았고, 방금 깨졌고, 다른 누군가와 함께 살려고 준비하고 있어요. 그녀가 당신에게 하는 이야기를 들어 봐요."

때로 댄이 응시했던 여성도 깊은 영적 교감을 경험하고 사랑에 빠지기도 하였으나, 그러나 아주 빨리 사라져 버리는 사랑일 뿐이었다. 때로 그것은 고통스럽게 수그러들었고 때로 심한 질투심으로 비난하게 되기도 하였다. 때로는 댄과 그의 연인, 혹은 둘 다 우울증이라는 결과로 끝나고 말기도 하였다. 사랑이 어떤 경로를 거치든, 마지막 결과는 똑같아서, 어느 쪽도 상대에게 원하는 것을 얻지 못하였다.

나는 그러한 불같은 사랑이 타오르는 첫 만남에서, 댄과 그 여성이 상대에게서 보는 것에 오해가 있다는 것을 깨달았다. 그들은 응시하며 자기의 간원이 상대에게 반사된 것을 보고서, 이를 욕구와 충만함이 일치했던 것으로 오해했던 것이다. 그들은 날개가 부러진 다른 새를 꼭 껴안음으로써 함께 날아 보려는, 부러진 날개를 가진 새들이었던 것이다. 텅 빈 느낌을 가진 사람들은 다른 불완전한 사람과 결합하여 치유될 수가 없다. 날개가 부러진 두 마리의 새가 하나가 되어 부질없는 날갯짓으로 날려 하는 것이다. 아무리 인내심을 발휘하여도 나는 데 서로 도움이 되지 않는다. 그리고 결국 각자의 상처에 부목을 대야 한다는 것을 알게 된다.

다른 사람을 알 수 없다는 것은 내가 위에서 기술한 이미지와 언어의 깊은 구조, 의도적이건 무의식적이건 감추기로 한 개인의 결정, 관찰자의 맹점에서만 기인하는 것은 아니고 사람이 너무나 풍부하고 복잡하기 때문이기도 하다. 광범위한 연구들을 통해 뇌의 전기적인 그리고 생화학적인 활동을 판독하려 하지만, 각 개인이 가진 경험의 흐름은 너무 복잡해서 아무리 판독 기술이 발달해도 영원히 이를 앞질러 가 있을 것이다.

줄리언 반스(Julian Barnes)는, 플로베르의 앵무새(Flaubert's Parrot)

에서, 사람의 무궁무진한 복합성을 아름답고도 기발하게 설명하였다. 작가는 대중의 이미지 뒤에 있는 피와 살을 가진 진짜 사람, 플로베르를 찾아 나서기 시작한다. 전기를 연구하는 전통적인 직접적 방식에 실망하고, 간접적인 수단으로 가식 없는 플로베르의 본질을 파악하려 하였다. 예를 들면, 그의 기차에 대한 흥미, 그가 친하게 느꼈던 동물, 혹은 에마 보바리(Emma Bovary)의 눈을 묘사한 다양한 방식(그리고 색깔) 등에 대해 논하는 등의 수단을 동원하는 것이다.

반스는 물론, 플로베르의 본질을 잡아낼 수 없어서, 결국 보다 조심스럽게 임무를 수행하기로 결정하였다. 플로베르 기념관 두 곳, 하나는 플로베르가 어려서 살던 집이고 다른 하나는 성인이 되어 살던 집을 방문했을 때, 반스는 순수한 영혼(A Simple Soul)에 등장하여 유명해진, 그리고 두 기념관에서 모두 룰루(Lulu)의 모델이라고 주장하는 박제 앵무새를 볼 수 있었다. 이 상황은 반스의 연구 전체를 흔들리게 하였다. 세상에, 그는 어디에 플로베르를 놓아야 할지는 모르더라도, 적어도 어느 것이 진짜 앵무새이고 어느 것이 가짜인지는 결정을 해야 했다.

두 앵무새의 모양만으로는 어느 것이 진품인지 확인하는 데 아무 도움이 되지 않았다. 둘 다 서로 아주 닮았고, 게다가 둘 다 플로베르가 룰루에 대해 묘사한 내용을 만족시켰다. 그리고 한 기념관에서, 나이 든 경비원이 자기네가 보관하고 있는 앵무새가 진짜라는 증거를 댔다. 그 앵무새의 횃대에는 '루엥 기념관(Museum of Rouen)' 도장이 찍혀 있었다. 그는 플로베르가 100여 년 전에 시립 박물관의 앵무새를 빌렸다가 후에 되돌려 주었다는 인수증을 복사한 것을 반스에게 보여 주었다. 드디어 해결이 되었다는 것에 흥분하여 작가는 다른 기념관의 횃대에도 똑같은 도장이 있는지 비교하기 위하여 달려갔다. 그런데 거기에도 똑같은 것이 있었다. 후에, 플로베르 연구회원 중 가장 나이 든 사람에게 앵무새에 관한 사실 이야기를 듣게 되었다. 두 기념관이 건축 중일 때, 즉 플로베르가 죽은 지 한참 후에, 기념관장이 각자 시립 박물관으로 가서 인수증 사본을 손에 넣고, 플로베르의 앵무새를 자기네 기념관에 달라고 요구했었다. 기념관장은 적어도 50마리는 됨 직한 똑같은 앵무새들이 들어 있는 박제 동물 방으로 안내되어 들어갔다! "마음에 드는 걸로 고르시지요." 두 사람 모두 똑같은 말을 들었다.

진짜 앵무새를 발견하는 것이 불가능하다는 것을 깨달으며 '진정한(real)' 플로베르, 혹은 '진정한' 누군가를 찾을 수 있다는 반스의 믿음은 끝이 났다. 그러나 많은 사람들은 그러한 탐구 방식의 어리석음을 결코 알지 못하고서 충분한 정보가 있다면, 사람을 정의하고 설명할 수 있다고 믿는다. 정신과 의사나 심리학자 사이에서는 항상 성격 진단의 타당도에 대하여 논란이 있었다. 어떤 이들은 그 작업의 장점을 믿고 진단을 더 정확히 하는 데 헌신을 한다. 다른 이들은, 내가 여기에 포함되는데, 진단을 심각하게 생각하는 데 통탄하면서, 진단은 증상과 행동 특질의 단순한 모음에 불과하다고 생각한다. 그럼에도 불구하고, 우리는 사람을 진단적 용어와 숫자라는 범주로 요약하도록 병원, 보험 회사, 정부 기관으로부터 입력을 받는다.

정신과적 진단 범주의 가장 자유로운 체계조차도 다른 이의 존재를 왜곡한다. 우리가 유형을 분류할 수 있다고 믿는 사람들과 관계를 맺는다면, 우리는 그 부분들, 범주를 초월하는 다른 사람의 생생한 부분들을 분명하게 알 수도 없을 뿐 아니라 생생하게 살릴 수도 없을 것이다. 인간관계에는 다른 사람을 결코 완전하게 알지는 못할 것이라는 가설이 있는 것이다. 만약 내게 공식적인 진단명을 마리에게 붙이라고 한다면,

현재의 진단 통계 기준서 양식에 따라 정확하고 공적으로 들리는 여섯 부분으로 평가할 것이다. 그러나 나는 이것이 피와 살을 가진 마리, 항상 나를 놀라게 하고, 내가 파악할 수 없도록 저 멀리 있고, 두 번의 미소를 지은 마리와는 별로 관계가 없다는 것을 알고 있다.

8

뜯지 않은 세 통의 편지

THREE UNOPENED LETTERS

Three Unopened Letters

뜯지 않은 세 통의 편지

• • • "첫 번째 것은 월요일 날 왔습니다. 그날도 다른 여느 날과 마찬가지로 하루가 시작되었죠. 아침에는 서류 검토를 하였고, 정오쯤에 우편물을 가지러 우편함으로 천천히 걸어갔는데 ─ 나는 대개 점심을 먹으면서 우편물을 읽곤 하죠. 무슨 이유에서인지, 나도 이유는 모르겠는데, 그날은 평상시같지 않으리라는 예감이 들었습니다. 나는 우편함으로 갔고 그리고… 그리고…… ."

사울은 더 이상 이야기를 계속하지 못했다. 목소리가 갈라졌다. 그는 고개를 푹 숙이고 자신을 추스리려 애썼다. 그가 이보다 더 상태가 나빴던 적은 없었다. 얼굴은 절망감으로 부어 있어서 63세 제 나이보다 훨씬 나이 들어 보였으며, 돌출된 처량한 눈은 충혈되어 있었고, 얼룩덜룩한 피부는 땀으로 번들거렸다.

몇 분이 흐르고 나서 그는 이야기를 계속하려고 애를 썼다. "편지로, 올 것이 왔다는 걸… 알았지요… 나는… 계속할 수가 없네요, 어떻게 해

315

야 좋을지 모르겠습니다……."

사울은 내 사무실에 들어온 지 3, 4분도 지나지 않아 심각한 상태로 빠져들어 갔다. 그는 스타카토로, 짧고, 얕게 숨을 헐떡거렸다. 무릎 사이로 고개를 깊이 파묻고 숨을 참았으나 소용이 없었다. 그리고 나서 그는 의자에서 일어나 숨을 몰아쉬며, 사무실 안을 걸어 다녔다. 호흡 증대로 인한 혈중 탄산가스 감소가 심해져 기절할 것 같았다. 나는 그가 숨을 쉴 수 있게 갈색 종이봉투가 있었으면 했지만, 그 오랜 전통 요법 재료가 없어서(호흡 증대에 의한 혈중 탄산 감소를 응급처치하는 데에는 아주 효과적이다.) 그가 말하게 하려고 애썼다.

"사울, 당신에게 아무 일도 일어나지 않을 겁니다. 당신은 도움을 청하러 내게 왔고, 나는 이런 사태에 훈련이 충분히 되어 있습니다. 우리는 함께할 수가 있을 거예요. 자, 이렇게 해 보세요. 여기 소파에 누워 자신의 호흡에 정신을 집중하십시오. 우선 숨을 깊고 빠르게 쉬십시오. 자, 이제 천천히 숨을 쉬세요. 다른 모든 것은 무시하고 호흡에만 초점을 맞추세요. 내 말 들리십니까? 당신의 코로 들어가는 공기는 언제나 나오는 공기보다 시원하다는 것을 주시하십시오. 그것에 집중하세요. 숨을 천천히 쉬면, 밖으로 나오는 공기가 훨씬 따뜻하다는 것을 곧 알 수 있을 겁니다."

나의 암시는 기대했던 것보다 훨씬 효과적이었다. 몇 분 안에 사울은 이완이 되었고 가쁜 숨이 안정되었으며 공포에 질린 표정이 사라졌다.

"이젠 좀 나아진 것 같군요, 사울. 하던 작업으로 돌아가 봅시다. 기억 나요? 난 좀 보충 설명이 필요한데요. 당신을 3년이나 못 만났잖아요. 도대체 무슨 일이 일어난 거예요? 모든 이야기를 내게 해 주세요. 모든 걸 상세하게 들었으면 합니다."

상세한 내용은 멋졌다. 그것들은 많은 정보를 주었고 이야기를 하는 동안 차분해졌는데 소외에 대한 불안을 건드리고 있는 것이었다. 일단 치료자가 상세한 것을 알고 나면, 내담자는 치료자가 그의 삶 속으로 들어온 것을 느낀다.

　사울은 내게 배경설명을 하지 않고, 하다 만 이야기를 계속하며 최근 사건들을 이야기했다.

　"나는 편지를 집어 들고 집 안으로 돌아가서, 버리는 우편물들이 쌓여 있는 데로 던져 버렸어요. 그러고 나서 그것 ― 스톡홀름 연구소에서 온 큰 갈색 공공우편물 봉투를 보았죠. 결국 올 것이 온 것입니다! 내내 나는 그 편지를 받을까 봐 겁이 났었는데 이제 온 거지요. 나는 그걸 열 수가 없었어요." 그는 잠시 멈추었다.

　"그러고는 무슨 일이 일어났습니까? 아무것도 빼놓지 마세요."

　"난 주방 의자에 털썩 주저앉은 채 망연자실 그냥 있었습니다. 그러고 나서 편지를 바지 뒷주머니에 구겨 넣었지요. 그리고 점심 준비를 하기 시작했습니다." 다시 멈추었다.

　"계속하세요. 아무것도 빼놓지 말고요."

　"나는 계란 2개를 삶아 계란 샐러드를 만들었습니다. 웃기는 얘기지만 언제나 계란 샐러드 샌드위치는 마음을 가라앉게 합니다. 기분이 안 좋을 때 난 그것만 먹지요. 상추나 토마토, 다진 샐러리나 양파를 넣지 않고서. 계란만 으깨서 소금, 후추, 마요네즈를 흰 빵에 듬뿍 발라서요."

　"그게 효과가 있습니까? 그 샌드위치가 당신을 안정시켜 주었습니까?"

　"정말 힘들게 만들었죠. 접어서 뒷주머니에 꽂은 편지가 일단 불편해서 샌드위치 만드는 데 집중할 수가 없었습니다. 편지를 꺼내서 불빛에 비추어 보고 무게가 얼마나 되나 손으로 달아 보면서 몇 페이지나 될까 추측을 해 보기도 했습니다만, 그래 봤자 별로 달라지는 건 없었어요. 거기서 온 내용이 간단하리란 것은 알아요, 그리고 잔인하고."

내 호기심에도 불구하고, 나는 사울이 자기 방식대로, 자기 속도대로 이야기를 하게 내버려 두기로 마음을 먹었다.

"계속하세요."

"음, 난 샌드위치를 먹었습니다. 아직도 난 어려서 먹던 식으로 그걸 먹습니다 ― 계란 샐러드가 흘러나오는 것을 핥아 가면서 먹는. 그러나 그것은 별 도움이 안 되었죠. 나는 좀 더 강한 게 필요하다고 느꼈습니다. 이 편지는 너무나 지독한 것입니다. 결국, 나는 서재에 있는 서랍 속에 그것을 처넣어 버렸습니다."

"아직 뜯지 않고요?"

"예, 아직 뜯어 보지 않았습니다. 왜 열지요? 거기 뭐가 있는지 벌써 알고 있는데. 정확한 문구는 내 상처를 더욱 갈갈이 찢어 놓을 뿐인걸요."

난 사울이 무슨 이야기를 하고 있는 건지 알 수가 없었다. 스톡홀름 연구소하고 그가 무슨 연관이 있는지조차 알 수 없었다. 이제는 호기심으로 좀이 쑤셨으나 굶지 않으며 기대에 찬 즐거움을 누리고 있었다. 우리 아이들은 선물을 주자마자 내가 뜯어본다고 항상 나를 놀렸었다. 틀림없이 그날 보인 인내심은 내가 어느 정도 성숙했다는 표시였다. 무얼 그리 서두르랴? 사울이 곧 그 호기심을 충분히 풀어 줄 텐데.

"두 번째 편지는 그로부터 여드레 후에 도착했습니다. 봉투는 처음 것과 똑같았지요. 나는 그 역시 뜯지 않고서, 책상 서랍에 첫 번째 온 것 위에 놓았어요. 그러나 그것을 감추는 것으로는 아무것도 달라지는 게 없었습니다. 나는 그 생각이 떠오르지 않게 할 수도 없었지만, 그 생각을 견딜 수도 없었습니다. 만약 내가 스톡홀름 연구소로 가지 않는다면요!" 그는 한숨을 내쉬었다.

"계속하세요."

"나는 지난 두 주를 상상 속에서 지냈습니다. 이 이야기를 모두 듣고 싶은 게 확실합니까?"

"확실합니다. 그 상상에 대해 이야기해 주세요."

"음, 때로 저는 재판을 받는 장면을 생각했어요. 모두 가발을 쓰고 법복을 차려입은 판사들 앞에 내가 서 있는 겁니다. 고발당한 모든 것에 대해 변호사를 통하지 않고 용감하게 그들 앞에서 직접, 대답을 하는 겁니다. 내가 감출 것이 없다는 것이 곧 명백히 밝혀지지요. 판사는 혼란에 빠지게 돼요. 하나씩 하나씩 서열이 깨지면서 내가 첫째가 되었다는 것을 축하하며 그들이 내게 용서를 빌지요. 이것이 상상의 내용 중 하나예요. 이런 상상을 하면 몇 분 정도는 기분이 나아져요. 다른 하나는 이렇게 좋은 게 아니고 매우 병적인 것입니다."

"그것에 대해서도 이야기해 주세요."

"때때로 나는 가슴이 옥죄는 것을 느끼며 나도 모르는 새에 관상동맥에 이상이 생겼다는 기분이 듭니다. 그것들은 증상일 뿐 아무 고통도 없지만 숨쉬기 어렵고 흉부가 옥죄이는 거지요. 나는 맥을 짚어 보지만 그때마다 맥을 찾을 수가 없습니다. 겨우 맥박을 찾아내지만, 그것이 심장이 뛰어 느껴지는 것인지 아니면 내 손가락이 손목을 눌러 실핏줄이 뛰는 것인지 알 수가 없게 됩니다."

"15초에 26번 박동이 뛰죠. 26 곱하기 4는 분당 104번이 되죠. 그리고 나면 분당 104번이 좋은 건가 나쁜 건가? 의문이 듭니다. 난 관상동맥 질환이 빈맥 후에 오는지 서맥 후에 오는지 모르거든요. 테니스 선수 비요른 보리는 50번 뛴다고 들었습니다."

"그러고 나서 동맥을 잘게 잘라 혈압이 내려가고 피가 흘러나갑니다. 분당 104번일 때, 어둠 속으로 완전히 빨려들어 가려면 얼마나 걸릴까 상상을 해요. 그러고 나면 내 심장박동을 빠르게 해서 혈액을 빨리 뿜어 내게 해야겠다고 생각합니다. 자전거 운동 기구를 타면 할 수 있어요! 몇 분 안에 심박수를 120회까지 올릴 수 있습니다."

"때로 나는 피를 종이컵에 채우는 상상을 해요. 나는 종이컵의 맨질 맨질한 표면으로 피가 떨어지는 소리를 들을 수 있지요. 아마 100번 정 도면 컵을 채울 수 있을 거예요 ─ 단지 50초면 충분하지요. 그러고 나 면 난 동맥을 어떻게 끊을 수 있을까 생각해요. 부엌칼로? 까만 손잡이 가 달린 작고 날카로운 과도로? 아니면 면도칼? 그렇지만 이젠 수염을 얇게 문질러 내게 만든 옛날 면도칼이 없잖아요. 통째로 안전날을 끼우 게 만든 면도기뿐이죠. 전에는 면도날이 지나가는 느낌에 한 번도 유의 해 본 적이 없습니다. 면도날이 지나가도 아무 특별한 느낌이 없듯, 나 도 그런 존재라고 생각합니다. 나로 인한 파급 효과가 아무것도 없는 존 재. 지금 내가 예전의 사라진 면도칼에 대해 생각하듯 누군가 나를 그렇 게, 아주 잠깐 스쳐 지나가듯 생각할 겁니다."

"그러나 그 면도칼은 멸종된 것이 아니지요. 고맙게도, 내 생각 속에 는 아직 살아 있으니까요. 왜 있잖아요, 어릴 땐 내가 어른이 되어서 이 렇게 살아 있으리라고 상상을 못하지 않습니까. 그래서, 어린이로서의 나는, 죽었지요. 머지않아 어느 날엔가는, 아마 40년쯤 후면 나를 아는 사람은 아무도 살아 있지 않을 겁니다. 그때는 내가 진정(truly) 죽은 것 이지요 ─ 내가 아무의 기억 속에도 더 이상 존재하지 않을 때가. 나는 아주 늙은 사람이, 아무도 아는 사람이 한 사람도 남아 있지 않은 마지 막 생존자가 될 수 있는지, 굉장히 많이 생각했어요. 그 노인이 죽고, 아는 사람도 모두 죽고, 그러면 살아 있는 자의 기억 속에서 완전히 사라지지요. 나는 누가 내게 그런 사람이 될까 궁금합니다. 누가 죽으면 진정 내가 죽은 것이 될까?"

몇 분간 사울은 눈을 감은 채 이야기를 하고 있었다. 그러고는 갑자기 눈을 번쩍 뜨며 나에게 다시 물었다. "당신이 이걸 물었지요. 아직도 계속하기를 원하시나요? 이건 무척 병적인 소재들인데."

"전부 다요, 사울. 나는 당신이 경험한 것을 정확히 알고 싶어요."

"가장 끔찍한 일 중 하나는 아무도 이야기할 사람이 없다는 것, 되돌릴 수도 없고, 이 일에 대해 감히 이야기할 수 있을 만큼, 터놓고 이야기할 믿을 만한 친구가 아무도 없다는 것입니다."

"나는 어때요?"

"난 당신이 나를 기억할지 알 수 없었습니다. 내가 처음 당신을 만나야겠다고 결정하는 데에도 15년이 걸렸으니까. 당신을 다시 만나러 오는 치욕을 견딜 수가 없었어요. 우리는 함께 작업을 잘했었는데 패배자가 되어서 다시 돌아온다는 것이 수치스러웠습니다."

사울이 무슨 의미로 하는 이야기인지를 나는 이해할 수 있었다. 1년 반 동안 우리는 매우 생산적으로 함께 작업을 했었다. 3년 전 치료를 종결할 때, 사울과 나는 그에게 일어난 변화에 대해 매우 자부심을 가졌었다. 우리의 종결 회기는 기개 있는 졸업식이어서 그가 세상으로 행진해 들어가는 것을 반주하는 금관악기 연주가 없었을 뿐이었다.

"그래서 나는 혼자 다루어 보려고 노력했습니다. 그 편지가 무슨 내용을 담고 있을지 알거든요. 그것들은 나에 대한 최종 판단, 개인적인 계시(apocalypse)지요. 난 그것들이 이미 63년 전부터 내게 있었다고 생각해요. 이제, 아마 좀 내가 약해졌기 때문에 내 나이, 내 체중, 내 폐기

종이 나를 삼켜 버리는 거겠지요. 나는 항상 그 판단을 미루어 왔지요. 그걸 기억하시지요?"

나는 끄덕였다. "그중 일부는요."

"난 기진맥진하여 상당히 암이 진행된 상태라고(결코 틀림이 없어요.) 넌지시 암시를 하며 과도하게 변명을 하였지요. 그리고 언제나처럼, 어느 것도 받아들이기 어려우면 현금으로 반환한다고 했어요. 나는 5만 달러면 스톡홀름 연구소에서 오는 재앙을 전부 치유할 수 있다는 것을 알아요."

"무엇 때문에 마음이 바뀌었나요? 왜 내게 다시 전화를 하기로 하였어요?"

"세 번째 편지였지요. 두 번째 편지 후 열흘쯤 있다가 도착했어요. 그 것은 내가 계획했던 모든 것, 도피하려는 소망 모두를 끝장내는 것이지요. 그 편지를 받고는 바로 당신 비서에게 전화를 한 겁니다." 그 뒷부분은 내가 알고 있었다. 비서가 그에게서 전화가 왔다고 알려 주었다. "난 언제든 선생님을 볼 수 있습니다. 선생님이 얼마나 바쁜지 잘 알아요. 일주일 후 화요일, 전 좋습니다 ─ 응급은 아닙니다."

내 비서가 몇 시간 후에 그에게 두 번째로 전화가 왔다고 알려 주었을 때("저는 선생님을 괴롭히기는 싫지만, 나를 중간에 끼워 넣어 줄 수 있는지 알고 싶어서요. 몇 분 정도라도 좋아요, **좀** 일찍이기만 하면요."), 나는 사울이 굉장히 자포자기한 급한 상태라는 표시임을 감지하고 곧바로 자문할 시간을 정하기 위해 그에게 전화를 하였다.

그러고 나서 그는 우리가 마지막으로 만난 이후의 생활 사건들을 요약하였다. 치료를 종결한 직후, 약 3년 전, 성공한 신경생물학자인 사울은 영광스러운 상을 받았고 부상으로 6개월간 스웨덴의 스톡홀름 연구

센터에 연구자로 초청을 받았다. 그 상은 조건이 매우 좋아서, 5만 달러의 상금 대신 실적을 내야 한다는 부대 조건도 없는 자유로운 부상이었다. 즉, 하던 연구를 계속하든, 강의를 많이 하든 적게 하든, 혹은 혼자 하든 하고 싶은 이와 공동 작업을 선택하든 그야말로 자유롭게 일할 수 있는 조건이었다.

스톡홀름 연구소에 도착했을 때, 유명한 세포생물학자 닥터 K가 그를 반겼다. 닥터 K는 대단한 존재였다. 세련된 옥스퍼드풍으로 말하고, 76년이란 세월이 자연스럽게 그의 등을 굽게 만들만도 한데 그는 이조차 거부한 듯 세월을 위대한 76인치의 건축물로 쌓아 놓고 있었다. 그는 전혀 등이 굽지 않았다. 불쌍한 사울은, 그 5피트 6인치(약 170cm)의 키에 뒤지지 않기 위해 턱과 목을 긴장했다. 다른 이들은 자기의 구식 브루클린풍을 귀엽게 여겼지만, 사울은 목소리에서부터 주눅이 들었다. 닥터 K가 노벨상을 받지는 못했지만 두 번이나 후보에 올랐었다는 것은 잘 알려진 사실이고 벌써 수상자들에 버금가는 업적을 만들어 냈다. 30년간 그는 멀리서 그리고 지금은 가까이서 존경해 왔지만 감히 그 위대한 인물의 눈을 쳐다볼 엄두가 나지 않았다.

사울은 7세 때 부모가 자동차 사고로 사망하였고 고모가 그를 키웠다. 그 이래로 그의 삶에서 되풀이되며 나타나는 삶의 주제는 가정과 애정, 그리고 인정의 끊임없는 추구였다. 실패는 항상 극심한 상처를 주어서, 자신의 하찮고 외롭다는 느낌을 서서히 그리고 깊게 증폭시켰으며, 성공은 굉장하긴 하지만 덧없는 기쁨을 주었다.

그러나 사울이 스톡홀름 연구소에 도착하여 닥터 K에게 반가운 인사를 받는 순간, 이상하게도 그는 자기의 목표가 손에 잡혔으며 궁극적 평화가 올 희망이 있다고 확신이 생기는 느낌이 들었다. 그가 닥터 K의 힘

있는 손을 잡으며 악수했던 순간, 축복되게도 사울은 그들 둘 사이에 서로 교류가 되어 닥터 K와 완전한 동료로서 손에 손을 잡고 일하게 되리라는 밝은 희망의 빛을 보았다.

사울은 충분한 계획을 세우지도 못하고서 닥터 K와 공동으로 근육세포 변별에 관한 국제 학술지들을 검토하는 연구를 계속 밀고 나갔다. 사울은 그들이 창의적으로 협력함으로써 미래의 가장 전망 있는 연구 방향을 발견할 수 있을 것이라고 제언하였다. 닥터 K는 이 연구 계획을 들은 후 조심스럽게 승낙하고, 문헌 연구를 하는 사울과 일주일에 두 번씩 만나기로 동의하였다. 사울은 급조된 프로젝트에 열정적으로 전력투구하였고 기초적인 연구 문헌들에서 보이는 불일치한 결과에서 의미 있는 패턴을 찾으려는 닥터 K와의 자문 시간을 귀중히 여겼다.

사울은 협력 관계에 너무 후끈 달아올라 문헌 연구 결과들이 그리 생산적이지 못하다는 것을 인식하지 못하고 있었다. 결과적으로 두 달 후, 닥터 K가 그 작업에 대해 실망감을 표시하면서 그걸 버리라고 충고했을 때 그는 충격을 받았다. 사울은 일생에 한 번도 프로젝트를 완수하지 못하는 실패를 한 적이 없었으므로, 그의 첫 반응은 혼자라도 그것을 계속하겠다고 주장을 한 것이었다. 닥터 K는 "물론 내가 그걸 막을 길은 없지만, 나는 그것이 잘못된 것이라고 생각됩니다. 아무리 보아도 나는 그 일에서 빠져야 할 것 같습니다."라고 말하였다.

사울은 참고문헌만 해도 261~262페이지까지 가는 긴 다른 논문을 출판하는 것이 위대한 박사와 지속적으로 협력하는 것보다 영양가가 훨씬 적다는 결론을 급히 내리고, 며칠 생각한 후 또 다른 프로젝트를 제안하였다. 다시 한 번, 사울은 그 일의 95%를 자기가 하겠다고 제안하였고 닥터 K는 어느 정도 자기방어를 하며 승낙하였다. 스톡홀름 연구소에 남아 있던 기간 동안 사울은 악바리처럼 일을 했다. 젊은 동료들을 위해 강의하고 자문을 해 주는 것으로도 이미 과도한 업무 일정이 잡혀 있었는데, 그는 닥터 K와의 만남을 준비하기 위해 밤늦게까지 지나치게 일을 많이 하지 않을 수 없었다.

6개월이 다 되어서도 그 프로젝트는 아직 끝나지 않았으나, 사울은 닥터 K에게 자기가 곧 그 일을 완성할 터이니 그들의 논문이 권위 있는 학회지에 실린 것을 볼 수 있을 것이라고 호언장담을 하였다. 사울은 자기에게 논문을 좀 내 달라고 졸랐던 제자가 편집자로 있는 학회지를 염두에 두고 있었다. 3개월 후, 사울은 그 논문을 완성하였고, 닥터 K로부터 승인을 얻어 학회지 편집위원회에 제출하였으나 11개월 후, 그 편집자가 만성 질환으로 몹시 아파, 출판위원회에서는 학회지를 더 이상 출간하지 않고 제출된 원고는 되돌려 보내기로 결정하였다는 통고를 받았을 뿐이었다.

사울은 급해져서 즉시 그 논문을 다른 학회지에 송부했다. 6개월 후, 그는 25년 만에 처음으로 게재 불가 통고를 받았다. 그들은 저자들에 대한 경의를 표하며, 왜 그 학회지에서 게재할 수 없는지에 대한 설명과 함께 거부 통고를 보내 왔다. 그 이유인즉, 지난 18개월 동안, 같은 주제에 대하여 3명이 이미 훌륭한 문헌 연구를 하여 게재하였고, 더구나 기본적으로 지난 몇 개월간 출판된 바에 따르면 사울과 닥터 K가 이 분야에서 전망 있는 방향이라고 도달한 결론이 그 결과들을 지지하는 것이 아니라는 것이었다. 그러나 이 논문을 좀 새롭게 수정하여, 기본적으로 강조된 점을 변경하고, 결론과 제언을 다시 만들면, 논문 편집위원회에서는 기꺼이 이를 다시 검토할 것이라는 것이었다.

사울은 어찌해야 좋을지 안절부절해졌다. 확신하건대, 이런 작고, 밀어붙이기만 하는 뉴욕 사기꾼과 팀을 이루기 전까지는 결코 논문 게재를 거부당해 본 적이 아직 없었을 닥터 K에게, 18개월이나 지난 지금, 그들의 공동 논문이 게재 불가 통고를 받았다는 이야기를 하기가 너무나 부끄러웠으므로 이를 직면할 수도 없었고 하지도 않았다. 문헌 연구 논문은, 특히 세포생물학과 같은 빠르게 변화하는 분야에서는, 하루가 다르게 빨리 발전한다는 것을 사울은 알고 있었다. 그는 또한 편집위원으로서의 경험이 충분해서 학회지 편집자들이 지금 단순히 예의를 차리고 있는 것이라는 것도 알고 있었다. 그 논문을 수정하기 위해서 자기와 닥터 K가 굉장히 많은 시간을 투자하지 않는 한, 원시시대 것을 넘어서기 어렵다는 것도 알고 있었다. 게다가 수정 작업은 직접 얼굴을 보고 협력을 해야 하는 것이지, 국제 우편을 통해 완성하긴 어려웠다. 닥터 K는 훨씬 더 중요한 일이 있었으므로, 사울은 악역을 완전히 자기에게 맡기고 그가 깨끗이 손을 털고 싶어 하리라고 확신하였다.

그리고 그것은 막다른 골목이었다. 어떤 결정을 하든, 일이 어떻게 되어 가는지 닥터 K에게 사울은 이야기를 해야 했지만 할 수가 없었다. 그래서 사울은, 그런 상황에서 늘 하던 대로, 아무것도 하지 않았던 것이다.

상황이 더 나빴던 것은, 그와 관련된 다른 중요한 논문을 사울이 단독으로 썼는데 즉각 게재가 받아들여진 것이었다. 그 논문에서 그는 중요한 개념을 표현하기 위해 닥터 K를 인용했고, 출판되지 않은 그들의 논문도 인용을 했었다. 학회지 측에선, 유명한 이름을 도용하는 것을 피하기 위해 인용한 사람의 동의서 없이는 누구도 인명 인용을 허용할 수 없다는 새로운 정책을 알려 주었다. 같은 이유로, 공동 연구자의 동의서 없이 출간되지 않은 논문을 인용하는 것도 허용되지 않는다고 하였다.

사울은 딱 얼어붙었다. 그는—공동 작업한 논문의 운명을 언급하지 않고는—닥터 K에게 인용해도 좋다는 허락을 바란다는 편지를 쓸 수가 없었다. 다시, 사울은 아무것도 하지 않았다.

몇 달 후, 그의 논문은 닥터 K에 대해 언급하지 않고 또한 그들의 공동 작업 결과도 언급하지 않은 채 유명한 신경생물학회지 첫 면에 초두 논문으로 실렸다.

"그리고 그것이," 사울은 한숨을 푹 쉬며 내게 말했다. "지금까지 생겼던 일입니다. 나는 이 논문이 게재되는 게 겁이 났어요. 닥터 K가 이를 읽을 것이라는 걸 알고 있지요. 그리고 나에 대해 어떻게 생각하고 느낄지 알 수 있습니다. 나는 그의 눈, 스톡홀름 연구소에서 만났던 눈빛에서, 내가 사기꾼, 도둑놈, 아니 날강도보다 더 나쁜 놈이라고 할 것임을 알 수 있습니다. 나는 그로부터 무슨 소리가 올까 기다리고 있었고 출판이 된 지 4주 후에 첫 편지를 받았는데—예정대로—그 학회지가 스칸디나비아에 도착할 즈음, 즉 닥터 K가 읽고 판단을 하여 선고를 하는 데 걸리는 기간이 딱 걸린 셈입니다. 그리고 그의 편지가 캘리포니아에 있는 내게로 도착할 시간이 바로 지금쯤이고요."

사울은 여기서 멈추었다. 그의 눈빛은 간절히, '더 이상은 내가 계속할 수가 없습니다. 이걸 모두 없애 주십시오. 이 고통을 모두 없애 주십시오.' 하고 있었다.

나는 사울이 이처럼 무기력했던 것을 본 적이 없었지만 내가 도움을 즉각 줄 수 있다는 확신이 들었다. 그러므로 나는 효과적이고, 과제 중심적인 목소리로 그가 어떤 계획을 세워 어느 정도 나아갔는지를 물었다. 그는 주저하며 말하기를 5만 달러를 스톡홀름 연구소에 반환하기로 결정을 했다고 하였다! 예전의 작업을 통해, 자신을 어려운 상황으로 스스로 몰아넣는 그의 성향을 내가 용인하지 않으리란 걸 알기에, 사울은 내게 반응할 시간을 주지 않고 서둘러 그것이 최선의 방법이라고 판단했다고 말했다. 자기가 그 연구소에서 초청 연구자로서 생산적으로 시간을 보내지 못했으므로 돈을 돌려보내라고 편지에 써 있으리라고 그는 생각하고 있었다. 다른 대안은 조건 없는 기부금으로 스톡홀름 연구소에 보내는 것 ― 어느 조건도 달지 않고 단순히 기부금으로 보내는 것이었다. 그러한 선물은 감동을 주어 자기 행동에 대한 어떠한 비판도 가라앉힐 수 있는 책략이라는 것이었다.

나는 사울이 그 계획을 내게 말할 때 불편해하는 것을 알 수 있었다. 내가 동의하지 않으리란 걸 그는 알고 있었다. 그는 누구라도 기분이 안좋게 만드는 걸 싫어했고 닥터 K의 인정을 바라는 것만큼이나 나의 인정을 바랐다. 그가 기꺼이 나와 의견을 나누려 한 것에 저으기 안심이 되었다는 것이 지금까지 중 유일하게 희망적인 부분이었다.

잠시 동안 우리는 침묵에 빠져들었다. 사울은 완전히 소진되어, 뒤로 기대앉아 있었다. 나 역시, 의자에 깊숙이 앉아 이 상황을 검토하고 있었다. 이야기 전부가 희극적 악몽이었다. 타르를 밟은 아기 이야기에 나오는, 타르를 발에 붙인 아기처럼, 사울의 사회적 부적절성은 매 발자국마다 그를 이런 곤경으로 몰아넣고 그 곤경에 딱 들러붙어 그것이 또 곤경이 되어 버리는 것 같다.

그러나 사울의 표정에는 웃음기가 전혀 없다. 겁먹은 표정이었다. 그는 항상 자기의 고통을 최소화시키면서 나를 '괴롭힐까' 겁을 낸다. 그의 불편하다는 표현을 내가 10배로 곱해 이해하면 제대로 그를 이해하게 된다. 5만 달러를 기꺼이 지불하려는 생각, 그의 자살에 대한 병적인 기도(5년 전에 그는 심각한 자살 기도를 한 적이 있다.), 그의 식욕부진, 불면, 나를 가능하면 빨리 만나고 싶다는 요청 등. 그는 혈압이(전에 내게 이야기한 적이 있다.) 120에 190으로 올라갔던 6년 전, 스트레스를 받았던 시기에 심각한 관상동맥 질환에 걸린 적이 있었다.

그러므로 그의 상황이 끔찍하다는 것을 과소평가해서는 안 된다. 사울은 극단적이므로 난 즉각적으로 도움을 주어야 한다. 내가 생각하기에, 그의 과도한 반응은 너무나 비합리적이다. 그 편지에 무엇이 들어 있는지는 신만이 안다. 아마도 그의 예측과는 달리 과학 학회나 새로운 학회지에 관한 것일 수도 있다. 그러나 한 가지는 확실하다. 그 편지들은, 시기적 일치성에도 불구하고 닥터 K나 스톡홀름 연구소로부터 사울을 비난을 하려 보낸 편지가 아니라는 것, 그리고 그가 읽어 보기만 하면 곧바로 그의 고통은 해소될 것이라는 것을 나는 확신했다.

계속 나아가기 전에 나는 대안들을 생각했다. 내가 너무 서두르거나, 너무 적극적인가? 나의 역전이는 어떠한가? 내가 사울에게 인내심을 발휘할 수 없는 기분이 된 것은 사실이었다. "이건 전부 웃기는 짓이야." 내 한쪽 부분에서는 이렇게 말하고 싶어 했다. "집에 가서 그 빌어 먹을 놈의 편지를 읽어 봐요!" 아마도 그와 이전에 했던 치료가 닳아 없어졌다는 표시 같아서 내가 초조해하는지도 모른다. 나의 손상된 자만심이 사울을 더 인내심 있게 보지 못하게 방해하고 있는 것은 아닌가?

그날은 그가 멍청하다고 생각했지만 대체로 나는 그를 매우 좋아했다. 우리가 처음 만났을 때 그가 이야기한 것들 중 하나가 내게 참으로 사랑스럽게 느껴졌었다. "난 곧 59세가 돼요. 그리고 곧 유니온가를 어슬렁어슬렁 걸어 다니며 아이쇼핑이나 하면서 오후를 지낼 수 있게 될 겁니다."

나는 내가 싸우고 있는 주제와 똑같은 주제를 가지고 투쟁하고 있는 내담자에게 매력을 느낀다. 오후에 산책이나 하며 어슬렁거리고픈 갈망에 대해 너무나 잘 안다. 수요일 오후에 샌프란시스코를 아무 걱정 없이 걸어 다니는 사치를 내가 얼마나 갈망하는가? 그러나 사울처럼, 나도 강박적으로 일을 계속했고 그 산책을 불가능하게끔 일정을 스스로 일로 가득 채워 넣었다. 나는 우리들이 총을 든, 같은 사람에게 쫓기고 있다는 생각을 했다.

내 속을 들여다보면 볼수록 나는 사울에 대한 긍정적인 감정이 아직도 변하지 않았다는 것을 점점 더 확신할 수 있었다. 그의 정신 사나운 외모에도 불구하고, 나는 그를 향한 매우 따뜻한 감정이 있다는 것을 느꼈다. 그를 팔에 안고 얼러 주는 상상을 하며 그 상상이 매우 기쁘다는 것을 알았다. 나는 참을성이 부족함에도 불구하고 사울에게 최선이 되도록 행동할 수 있으리라는 것을 확신했다.

그러나 너무나 에너지가 넘쳐 과하게 굴면 불이익이 되리란 것이 확실하다. 지나치게 능동적인 치료자는 내담자를 어린애가 되게 한다. 마틴 부버의 말에 따르면, 그가 '펼쳐 놓도록' 이끌거나 돕는 것이 아니라, 대신에 자신의 뜻을 그에게 강요하는 것일 뿐이다. 그럼에도 불구하고, 나는 이 위기를 한두 회기 안에 해결할 수 있으리란 확신이 들었다. 그 신념에 비추어, 조금만 지나면 나중에는 보다 객관적인 견해를 갖고 평가할 수 있게 될 것이고 과민 반응으로 인한 위기는 지나갈 것이다.

또한 내가, 참을성 없고 통제를 많이 하고, 또 죽음에 관한 문제를 포함하여 모든 문제에 대한 자기의 감정을 신속하고 완전하게 직면해야 한다고 주장하던, 전문가로서의 성장기에 사울이 나를 만난 것은 불행이었다. 내가 델마의(제1장의 사례) 강박적 사랑에 다이너마이트가 되려고 하던 시기와 비슷한 시기에 사울은 나를 방문하였다. 내가 마빈에게 자기의 성적인 편견이 실은 죽음에 대한 불안(제10장)이 굴절된 것이라는 것을 인식하라고 강요하던 시기, 그리고 현명하지 못하게도, 데이브에게(제6장) 옛날의 연애편지에 집착하는 것은 신체적으로 쇠퇴해 가고 나이를 먹어 가는 것을 부정하려는 헛된 시도라는 것을 이해시키려 하던 것과 비슷한 시기였다.

그래서, 더 나빠지든 좋아지든 좌우간, 나는 그 편지들에 초점을 맞추어 한 회기, 혹은 기껏해야 두 회기 이내에 그것을 열어 보게 할 작정이었다. 그 시기에 나는, 대체로 단기 입원 환자들의 집단치료를 이끌고 있었다. 나는 그들을 몇 회기밖에 만날 수 없었기 때문에 치료 목표에 적절하고 현실적인 전략을 신속하게 수립하여 그것을 효과적으로 달성하는 데 집중하려고 노력하고 있었다. 그리고 사울과의 상담 시간에도 그 기법들을 원용하였다.

"사울, 오늘 내가 어떻게 도우면 좋을 거라고 생각하십니까? 내가 어떻게 해 주었으면 좋겠습니까?"

"며칠 지나면 괜찮아질 거라는 것을 나도 압니다. 난 그저 생각을 하지 못하고 있어요. 난 즉각 닥터 K에게 편지를 써야 했었죠. 난 그에게 단계 단계별로, 그동안 일어났던 일을 상세히 되짚어가며 설명할 편지를 이제 쓰고 있습니다."

"세 통의 편지를 열어 보기 전에 그걸 보낼 계획이십니까?" 나는 사울이 어리석은 행동을 해서 일을 망쳐 버릴 것 같은 그의 계획이 싫었다. 나는, 전혀 책임을 묻지도 않은 일에 대해 자기를 방어하는 사울의 긴 편지를 읽을 때 닥터 K가 느낄 당혹감만을 상상하였다.

"어떻게 할까 생각해 볼 때 내게 합리적인 질문을 하고 있는 당신 목소리가 들립니다. 결국, 그 인간이 나를 어떻게 할 수 있나? 그가 치사하게 그런 짓까지는 하지 않겠지만 내가 논리적으로 생각하지 못하고 있다는 것은 아셔야 합니다."

뭔가 가려진 게 있지만 그 말엔 틀림없이 질책이 들어 있었다. 사울은 항상 비위를 맞추려 하고, 그러한 경향성과 의미에 대해 이전 치료에서 교정을 많이 하였다. 그래서 나는 그가 내게 보다 강력한 대항을 할 수 있는 것이 기뻤었다. 그러나 또한 스트레스로 인해 고통 속에 있어도 사람들은 반드시 논리적이어야 한다는 생각을 내가 하고 있다는 생각이 들어 답답했다.

"좋아요, 그러면 내게 비논리적인 시나리오에 대해 말해 보시죠."

제기랄! 말이 제대로 나오지 않았다고 생각되었다! 거기엔 내가 전혀 느끼지 못했던 생색내는 듯한 정중함이 묻어 있었다. 그러나 내 반응을 수정할 시간도 없이, 사울은 의무감으로 계속 반응을 했다. 보통 나는 치료를 할 때 이 짧은 순서에서 반응할 것과 분석할 것을 확실하게 하지만, 그날은 그러한 미묘함을 생각할 시간이 없었다.

"아마도 과학을 포기하겠지요. 몇 년 전에 심한 두통이 일어나서 신경과에 갔더니 엑스레이를 보고 편두통이 확실하긴 하지만 종양일 가능성도 아주 조금은 있다고 하더군요. 그때 나의 반응은 '그래, 고모 말이 맞다, 내게는 뭔가 근본적으로 잘못된 것이 있다.' 나는 여덟 살 때, 고모가 나에 대한 신뢰를 잃어서, 내게 어떤 나쁜 일이 일어나도 고모는 상관을 안 할거라고 느꼈습니다."

나는 3년 전에 했던 작업을 통해서, 그의 부모가 죽은 후 고모가 그를 키웠고 고모는 신랄하고 비난을 많이 하는 사람이라는 것을 알고 있었다.

"만약 고모가 당신에 대해 그렇게 형편없다고 생각한다는 게 사실이라면," 나는 물었다. "자기 딸과 결혼하라고 그렇게 압력을 넣었을까요?"

"그건 고모 딸이 서른이 다 되었을 때에야 한 이야기지요. 노처녀 딸을 두고 있는 것보다 더 끔찍한 운명 — 나를 사위로 맞지 않는 것보다 — 은 없잖아요."

정신 차려라! 내가 지금 무엇을 하고 있는 거냐? 사울은 내가 물은 자기의 비논리적인 시나리오에 대해 이야기하고 있는 것인데, 나는 여기서 갈팡질팡하며 길을 잃는 바보짓을 하고 있다. 초점을 맞추어라!

"사울, 당신 계획은 무엇인가요. 한번 미래로 가 봅시다. 지금부터 한 달 후, 당신은 세 통의 편지를 열까요?"

"예, 두말할 것도 없지요. 한 달 안에는 뜯어볼 겁니다."

글쎄, 내 생각에 그건 의외군! 내가 기대했던 것 이상이었으므로 나는 조금 더 시도를 했다.

"닥터 K에게 편지를 부치기 전에 그 편지를 열어 볼 건가요? 당신 말에 의하면, 나더러 합리적이라고 했지만, 우리 둘 중 하나는 합리적이어야 해요." 사울은 미소를 짓지 않았다. 그의 유머 감각은 완전히 사라져 버렸다. 나는 가벼운 농담을 그만두어야 했고, 이런 방식으로는 그와 더 이상 접촉할 수가 없었다. "우선 편지들을 읽는 것이 합리적인 것 같군요."

"잘 모르겠어요. 하나도 모르겠습니다. 스톡홀름 연구소에서 6개월 있는 동안, 딱 사흘 쉬었다는 것만 알아요. 나는 토요일과 일요일에도 일을 했습니다. 때로는 도서관을 떠나지 않으려고 사교적인 초대, 닥터 K의 초대까지도 거절했습니다."

그가 주의를 딴 데로 돌리고 있다고, 난 생각했다. 그가 내게 사탕을 한 알 톡 물리고 있다. 초점을 맞추어라!

"어떻게 생각해요, 5만 달러를 되돌려 주기 전에 편지를 뜯어볼 것인가요?"

"잘 모르겠습니다."

나는 그가 벌써 돈을 보냈다면, 그랬다면 그가 한 거짓말 때문에 우리 작업을 위태롭게 할 가능성이 높다고 생각했다. 나는 진실을 알아야 한다.

"사실, 전에 우리가 그랬던 것처럼 지금도 신뢰의 바탕 위에서 시작을 해야 한다고 생각합니다. 솔직하게 말해 주세요, 이미 돈을 보냈습니까?"

"아직요. 그러나 솔직하게 말하건대, 그렇게 하는 게 상식적이고 아마도 난 그렇게 할 거예요. 그만한 현금을 만들려면 우선 주식을 팔아야 합니다."

"음, 내가 생각하는 건 이런 겁니다. 당신이 나를 오늘 만나러 온 이유는 그 편지들을 열 수 있게 도와 달라는 것이 분명해요." 나는 여기서 계략을 좀 쓰고 있었는데 ─ 그는 꼭 그렇게 말한 것은 아니었다. "우리는 둘 다 알 거예요. 다음 달에는 틀림없이" ─ 사울의 막연한 추측을 공고한 약속으로 바꾸고 싶어서 좀 더 계략을 썼다 ─ "그걸 열 거라는 것을. 그리고 우리는 둘 다 ─ 나는 당신의 합리적인 부분에게 이야기를 하고 있는 것인데 ─ 그 편지를 열기 전에, 다시는 되돌릴 수 없는 단계로 가는 것이 현명하지 않다는 것을 알아요. 그렇다면 진짜 문제는 언제냐 ─ 언제 편지를 열어 볼 거냐? 그리고 어떻게 ─ 내가 어떻게 돕는 것이 최선이냐? 하는 것이지요."

"나는 그냥 그렇게 해야 합니다. 모르겠어요. 전혀 모르겠어요."

"당신은 이리로 그것들을 가져와서 이 사무실에서 열어 보고 싶으신 건가요?" 내가 지금 사울을 위해서 이런 행위를 하는 것일까 아니면 단순한 관음증적 호기심일까?(마치 TV에서 알 카포네의 금고를 보듯 혹은 타이타닉호가 안전한가를 보듯)

"난 그걸 여기로 가져와서 당신과 함께 열어 만약 내가 쓰러지면 나를 돌보아 달라고 할 수 있어요. 하지만 그러고 싶지 않습니다. 나는 그걸 어른답게 처리하고 싶습니다."

한 방 먹었다! 그걸 가지고 왈가왈부하기는 어렵다. 오늘 사울의 주장성은 인상적이다. 나는 그렇게 강경하리라고 예측을 못했었다. 그 주장성을 이 편지들에 대한 미칠 것 같은 심정을 방어하는 데 쓰지 않았더라면 하고 바랄 뿐이었다. 사울은 진정 깊은 구덩이에 빠져 있었고 나의 직접적인 접근 방식에 의문을 갖기 시작했지만 나도 고집을 부렸다.

"아니면 내가 당신 집으로 방문해서 거기서 그것을 열어 볼 수 있게 도와주길 바라시나요?" 이런 잔인한 압력을 가한 것을 후회하게 될지도 모르지만 나 자신도 어떻게 멈춰지지가 않았다. "아니면 다른 어떤 방법이? 만약 우리가 함께할 수 있는 시간을 계획할 수 있다면 내가 당신을 도울 수 있는 가장 좋은 방법이 무엇입니까?"

사울은 가늠하지를 못했다. "아무것도 모르겠습니다."

우리는 이미 15분 정도 시간을 넘겼고, 역시 위기에 있는 다른 내담자가 기다리고 있었기 때문에 할 수 없이 이 회기를 끝내야 했다. 나는 사울에 대해 그리고 나의 전략 선택에 대해 너무 걱정이 되어 다음 날 만났으면 했다. 그러나 내게 빈 시간이 없었기 때문에, 이틀 후에 만나기로 하였다.

다음 내담자와 만나고 있는 동안에도 나는 사울에 대한 생각을 떨쳐버리기 어려웠다. 나는 그가 가지고 있는 저항에 놀랐다. 그 지속 시간과 거듭되는 단단한 벽, 내가 알고 있던 사울은 병적일 정도로 남의 말을 잘 따라서 많은 사람으로부터 이용당하고 있던 사람이었는데, 이젠 이전의 그가 아니었다. 전 부인 둘에게도 무지무지하게 관대해서, 그들은 상상할 수 없을 만큼 어마어마한 이혼 위자료를 챙겨 갔다(사울은 다른 사람의 요구에 직면했을 때 너무나 방어할 수 없다고 느꼈으므로 그 후 20년 간을 혼자 살기로 하였다.). 학생들은 그에게서 지나친 호의를 얻어 가곤 하였다. 그가 해 준 전문적 자문에 대해 그는 습관적으로 저렴한 비용만을 청구하곤 했다. 그리고 습관적으로 너무 적게 보수를 받았다.

어떤 의미에서는 나 역시 사울에게 있는 이러한 속성을 이용해 왔다. 하지만 그를 위해서라고, 나는 자신에게 말했다. 치료를 받고 나서 그는 자기가 기여한 일에 상당한 비용을 요구하기 시작했고 자기가 들어주고 싶지 않은 많은 요구를 거절하였는데 이는 나를 기쁘게 하기 위해서였다. 행동에 있어서의 변화는, 내 사랑을 얻고 지속시키고픈 신경증적 소망에서 나온 것이라 할지라도, 적응적 나선을 그리기 시작하였고 다른 부수적인 변화를 가져왔다. 나는 그 편지도 내가 열라고 요구하면 사울이 즉시 그것을 열리라고 기대하면서, 똑같은 접근 방식을 써먹으려 하였었다. 그러나 그것은 분명히, 내 계산 착오였다. 사울은 내게 대항할 수 있는 힘을 어딘가에서 발견하였다. 나는 사울의 새로운 그 힘을 자기파괴적인 곳에 써먹지 않았다면 훨씬 기뻐할 수 있었을 것이다.

사울은 다음 치료 시간에 나타나지 않았다. 약속 시간 30분쯤 전에 나의 비서에게 전화하여, 등을 삐끗하여 자리에서 일어날 수가 없다고 전해 달라고 하였다. 나는 즉시 그에게 응답 전화를 하였으나 자동 응답기 소리만이 흘러나오고 있었다. 전화해 달라고 메시지를 남겼으나 몇 시간이 지나도록 전화가 오지 않았다. 나는 다시 전화를 하여 그가 저항할 수 없게끔 이런 메세지를 남겼다. 그에게 매우 중요한 이야기를 할 것이 있으므로 전화를 해 달라고.

그날 저녁 늦게 사울이 전화했을 때 나는 그의 음울하고 쌀쌀한 어조에 놀랐다. 그가 등을 다친 것이 아니었다는 것을 알았고(그는 종종 아픈 척하여 직면의 어려움을 회피하였다.), 내가 알고 있다는 것을 그도 알고 있었다. 그러나 그 메마른 목소리가 내는 음조는 내가 더 이상 그에 대해 언급할 권리가 없다는 것을 알리고 있었다. 어떻게 하지? 나는 사울에게 경고를 받았다. 나는 섣부른 결정이 걱정되었다. 그가 자살할까 걱정이 되었다. 아니, 난 그에게 종결을 허락하지 않겠다. 나를 만날 수밖에 없도록 그를 올가미에 걸 것이다. 난 그 역할이 정말 싫지만 다른 방법이 없었다.

"사울, 내가 아마 당신이 경험하고 있을 고통의 양을 잘못 판단했음에 틀림이 없나 봅니다. 그래서 그 편지를 열어 보도록 너무 강요를 한 것 같습니다. 우리가 어떻게 작업을 해야 할지에 대해 더 좋은 생각이 났어요. 그러나, 확실한 것 하나는, 우리가 치료 회기를 건너뛸 시기는 아니라는 것입니다. 당신이 나와서 다닐 수 있을 때까지 내가 당신 집을 방문하면 어떨까 합니다."

사울은 물론, 여러 가지 반대 의견, 예상했던 반대 이유들을 들며 이의를 제기했다. 이를테면, 자기가 나의 유일한 환자가 아니며 나는 일이 많아 너무 바쁘고 자기는 이미 훨씬 기분이 나아졌으므로 별로 긴급하지가 않고 곧 내 사무실을 방문할 수 있을 만큼 나아지리라는 것이었다. 그러나 나도 그만큼이나 끈질겼으며 설득당하지를 않았다. 결국, 그는 다음 날 아침 일찍 내가 방문하는 데에 동의했다.

다음 날 사울의 집을 방문하는 길에, 나는 기분이 좋았다. 나는 잊고 있던 역할을 되찾았다. 내가 집을 방문한 것은 참으로 오랜만이었다. 나는 의과 대학생 시절, 보스턴 남부에서 방문 실습을 하던 때의, 오랫동안 잊고 있던 환자들의 얼굴, 아일랜드 거주지의 냄새 — 양배추, 퀴퀴

함, 옛날 맥주, 환자용 요강, 늙어 가는 육체 등을 생각하였다. 내가 왕진을 다녔던 당뇨로 양다리를 모두 절단한 늙은 환자도 생각났다. 그는 조간신문에서 배운 새로운 사실을 가지고 내게 퀴즈를 냈다. "어떤 야채가 당분 함유량이 가장 많을까요? 양파! 그거 몰랐어요? 요즘 의과 대학에서는 무얼 가르쳐요?"

사울의 집에 도착했을 때 나는 정말 양파가 당분을 많이 함유하고 있는지 생각하고 있었다. 그가 말했던 대로, 현관문은 조금 열려 있었다. 가능한 한 사울이 내게 거짓말을 적게 하는 것이 좋기 때문에 나는 그의 등의 상태나 그걸 치료하고 있는지에 대해서는 질문하지 않았다. 결혼한 딸이 가까이 살고 있다는 것을 알고 있었기 때문에, 나는 지나치듯 딸이 그를 돌보고 있을 거라고 추측한다는 이야기를 했었다.

사울의 침실은 수수했다 — 회로 된 벽과 마루, 아무런 장식의 손길이 닿지 않은 듯, 가족 사진도 없고, 어떤 심미적인 장식(혹은 여인이 있었던 흔적조차도)도 없었다. 그는 움직일 수 없도록, 등을 뻣뻣이 댄 채 누워 있었다. 그는 내가 전화로 언급했던 새로운 치료 계획에 거의 호기심을 보이지 않았다. 실제로, 내게 너무나 거리를 두고 있는 것 같아서 첫 번째로 내가 할 작업은 우리 관계에 관한 것이었다.

"사울, 지난 화요일 날 나는 그 편지를 마치 외과 의사가, 크고 위험한 농양덩어리를 대했을 때처럼 봤었어요." 사울은 의과 대학(연구직에 종사하기 전에 다녔었다.)에 있었기 때문에, 특히 그의 아들이 외과 의사였기 때문에 과거에는 외과의 예에 비유하곤 했었다.

"그 농양은 째서 고름을 짜야 하는 것이라, 내가 할 일은 당신을 설득하여 내가 그걸 할 수 있게 하는 것이라고 확신을 했었어요. 아마도 내가 너무 서둘렀거나 혹은 그 농양이 제대로 짚어지질 않나 봐요. 아마 정신과적인 찜질과 체계적인 항생제를 써 볼 수 있을 것도 같아요. 일단은, 그 편지를 여는 것에 대해 이야기하지 말고 접어 둡시다. 준비가 되면 당신이 열 것이라는 것이 분명하니까요." 나는 잠시 멈추고서, 한 달이라는 기간 안에 편지를 열어 보자고 하고픈 유혹을 떨치려 애를 썼다. 지금은 잔꾀를 부릴 시기가 아니고 ― 사울은 어떤 간사한 꾀를 피워도 이를 꿰뚫어 볼 수 있을 것이다.

내게 반응을 하는 대신, 사울은 꼼짝 않고 누워 경계심 가득한 눈을 하고 있었다.

"동의하십니까?" 나는 재촉했다.

그는 형식적으로 끄덕였다.

나는 계속했다. "난 지난 며칠간 당신에 대해 쭉 생각을 했어요." 이제 깊이 관여를 시키는 내 레퍼토리대로 갈 차례! 치료자가 약속된 치료 시간 외에 내담자에 대해 쭉 생각을 했다고 이야기하는 것은, 내 경험으로는, 내담자의 흥미를 자극하는 데 실패하지 않는다.

그러나 사울은 어떤 흥미도 동하지 않는 눈빛이었다. 이제 난 진짜 걱정이 되었지만, 다시 한 번 나는 그가 물러나는 것에 대해 언급하지 않기로 결심하였다. 대신에 나는 그와 접촉할 방법을 찾으려 했다.

"우리 둘 다 당신이 닥터 K에게 보인 반응이 과도했다는 것에는 동의합니다. 그것은 당신이 자주 말하곤 했던 것처럼 어디에도 소속되어 있지 않은 듯한 강한 느낌을 내게 떠오르게 합니다. 고모가 '너를 고아원에 보내지 않고 돌보기로 동의한 것이 얼마나 다행인 줄이나 알아라.'고 자주 이야기했다는 것을 생각나게 합니다."

"고모는 나를 기어코 자기네 호적에 입양하지 않았다는 이야기를 내가 했던가요?" 사울은 갑자기 내게 반격을 했다. 아니, 정말 아니다 ―

우리는 지금 함께 이야기하고 있지만 얼굴을 맞대고 하는 것이 아니라 평행선을 그리며 이야기하고 있었다.

"자기 딸 둘이 아팠을 때는 가족 주치의가 왕진을 왔어요. 내가 아팠을 때 고모는 나를 시립병원에 데리고 가서 소리쳤지요. '이 고아 좀 치료해 주세요!' 라고."

나는 사울이 결국 자기 나이 63세에, 의사의 왕진을 받고 있다는 사실을 깨닫고 있는지 궁금했다. 그것도 스탠퍼드대학 교수 의사의 왕진을.

"그래서 당신은 결코 어디에도 소속되어 본 적이 없다, 결코 진정 '가정' 이라는 곳에 있어 본 적이 없다는 것이지요. 난 당신이 고모 집에 있던 당신의 침대, 매일 밤 거실에 펼쳐야 했던 간이침대에 대해 이야기했던 생각이 납니다."

"가장 늦게 잠이 들고, 가장 먼저 일어났죠. 밤에 모든 이들이 거실서 나갈 때까지 침대를 펼 수가 없었고, 아침에는 모두 일어나기 전에 일어나 침대를 접어야 했어요."

나는 점점 더 그의 침실을 의식하게 되었다. 멕시코의 이류 호텔 방처럼 을씨년스러워서, 비트겐슈타인(Wittgenstein)이 케임브리지의 아무것도 없는 하얀 천장에 대해 묘사한 글이 떠올랐다. 사울은 마치 지금노 침실이, 자기의, 진성 자기만의 침실이 없는 듯했다.

"닥터 K와 스톡홀름 연구소가 진정한 안식처로 상징될 수 있는지 의문이 듭니다. 궁극적으로 당신은 자기가 소속될 곳, 가정, 혹은 당신이 늘상 찾고 있던 아버지를 발견했지요."

"어쩌면 당신 말이 옳을지도 모르죠, 박사님." 내가 옳았든 그르든 상관이 없었다. 사울이 이를 알아들었든 아니든 그 역시 상관없었다. 우리는 이야기를 하고 있다. 그것이 중요한 것이었다. 나는 좀 더 침착해졌고 우리는 이제 친숙한 물가에 있었다.

사울은 계속했다. "나는 약 2주 전에 서점에서 책을 한 권 봤는데 '사기꾼 콤플렉스(impostor complex)'에 대한 것이었어요. 그것은 내게 꼭 들어맞았어요. 난 항상 사칭하고 살았지요. 항상 사기꾼이라고 느끼고 항상 들킬지 모른다는 두려움을 느끼고."

이것은 예전에 늘상 작업하던 자료들이었는데, 우리는 이 자료에 대해 여러 번 되풀이했던 것이므로, 그의 자기비난에 도전을 하는 것은 어렵지 않았다. 거기엔 핵심이 없었다. 과거에 종종 그런 이야기에 도전을 했었지만 그는 모든 것에 대해 준비된 대답이 있었다. "당신은 학문적으로 대단히 높은 성취를 했지 않아요?", "이류 대학의 삼류 학과지요.", "263편이나 출간했어요?", "42년간이나 저작 활동을 했으니까 겨우 1년에 6편꼴이지요. 게다가 대부분은 세 페이지도 안 되는 것인걸요. 난 종종 같은 논문을 다른 방식으로 다섯 가지쯤 쓰기도 해요. 또 그 편수는 초록과 문헌 연구, 그리고 공동 저작 중의 한 부분까지 다 포함한 것이니까 독창적인 것은 거의 없지요."

그 대신에 나는 이렇게 말했다(그리고 나도 자신에게 그처럼 말하기 때문에 권위가 울려 나오게 할 수 있었다.). "그 편지들이 당신 삶을 추적해 들어오고 있다고 말했을 때 의미한 것은 그런 뜻이었군요! 당신이 무엇을 성취했건, 족히 세 사람분은 될 만큼 성취했건 어쨌건 간에 당신은 항상 듣게 될 판단, 비판을 듣게 될까 두려워하지요. 어떻게 내가 그 병의 해독제를 당신에게 드릴 수 있을까요? 어떻게 하면 이건 죄도 짓지 않고 느끼는 죄책감이란 것을 당신이 볼 수 있게 도울 수 있겠습니까?"

"나의 죄는 사기죄입니다. 난 이 분야에서 실질적으로 아무것도 한 게 없어요. 그것을 알고 있지요. 이제 닥터 K도 알았고요. 그리고 아마 당신이 신경생물학에 대해 조금만 알게 된다면 당신도 또한 알 수 있을 것입니다. 내가 한 일에 대해 어떤 자리에 있는 사람도 내게 더 정확하게 판단하지는 못합니다."

나는 즉각적으로 생각했다, '내게 더(than me)'가 아니다. 그것은 문법적으로는 '나보다 더(than I)'라고 해야 옳다. 당신이 범한 유일한 죄는 일인칭 주격을 목적격으로 틀리게 쓰고 있는 것뿐이다.

그러고 나서 나는 사울이 안달복달할 때마다 내가 얼마나 비판적이 되는지를 인식했다. 다행히도 나는 이러한 것을 내 안에 잘 감춰 두고 있었는데 내가 할 다음 이야기도 거기에 넣어 두어야 했다.

"사울, 당신이 말하듯이, 당신이 정말 그렇게 형편없다면, 만약 당신이 고집스럽게 주장하듯, 당신이 그렇게 장점이 없고 분별력이 부족하다면, 당신의 판단, 특히 자신에 대한 판단에 대해서만큼은 왜 그리도 흠잡을 데가 없고 비판의 여지가 없는 것인가요?"

반응이 없다. 과거에는 사울의 눈이 내게 미소를 지으며 나의 눈과 마주쳤을 것이지만 오늘은 그가 이런 놀이를 할 기분이 아닌 것 같다.

나는 계약을 새로 맺으며 그 회기를 끝냈다. 나는 내가 할 수 있는 어떤 방법으로라도 그를 돕고, 이 위기를 통해 그를 보고, 필요한 만큼 그의 집으로 와서 만나기로 하였다. 그 대신에 놀이킬 수 없는 결정은 어떠한 것도 하지 않을 것을 그에게 요구했다. 나는 자신을 해치는 행위 안 하기, 내 자문을 받기 전에는 닥터 K에게 편지 보내지 않기, 그리고 스톡홀름 연구소로 연구비를 되돌려 주지 않기를 약속하게 하였다.

자살 안 하기 계약(내담자가 자기파괴 위험을 느낄 때에는 치료자에게 전화를 하기로 약속하고 자살 기도로 그 계약을 어겼을 때에는 치료자는 그 치료를 종결하기로 한다는 글이나 말로 하는 계약)은 내게 항상 놀이 같다("네가 자살해 버린다면 난 너를 다시는 치료하지 않을 거야.")는 생각이 든다. 그렇지만 이는 무척이나 효과적일 수 있고, 나는 사울과 확고히 계약을 맺은 것 같아서 안심이 되었다. 방문치료는 나름대로의 유용성이 또한 있다. 내게는 좀 불편하지만, 사울로 하여금 내게 빚을 지게 하여, 계약의 힘을 크게 할 수 있다.

다음 회기는 이틀 후였는데, 이전과 유사한 선상에서 이루어졌다. 사울은 5만 달러의 선물을 보내려는 마음이 강했고, 나는 그 계획에 완강히 반대를 하며 그가 문제를 벗어나는 방법으로 뭔가 돈으로 설득을 하려 했던 역사를 탐색해 갔다.

그는 처음 돈이라는 것과 만난 이야기를 내게 했는데 그 내용은 무척 음울했다. 10세부터 17세까지 그는 브루클린에서 신문을 팔았다. 사울이 거의 이야기한 적이 없었지만 그의 고모부는, 난폭하고 무뚝뚝한 사람이었다. 그는 지하철역 입구 쪽에 자리를 잡으라며 매일 아침 5시 반이면 차로 내려 주고, 3시간 후에나 차를 가지고 와서 학교에 데려다 주었다. 사울이 매일 아침 10분 내지 15분쯤 학교에 지각해서 야단을 맞으며 학교 수업을 시작해야 하건 말건 간에.

사울이 7년 동안, 자기가 번 돈을 몽땅 고모에게 갖다 주었어도, 그는 결코 충분히 갖다 드리지 못하고 있다고 느꼈고 매일 자기가 벌어야 하는 액수에 대해 결코 도달할 수 없는 목표를 세우기 시작하였다. 이 목표를 채우지 못하면 언제나 저녁식사를 일체 안 하거나 음식을 전부 혹은 일부 먹지 않는 벌을 스스로 주었다. 그는 음식을 입속에 잔뜩 넣은 채 천천히 씹으며 삼키지 않거나, 다 없어진 것처럼 보이도록 접시에 음식을 재배열했다. 그게 고모나 고모부 눈에 띄어 삼키라고 강요를 당하면(자기의 영양섭취에 대해 관심이 있다고 믿기지는 않지만), 식사 후

화장실에 가서 조용히 토해 버렸다. 그가 예전에 돈으로 자신을 가족의 일원으로 만들려고 했던 것처럼, 지금 5만 달러의 돈으로 닥터 K와 스톡홀름 연구소 테이블의 안전한 자리를 사려고 시도하고 있는 것이다.

"내 자식들은 돈이 전혀 필요 없습니다. 아들은 관상동맥 시술 한 번에 2만 달러를 벌고 때로 하루에 두 번을 하기도 하지요. 딸아이 남편은 100만 달러 가까이, 의사 연봉만큼은 벌지요. 나중에 전 마누라들이 낚아채 가게 하느니 암만해도 지금 스톡홀름 연구소에 줄까 봐요. 난 5만 달러를 기부하기로 결정했어요. 왜 안 되죠? 그 정도는 지불할 수 있습니다. 사는 동안 내가 필요로 하는 것보다 훨씬 많이, 개인 연금과 대학 연금이 나오는걸요. 익명으로 보낼 겁니다. 내가 지불 영수증을 가지고 있으면, 최악의 경우 내가 돈을 돌려보냈다는 증거를 댈 수 있잖아요. 이 모든 것이 꼭 해야 하는 것이 아니어도 괜찮아요. 이건 좋은 목적에서니까 — 내 생각에 이게 최선입니다."

"그런 결정을 했느냐 안 했느냐보다는 그것을 어떻게 결정했느냐가 중요합니다. 그렇게 하고 싶은 것(wanting)과 그렇게 해야 하는 것(having to)(뭔가 위험을 피하기 위해서) 사이에는 차이가 있어요. 당신은 지금 '해야 한다(having to)'에 따르고 있다고 믿어져요. 만약 5만 달러를 보내는 것이 훌륭한 생각이라면, 지금으로부터 한 달 후에 보내더라도 좋은 생각이라는 거지요. 날 믿으세요, 사울. 돌이킬 수 없는 결정은 아주 높은 스트레스 상황하에 있을 때 그리고 (스스로도 언급했듯이) 합리적으로 기능을 할 수 있을 때까지는 하지 않는 것이 최선입니다. 난 단지 시간을 좀 가지라고 요구하고 있을 뿐입니다, 사울. 그 선물을 잠시만 지연시키세요. 편지들을 뜯어볼 때까지, 그래서 위기가 지나갈 때까지만요."

다시 한 번 그는 동의의 뜻으로 *끄덕*였다. 다시 나는 그가 이미 5만 달러를 보냈고 내게 말하기를 주저할 뿐이 아닌가 의심이 되기 시작했다. 그건 그에게 전혀 일어나지 않을 법한 일이 아니었다. 과거에 그는 당혹스러울 만한 자료를 꺼내 놓는 데 어려움이 너무 많아서 매 회기마다 마지막 15분 동안은 '비밀'에 대한 시간으로 정하고, 그가 건너뛰고서 그 치료 시간 전반부 동안 가려 두었던 부분에 대하여 내가 분명하게 물어, 함께 비밀을 나누는 시간을 갖자고 했었다.

사울과 나는 이런 방식으로 여러 회기를 진행시켰다. 나는 아침 일찍 그의 집에 도착하여, 신비롭게도 살짝 열려 있는 문을 통과해 들어갔다. 그리고 그는 우리 둘 다 알고 있는 가짜 고통 때문에 침대에 반듯하게 누워 있고 나는 그렇게 누워 있는 바로 그의 침대 곁에서 작업을 수행하였다. 그 작업은 잘 진행되는 것 같았다. 예전보다는 내가 좀 덜 관여하고 있기는 했지만 전통적으로 치료자가 해야 한다고 하는 것을 하고 있었다. 즉, 그의 패턴과 의미를 조명하고, 그 편지에 왜 그렇게 치명적으로 집착하는지 그리고 그것은 현재 전문직에 입은 타격을 표상하는 것이고 일생 동안 찾아 헤맨 수용과 인정을 상징하고 있다는 것을 이해하도록 도왔다. 그것을 찾고자 하는 욕망이 너무 갈급해서, 즉 그의 욕구가 너무나 압박을 가해서 그는 자신을 파괴하고 있었다. 예를 들면 이 경우에, 닥터 K의 인정을 받으려 그리도 절망적으로 매달리지 않았더라면, 통상적으로 공동 연구자들이 함 직한 것을 했다면 ― 공동 저자에게 공동 작업의 전개 과정을 알려 문제가 생기지 않도록 피할 수 있었을 것이다.

우리는 이러한 패턴이 발달한 어린 시절의 발달 과정을 추적해 갔다. 특정한 장면들은(항상 '가장 늦게 자고, 가장 일찍 일어나는' 아이, 신문을 충분히 팔지 못했을 땐 음식을 삼켜서는 안 되는 청소년, "이 고아를 치료해 주세요." 하던 고모의 찢어지는 외침소리) 응축된 이미지 ─ 푸코(Foucault)는 이를 에피스템(episthéme)이라고 명명하였다 ─ 즉, 생애 패턴의 결정체였다.

그러나 사울은, 이러한 전통적으로 올바른 치료에 반응하지 않았고 매시간마다 점점 더 깊이 절망 속으로 가라앉았다. 정서의 색조는 퇴색되고, 표정은 더욱 얼어붙었으며, 자발적으로 주는 정보는 점점 더 적어져 갔고, 유머나 균형 감각을 완전히 잃었다. 자기박탈은 엄청난 차원으로 번져 갔다. 예를 들면, 어느 회기에인가, 내가 스톡홀름 연구소나 젊은 후배 연구원들이 그가 가르친 것을 얼마나 고마워할 일인지 생각하도록 하자, 자기가 그 똑똑한 젊은 학생들에게 가르친 것 때문에 이 분야의 발전이 20년은 늦어졌다고 말했다! 그가 말할 때 나는 손톱을 응시하고 있었고, 그것을 살펴보며, 그의 얼굴에 나타날 모순되고 재미있는 표정을 기대하며 미소를 지었다. 그러나 장난이 아님을 알고 나는 섬뜩해졌다. 사울은 엄청나게 심각했다.

그는 자기가 훔친 연구 주제들, 자기가 파괴한 삶들, 망쳐 버린 결혼, 그리고 불공정하게 나쁜 점수를 받거나 혹은 좋은 점수로 승진한 제자들에 관해서 끝노 없이 지루하게 이야기했다. 그가 얼마나 나쁜지를 주장하는 그 양과 범위는, 물론, 나쁜 조짐이 보이는 과대망상이었고, 점차 무가치감과 하찮은 존재라는 인식 속으로 깊이 빠져들고 있었다. 이 이야기를 하면서 나는 레지던트 시절 배정받았던 첫 환자 ─ 자기가 3차 세계대전을 시작했다고 우기던 붉은 얼굴에, 모래처럼 노르스름한 머리의 정신병을 앓던 농부 ─ 가 생각이 났다. 나는 30년 넘게 이 농부 ─ 이름은 잊어버렸다 ─ 에 대해 생각해 본 적이 없었다. 내게 그 농부를 생각나게 한 사울의 그 행동은 그 자체가 진단적으로 불길한 징조였다.

사울은 심각한 식욕부진과 급격한 체중 감소가 있었으며, 수면장애가 심했고, 끊임없는 자기파괴의 환상이 그의 정신을 피폐해지게 하고 있었다. 그는 지금 고통스럽고 불안장애와 정신병을 구분 짓는 결정적인 경계선을 넘어가고 있었다. 이러한 불길한 징조들은 우리 관계에서도 기하급수적으로 급격히 드러나고 있었다. 그것은 인간적인 특질을 잃는 것이다. 사울과 나는 더 이상 친구나 동지로서 관계를 맺을 수 없었는데 우리는 함께 웃음을 나누거나 심리적이건 신체적이건 접촉을 할 수 없었다.

나는 그를 객관화하기 시작하였다. 사울은 더 이상 우울한 사람이 아니라 대신 '우울증(depression)' — 정신진단체계에 따르면, 무감동(apathy), 정신운동 지체, 에너지 상실, 식욕과 수면장애, 관계망상, 그리고 편집증 및 자살 사고를 수반하는 심각하고, 반복적인 우울 정서(melancholic) 형태를 띤 '주된' 우울증에 속한 것이었다. 나는 약물을 처방해 볼 것인지, 그리고 어느 병원에 입원시키는 것이 좋을지 걱정하기 시작했다.

나는 정신병(psychosis)의 경계를 넘어간 사람과 작업하는 것을 좋아하지 않는다. 다른 무엇보다도, 나는 치료 과정에서 치료자의 존재와 충실한 관여(engagement)에 높은 가치를 두는데 지금 사울과 나의 관계는 그 못지않게 내 쪽에서도 숨기는 것 투성이라는 것을 주시했다. 나는 등 부상인 척하는 그와 공모하고 있었다. 만약, 진정으로, 그가 침대에 꼼짝없이 누워 있다면 누가 그를 돕고 있단 말인가? 밥은 누가 먹이나? 그러나 그걸 묻는다면 그를 더 멀리 내몰 것이기 때문에 나는 결코 그것을 묻지 않았다. 그에게 아무런 의논도 하지 않고 그의 상태를 그의 자녀들에게 알리는 것이 최선인 것 같았다. 5만 달러에 대해 내가 어떤 견해를 갖는 것이 최선일까 하는 의문이 들었다. 만약 사울이 이미 스톡홀름 연구소에 그 돈을 보내 버렸다면, 그들에게 그 선물을 되돌려 주라고 충고해야 하지 않을까? 아니면 적어도 잠정적으로만 그것을 보관하라고? 내게 그런 권리가 있는가? 혹은 그럴 책임이? 그렇게 하지 않는다면 치료를 잘 **못**하고 있는 것인가?

난 아직도 그 편지에 대해 생각하였다. 사울의 상태가 그렇게 나빠져서 '농양의 고름을 짜내는' 외과 의사 역할을 해야 한다는 확신이 적어지긴 했지만. 그의 침실로 가는 도중에 사울의 집에서 나는 그 편지들을 보관하고 있는 책상이 어디에 있는지 슬쩍 둘러보았다. 내가 신발을 벗고 발끝으로 살금살금 걸어서 다소간 탐정 같은 분위기로 그것들을 찾아내어, 봉투를 뜯어보고서 확인된 내용을 가지고 사울에게 제정신을 갖게 해야 하나?

내가 여덟 살이나 아홉 살쯤 때, 손목에 커다란 신경절이 불거져 튀어나온 적이 있는데 나는 어떻게 그게 생기게 되었을까 생각했다. 친절한 우리 집 주치의는 그것을 검사하면서 내 손목을 부드럽게 잡더니, 몰래 다른 손으로 들고 있던 무거운 책으로 내 손목을 갑자기 쾅 내리쳐 내 신경절을 터트렸다. 갑자기 앞이 캄캄해지는 고통과 함께 치료는 끝났고 더 이상의 수술 절차는 피할 수 있었다. 정신과에 이처럼 폭군 같은 방법은 없을까? 그 결과는 대단히 훌륭해서 내 신경절은 치유되었다. 그러나 그 의사와 기꺼이 악수를 할 마음이 든 것은 몇 년이 지나고 나서였다.

나의 옛 은사인, 존 화이트혼(John Whitehorn)은 치료적 관계의 특성을 가지고 '정신병(psychosis)'을 진단할 수 있다고 가르쳤다. 내담자의 정신 건강을 호전시킬 수 있는 치료적 동맹을 내담자와 맺고 있다는 감이 치료자에게 더 이상 오지 않는다면, '정신병적(psychotic)'이라고 생각해야 한다고 하였다. 그 기준에 따르면 사울은 정신병적이었다. 그가 봉해진 편지를 열거나 혹은 좀 더 주장하거나, 오후에 산책하며 스스로 치료하도록 돕는 것은 나의 과제가 더 이상 되지 못했다. 아니 도리어, 그것은 그를 병원에 가지 않게 하여 스스로를 파괴하게 방조하고 있는 것이었다.

예상치 못한 일이 일어났을 때 난 그러한 딜레마에 빠져 있었다. 내가 방문치료를 하던 중의 어느 날 저녁, 나는 사울로부터 등 아픈 것이 나아져서 이제 다시 걸을 수 있게 되었으므로, 다음 약속은 다시 내 사무실에서 만나겠다는 메시지를 받았다. 그를 보자마자 몇 초 안에 나는 그가 아주 많이 변화되어 있음을 감지하였는데, 갑자기 예전의 늙은 사울이 내게 돌아왔던 것이다. 절망에 빠져 인간다움, 웃음과 자기인식(self-awareness)을 몽땅 잃었었던 사람은 간데없이 사라져 있었다. 그는 내가 미친 듯이 벽과 창을 두들겨 댔던 정신병이라는 감옥에 몇 주 동안 갇혀 있었다. 그런데 지금, 예기치 못하게도, 그는 그것을 깨고 나와 여느 때처럼 나와 재회를 하고 있었다.

오직 한 가지만이 이 일을 할 수 있다. 나는 생각했다! 그 편지들!

사울은 내가 조마조마하게 오래 기다리게 하지 않았다. 바로 전날 그는 한 동료로부터 연구비 신청서를 검토해 달라는 부탁 전화를 받았다. 이야기를 하다가 그 친구는 닥터 K에 대한 소식을 들었는지 물었다. 사울은 불안하게, 자기가 침대에 꼼짝없이 누워 있어야 했기 때문에 지난 몇 주간 누구하고도 연락을 할 수가 없었다고 대답했다. 그의 동료는 닥터 K가 폐색전(pulmonary embolus)으로 갑자기 사망했다면서 그의 죽음을 둘러싼 상황에 대해 설명을 계속하였다. 사울은 친구 이야기를 가로채며 소리치지 않을 수 없었다. "난 그가 누구와 있었는지, 어떻게 죽었는지, 어디에 묻혔는지, 장례식에 누가 조사를 읽었는지 상관이 없어! 난 그 무엇도 상관이 없단 말이야! 그가 언제 죽었는지만 말해 줘!" 곧바로 사울은 정확한 사망일을 알게 되었고, 재빨리 계산을 하여 학회지가 그에게 닿기 전이었으므로, 사울의 논문을 읽지 못했다는 것을 확인했다. 그는 발각되지 않았다! 즉각 그 편지는 공포의 대상으로서의 힘을 잃었으므로 곧바로 그는 책상으로 가서 편지를 뜯었다.

첫 번째 편지는 스톡홀름 연구소 박사 후 연수 동료 한 사람이 미국 대학에 자기가 선임 연구원직을 신청했는데 추천서를 써 달라는 부탁을 하는 편지였다.

두 번째 편지는 단순히 닥터 K의 사망 소식을 알리며 장례 일정을 보낸 것이었다. 그것은 스톡홀름 연구소의 과거, 현재 동료 모두에게 보낸 것이었다.

세 번째 편지는 이미 사울이 닥터 K의 죽음을 알고 있으리라는 가정 하에서, 닥터 K의 미망인으로부터 온 편지였다. 닥터 K가 항상 사울에 대해 높이 평가하는 이야기를 해 왔기 때문에 그녀는 닥터 K의 책상에서 발견한 이 미완성의 편지를 보내 주길 죽은 이가 원하고 있으리라고 생각했던 것이다. 사울은 이미 죽은 닥터 K가 자필로 쓴 짤막한 글을 내게 건네주었다.

친애하는 C 교수님,

저는 12년 만에 처음으로 미국 여행을 계획 중입니다. 당신이 그곳에 계실 예정이고 저를 기꺼이 만나 주시겠다면 저의 여행 일정 중에 캘리포니아도 포함시키고 싶습니다. 저는 우리가 나누었던 이야기들이 참으로 그립습니다. 늘상 그러했듯이, 저는 여기서 소외감을 느낍니다. 스톡홀름 연구소에서는 직업관계에서 동료의식이 거의 없으니까요. 우리가 함께한 모험이 최상의 작업은 못 되었다는 것을 우리 둘 다 알고 있지만, 제가 생각하기에 중요한 것은, 30년간 당신의 업적을 알고 존경하게 된 후 당신을 개인적으로 알 기회를 가졌다는 것입니다.

또 한 가지 부탁드릴 것은……

여기서 편지는 중단되었다. 내가 그 속에서 너무 많은 것을 추측했는지는 모르겠지만, 나는 사울이 닥터 K에게 찾고 있던 바로 그 결정적인 긍정적 인정을 닥터 K가 사울에게서 찾고 있었던 것이 아닌가 상상을 했다. 그런 추측은 차치하고 이러한 사실은 분명하다. 사울이 묵시적으로 예감했던 것은 모두 틀렸음이 증명되었던 것이다. 편지의 색조는 분명 수용적이었고, 오히려 애정이 넘치고 존경심이 가득한 것이었다.

사울은 색조를 성공적으로 접수했고 이 편지가 건강에 미치는 효과는 즉각적이고 분명했다. 모든 불길한 '생리적' 증후를 동반한 그의 우울증은 단 몇 분 만에 사라졌고 이제 그는 지난 몇 주간의 자기 행동과 생각이 자아 소외(ego-alien)였으며 기괴했다고 바라보기 시작했다. 더구나, 그는 빠르게 우리의 이전 관계를 다시 복원해 나갔다. 그는 다시 나를 따뜻하게 느꼈고, 자기와 함께해 준 데 대해 감사를 하였으며, 지난 몇 주간 나를 그렇게 힘들게 한 데 대해 후회한다는 표현을 하였다.

그의 건강은 회복되었고, 사울은 곧바로 종결할 준비가 되었으나 두 번 더 — 그다음 주와 한 달 후에 오기로 동의하였다. 그 회기 동안 우리는 어떤 일이 일어났었는지에 대해 이해를 하려 하였고 미래에 있을지도 모르는 잠재적 스트레스에 대하여 전략적인 지도를 그려 두었다. 나는 나를 괴롭혔던 그의 기능적 측면 ― 그의 자기파괴성, 자기의 사악함에 대한 과대망상, 불면과 섭식장애 등 모든 것에 대해 탐색을 했다. 그의 회복은 확실했다. 그 후로, 우리가 해야 할 더 이상의 작업은 없는 듯했고 우리는 헤어졌다.

후에 나는, 사울이 그렇게 닥터 K의 감정(sentiment)에 대해 지독하게 잘못 판단했다면, 그는 아마도 나의 느낌에 대해서도 잘못 해석했으리라는 생각이 들었다. 내가 그에게 얼마나 걱정 어린 관심을 갖고 있는지, 그가 가끔 일을 잊고 유니온 거리를 한가로이 거닐며 오후 시간을 즐기기를 바라는 만큼 나도 얼마나 그러고 싶은지 생각해 본 적이 있을까? 내가 얼마나 자기와 함께 카푸치노 한 잔을 하고 싶었는지 알아차린 적이 있을까?

그러나 안타깝게도, 사울에게 이런 이야기를 하지 못했다. 우리는 다시 만나지를 못했다. 그리고 3년 후에 그가 사망했다는 것을 알았다. 그가 사망한 지 얼마 되지 않았을 때, 나는 스톡홀름 연구소에서 돌아온 지 얼마 안 되는 젊은이를 어느 파티에서 만났다. 그의 연수 기간에 있었던 이야기를 오랫동안 나누면서, 나에게 그곳에서 연구를 했던 적이 있는 사울이란 학사 이야기를 하였다. 그는 사울을 알고 있었다. 사실, 흥미롭게도, 그의 연수 기회는 부분적으로 '사울이 대학과 스톡홀름 연구소 간에 수립해 놓은 좋은 뜻'으로 인한 것이었다고 했다. 나는, 좋은 뜻을, 사울이 스톡홀름 연구소에 5만 달러를 유산으로 남겼다는 뜻으로 들어야 했을까?

9

다중인격과의 조우
THERAPEUTIC MONOGAMY

다중인격과의 조우

••• "난 아무것도 아니에요. 쓰레기죠. 네 발 달린 미물. 하찮은 존재. 바깥에 잔뜩 쌓여 있는 쓰레기 더미 주위를 어슬렁어슬렁거렸지요. 세 상에, 죽으려고요! 죽었어요! 세이프웨이 슈퍼마켓 주차장에서 다 갈아 부서져서는 소방 호스로 씻겨 내려가요. 아무것도 남은 게 없지요. 아무 것도. 길가 벽에 '언젠가 마지 화이트(Marge White)라고 불린 적이 있 었던 자의 얼룩 자국이다.' 라고 석필로 해 놓은 낙서조차 없지요."

밤늦게 마지가 했던 전화 내용 중 또 다른 하나였다! 나는 그런 전화를 받는 것이 너무나 싫다! 그것이 내 생활을 침범하는 것은 아니다 — 나 는 그렇게 기대하는 법을 배웠다. 원래 그렇게 생겼기 때문이다. 내가 1 년 전 마지를 내담자로서 처음 받아들였을 때, 나는 그런 전화가 오리란 걸 알고 있었다. 그녀를 보자마자, 나는 무엇이 나를 기다리고 있는지 감지했다. 깊은 고통의 징후를 인지하는 데에는 그리 많은 경험이 필요 치 않다. 부스스한 머리와 어깨는 '우울증(depression)' 이라고 말하고 있었다. 커다란 눈동자와 안절부절한 손과 발은 '불안(anxiety)' 이라고 말했다. 다른 모든 것들 — 여러 차례의 자살 기도, 섭식장애, 아버지로부터 당한 어린 시절의 성적 학대, 간헐적인 정신병적 사고, 23년간의 치료 경력 — 은 '경계선 장애(borderline)' 라고 말하고 있었고, 그녀가 내뱉는 말은 안락함을 추구하는 중년의 정신과 의사의 가슴에 공포를 불어넣었다.

그녀는 35세이며, 실험실 기술직(lab technician)이라고 말했다. 그리고 얼마 전 다른 도시로 옮겨 간 정신과 의사에게 10년간 치료를 받아왔다. "너무나 외롭다. 조만간, 단지 시기의 문제인데, 자살할 것이다." 라고 내게 말했다.

그녀는 치료 회기 동안 사납게 담배를 피워댔고, 화난 듯 들이마시고 두세 모금 빨다가는 비벼 끄고, 조금 있다가 또 다른 담배에 불을 붙이기도 했다. 치료 시간 중에 가만 앉아 있지를 못하고서 세 번은 일어섰다 앉았다 했다. 그녀는 몇 분 동안 내 사무실의 반대쪽 구석 바닥에 파이퍼(Feiffer) 만화의 주인공처럼 웅크리고 앉아 있기도 했다.

처음 나의 마음은 그녀를 아주 멀리 쫓아내 버리고 다시는 보지 않았으면 하는 것이었다. 핑계를, 어떤 핑계라도 대고 싶었다. 내 시간은 꽉 찼다든가, 몇 년간 이 나라를 떠나 있을 예정이라거나, 연구소에서 전일 근무를 할 예정이라든가. 그러나 곧 나는 그녀와 다음 약속을 하고 있는 내 목소리를 들었다.

아마 완벽하게 깎아 내린 듯한 그녀의 미모에, 눈같이 흰 얼굴을 감싸고 가지런히 내려와 있는 검은 머리에 매혹당했는지도 모른다. 혹은 교수로서의 내 직분에 대한 의무감이었을까? 최근에 나는 어떻게 하면 학생들에게 심리치료를 하도록 할 것인가 그리고 동시에 심리치료가 적절하지 않은 내담자는 거절하도록 가르칠 것인가 자신에게 묻고 있었다. 마지를 내담자로서 받아들인 데는 여러 가지 이유가 있겠지만, 무엇보다도 손쉬운 삶만을 선택한다는 것, 그리고 나를 가장 필요로 하는 내담자를 쫓아낸다는 것은 부끄러운 일이라고 믿었던 것 같다.

그러므로 나는 이런 절망적인 전화가 오리라는 것을 예측하고 있었던 셈이다. 나는 위기가 계속될 것이라고 이미 우려하고 있었던 셈이다. 어느 시점에는 입원치료가 필요할지도 모른다고 예측하고 있었다. 병동 담당자들과의 새벽 회의, 치료 지시서, 내 잘못을 대중에게 알리는 것, 매일 아침 무거운 걸음으로 병원에 나가야 되는 것을 피할 수 있었던 것은 하느님께 감사할 일이다. 무지막지하게 시간을 요하는 것들이니까.

그렇지만 내가 싫어하는 것은 내 시간이 방해를 받는다거나 불편해서가 아니라, 마지가 모든 단어를 더듬거리는 것이었다. 그녀는 마음이 안정되지 않을 때 항상 말을 더듬었는데 더듬을 때는 얼굴을 있는 대로 찌부러트렸다. 나는 아름다운 얼굴 한쪽이 경련으로 우거지상이 되어 진저리나게 변해 버린 그녀 얼굴을 떠올릴 수 있었다. 조용히 안정된 시간에, 마지와 나는 얼굴의 경련에 대해 이야기를 나누었고 자기 자신을 흉하게 보이려는 노력이라는 결론을 내렸다. 성적 공격에 대한 방어임이 분명했는데, 내적·외적으로 성적 위협이 있을 때 그런 현상이 일어났다. 이 해석은 아주 좋았는데, 무심코 던진 돌이 코뿔소 코에 맞은 격으로 단순히 섹스라는 단어만으로도 경련을 불러일으켰다.

그녀의 말더듬기는 언제나 나를 괴롭게 했다. 그녀가 고통스럽다는 것을 알면서도 여전히 "제발, 마지! 계속해 봐요! 다음 이야기가 뭐지요?" 하고 말하게 되는 나를 자제시킬 수가 없었다.

그러나 그 전화에서 가장 최악이었던 것은 나의 어리석음이었다. 그녀는 나를 시험했고, 그리고 나를 원하고 있음을 알았는데, 20번도 넘게 그런 전화를 받은 지난 1년간 단 한 번도 그녀가 필요로 하는 도움을 내가 줄 방법이 없다는 것을 알았다. 그날 밤 문제는 그녀가 스탠퍼드 데일리에 내 아내에 관한 인물 동정 기사가 실린 것을 본 것이었다. 10년간 내 아내는 스탠퍼드 여성연구센터의 소장을 맡고 있다가 떠나게 되었고, 대학 신문에서는 그녀를 각별히 칭송하는 글을 실었다. 더욱 나빴던 것은, 마지가 그날 저녁 지극히 세련되고 매력적인 젊은 여성 철학자의 공개 강의를 들으러 갔던 것이었다.

나는 마지만큼 심하게 자기혐오를 하는 사람을 별로 본 적이 없다. 이러한 감정은 결코 사라지지 않아서 좋은 시기에는 배경으로 자리 잡고 있다가 적절한 단서가 나타나기만 하면 전경으로 돌아오려고 호시탐탐 기회를 기다리고 있었다. 자기와 비슷한 또래 여성의 대중적 성공보다 더 강력한 자극은 없었다. 그런 때 마지의 자기혐오는 그녀를 완전히 쓰러뜨리고, 보통 때보다 더욱 심각하게 자살을 생각하게 하였다.

나는 위로해 줄 말을 더듬거리며 찾았다. "마지, 당신은 왜 자신에게 이러지요? 당신은 한 게 아무것도 없고, 성취한 것도 아무것도 없고, 존재할 만한 인간이 아니라고 하지만 우린 둘 다 그런 생각들이 마음의 상태일 뿐이라는 것을 알잖아요. 그런 것들은 실제와 아무런 상관이 없어요! 2주 전에 얼마나 자신에 대해 대단하게 생각했었는지 생각이 안 나요? 글쎄요, 바깥세상에서는 아무것도 변한 게 없지요. 당신은 그때와 조금도 다름없는 똑같은 사람이잖아요!"

나는 길을 바로 들어섰다. 그녀에게서 관심을 받은 것이다. 나는 그녀가 듣고 있다는 것을 알 수 있었으므로 계속했다.

"자신을 다른 사람보다 못나게 비교하는 일은 언제나 자기파괴적입니다. 보세요, 자신에게 쉴 틈을 좀 줘요. G 교수를 자신의 비교 대상으로 선택하지 말아요. 그녀는 전 대학을 통틀어 가장 뛰어난 연사일지도 몰라요. 자기 인생 중 어느 하루 칭송을 받고 있는 내 아내도 비교 대상으로 선택하지 말아요. 당신이 스스로를 고문하고 싶다면, 더 못났다고 비교할 대상은 얼마든지 발견할 수 있을 테니까요. 나도 그 기분 알아요, 나도 그러곤 하니까요."

"봐요, 왜 당신이 가진 것을 갖지 못한 다른 사람을 단 한 번이라도 선택해 보지는 않나요? 당신은 언제나 다른 이에 대해 열정을 보여 주잖아요. 당신이 노숙자들에게 봉사한 일을 생각해 봐요. 그 일에 대해서는 결코 점수를 주지 않잖아요. 다른 이를 위해서는 아무것도 줄 줄 모르는 사람들과 자신을 비교해 보세요. 아니면 당신이 돕고 있는 그 노숙자들 중 하나와 왜 비교해 보지 않아요? 그들은, 당신보다 자기들이 못났다고 당신과 비교하고 있을 거예요. 내기를 하면 내가 이길 수 있을 거예요."

전화가 딸깍 끊어지는 소리를 듣고 곧바로 나는 엄청난 실수를 했다는 것을 깨달았다. 나의 커다란 실수를 가지고 그녀가 어떻게 할지 정확히 알 만큼 나는 마지에게 충분히 익숙해 있었다. 그녀는 내가 드디어 솔직한 감정을 드러냈고, 자기를 너무나 희망 없는 존재라고 생각하기 때문에 자기가 더 낫다고 비교할 수 있는 유일한 사람은 지구 상에서 가장 불행한 사람들뿐이라고 내가 생각하고 있었다고 말할 것이었다.

그녀는 그런 기회를 놓칠 리가 없었고 다음 정규 치료 시간에 ― 다행히 바로 다음 날 아침이었다 ― 바로 그 기분을 가지고 시작을 하였다. 그리고 나서 그녀는 싸늘한 어조와 스타카토로 딱딱 끊어지는 말투로 자신에 대하여 '진심이 무엇인지 사실'을 말하라고 다그쳤다.

"나는 서른다섯 살입니다. 일생 동안 정신적으로 앓고 있지요. 열두 살 때부터 정신과 의사를 만나 왔고 그들 없이는 제대로 기능을 하지 못해요. 어쩌면 살아 있는 동안 내내 약물을 복용해야 할지도 몰라요. 내가 바랄 수 있는 최상의 희망은 정신병원에 있는 것이에요. 난 사랑을 받아 본 적도 없어요. 아이를 갖지도 않을 거예요. 난 한 남자와 오랜 기간 관계를 지속해 본 적도 없고 그런 사람이 있으리란 소망조차 가져 본 적이 없어요. 친구를 만들 능력도 없지요. 생일이라고 전화해 주는 사람도 없어요. 어렸을 때 나를 범했던 아버지는 죽었지요. 나의 어머니는 남을 괴롭게 만드는 미친 여성인데, 나는 매일 그녀와 비슷해지고 있어요. 남동생도 인생의 대부분을 정신병원에서 보내고 있지요. 내겐 아무런 타고난 재주도 없고, 특별한 능력도 없어요. 언제나 미천한 일만 하게 될 겁니다. 항상 가난할 것이고 봉급 대부분을 늘 정신과 치료에 쓰게 되겠지요."

그녀는 멈추었다. 나는 그녀가 끝냈다고 생각했으나, 마치 환영처럼 — 입술이 움직이는 것 외에는 아무것도 움직이지 않고, 숨조차 쉬지 않고, 손도 눈도 뺨도 움직이지 않고, 기괴할 만큼 움직임이 없이 말했기 때문에 아무 말도 하기가 어려웠다.

마치 마지막으로 경련을 한번 할 에너지만 남은 태엽 감는 장난감처럼, 갑자기 그녀가 말을 다시 시작했다. "당신은 내게 인내심을 가지라고 하시지요. 내가 아직 치료를 중단할 준비, 결혼할 준비, 아이를 입양할 준비, 담배를 끊을 준비가 안 되었다고 하셨지요. 난 일생을 기다려 왔어요. 이젠 너무 늦었어요. 더 살기엔 너무 늦었지요."

이 지루한 설명을 들으며 나는 눈도 깜박이지 않고 앉아 있었는데, 감동을 하지 않은 것이 좀 부끄러웠다. 그러나 무감각했던 것은 아니었다. 이 이야기는 전에도 들었는데 처음 그 이야기를 했을 때 내가 얼마나 안절부절했는지 기억이 난다. 그때 나는 공감과 슬픔에 젖어, 헤밍웨이가 어느 글에서 '생각에 푹 젖은(wet-thinking) 유태인 정신과 의사'라 부른 것 같은 상태가 되었었다.

게다가 더욱 나쁜 것은, 훨씬 더 나쁜 것은, 그리고 이것을 받아들이기는 참으로 어려운데, 나도 그녀에게 **동감**한단 것이었다. 그녀는 신랄하고도 확신에 차 '정말 사례 연구감인 생활사'로서 자신을 드러냈기 때문에 나도 완전히 설득당하고 말았다. 그녀는 심각한 장애를 가졌다. 그녀는 아마 결혼하지 못할 것이었다. 그녀는 부적격자였었다. 그녀는 정말 다른 이들과 가까워질 능력이 결여되어 있다. 아마 오랫동안, 아주 오래, 어쩌면 영원히 치료를 받아야 할 것이다. 나는 그녀의 절망과 비관 속으로 빠져들어 가서 자살에 대한 욕망을 쉽게 이해할 수 있었다. 그녀를 안심시켜 줄 말을 찾을 수가 없었다.

그러한 장황한 설명이 우울증을 야기시키는(depression-spawned) 전략이라는 것을 깨닫는 데에는, 다음 회기 때까지 일주일 정도가 걸렸다. 그것은 그녀의 우울증이 하는 이야기였고, 나는 거기에 설득당할 만큼 어리석었다. 왜곡된 모든 것들을 봐라. 그녀가 말하지 않았던 것들을 봐라. 그녀는 놀라우리만큼 지적이고, 창의적이며, 매우 매력적인 여성이다(스스로 얼굴을 왜곡 변형시키지 않을 때에는). 나는 그녀를 이해하고 함께하기를 기대하였다. 그녀가 자신의 고통에도 불구하고, 항상 다른 이에게 주려 하고 사회에 봉사하려는 것을 난 존경했다.

그러므로 이제, 다시 한 번 그 기나긴 설명을 들으며, 난 어떻게 그녀의 이 마음 상태를 옮겨 가게 할 수 있을까 생각하였다. 과거 비슷한 경우에도, 그녀는 심각한 우울증에 빠져들었고 몇 주 동안이나 거기서 헤어나오질 못했었다. 나는 즉각 행동함으로써 그녀가 커다란 고통을 피하게 도울 수 있다는 것을 알고 있었다.

"그건 당신의 우울증이 하는 이야기입니다, 마지, 당신이 아니고요. 우울증에 빠졌다가도, 당신은 언제나 다시 올라오곤 했지요. 우울증에 있어서 유일하게 좋은 점은 항상 끝이 난다는 점이지요."

나는 책상 쪽으로 걸어가 그녀의 파일을 열고, 바로 3주 전 그녀가 삶에 대해 희열을 느꼈던 때 그녀가 썼던 편지의 일부를 큰 소리로 읽었다.

"…아주 환상적인 날이었습니다. 제인과 나는 텔레그라프 거리까지 걸어 내려갔지요. 우리는 고전 의상을 파는 상점에서 1940년대의 이브닝드레스를 입어 봤어요. 케이 스타(Kay Starr)의 옛날 판도 발견했고요. 우리는 뛰어서 골든게이트 브리지를 건너가 그리스 레스토랑에서 아침 겸 점심을 먹었습니다. 궁극적으로 삶은 샌프란시스코에 있더군요. 내가 전할 유일한 나쁜 소식 한 가지는 이런 좋은 것들을 선생님과 함께 나눌 수 있었으면 하는 생각을 했다는 것이지요. 목요일에 뵙겠습니다."

편지에서는 열린 창으로 따뜻한 봄바람이 솔솔 불고 있었지만, 내 사무실 안은 아직 겨울이었다. 마지의 얼굴은 꽁꽁 얼어 있었다. 그녀는 벽을 응시하고 있을 뿐 내 이야기를 거의 듣고 있지 않았다. 그녀의 반응은 얼음장 같았다. "당신은 내가 하찮다고 생각해요. 내게 그 노숙자들과 비교를 해 보라고 한 이야기를 생각해 보세요. 당신은 내가 그 정도의 가치밖에 없다고 생각하는 것이에요."

"마지, 그 점에 대해 사과해요. 내가 전화로 안타를 날릴 확률은 별로 높지 않아요. 그건 내 서투른 노력이지요. 하지만, 날 믿어 봐요. 내 의도는 도움이 되고자 했던 겁니다. 내가 그 말을 하고는 곧 실수였다는 것을 알았어요."

이 이야기는 도움이 되었던 것 같다. 나는 그녀가 휴우 숨을 내쉬는 것을 들었다. 그녀의 바짝 긴장해 있던 어깨가 느슨해졌고, 얼굴이 누그러졌으며, 그녀의 머리는 아주 살짝 내 쪽을 향했다.

내가 1인치나 2인치쯤 가까이 간 듯했다. "마지, 당신과 나는 전에도 위기를 지나 왔어요, 당신이 바로 지금 하는 것처럼 이상하다고 느낄 때 몇 번이나. 과거에 무엇이 도움이 되었던가요? 당신이 사무실에서 나갈 때는 들어올 때보다 훨씬 기분이 나아져서 나갔던 적이 많았다는 걸 기억해 봐요. 그런 차이가 왜 생겼나요? 당신이 어떻게 했길래요? 그리고 내가 어떻게 했길래요? 우리 그걸 좀 밝혀 봅시다."

마지는 처음에 이 질문에 대답할 수 없었지만, 흥미를 보였다. 그녀가 누그러지고 있다는 표시들이 보였다. 고개를 한번 휙 젓고 검은 머리카락을 손가락으로 쓸어내렸다. 나는 같은 질문을 몇 번이고 다시 했고, 점차 그녀도 탐색의 동반자가 되어 함께 작업을 하였다.

그녀는 자기 이야기를 열심히 들어주는 것이 자기에게 중요하고, 또 나 말고는, 내 사무실에서 말고는 자기 고통을 표현할 곳이 없다고 이야기하였다. 또한 우리가 우울증을 발생시키는 사건들을 주의 깊게 살펴 본 것이 도움이 되었다는 것을 알고 있었다.

곧 우리는 그 주에 있었던 불안정감을 일으킨 사건 모두에 대해 하나씩 하나씩 작업을 하였다. 그녀가 전화로 이야기한 스트레스에 덧붙여서 다른 것들도 있었다. 예를 들면, 그녀가 일하고 있는 대학 실험실에서 종일 회의를 할 때, 그녀는 지목당해 대학의 전임 교원들로부터 무시를 당했다. 나는 그녀에게 공감을 하였고 그녀와 같은 상황에 있는 많은 사람들 — 내 아내를 포함하여 — 로부터 그런 식의 대우에 불만이 많다는 이야기를 들어 왔다고 이야기하였다. 나는 아내가 스탠퍼드대학은 전임 교원이 아닌 이들에게 제한적인 특권만을 주고 존중을 하지 않는 정책을 펴고 있다고 화를 냈었다는 개인적인 이야기를 털어놓았다.

마지는 자기가 얼마나 성공하지 못했으며 30세밖에 안 된 자기의 상사는 얼마나 크게 성취했는가 하는 주제로 돌아갔다.

나는 심사숙고하며 "자기가 못났다는 것이 분명한 쪽으로만 왜 이렇게 계속 비교를 하지요? 그건 너무 자기학대적이고, 심술궂은 것이잖아요—아픈 이를 드르륵 갈듯이요." 나 역시 그녀에게 말하기를, 여러 가지 면에서 내가 열등한 것이 뻔한 사람들과 비교를 하곤 한다고 하였다. 상세하게 예를 들어 이야기하지는 않았다. 아마 그렇게 했어야 했을 것이다. 그렇게 하는 것이 그녀와 비슷하게 느끼고 있다는 느낌을 주었을 것이다.

나는 자기존중감을 규정하는 것을 온도계에 비유하였다. 그녀 것은 기능을 제대로 못하고 있는데 너무 표면 쪽에 가까이 있었다. 그것은 자기존중감을 안정되게 하는 대신 외적인 사건에 따라 너무나 크게 영향을 받아 오르락내리락하였다. 뭔가 좋은 일이 생기면 그녀는 기분이 대단히 좋아지지만, 누군가로부터 한 가지만 비판을 받아도 며칠이나 기분이 내려가 버리는 것이었다. 그것은 마치 집안 온도를 일정하게 유지하도록 설정할 온도계를 너무 창문 가까이에 장치해 두는 것과 같았다.

그때쯤 시간이 다 되었는데, 그녀 기분이 얼마나 나아졌는지 말할 필요조차 없었다. 나는 그녀가 내 사무실을 나갈 때 그녀의 숨소리로, 걸음걸이로, 그리고 그녀의 미소로 그것을 알 수 있었다.

발전이 있었다. 그녀는 대단한 한 주일을 보냈고 위기를 알리는 한밤중 전화를 하지 않았다. 일주일 후 그녀를 보았을 때 원기 왕성해 보였다. 나는 항상 뭔가 나빠지게 하는 요인이 있듯 뭔가 좋아지게 하는 데는 그만한 요인이 있기 때문에 그것을 발견해 내는 것이 중요한 것이라 믿었고 그녀에게 무엇이 그녀를 그토록 달라지게 했는지 물었다.

마지는 "어느 정도 지난번 회기가 모든 것을 바꾸어 놓은 것 같아요. 그렇게 짧은 시간에 당신이 나를 그런 두려움에서 끌어내 주다니 마치 기적 같아요. 정말 선생님이 내 정신과 의사라는 것이 기뻐요."라고 말했다.

그녀의 칭찬하는 재주가 가히 천재적이었다 할지라도 나는 두 가지 생각이 들어 불편하였다. 즉, 알 수 없는 '어느 정도'라는 말과 나를 기적을 만들어 내는 사람으로 보는 그녀의 견해였다. 마지가 그런 용어로 생각을 하고 있는 한, 도움의 원천이 그녀의 바깥 세계에서 오는 것이라거나 혹은 이해할 수 없는 어딘가에서 오는 것이기 때문에 그녀는 나아지지 않은 것이었다. 치료자로서 나의 임무는(내담자로서와는 달리) 나의 역할을 줄어들게 하는 것으로서 내담자 스스로가 자기 자신의 엄마가 되고 아버지가 되도록 돕는 것이다. 그녀가 더 나아지게 하는 역할을 내가 하고 싶지는 않았다. 자기를 나아지게 하는 것은 자기 자신이라는 책임감을 갖도록 돕고 싶었고, 가능하면 진전의 과정을 분명해지게 하고 싶었다. 그것이 그녀가 '어느 정도'라는 이야기를 했을 때 내가 불편했던 이유였으므로 그것을 탐색하는 것으로부터 시작을 했다.

"정확하게 무엇이, 지난 시간에 당신에게 도움이 되었어요?" 하고 나는 물었다. "어느 순간에 기분이 나아지기 시작했지요? 우리 함께 그것을 역추적해 가 봅시다."

"글쎄, 한 가지는 그 노숙자들의 결함을 다룬 방식이었다고 할 수 있어요. 나는 그걸 당신에게 벌주는 것으로 이용해 왔을지도 몰라요. 사실, 나도 과거에 그 미친 작자들에게 그런 이야기를 한 적이 있거든요. 그러나 당신이 의도가 뭐였다는 것을 그렇게 사실 기술적으로 이야기하고 당신이 서툴렀다고 말했을 때 화를 낼 수 없었지요."

"내가 한 이야기가, 나와 뭔가 통하는 접촉을 할 수 있게 허용해 주었다는 것으로 들리네요. 내가 이제까지 알기로는, 당신이 가장 끔찍하게 우울해지는 때는 당신이 어느 누구와도 통할 수 없다고 느끼고 진정 소외되었다고 느낄 때거든요. 여기엔 중요한 메시지가 들어 있어요. 당신의 삶을 채우는 데 관해서죠." 나는 그 회기 중에 또 무엇이 도움이 되었는지를 물었다.

"나를 되돌아오게 만드는 데 주요했던 것은 — 사실, 침묵이 있었던 그 순간 — 당신이 아내나 내가 직장에서 비슷한 문제를 겪었다는 것을 이야기했을 때였어요. 나는 너무나 세련되지 못하고 뒤처져 있고 당신의 아내는 대단히 성스럽다고 느꼈기 때문에 우리가 비교할 등급으로 언급될 수조차 없다고 생각했지요. 당신이 아내나 내가 같은 문제를 가지고 있다고 말해 준 것은 내게도 존중하는 마음이 있다는 것을 **증명**(proved)했던 거예요."

나는 항상 그녀에 대한 존경심을 가지고 있었다고 주장하며 저항하려는 찰나였는데 그녀가 가로챘다. "알아요, 나도 알아요. 당신은 종종 내게 존경심이 있다고 **말하곤** 했지요. 그리고 나를 좋아한다고도 **말하곤** 했어요. 그러나 그건 단지 말뿐이었어요. 난 결코 그걸 진정 믿지 않았지요. 이번엔 좀 달랐는데, 당신은 말 이상으로 했어요."

나는 마지가 한 이야기에 매우 흥분하였다. 그녀가 생생한 주제를 손가락으로 가리킨 것이었다. '말 이상'으로 간 것, 그것을 평가해 계산해 준다는 이야기였다. 그것은 내가 했던(did) 것이지, 말한(said) 것이 아니라는 뜻이다. 그것이 내담자를 위해 실제로 해 준 무엇인가였다. 아내에 관해 무엇인가를 나눈 것(sharing)이, 마지를 위해 무언가를 해 준 것, 그녀에게 선물을 준 것이었다. 치료적인 말(word)이 아니라 치료적인 행위(act)!

나는 이 생각에 대단히 자극을 받아서 그 시간이 끝날 때까지 생각을 미룰 수가 없었고 그것에 대해 좀 더 생각하였다. 그러다 마지에게 관심이 되돌아왔다. 그녀는 내게 좀 더 이야기를 하였다.

"또 전에는 내게 무엇이 도움이 되었느냐고 계속 물었던 것도 도움이 되었습니다. 당신은 내게 그 회기에 대해 책임감을 가지도록 하면서 계속 책임감을 주었지요. 그것이 좋았어요. 대체로 몇 주간 내가 우울증에 빠져 있었는데 당신은, 몇 분 안에 무슨 일이 일어났었는지 밝혀내는 작업을 하게 했거든요."

"사실, 그냥 질문만 한 것, '과거에 무엇이 도움이 되었었나?'라는 질문이 도움이 되었다는 것이지요. 왜냐하면 그 질문은 내가 나아질 수 있는 방법이 있을 것이라는 확신을 내게 주었기 때문이에요. 또 당신은 이미 답을 알고 있는 질문에, 내가 답을 추측하게 하는 마법사의 역할을 하지 않은 것도 도움이 되었지요. 난 당신도 모른다는 것을 인정하고 함께 그것을 탐색해 가도록 나를 이끈 방식이 좋았어요."

내 귀에 아름다운 음악이 들렸다! 마지와 함께 작업을 한 지난해 동안, 나는 내 작업에 단 하나의 진정한 원칙—그녀를 동등하게 대우한다는 원칙을 갖고 있었다. 나는 그녀를 동정하거나, 대상화(objectify)하지 않고, 우리 사이에 평등이라는 기류를 만들기 위해 노력해 왔다. 나는 내 능력껏 최선을 다해 그 원칙을 따랐고, 이제 그것이 도움이 되었다는 이야기를 들으니 좋았다.

정신과적 '치료'라는 프로젝트는 내적으로 모순이 가득하다. 한 사람, 즉 치료자가 다른 이, 즉 내담자를 '치료'할 때 처음부터 치료 짝 즉 치료적인 동맹을 형성하는 두 사람은 평등하지 않고 완전한 동맹이 아니라는 것을 알고 있다. 한쪽은 고통을 느끼고 종종 헤매고 있고, 다른 한쪽은 그 고통과 방황에 깔려 있는 주제들을 객관적으로 살펴보고 해결하기 위해 전문적 기술을 활용할 것이 기대된다. 더구나, 내담자는 치료자에게 돈을 지불한다. 치료란 말 자체가 불평등을 이미 내포하고 있다. 치료자가 누군가를 평등한 자로서 '치료' 한다는 것은 마치 내담자를 평등하게 대하는 척함으로써 불평등을 극복하거나 감추어야 한다는 뜻이 내포되어 있다.

그러면, 마지를 치료하는 데 있어서, 나는 그녀에게(그리고 나 자신에게) 단순히 평등한 척한 것이었나? 아마 치료란 내담자를 성인으로서 대하는 것이라고 기술해야 보다 정확할지도 모른다. 이것은 내가 지금 학자인 체하는 것일는지도 모른다. 어떤 내담자에게도 마찬가지지만, 마지를 치료함에 있어서 나는 어떻게 그녀와 관계를 맺고 싶은가 하는 것이 분명해야 한다는 생각이 생겼던 것 같다.

그리고 나서 약 3주 후, 즉 치료적 행위의 중요성을 발견하고 나서 3주쯤 되었을 때 아주 보기 드문 사건이 일어났다. 마지와 나는 다른 때와 마찬가지로 회기를 진행하는 중이었다. 그녀는 비참한 기분으로 한 주를 보내고 나서 내게 자세히 이야기를 하고 있었다. 그녀는 냉담한 듯했고, 치마에는 주름이 잔뜩 잡혀 구겨져 있었고, 머리카락은 부시시했고, 얼굴은 절망과 피로로 찌들어 있었다.

그녀는 비가(悲歌)를 부르는 도중에 갑자기 눈을 감았다. 그녀는 회기 중에 자기최면 상태로 종종 들어가곤 하기 때문에 물론 그 자체가 특이한 일은 아니었다. 난 그 미끼를 물지 않기로 결정하는 데까지 오래 걸렸지만, 그녀가 최면 상태로 들어가는 걸 따라가지 않고 그녀를 그 상태에서 나오도록 불러냈다. 나는 "마지" 하며 부르고, "밖으로 나와 보시 겠어요?"라는 나머지 문장을 이야기할 참에, 처음 듣는 강한 목소리로 "당신은 나를 몰라요."라는 말이 그녀 입에서 흘러나왔다.

그녀가 옳았다. 나는 지금 말하고 있는 사람이 누구인지 모르고 있었 다. 그 목소리는 매우 다르고 아주 강력하고 매우 권위적이어서 다른 사 람이 사무실에 들어왔는지 둘러볼 정도였다.

"당신은 누구십니까?" 내가 물었다.

"나(Me)예요! 나라고요!" 그러고 나서 그 변형된 마지는 발딱 일어나 서, 내 사무실을 의기양양하게 뛰어다니면서, 책장을 찬찬히 살펴보고, 비뚤어진 그림을 바로잡는가 하면 사무실 집기들을 점검하였다. 그는 마지였지만, 마지가 아니었다. 입은 옷을 제외하고는 모든 게—그녀의 행동거지, 얼굴, 자신감, 걸음걸이 등 모든 것이 변해 있었다.

이 새로운 마지는 생기가 넘치고 터무니없이, 그러나 즐겁게 히히덕 거렸다. 그리고 이상하게 낮은 목소리로 이렇게 말했다. "당신이 지성 있는 유태인인 척하려면, 사무실 가구도 그렇게 꾸며야죠. 저 소파 커버 는 싸구려 단골 가게에 갖다 줘 버려요. 받아준다면 말이죠. 그리고 저 벽에 걸어 놓은 건 곧 썩겠군요. 하느님 맙소사, 안 썩은 게 다행이네요! 그리고 저 캘리포니아 해변 사진. 정신과 의사들 집을 찍은 사진이 있으 면 그걸 좀 걸어 놓으시죠!"

그녀는 재치가 있고, 제멋대로였으며, 섹시했다. 마지의 단조로운 목 소리와 끊임없이 징징거리는 소리로부터 잠시 휴식을 얻다니 얼마나 다행인가. 그러나 나는 불안해지기 시작했는데 이 여성의 출현을 지금 내가 너무나 즐기는 듯했기 때문이다. 나는 로렐라이 전설을 생각하며 여기서 오래 머무르는 것은 위험할지 모른다는 것을 알고 있었지만 조금 더 머물러 보기로 하였다.

"왜 오셨어요?" 나는 물었다. "왜 하필 오늘이요?"

"나의 승리를 축하하기 위해서지요. 내가 이겼거든요, 아시다시피."

"뭐에 이기셨지요?"

"나를 바보 취급하지 마요! 난 그녀가 아니란 말야, 당신도 알잖아요! 당신이 말하는 게 전부 대-애-다-안-한 게 아니란 말야. 당신은 마지를 돕겠다고 생각해요?" 얼굴은 자유자재로 움직이고 냉소를 띤 그녀의 이야기는 빅토리아 시대 배경의 멜로드라마에 나오는 악역이 할 만한 대사였다.

그녀는 비웃는 듯, 만족스러운 투로 이야기를 계속했다. "그녀가 30년을 치료받게 하더라도 내가 이길걸. 난 당신이 1년 동안 작업해 놓은 것을 단 하루에 무너지게 할 수 있단 말이야. 난 보도를 걷다가 트럭으로 뛰어들게도 할 수 있어."

"그렇지만 왜죠? 그래서 당신이 얻는 것이 무엇이길래? 그녀가 지면, 당신도 지는 것이잖아요." 아마 너무 그녀에게 오래 머물러 있는지도 모른다. 마지에 대해서 그녀와 이야기하는 게 잘못일지도 모른다. 그런 것은 마지에게 공평하지 않다. 그러나 이 여성의 호소는 저항할 수 없을 정도로 강했다. 인간이라는 완성된 피조물이 보지 않도록 뭔가 금지해 놓은 생생한 재료를, 마치 갈라진 틈을 통해 틈과 상처를 들여다본 듯 잠시 나는 으스스한 어지러움을 느꼈다. 그녀는 나를 집중하게 했다.

"마지는 버러지예요. 당신도 알잖아요, 그녀가 버러지라는 것은. 당신은 그녀를 어떻게 참고 보지요? 버러지! 버러지!" 그러고 나서, 내가 본 연극 중 가장 놀라웠을 만큼 그녀는 마지를 똑같이 흉내 내었다. 내가 몇 달간 봐 온 마지의 몸짓 모두를, 마지의 씩 웃는 모습부터 행동 하나하나가, 내 앞에서 순서대로 펼쳐졌다. 처음 나를 만났을 때의 수줍어하던 마지가 있었다. 내 사무실 구석에 몸을 동그랗게 웅크린 모습도 있었다. 그리고 공포에 질린 커다란 눈, 자기를 포기하지 말아 달라고 갈구하는 눈이 있었다. 그리고 자동 점등 장치처럼, 눈을 감고 REM 활동이 일어날 때처럼 눈꺼풀 밑에서 눈동자가 움직이는 그녀도 있었다. 그리고 얼굴에 경련이 일고, 콰시모도처럼 무시무시하게 변형이 되어 거의 말을 할 수 없는 마지가 되기도 하였다. 마지가 공포에 떨 때 하던 의자 뒤에 웅크리고 있는 모습도 보여 주었다. 조롱 조로 자궁과 가슴을 찌르는 듯한 무시무시한 고통을 멜로드라마처럼 불평하던 모습도 있었다. 마지가 말을 더듬으며 자주 하던 이야기도 보여 주었는데 무릎을 꿇고, "저는 당신이 내 정신과 의사라는 것이 아~주 기~뻐요." "다–다–다–당신은 절 좋아하시나요, 얄롬 바–바–바–박사님? 제–제–제–제발 나–나–나–나를 떠나지 말아요. 당신이 여기에 없으면, 난 주–주–주–죽을 거예요."

그 공연은 매우 특이했다. 한 공연에 여러 가지 역할을 했던 여주인공이 커튼콜을 받으며 몇 초 동안 짤막하게 그 역할로 들어가서, 그 인물들을 재현하여 관객을 즐겁게 하는 것 같았다. 나는 잠시 이 극장에서 정말 여러 배우가 아니라 그 여배우 한 사람이 여러 역할을 한 것이란 것을 잊어버릴 정도였다. 책임질 수 있는 자각 의식이라고 볼 수 있는 진짜 여주인공은 바로 무대 뒤에 숨겨져 있었다.

그것은 대단한 공연이었다. 그러나 '나(Me)'에게는 — 그녀를 달리 뭐라고 칭해야 할지 모르겠는데 — 말할 수 없이 잔인한 공연이기도 했다. 그녀가 마지를, 치료 불가능하고 희망 없는 측은한 사람이라고 모욕적으로 말했을 때 그녀의 눈은 둥그래졌다. 마지, 즉, '나(Me)'는, 자서

전 제목을 '다중인격과의 조우(Born to Be Pathetic)'라고 지어야 한다고 말하면서 낄낄대기 시작했다.

'다중인격과의 조우'. 나는 참으려 했지만 미소가 흘러나왔다. 이 동정심 없는 훌륭한 귀부인은 비상한 여성이었다. 나는 그녀의 경쟁자에게 그렇게 매력을 느끼고 마지를 흉내 내는 것을 보며 즐거워했다는 데에 대해 마지를 배신한 듯 느껴졌다.

갑자기 ― 아주 빠르게! ― 끝이 났다. '나(Me)'는 1, 2분가량 눈을 감았다. 그러고 나서 눈을 떴을 때 그녀는 사라지고, 울면서 공포에 질린 마지가 돌아와 있었다. 그녀는 고개를 무릎 사이에 묻고, 깊이 숨을 쉬면서 천천히 자세를 바로잡았다. 몇 분간 그녀는 흐느끼다가 어떤 일이 일어났는지에 대해 이야기를 하였다. 그녀는 방금 일어났던 장면을 아주 잘 회상했다. 전에는 그렇게 해리된 적이 없었다. 그렇다. 한 번 있었다. 루스 앤이라는 제3의 인격이었고 오늘 나타났던 여인은, 전에는 한 번도 나타난 적이 없었다.

나는 방금 일어났던 일로 인해서 당혹스러웠다. 내가 가진 한 가지 기본적인 원칙 "마지를 평등한 인간으로서 치료하라."는 이젠 더 이상 충분치 않았다. 어느 마지? 내 앞에서 징징거리는 마지, 아니면 그 섹시한 마지? 중요하게 고려해야 할 것은 나와 내담자의 관계인 것 같은데, 즉 마지와 나의 사이[betweenness, 부버(Buber)의 분명치 않은 문장에 끊임없이 들어 있는 용어 중 하나]인 것이다. 내가 그 관계를 보호하고 그에 충실하게 남아 있을 수 없는 한, 치료에 대한 희망을 잃는다. "내담자를 평등한 인간으로서 치료하라."는 나의 기본 원칙을 "내담자에게 충실하라."로 수정하는 것이 필수적이다. 무엇보다도, 나는 또 다른 마지에게 내가 유혹당하도록 허용해서는 안 되었다.

내담자는 자기 시간 외의 시간에 치료자가 충실하지 않은 것을 견딜 수 있다. 치료자들이 다른 관계들을 갖고 있다는 것, 시간이 끝나기를 복도에서 기다리고 있는 다른 내담자가 있다는 것을 이해한다 하더라도, 그 문제를 치료에서 언급하지 않는 것은 종종 암묵적으로 동의를 한 것이다. 치료자와 내담자는 그들의 관계가 독점적인 관계인 척 공모를 하는 것이다. 치료자와 내담자는 양쪽 다 들어오는 내담자와 나가는 내담자가 서로 마주치지 않기를 은근히 바란다. 실제로, 그런 일이 일어나는 것을 방지하기 위해, 어떤 치료자들은 사무실을 입구와 출구가 따로 있도록 문을 2개 만들어 놓기도 한다.

그러나 내담자는 자기 시간 **동안만큼**은 충실함을 기대할 권리가 있다. 내가 마지와(다른 모든 내담자도 마찬가지지만) 묵시적으로 한 계약은 내가 그녀와 함께 있을 때, 나의 전부, 전심을 다하여 그리고 오로지, 그녀와 있다는 것이다. 마지는 그러한 계약의 또 다른 차원을 조명하게 하였다. 다시 말해서 나는 무대 뒤에 있지만, 책임 있는 자각 의식인 이 통합된 자아(integral self)와 관계를 맺기보다는 그녀의 가장 중심적인 자아, 즉 성폭행한 아버지 때문에 잘못 발달한 성적인 자아(sexual self)와 함께해야 한다는 것이었다. 실수를 저질러서는 안 된다.

그것은 쉽지 않았다. 나는 그 신뢰하는 '나(Me)'를 다시 보고 싶었다. 내가 그녀를 알게 된 것은 채 1시간도 안 되었지만 나는 그녀에게 이미 매혹을 당했다. 마지와 함께 보낸 수많은 우중충한 시간이라는 배경은 이러한 허깨비가 눈부시게 분명해지게 하는 것들이었다. 그런 인물들은 삶에 자주 등장하지 않는다.

나는 그녀(Me)의 이름도 모르고 그녀도 별로 자유롭지 않았으나, 우리는 어떻게 서로를 찾을지 알았다. 다음 시간에 마지는 몇 번이나 그녀를 내게 다시 불러오려고 애썼다. 나는 마지가 눈꺼풀을 깜빡거리고서 눈을 감는 것을 볼 수 있었다. 단 1, 2분이 지나면 우리는 다시 함께할 수가 있었다. 난 바보스러우면서도 열심이었다. 지나간 향긋한 추억들이 내 마음에 홍수처럼 밀려왔다. 나는 야자나무로 둘러싸인 카리비안 공항에서 연인이 오기를 기다리며 비행기 도착을 기다리고 있던 모습을 회상하였다.

이 여성, '나(Me)', 그녀는 나를 이해하였다. 그녀는 내가 지쳤다는 것을, 마지의 징징거림과 말더듬기에 지치고, 그녀의 공포에, 구석에 웅크리고 앉고 책상 밑으로 숨는 데 지치고, 그녀의 애 같은 가냘픈 목소리에 지쳤다는 것을 알았다. 그녀는 내가 진정 성인 여성을 원한다는 것을 알았다. 그녀는 내가 마지를 평등하게 대하는 척하고 있다는 것을 알았다. 그녀는 우리가 평등하지 않다는 것을 알았다. 마지가 그렇게 미친 척 행동하고 나는 그녀의 미친 짓을 견뎌 냄으로써 그녀를 보호하고 있을 때 어떻게 우리가 함께 있는 것일 수 있는가?

'나(Me)'의 연극 공연은, 마지가 보인 행동의 단편들을 모두 되돌려 보여 줬는데, 그녀나 내가 모두(그리고 **오로지** 그녀와 나만이) 마지와 어떤 경험을 해 왔는지 이해하고 있다는 확신을 주었다. 그녀는 이 영화를 창조한 뛰어나고 아름나운 언출가였다. 나는 마지에 대한 임상 논문을 쓰거나 치료 과정에 대해 동료들에게 이야기를 할 수는 있지만, 아마도 그녀와 함께한 경험의 본질을 생생하게 전달할 수는 없을 것이다. 그것은 형언할 수 없는 것이었다. 그러나 '나(Me)'는 안다. 그녀가 그 역할들을 모두 연기했다는 것은, 그녀는 그 모든 것들 뒤에 감추어진, 이를 이끌고 있는 지성이라는 것이었다. 우리는 언어를 넘어선 무언가를 나눈 것이다.

그러나 충실하라! 충실하라! 나는 스스로 마지에게 약속한 바 있다. 만약 내가 그 '나(Me)'와 사귄다면, 그것은 마지에게 있어서 파국이 될 것인데 왜냐하면 그녀는 연기자, 즉 갈아 치울 수 있는 인물이 되어 버릴 것이다. 그리고 물론, 그것이 바로 '내(Me)'가 원하는 것이다. '나(Me)'는, 아름답고 매혹적인, 그러나 또한 치명적인 — 마지의 분노와 자기혐오가 환생한, 일종의 로렐라이였다.

그래서 나는 아주 충실하게 머물러 있었고, '내(Me)'가 다가오는 것을 감지할 때 — 예를 들면, 마지가 눈을 감고 최면 상태에 들어가기 시작할 때 나는 "마지, 돌아와요!" 하고 소리쳐 재빨리 그녀를 깨어나게 하였다.

이런 일이 몇 번 일어나고 나서, 나는 마지막 시험이 아직 남아 있다는 것을 깨달았다. '내(Me)'가 굽히지 않고 있는 대로 힘을 모아서 필사적으로 내게 오려 애쓰고 있었다. 그 순간은 중요한 결정을 요구했는데, 나는 마지 곁에 있기로 하였다. 나는 마지를 위해 그녀의 경쟁자인 또 다른 그녀를 희생시키기로 하였으며, 깃털을 잡아 뽑고, 끌어내어 동강을 내서, 조금씩 조금씩, 마지에게 먹혀들어 가게 하였다. 마지에게 그걸 먹히게 하는 기법은 한 가지 질문을 반복하는 것이었다. "마지, 그녀가 여기 있다면 '그녀(Me)'가 뭐라고 할까요?"

마지의 어떤 대답은 예상치 못한 것이었고 어떤 것은 매우 익숙한 것이었다. 어느 날 그녀가 조심스럽게 내 방의 물건들을 살펴보고 있었을 때, 나는 "어서, 말해 봐요, 마지. '그녀' 대신 말해 봐요."

마지는 깊이 숨을 들이키고 목소리를 낮추어서, "당신이 지적인 유태인인 척하려면, 당신 사무실의 가구들은 왜 그렇게 안 해 놔요?"

마지는 이것이 원래의 생각인 듯이 이야기를 했는데, '내(Me)'가 한 모든 것을 기억하지는 못하고 있는 것이 분명했다. 나는 미소 짓지 않을 수 없었다. 나는 나와 그녀의 '내(Me)'가 비밀을 함께 간직했다는 것이 기뻤다.

"어떤 제안도 환영해요, 마지."

그리고 놀랍게도, 그녀는 몇 가지 좋은 제안을 했다. "가릴 것으로 방을 좀 분리하세요. 늘어지는 푸크시아 화분도 좋고, 아니면 그냥 스크린 같은 것을 세워도 좋아요. 저 어지러운 책상과 사무실의 나머지 부분이 좀 분리되게요. 저 해변 사진은 진한 갈색 액자에 끼우시고 그리고 무엇보다도 저 닥나무로 만든 구질구질한 타파천 벽걸이를 치우세요. 너무 뭐가 많아서 머리가 아플 지경이에요. 나는 그걸 자기최면에 사용해 왔어요."

"당신 제안이 무척 마음에 드네요, 마지. 단 한 가지, 내 벽걸이에 혹독한 평을 한 것만 제외하면요. 저건 나의 오랜 친구예요. 난 그걸 30년 전에 사모아에서 가져왔거든요."

"오랜 친구는 사무실보다는 집에서 더 편안하게 느낄 거예요."

나는 그녀를 바라보았다. 그녀는 재빨랐다. 내가 정말 마지와 이야기하고 있었나?

나는 두 마시의 연합 혹은 통합이 이루어지기를 바랐기 때문에 조심스럽게 양쪽의 긍정적인 측면에 머무르려 했다. 만약 내가 어떤 식으로든 '나(Me)'에게 반기를 들면, 그녀는 간단하게 그 복수를 마지에게 했다. 그래서 예를 들면, 마지에게[난 '내(Me)'가 모든 걸 듣는다고 가정했었다.] '나(Me)'의 생생하며, 제멋대로인 무례함을 내가 즐기고 있다는 이야기를 하는 것이 고통스러웠다.

그러나 나는 어려운 과정을 가야만 했다. 내가 너무 정직하면, 마지는 내가 다른 마지를 얼마나 좋아하는지 알게 될 것이다. 아마 '나(Me)'는 이미 그것에 대해 마지를 비웃고 있을지도 모르지만, 증거는 없었다. 또 다른 마지, '나(Me)'는 나를 사랑하고 있었다. 아마 그녀는 자기 행동을 바꿀 만큼 나를 사랑하는지도 모른다! 확실히 그녀는 변덕스러운 파괴성이 나를 몰아내고 있다는 것을 알고 있음에 틀림없었다.

이것이 훈련으로는 배울 수 없는 심리치료의 단면이다. 즉, 당신 내담자의 가장 나쁜 적과 로맨스를 가져라. 그러고 나서, 그 적이 당신을 사랑한다는 것이 확실해지면, 당신 내담자에게 가하는 공격을 중화시키는 데 그 애정을 활용하라.

다음 몇 달간의 치료에서 나는 마지에게 충실했다. 가끔 그녀는 제3의 인격인, 루스 앤에 대해서 말하려 하거나 혹은 최면 상태에 빠져서 어린 시절로 퇴행하려 했지만 나는 그런 유혹에 넘어가기를 단호히 거부했다. 다른 무엇보다도, 나는 그녀와 '현재'에 같이 있기로 결정을 하였고, 그녀가 슬쩍 다른 연령이나 다른 역할로 빠져나가 나와 함께 있는 데서 빠져나가려 하면 나는 즉각 그녀를 돌아오게 하였다.

내가 치료자로서 작업을 처음 시작했을 때, 난 과거는 고착되어 있기 때문에 알 수 있는 것이라고 순진하게 믿었다. 그리고 내가 충분히 명민한 통찰력을 가지고 있다면, 처음의 잘못된 계기, 즉 인생이 잘못되게 만든 그 치명적인 흔적을 발견할 수 있다고 믿었었다. 그래서 이렇게 발견한 것을 가지고 일을 제대로 되돌리는 행위를 할 수 있으리라고 생각했다. 그런 시기였다면, 나는 마지의 최면 상태를 더욱 깊어지게 해서, 그녀를 연령적으로 퇴행하게 하고, 어린 시절의 상처(trauma)를 — 이를테면, 아버지의 성폭행 — 탐색하라고 요구하고 떠오르는 모든 감정, 두려움, 성적 흥분, 분노, 배신감 등을 경험하고 분출시키라고 재촉했을 것이다.

그러나 여러 해에 걸쳐 나는 치료자의 과업은 내담자가 원형(archeol-ogical)을 파헤치도록 협력하는 데 있지 않다는 것을 배웠다. 만약 그러한 방식으로 도움을 받은 내담자가 있다면 그것은 잘못된 흔적을 탐색하고 발견했기 때문이 아니다(잘못된 자국 하나로 인해 삶이 잘못되어 가는 것은 아니다. 주된 자국이 잘못되었기 때문에 잘못 가는 것이다.). 아니, 치료자는 과거를 조사해서 내담자를 돕는 것이 아니라 그 사람과 사랑스럽게 현재에 함께 있음으로써 돕는 것이다. 즉, 신뢰하고 관심을 가짐으로써, 그들이 지금 함께하는 작업이 궁극적으로 구원이 되고 치유가 되리라는 것을 믿음으로써 돕는 것이다. 연령적으로 퇴행하여 근친상간 경험을 반복한다는 드라마는(혹은 사실 그 문제에 관해서는 치료적인 정화 작업이거나 지적인 작업이더라도) 치료적인 힘 — 관계 — 이 나무에서 익어 가는 동안 치료자와 내담자가 함께 공유할 흥미 있는 활동이 되기 때문이다.

그래서 나는 함께 있고, 충실하기에 전력을 기울였다. 우리는 또 다른 마지를 계속 흡수해 갔다. 나는 소리를 내어 생각했다. "그런 상황에서 그녀(Me)라면 뭐라고 했을까요? 그녀는 어떻게 옷을 입고 어떻게 걸었을까요? 시도해 봐요. 1, 2분만 그녀인 척해 봐요, 마지."

몇 개월이 흐르면서, 마지는 또 다른 마지의 대가로 포동포동해졌다. 얼굴은 동그래지고, 몸은 몽실몽실해졌다. 그녀는 더 나아 보였고, 옷도 더 낫게 입었다. 그녀는 똑바로 앉았고, 무늬가 있는 스타킹을 신었으며, 내 닳아빠진 신발에 대해서도 언급을 하였다.

종종 나는 우리의 작업이 마치 사람을 잡아먹어 가고 있는 식인 과정과 닮았다는 생각을 했다. 그것은 또 다른 마지를 심리적인 유기체 층으로 쌓아 놓았던 것과 같다. 지금이나 그때나, 우리는 수용자를 잘 준비시켜 두고서, '나(Me)'의 일부를 이식하였다. 마지는 나를 평등하게 대하기 시작했고, 내게 질문을 하였고, 약간 아첨을 하기도 했다. "우리가 끝을 내면, 나 없이 어떻게 사시지요? 당신은 분명 밤늦은 내 전화를 기다리실 게 분명한걸요."

처음으로 그녀는 내게 개인적인 질문을 하였다. "어떻게 이 분야 일을 하기로 마음을 먹으셨어요? 그걸 후회해 본 적은 없나요? 지겹다고 느껴 본 적도 있어요? 나하고는요? 당신이 자기 문제에 부딪히면 어떻게 해요?" 마지는 내가 재촉한 대로 또 다른 마지의 대담한 면을 적절히 채택하였고, 나는 그녀의 이런 질문을 예민하게 수용하고 존중하는 것이 매우 중요했다. 가능한 한 최선을 다해 솔직하게 그녀의 질문에 대답을 하였다. 내 대답에 감동하여 그녀는 나와 대화를 하는 데 점차, 더욱 대담하지만 부드러워졌다.

그리고 다른 마지는? 나는 그녀의 무엇이 남았을까 궁금했다. 텅 빈 하이힐 한 켤레의 뾰족한 뒷굽? 마지는 유혹적인 대담한 눈빛을 아직 감히 하지 못하는 것일까? 유령같이 희죽희죽 웃는 웃음은? 그렇게 훌륭하게 마지의 역할을 연기하던 여배우는 어디에 있는가? 나는 그녀가 사라졌다고 확신한다. 그 연기는 대단히 생생한 에너지를 요하는데 지금까지 마지와 나는 그녀로부터 단물을 다 빨아들였다. '내(Me)'가 나타난 그 시간 이후로 몇 달간 함께 작업을 했지만, 그리고 마지와 내가 점차 그녀에 대해 이야기하기를 그만두었음에도 불구하고, 나는 결코 그녀(Me)를 잊지 않았다. 그녀는 예기치 않았던 때에 홀연히 내 마음에 나타났다 사라지곤 했다.

우리가 치료를 시작하기 전에, 나는 안식년이 계획되어 있어서 최대한 18개월을 만날 수 있을 것이라고 마지에게 미리 알렸었다. 이제 그 시간이 다 되었고, 우리 작업은 끝이 났다. 마지는 변했다. 공포는 아주 드물게만 나타난다. 한밤중에 전화하는 일은 이미 지나간 과거의 일이다. 그녀는 사회적인 삶을 구축하고 친한 친구 둘을 갖게 되었다. 그녀는 아주 재주 많은 사진사였는데, 이제 몇 년 만에 처음으로 자기 사진기를 둘러메고, 다시 한 번 이런 창조적 표현을 하는 작업을 즐기게 되었다.

나는 우리 작업을 기쁘게 느꼈으나 그녀는 치료가 끝났다는 생각에 현혹되지 않았고, 마지막 회기가 가까워오면서 그녀의 옛 증상들이 다시 재연될 때 놀라지도 않았다. 그녀는 주말 내내 침대에 처박혀 있었고, 오랫동안 징징 울었고, 갑자기 자살을 하고픈 마음이 생겼다. 마지막 만남 직후에, 나는 이런 내용이 담긴 슬픈 편지를 받았다.

> 난 항상 당신이 나에 관해 뭔가를 쓰는 상상을 했습니다. 나는 당신 삶에 지워지지 않는 무언가를 남기고 싶었지요. 난 '그냥 또 하나의 내담자'가 되는 게 싫었습니다. '특별한' 누군가가 되고 싶었지요. 난 아무것도 아니고 하찮은 존재라고 느껴집니다. 만약 내가 당신 삶에 중요한 무언가를 새겼다면, 아마 난 중요한 누군가, 당신이 잊을 수 없는 중요한 존재가 되겠지요. 그러면 그때서야 나는 존재할 겁니다.

마지, 내가 당신에 관한 이야기를 썼다 해도, 당신이 존재하게 할 능력은 없다는 것을 이해해 주십시오. 당신은 내가 생각하지 않아도 혹은 당신에 대해 쓰지 않아도 존재합니다. 마치 당신이 나에 대해 생각하지 않아도 내가 여전히 존재하듯이 말입니다.

그러나 이것은 실존하는 이야기이다 ─ 단지 또 다른, 더 이상은 실존하지 않는 마지에 대하여 쓴 것이지만. 나는 당신을 위해 기꺼이 처형자가 되어 그녀(Me)를 희생시키고 있다. 그러나 나는 그녀(Me)를 잊지 않고 있다. 그녀는 자기의 이미지를 태워서 나의 기억 속에 넣어 둠으로써 스스로 복수하였다.

10

꿈꾼 자를 찾아서

IN SEARCH OF THE
DREAMER

꿈꾼 자를 찾아서

• • • "섹스는 모든 것의 뿌리가 됩니다. 그게 당신네가 항상 하는 이야기가 아닌가요? 글쎄, 내 경우는 그 말이 맞아요. 이걸 한번 보세요. 내 편두통과 성생활의 관계에 흥미로운 연관성이 있다는 걸 보여 줄 겁니다."

그는 서류 가방에서 두껍게 둘둘 말린 종이를 꺼내며, 나더러 한쪽 끝을 잡아 달라고 했다. 1m 정도는 됨 직한 차트를 조심스럽게 펼쳐 보였고 거기에는 지난 4개월간 일어났던 편두통과 성 경험 하나하나가 세세하게 기록되어 있었다. 슬쩍 보아도 그 도표는 무척 복잡하였다. 모든 편두통마다 그 강도와 지속 시간, 치료 기록이 파란색으로 표시되어 있고 매번의 성적 쾌감은, 마빈의 수행 정도에 따라 5점 척도로, 붉은색으로 표시되어 있었는데 — 발기 상태를 지속시킬 수 없는 것과 발기가 안 되는 것을 구분하기 위해, 조기 사정이나 발기 불능은 각각 별도로 표시되어 있었다.

그것들은 단번에 이해하기엔 너무나 복잡했다. "무척 정교한 작업이었군요. 며칠은 족히 걸렸겠어요." 하고 나는 말했다.

"난 이걸 하는 게 좋아요. 이건 잘할 수 있죠. 세무 일을 하는 데는 전혀 필요 없지만 우리 회계사들이 그래프를 그리는 기술이 있다는 걸 사람들은 곧잘 잊곤 하죠. 여기요, 7월을 보세요. 편두통이 네 번 왔는데 매번 발기 불능 상태나 1점 혹은 2점짜리로 성행위를 한 후에 왔어요."

나는 마빈이 편두통과 발기 불능을 손가락으로 가리킨 기록을 보았다. 정말 그가 맞다. 그 상관관계가 인상적이긴 했지만 점점 초조해졌다. 내가 조절해 쓸 수 있는 시간을 빼앗겼다. 우리는 첫 회기를 방금 시작했을 뿐이었으므로, 마빈의 차트를 면밀히 살펴보기 전에 우선 나는 그에게 알고 싶은 게 너무 많았다. 그러나 강요하듯 나에게 너무나 압력을 줬기 때문에 나는 그의 짤막한 손가락이 가리키는 대로 지난 7월의 사랑의 기록을 살펴보는 것 외에 선택의 여지가 없었다.

6개월 전, 마빈은 64세에 평생 처음으로, 갑자기 손을 쓸 수 없는 편두통이 시작되었다. 신경과 의사에게 진찰을 받았으나, 마빈의 두통을 진정시킬 수가 없어서 내게 의뢰를 하였던 것이다.

나는 마빈을 안내하러 대기실에 가기 바로 몇 분 전에 그를 처음 봤다. 키가 작고, 통통하며, 반짝거릴 정도로 정수리가 벗겨진 대머리에 번쩍거리는 큰 금테 안경 너머로 결코 깜박이지 않을 것 같은 부엉이 같은 눈을 하고 — 끈기 있게 거기에 앉아 있었다.

나는 마빈이 특히 안경에 관심이 많다는 것을 곧 알게 되었다. 나와 악수를 한 후, 나의 사무실로 오는 복도를 함께 걸으며 그가 처음 한 말은, 내 안경테를 칭찬하며 어느 회사 것이냐고 물은 것이었다. 내가 안경테를 만든 회사 이름을 모른다고 고백했을 때 나의 품위는 이미 떨어졌다고 생각된다. 게다가 안경다리에 쓰여 있는 제조 회사명을 읽으려고 안경을 벗고 나서 내가 안경을 쓰지 않고는 그걸 읽을 수 없다는 것을 알았고 일은 더욱 꼬여 가고 있었다. 내 다른 안경이 집에 있어서 마빈이 원하는 사소한 정보조차 그에게 줄 수 없다는 것을 깨닫는 데까지는 오래 걸리지 않았기 때문에 결국 그에게 라벨을 읽으라고 안경을 넘겨주었다. 그런데 이를 어쩌나, 그도 역시 돋보기가 필요한 원시였고, 우리가 처음 만나서 몇 분간은 그가 독서용 안경으로 바꿔 끼며 안경다리에 적힌 제조사 라벨을 읽느라 수선을 떨다 시간을 보냈다.

그리고 몇 분 후인 지금은, 내가 통상적으로 하는 면담을 진행하기 전에, 마빈의 빨간 파란 펜으로 그려진 차트에 둘러싸여 있음을 깨달았다. 아니, 우리는 아직 시작조차 못했다. 문제가 뒤엉켜 있었다. 나는 최근에 지갑을 강탈당해 마음이 산란한, 나이 많은 미망인과 날카롭지만 진빠지는 회기를 방금 끝낸 터였다. 내 마음이 아직 반은 그녀에게 가 있어서, 마빈에게 충분히 집중하기 위해서는 나 자신부터 털어 내야 했다.

신경과로부터 아주 간단한 의뢰서밖에 못 받았기 때문에 실제로 마빈에 대해 아는 게 전혀 없었고 안경이 왔다 갔다 하는 의례 행사가 한참 끝나고 나서야 나는 "괴로운 것이 무엇인가요?" 하고 물었다. 그때 그는 "당신네들은 섹스가 모든 것의 뿌리라고 생각하지요."라고 자발적으로 말하기 시작했다.

나는 차트를 다시 말면서, 마빈에게 나중에 자세히 이를 검토하고 싶다고 말했고, 그의 병세에 대해 처음부터 쭉 이야기를 해 주도록 함으로써 그 시간의 리듬을 어느 정도 되찾아 보려 하였다.

그는 약 6개월 전, 난생 처음으로 견딜 수 없는 두통에 시달리기 시작하였다고 말했다. 증상은 전형적인 편두통 증세, 즉 눈에 빛이 떠다니는 것 같은(빛이 번쩍이는 듯한) 전조 증세와 몇 시간을 꼼짝달싹할 수 없고 때로는 어두운 방 안 침대에 꼼짝 않고 누워 있을 수밖에 없는, 머리 반쪽의 지독한 통증이었다.

"그리고 당신의 섹스 수행 실력이 편두통과 관계가 있다고 믿는 데에는 그만한 이유가 있다고 말씀하셨는데요?"

"이상하게 생각하실지 모르겠지만 이 정도 나이와 지위를 지닌 남자에게 이 사실을 반박할 수는 없을 겁니다. 증거가 있거든요!" 그러면서 그는 책상 위에 얌전히 놓여 있는 뭉치를 가리켰다. "지난 넉 달간의 편두통은 섹스에 실패한 후 24시간 안에 따라왔지요."

마빈은 학자가 아주 심사숙고하듯 말했다. 분명 그는 이 자료에 대해 미리 연습을 하고 왔을 것이다.

"작년에 난 기분 변화가 아주 심했었습니다. 기분이 아주 좋았다가 금새 세상이 끝날 것 같은 기분이 되곤 했지요. 그렇다고 지레짐작하지는 마세요." 여기서 그는 강조를 하기 위해 손가락을 까딱까딱 흔들며 날 가리켰다. "내가 기분이 좋다고 이야기하는 것이 조증(manic) 상태라는 말은 아닙니다. 신경과 의사들이 내 조울증을 리튬으로 치료하겠다고 한 짓이라고는 내 신장을 망가뜨렸다는 것밖엔 없어요. 왜 의사들이 고소를 당하는지 잘 알겠어요. 혹시 예순넷에 조울증이 시작되는 사례를 본 적이 있으신가요? 당신도 내가 리튬을 먹어야 했다고 생각하세요?"

그의 질문들은 내 안에 분란을 일으켰다. 정신이 사나워서 어떻게 대답해야 좋을지를 알 수 없었다. 그가 자기 주치의를 고소하고 있나? 난 그 싸움에 말려들고 싶지가 않고 다뤄야 할 게 너무 많다. 좀 효율적으로 해 봐야겠다.

"그 질문에 대해서는 조금 있다 다시 돌아오기로 하고, 오늘은 우선 그동안의 이야기를 직접 당신에게 들어 보는 것이 시간을 가장 효과적으로 사용하는 것 같네요."

"옳습니다! 삼천포로 빠지지 않도록 하지요. 그래서, 내가 지금껏 이야기하고 있는 것은, 기분이 좋았다가 불안하고 우울해지는 상태가 — 불안과 우울은 같이 오지요 — 왔다 갔다 하고, 두통은 항상 우울 상태일 때 일어납니다. 6개월 전만 해도 한 번도 그런 적이 없었어요."

"그리고 섹스와 우울의 관련성은?"

"그 이야기를 하려고 했는데……."

'신중하자.'라고 난 생각했다. 내 참을성 없음이 드러나고 있다. 그는 분명 내 방식으로가 아니라, 자기 방식대로 이야기하려 했다. 주여, 제발 내가 그를 재촉하지 않게 하소서!

"음, 이건 믿기 어려운 부분일 텐데… 지난 열두 달 동안 내 기분은 섹스에 의해 완전히 조종당하고 있었어요. 내가 아내와 훌륭한 잠자리를 했으면, 세상은 더할 나위 없이 밝았지요. 그러지 못했을 땐, 빙고! 우울증과 두통이지요!"

"우울증에 대해 이야기해 주세요. 어떤 현상들이 나타나나요?"

"보통 우울증과 같은 거지요. 기분이 가라앉고."

"좀 더 이야기를 해 주세요."

"뭐라고 말해야 할까? 모든 게 어둡게 보이지요."

"우울 상태에 있을 때 무슨 생각을 하세요?"

"아무것도. 그게 문제지요. 그게 우울증 아닌가요?"

"때로 사람들이 우울할 때는 특정한 생각들이 머릿속에서 맴돌기도 합니다."

"자신을 때려눕히곤 합니다."

"어떻게요?"

"앞으로 항상 섹스에 실패할 것 같고, 남자로서 나의 인생은 끝났다고 느끼기 시작하게 됩니다. 일단 우울증이 시작되면 다음 24시간 내에 편두통을 겪게 되지요. 다른 의사는 나에게 악순환의 고리 속에 있다고 하더군요. 그게 어떻게 작용하는지 보시겠습니까? 우울증일 때 나는 발기 불능이 되고, 발기 불능이기 때문에 더 우울해지는 거지요. 예, 바로 그게 다입니다. 그것이 멈추지 않을 것이라는 걸 아니까, 악순환은 깨지지 않는 거죠."

"무엇이 그것을 깹니까?"

"아마도, 6개월쯤 후에, 내가 답을 알아내리라고 생각됩니다. 그게 훌륭한 회계사들이 돈을 받는 이유지요. 난 아주 관찰을 잘하는 사람이고, 쭉 그래 왔어요. 그러나 확신할 수가 없어요. 어느 날 섹스를 잘하면 모든 게 다 괜찮게 되돌아와 있습니다. 왜 어떤 날은 되고 어떤 날은 잘 안될까? 단서를 전혀 잡을 수가 없어요."

그렇게 해서 그 시간이 갔다. 마빈의 이야기는 정확하긴 했지만 인색하고 다소 신경 거슬리는 것이었고, 상투적인 말과 질문, 그리고 다른 의사들이 언급한 것들로 윤색이 되어 있었다. 그는 분명 임상적으로 병적인 상태였다. 자기 성생활의 세세한 부분을 가지고 왔을지라도, 당혹감이나 자아 의식(self-consciousness), 혹은 그 문제에 관한 깊은 삼성은 전혀 표현하지 않았다.

그래서 나는 어느 지점에 가서 '노익장'의 의식 밑으로 강력히 파고들어 가려 했다.

"마빈, 당신 삶의 비밀스러운 측면을 처음 보는 낯선 이에게 보이기는 쉽지 않을 겁니다. 전에는 한 번도 정신과 의사에게 이야기해 본 적이 없다고 하셨지요."

"뭐 그리 비밀스러울 것도 없는 일이지요. 그보다는 정신과라는 것과 관계가 될 겁니다 — 난 정신과 의사들의 존재를 믿지 않거든요."

"우리가 있다는 것을 믿지 않는다고요?"

"아니, 아니요, 그게 아니고요. 그들에게 신뢰감이 없다고요. 제 아내, 필리스도 마찬가지고요. 우린 부부 문제 때문에 정신과 의사를 만났던 부부 두 쌍을 알고 있는데, 둘 다 이혼으로 끝이 났지요. 그러니까 우리를 비난할 수는 없으실 거예요, 그렇죠?"

그 시간이 끝날 무렵 나는 아직 두 번째 면담을 제안하거나 면담 약속을 잡을 수 없었다. 악수를 하고 그가 내 사무실을 나갔을 때 그가 나가는 것을 내가 반기고 있었다는 것을 깨닫게 되었다. 그를 다시 만나야 했다면 무척 내키지 않았을 것이다.

나는 마빈이 편하지 않았다. 그렇지만 왜일까? 그가 피상적이기 때문일까, 손가락을 흔들어 가며 삿대질하듯, 나를 가리키면서 '당신네들'이라는 식으로 말해서인가? 그가 신경과 의사를 소송할 뜻을 넌지시 비추고 나를 끌어들이려 해서인가? 그가 너무나 주도권을 쥐고 있었기 때문일까? 그가 온 시간을 다 지배했었다. 우선 안경 따위의 쓸데없는 걸 가지고, 그리고 나서는 내가 원하든 원하지 않든 간에 내 손에 그놈의 차트를 쥐어 주고 거기에 들러붙어 있게 하였다. 나는 그 차트를 박박 찢어 버리고 그 장면을 즐기는 상상을 하였다.

하지만 그렇게 불편한 일인가? 마빈이 시간의 조절을 방해했다. 그래서 어떻길래? 그는 전면에 나서서, 자기가 할 수 있는 한 최선을 다해 자기를 괴롭히는 것이 무엇인지를 정확히 내게 이야기했다. 그는 정신과 의사에 대한 자기의 개념에 따라 열심히 작업을 했다. 그의 차트는, 궁극적으로, 유용했다. 그 생각을 했다면 난 거기에 대해 더 기뻐해야 했다. 아마 그의 문제보다는 내 문제가 아닐까? 내가 그렇게 구식이고, 늙어 버렸나? 내가 융통성 없고 너무나 관행에 물들어서, 첫 시간이 내가 원하는 방식으로 진행되지 않으면 까칠해지고 발을 동동 구르게 되었는가?

집으로 차를 몰고 오는 동안 나는, 두 마빈 — 인간 마빈(Marvin the man)과 생각 속의 마빈(Marvin the idea)에 대해 좀 더 생각했다. 편안하지 않고 흥미가 안 생기는 것은 피와 살을 가진 인간 마빈이었다. 그러나 투사물인 마빈은 호기심이 들었다. 그 기가 막힌 이야기를 생각해 보자. 평범하지만 안정된, 건강한 64세 남자가, 그리고 41년을 한 여성과 성생활을 했던 남자가 어느 날 갑자기, 난생 처음으로 자신의 성적 능력에 대해 예민해졌다. 삶의 안락감(well-being)이 곧 성기능의 인질이 되어 버렸다. 그 사건은 심각하고(편두통은 아무것도 할 수 없게 하는 것이다.), 예기치 못했던 것이며(전에는 섹스가 전혀 문제를 일으킨 적이 없었다.), 갑작스러운 것(정확히 6개월 전에 아주 강력한 힘으로 터져 나왔다.)이었다.

6개월 전이라! 분명 거기에 열쇠가 있을 것이었고 두 번째 회기는 6개월 전에 일어난 일을 탐색하는 데서 시작하리라. 그때 그의 삶에 어떤 변화가 일어났는가?

"중요한 건 없어요."라고 마빈이 말했다.

"그럴 수는 없어요. 뭔가 있을 거예요." 나는 우겼고 여러 다른 방법으로 같은 질문을 던지곤 하였다. 나는 결국 6개월 전에 마빈이 퇴직을 결심하고 자기의 회계사 사무실을 정리하기로 결정했다는 것을 알게 되었다. 그 정보는 아주 천천히 나왔는데, 그가 자기의 은퇴에 대해 이야기하지 않으려 해서가 아니라 그 사건에 별로 중요성을 부여하지 않았기 때문이었다.

　나는 그렇지 않다고 느꼈다. 삶의 한 단계에 마침표를 찍을 만한 일은 언제나 중요하고, 은퇴보다 더한 것은 별로 없다. 은퇴라는 것이 인생이 지나온 길과 삶이 모두 지나가 버리는 느낌, 자신의 전 생애라는 거대한 프로젝트의 의미와 중요성에 대해 어떻게 감정을 불러일으키지 않을 수 있단 말인가? 자기 내부를 들여다보는 사람들에게는 은퇴가 삶을 되돌아보며 총정리하는 시간이며, 인간의 유한성 그리고 다가오는 죽음을 풍부하게 인식하게 되는 시간인 것이다.

　그런데 마빈에게는 그렇지가 않다.

　"은퇴 문제요? 농담하시는 모양이군요. 그걸 위해 난 일을 해 왔지요 — 그러므로 난 은퇴할 수가 있어요."

　"당신에게 일이 조금이라도 그리운 점을 찾아보시겠어요?"

　"두통뿐입니다. 그리고 내가 그것이 오는 규칙을 발견했다고 말할지도 모르겠군요! 편두통이요, 내 뜻은." 마빈은 싱긋 웃었고, 분명 그런 농담을 우연히 하게 된 것이 스스로 기쁜 것 같았다. "진지하게요, 난 몇 년간 일이 피곤했고 지쳤었어요. 내가 뭘 그리워할 거라고 생각하세요 — 새로운 세금 신고서 양식이요?"

　"때로 은퇴는 삶에 커다란 이정표 하나를 세우는 것이기 때문에 중요한 여러 감정을 뒤흔들어 놓지요. 우리에게 삶의 자취를 생각하게 합니다. 얼마나 일을 하셨었지요? 45년? 그리고 이제 갑자기 그걸 그만두고, 새로운 단계로 나아가는 겁니다. 은퇴할 때에는 삶에 시작과 끝이 있다는 걸 알고나 있었는지 생각을 많이 하게 될 것이고 그리고 한 지점에서 또 다른 지점으로 천천히 지나왔다는 걸, 그리고 이제 종착역을 향해 가고 있다는 걸 좀 더 분명하게 깨닫게 되겠지요."

"내 일은 돈을 위한 것이었어요. 그건 게임이라고 부를 수 있지요. 은퇴가 진정 의미하는 것은 돈을 충분히 벌었으니까 이제 더 이상 안 벌어도 된다는 것이에요. 요점이 뭔가요? 난 이자만 갖고도 아주 편안하게 살 수가 있어요."

"하지만, 마빈, 다시는 일하지 않는다는 것이 무얼 의미하지요? 평생동안 일을 해 왔어요. 당신은 일을 하며 의미를 찾았지요. 난 그걸 포기하는 데 대해 뭔가 두려운 게 있다는 예감이 들어요."

"누가 그걸 필요로 해요? 우리 계통의 일을 하는 사람들은 돈이 충분해서 이자에 이자만으로도 살 수 있는데 돈을 쌓아 모으느라고 자신을 죽이고 있어요. 그걸 보고 나는 미쳤다고 하지요 — 그들이야말로 정신과 의사에게 가 봐야 할 사람들이에요."

우리는 서로 딴소리를 했다. 거듭해서 나는 마빈이 자기 안을 들여다보도록, 한순간만이라도 우주적인 시각을 가져 보도록, 자기 존재의 보다 깊은 관심사 — 유한성, 늙고 쇠퇴해 가는 것, 죽음에 대한 공포, 삶의 목표에 대해 자신이 가진 자원 등을 인식하도록 유도했다. 그러나 우리는 서로 빗나가는 대화를 하였다. 그는 나를 무시하고, 잘못 이해했다. 그는 일의 표피만을 들먹이며 꼼짝 못하는 것 같았다.

그런 혼자 하는 작은 지하 동굴 여행에 지쳐, 나는 마빈의 관심사에 좀 더 가까이 머물러 있기로 하였다. 우리는 일에 대해 이야기했다. 그가 어렸을 때, 부모나 선생님들은 그를 수학의 신동으로 생각했었는데, 여덟 살 때 그는 라디오 '어린이 퀴즈쇼'에 나갔으나 예선 탈락했다. 그러나 그는 그런 어린 시절에 매여 살지 않았다.

난 그가 이것을 이야기할 때 한숨을 내쉬었다고 생각했고, 그래서 "그것은 당신에게 큰 상처였을 것이로군요. 그게 어떻게 잘 치유되었나요?" 하고 물었다.

그는 내가 너무 젊어서 얼마나 많은 여덟 살짜리 꼬마들이 그 '어린이 퀴즈쇼' 예선에서 떨어지는지를 가늠하지 못한다는 듯한 암시를 했다.

"감정이 항상 합리성의 법칙을 따르는 것은 아니지요. 사실, 대개는 합리성과는 거리가 멀어요."

"내가 상처받을 때마다 감정에 빠져들었다면, 아무것도 하지 못했을 거예요."

"상처에 대해 이야기하는 것이 당신에게는 무척 어렵다는 것을 알겠어요."

"나는 수백 명 중 하나였을 뿐이죠. 그건 별 게 아니었어요."

"또, 내가 당신에게 가까이 가려 할 때마다 당신은 아무것도 필요하지 않다는 걸 내게 알리려 한다는 것도 알아요."

"난 여기 도움을 받으려고 왔어요. 당신이 묻는 모든 것에 대답을 하겠어요."

직접적으로 호소를 하는 것은 아무 소용이 없는 게 분명했다. 자기가 받은 상처를 나와 나누는 데에 마빈은 시간이 걸릴 것이다. 나는 사실적인 정보를 모으는 것으로 후퇴했다. 마빈은 뉴욕에서 자랐고, 가난한 1세대 유태인 부모의 자식이었다. 그는 작은 시립 개방 대학(city college)에서 수학을 전공하였고 대학원 진학도 생각하고 있었다. 그러나 그는 조급히 결혼하였고 —15세 때부터 필리스와 데이트를 했다— 아무 경제적 뒷받침이 없었으므로, 고등학교 교사가 되기로 결정하였다.

6년간 삼각함수를 가르친 후 그는 정체된 기분이 들었다. 인생은 부자가 되는 것이 목표라는 결론에 도달했다. 빈약한 고등학교 교사 월급으로 35년여의 여생을 지내야 한다는 생각은 견딜 수 없었다. 그는 교사를 하겠다는 자기 결정이 아주 큰 실수였다는 것을 확신하며, 그의 나이 서른에 궤도를 수정하였다. 속성 회계사 과정을 마친 후 제자들과 동료 교사들에게 안녕을 고하고서 회계사 사무실을 열었는데, 아주 수지가 맞았다. 그리고 캘리포니아에 부동산 투자를 잘하여 부자가 되었다.

"그것은 지금까지 살아온 이야기고요, 마빈. 이제 당신 삶은 어디로 가고 있습니까?"

"글쎄요, 전에도 말했지만, 더 이상 돈을 모으는 건 별로 의미가 없지요. 난 자식이 없어요." 여기서 그의 목소리는 음울해졌다. "가난한 친지도 없고, 좋은 데 쓰라고 누구에게 줄 마음도 없고."

"자식이 없다는 이야기를 할 때 목소리가 좀 슬프더군요."

"그건 과거 이야기지요. 전에는 실망스러웠지만, 그건 아주 옛날, 35년 전 이야기이지요. 난 아주 계획이 많아요. 여행을 하고 싶어요. 나는 수집품들, 그건 내게 자식 대용일지도 모르겠는데 우표, 정치 캠페인 기념품, 옛날 야구팀 유니폼, 리더스 다이제스트 등을 더 모으고 싶어요."

다음에, 나는 그가 지극히 조화롭다고 주장하는 아내와의 관계를 탐색하였다. "41년이 지난 후인 지금까지도 나는 아내가 대단한 여성이라고 느껴요. 난 그녀와 떨어져 있고 싶지가 않지요, 단 하룻밤이라도요. 사실, 난 하루일이 끝나고 그녀를 보면 내 안에 따뜻함이 느껴져요. 모든 긴장이 사라지지요. 아마 그녀가 나의 바륨이라고 말할 수 있을지도 모르죠."

마빈의 말에 따르면 지난 6개월 전까지만 해도 그들의 성관계는 매우 좋았었다. 41년의 세월에도 불구하고 열정과 성적 욕망이 유지되었던 것 같다. 마빈에게 간헐적으로 발기 불능이 일어났을 때, 처음에 필리스는 대단한 이해심과 인내력을 보여 주었으나 지난 두 달 동안은, 안절부절하게 되었다. 단지 몇 주 전에야, 그녀는 '하는 것' — 성적으로 흥분되었는데 만족이 되지 않는 것에 지쳤다고 투덜거렸다.

마빈은 필리스의 기분에 비중을 두었고 자기가 그녀를 불쾌하게 했다고 생각하면 매우 마음이 동요되었다. 그는 발기 불능이 처음 일어난 후 며칠간 그 일을 골똘히 생각했고 마음의 평정을 되찾기 위해 전적으로 그녀에게 매달렸다. 그녀가 아직도 그에게서 남성을 느끼고 있음을 확인시켜 주고 그를 납득시켰지만 그는 육체적으로 달래 주기를 요구했다. 그녀는 그가 샤워할 때 비누칠을 해 주고, 면도를 해 주고, 마사지를 해 주고, 그의 부드러운 성기를 입에 넣고서 발기가 일어날 때까지 단단히 물고 있기도 하였다.

나는 두 번째 면담 때도 첫 번째 때와 마찬가지로, 마빈이 자기 이야기에 전혀 호기심이 없다는 것에 충격을 받았다. 삶이 그렇게 극적으로 변해서, 발기를 유지할 수 있느냐 없느냐 때문에 방향감이며 행복, 살고픈 욕망에까지 지금 완전히 혼란이 와 있는데 그의 호기심은 어디에 있는가?

지금이 마빈에게 치료를 권유할 시기였다. 난 그가 깊이 탐색해 가는 치료 형태에 좋은 후보자는 아니리라고 생각하였다. 그렇게 생각한 데는 몇 가지 이유가 있다. 그렇게 호기심이 적은 사람을 치료하는 데 나는 늘 어려움을 겪었다. 호기심을 펼치도록 돕는 것이 가능하다 할지라도, 단기간의 효율적인 치료를 바라는 마빈에게 장기간 섬세하게 가는 치료 과정은 적합하지 않다. 지난 2시간을 돌이켜 보건대, 그는 자신의 깊은 감정 속으로 들어가게 하려는 나의 시도에 모두 저항을 했다. 그는, 우리가 지난번에 이야기한 것을 이해한 것 같지 않았고, 사건에 들어 있는 의미에도 관심이 없었다. 그리고 그는 또한 자기를 좀 더 개인적으로 그리고 직접적으로 몰입하게 하려는 나의 노력에 저항을 하였다. 내가 그에게 상처받은 것에 대해 묻거나 자기와 좀 더 가까워지려는 나의 노력을 무시한다고 지적했을 때의 예를 보면 그렇다.

생각을 거듭한 끝에, 내가 행동치료 과정(구체적인 행동적 측면, 특히 부부간 의사소통이나 성적 태도나 성행동의 문제에 변화를 꾀하는 데 기초를 둔 접근 방법)을 시작해 보라고 공식적으로 권유하려는 찰나 마빈이 지난주에 꿈을 몇 개 꾸었다고 말했다.

나는 첫 면접에서 꿈들에 관해서 물었었는데, 다른 많은 내담자들이 그러하듯이 그는 매일 밤 꿈을 꾸긴 하지만 어떤 꿈도 상세히 기억할 수 없다고 대답했었다. 난 필기도구를 침대 머리맡에 두었다가 꿈을 기록해 보라고 했었지만 그가 내적 세계에 거의 관심이 없는 듯 보여서 그 지시를 따르리라고는 생각지 않기 때문에 두 번째 면담에서는 꿈에 대해 묻는 것을 게을리했었다.

근데 지금 그는 공책을 꺼내어 꿈을 시리즈로 읽어 내려가기 시작하였다.

내게 그동안 잘하지 못했다면서 필리스가 정신이 돌았다. 그녀는 집으로 간다고 떠났다. 난 그녀를 따라갔는데 그녀는 떠나고 없었다. 나는 높은 산 위에 있는 커다란 성에서 죽은 그녀를 발견하게 될까봐 겁이 났다. 다음에, 나는 그녀의 육신이 있을 것 같은 방의 창문으로 들어가려 하고 있었다. 나는 아주 높이 있는 좁은 창틀 위에 있었다. 더 이상 나아갈 수가 없었지만, 그곳은 너무 좁아 되돌아서 갈 수도 없었다. 처음에는 떨어질까 봐 겁이 나다가 그 후로 점점 내가 뛰어내려 자살을 할까 봐 두려웠다.

필리스와 내가 성관계를 하려고 옷을 벗고 있었다. 120kg이 넘는 거구의 내 직장 동료 웬트워스가 그 방에 있었고 그의 어머니는 밖에 있었다. 우리는 그에게 검은 안대를 씌우고 성관계를 계속했다. 내가 밖으로 나갔을 때, 그는 자기가 도대체 왜 안대를 하고 있는지 어머니에게 어떻게 말해야 좋을지 몰라 어쩔 줄 모르고 있었다.

내 사무실 로비 바로 앞에 짚시들의 거주지가 있었다. 그들은 모두 아주 더러웠다 ─ 손과, 옷, 들고 다니는 가방까지 모두. 남자들이 나지막이 귓속말을 하며 뭔가 협박을 할 음모를 꾸미고 있는 것을 들었는데 난 당국에서 왜 그들에게 공적으로 거주를 허가했는지 의문이 들었다.

나의 집 아래 땅이 젖어들어 가고 있었다. 나는 커다란 토목용의 땅 파는 기구를 가지고 있었지만 집을 구하려면 65피트를 파 내려가야 한다는 것을 알고 있었다. 내가 단단한 바위 표면을 내리쳤는데, 그 울림 때문에 잠에서 깨어났다.

굉장한 꿈이다! 도대체 그것들이 어디서 온 것일까? 마빈이 도대체 이런 꿈을 꿀 수 있단 말인가? 나는 고개를 들어, 전혀 다른 사람이 내 앞에 앉아 있는 게 아닌가 의심하며 그를 바라보았다. 그렇지만 아직 그는, 끈기 있게 내 다음 질문을 기다리며, 번쩍이는 안경 너머 텅 빈 눈으로, 거기에 있었다.

우리에게는 몇 분밖에 남아 있지 않았다. 난 마빈에게 그 꿈의 어느 측면에 대해서라도 연상되는 것이 있는지 물었다. 그는 단순히 어깨를 한 번 들썩했을 뿐이었다. 그것들은 그에게 미스터리였던 것이다. 나는 꿈에 대해서 물었고 그는 자기의 꿈을 내게 말해 주었을 뿐이다. 그게 다였다.

꿈은 저항을 하지 않았다. 나는 8~12회 정도의 부부치료 과정을 추천하였다. 그리고 몇 가지 대안들을 제안하였다. 내가 그들 부부 둘을 다 만나는 것, 그들 둘을 다른 치료자에게 의뢰하는 것, 혹은 여성 치료자에게 필리스를 몇 회기 의뢰하고 우리 넷, 필리스, 마빈, 나 그리고 필리스의 치료자가 공동 회기를 위해 함께 만나는 것 등을 제안하였다.

마빈은 내가 하는 이야기를 주의 깊게 들었으나 표정이 얼어붙어 있어서 그가 무얼 느끼고 있는지 알 수가 없었다. 내가 반응을 묻자, 그는 이상하게 공식적인 태도를 보이면서 "당신이 제안하신 바를 신중히 고려하여 저의 결정을 통고하여 드리겠습니다."라고 말했다.

그는 절망한 것일까? 거부당했다고 느꼈을까? 확인할 수가 없었다. 그 당시 나는 적절하게 추천을 한 것같이 느꼈었다. 마빈의 기능장애는 갑작스러웠고, 내가 생각하기에 단기간의 인지행동치료적 접근에 적합할 것 같았다. 더구나, 그가 개인치료를 통해 이득을 보지 못할 거라고 확신했다. 모든 것이 그 반대쪽으로 무게가 실렸다. 저항이 완강했고, 전문적인 말로 표현하자면, 그는 너무나 '심리적 소양(psychological mindedness)'이 부족했다.

그럼에도 불구하고, 나는 그와 깊이 있는 작업의 기회를 지나쳐 버린 것이 아쉬웠다. 그가 가진 상황의 역동이 나를 매료시켰다. 나는 첫인상이 가장 문제의 정곡에 가까웠다고 믿는다. 은퇴가 임박해 옴으로써 유한성, 늙어 감 그리고 죽음에 대한 기본적인 불안이 올라오고 이 불안을 그는 성적인 능력감(mastery)으로 맞서려 했다. 성적 행위에 너무나 많은 비중이 주어져서 과한 세금을 문 꼴이 되었으며, 결국에는 거기에 압도당해 버린 것이다.

난 섹스가 모든 것의 뿌리가 된다는 말을 그가 했을 때 완전히 틀린 말이라고 믿었다. 그와는 달리, 섹스는 보다 근본적인 원천으로부터 샘솟는 불안을 회피하게 해 주는 도구이지만 매우 비효율적인 수단이다. 때때로, 프로이드가 처음에 우리에게 보여 주었듯이, 성적인 불안은 다른 그릇된 수단으로 표현된다. 그리고 아마 그 역의 경우도 사실일 것이다. 즉, 다른 불안이 성적인 불안의 탈을 쓰고 나타난다. 거대한 토목용 땅 파는 도구에 관한 꿈은 이보다 더 분명하게 이를 나타낼 수가 없다. 마빈의 발밑에 있는 땅이 젖어든다는 것은 디딜 곳이 없다는 것을 나타내는 영감에 찬 시각적 이미지이다. 그는 자기의 페니스로 65피트(즉, 65세)를 파 들어가야 한다!

다른 꿈들도 마빈의 평온한 외형 밑에 깔려 있는 잔인한 세상 — 죽음, 살인, 자살, 필리스에 대한 분노, 내부에서부터 분출해 오는 더럽고 위협적인 환상들에 대한 공포 같은, 거품이 일렁이는 세계가 있다는 증거다. 필리스와 그가 부부 관계를 하려 할 때 방 안에 있던 검은 안대로 눈을 가리고 있는 남자도 주목할 만한 내용이다. 성적인 문제를 탐색할 때 이런 걸 물어보는 것은 항상 중요하다. 성관계를 하고 있을 때 두 사람 말고 또 사람이 있나요? 다른 이 — 부모, 경쟁자, 혹은 연인이 있는 듯한 환상 — 가 있는 것은 성행위 꿈의 의미를 아주 복잡하게 만든다.

아니, 행동치료가 최선의 선택이다. 이 깊은 세계는 봉해서 뚜껑을 꼭 닫아 두는 것이 최선이다. 생각하면 할수록, 내가 호기심을 자제하고 이기심 없이 내담자에게 최선이 되도록 체계적으로 행동했다는 것이 기뻤다.

그러나 합리성이나 정확성이 심리치료에선 거의 보상을 받지 못한다. 며칠 후, 마빈이 전화를 하여 면담 약속을 할 수 있느냐고 물었다. 나는 필리스가 그와 함께 올 것을 기대했으나 그는 불안하고 초췌하게 혼자 왔다. 그날은 평소에 하던 형식적인 행동들이 없이 바로 요점으로 들어갔다.

"아주 끔찍한 날입니다. 아주 비참한 기분이 들어요. 그렇지만 먼저, 지난주에 여러 가지 대안을 추천해 주신 것에 감사드립니다. 솔직히 말해서, 난 앞으로 3, 4년간 일주일에 서너 번씩 당신을 만나러 오라고 조언하리라고 예상했었어요. 당신 같은 정신과 의사들은 문제가 무엇이든지 간에 그렇게 하니까 조심하라고 들었지요. 그걸 가지고 당신네들을 비난하는 건 아닙니다. 궁극적으로, 당신네들도 사무실을 운영하고 먹고 살 것을 벌어야 하니까요."

"부부치료를 받으라는 당신의 조언이 내게 상당히 의미 있게 들렸습니다. 필리스와 나는 의사소통에 문제가 있지요. 아마 지난주에 내가 말했던 것 이상일 겁니다. 사실, 내가 사례를 좀 덜 나빠 보이게 이야기했을 겁니다, 난 쭉 섹스에 문제를 느껴 왔었고, 지금만큼은 아니지만, 지난 20년간 기분이 올랐다 처졌다 하게 만드는 원인이었지요. 그래서 난 당신 충고를 받아들이기로 했는데, 필리스가 협조를 안 해요. 그녀는 정신과 의사류, 부부치료자, 성치료자 — 누구든 완전히 거부를 해요. 난 그녀에게 오늘 딱 한 번만 당신에게 와서 이야기를 해 보자고 애걸을 했지만, 들은 척도 안 했어요."

"어떻게 그럴 수가?"

"그 이야기도 할 거지만, 우선 오늘 내가 하고 싶은 이야기가 두 가지가 있어요." 마빈이 멈추었다. 처음에 나는 그가 숨을 고르기 위해서라고 생각했는데, 그 까닭은 마치 달리기 경주를 하는 사람처럼 헐떡이며 쉬지 않고 이야기를 했었기 때문이었다. 그리고 잠시 마음을 가다듬는 듯했다. 그는 돌아서서, 코를 풀고, 거칠게 눈을 비벼 닦았다.

그리고 나서 그는 이야기를 계속했다. "나는 가라앉고 있어요. 이번 주에 최고로 심한 편두통이 왔었고 그제 밤에는 응급실에 실려 가서 주사를 맞았습니다."

"오늘 얼굴이 무척 안 되어 보여요."

"두통 때문에 거의 죽을 지경이에요. 그렇지만 더 괴로운 것은, 내가 잠을 자지 못한다는 것이지요. 어젯밤에 나는 악몽을 꾸다 새벽 2시에 깨서 밤새도록 그 꿈을 되짚었지요. 아직까지도 그 생각이 내 머리에서 떠나질 않습니다."

"바로 그 이야기로 들어갑시다."

마빈은 아주 기계적으로 그 꿈 기록을 읽어 내려가기 시작했으므로 나는 잠시 멈추게 하고 프리츠 펄스(Fritz Perls) 식으로 그에게 마치 그 꿈을 지금 경험하고 있는 것처럼, 지금 그 긴장이 느껴지듯이 다시 묘사해 달라고 부탁했다. 마빈은 노트를 한쪽으로 치우고 기억에 의존해서 이야기를 하였다.

키가 크고, 얼굴이 창백하고 깡마른 두 남자였습니다. 그들은 어두운 풀밭에서 소리 없이 미끄러지듯 들어왔지요. 검은 옷을 입고 있었습니다. 검은색 높은 실크 중절모를 쓰고, 긴 코트, 검은 각반을 맨 신을 신었는데 빅토리아 시대의 장의사나 시커먼 공장에서 일하고 있는 사람들처럼 보였습니다. 갑자기 그들은 아주 새까만 유모차를 끌고 들어왔는데, 검은 거즈 포대기에 싸인, 여자 아기를 어르고 있었지요. 아무 말 없이 두 남자 중 하나가 그 유모차를 밀기 시작했습니다. 아주 가까이에서 멈추고서, 그는 앞쪽으로 걸어와 몸을 구부리고서 끝부분만이 하얗게 빛나는 검은 지팡이로, 조직적으로 거즈를 풀어헤치고, 그 흰 지팡이 끝을 아기의 질 속으로 집어넣었습니다.

나는 그 꿈 이야기를 듣고 그 자리에서 꼼짝을 할 수 없었다. 생생한 이미지가 내 머릿속에 그려졌다. 나는 놀라움으로 마빈을 바라보았는데 그는 자기의 창의성에 별로 감동하거나 창의성을 높이 평가하고 있는 것 같지 않았고, 그 때문에 난, 이것은 그의 꿈이 아니다, 아니 그의 꿈일 수가 없다라는 생각이 들었다. 이런 꿈이 그에게서 샘솟았을 것 같지 않다. 그는 단순히 그것을 입으로 표현하는 중개인일 뿐이다. 어떻게 내가, 이런 꿈을 꾸는 사람을 만날 수 있단 말인가?

실제로, 마빈은 그런 의심을 강화시켜 주었다. 그는 꿈이 마치 다른 나라 교과서나 되듯, 꿈에 익숙하지도, 관련지을 만한 인식도 없었다. 그는 그 이야기를 다시 하면서 아직도 공포감을 경험하고 있었고 마치 그 꿈의 나쁜 맛을 입에서 뱉어 내기라도 하려는 듯 고개를 절레절레 흔들었다.

나는 불안에 초점을 맞추었다. "왜 그 꿈이 악몽입니까? 정확히 어느 부분에 공포심이 들지요?"

"이제 생각해 보니까, 지팡이를 아기의 질에 넣는 마지막이 끔찍한 부분이에요. 꿈을 꾸고 있는 동안에는 아니었지만요. 다른 모든 것들이 다 그랬어요. 소리 없는 발자국, 검은색, 불길함에 대한 깊은 예감 — 꿈 전체가 두려움에 떨게 했어요.

"아기의 질 속으로 지팡이를 넣는 것이 꿈속에서는 어떤 기분이었나요?"

"글쎄요. 그 부분은, 마치 꿈을 진정되게 한 듯 — 아니, 오히려, 그러려고 애쓴 것이라고 할 수 있겠지만, 거의 진정을 시킨 것 같아요. 그렇다고 진짜 진정된 것은 아니었어요. 아무것도 내게는 이해가 되지 않습니다. 난 꿈을 한 번도 믿어 본 적이 없어요."

나는 좀 더 그 꿈에 머물러 있고 싶었지만 그 순간에 필요한 것으로 돌아와야 했다. 필리스가 지금 극으로 치닫고 있는 남편을 돕기 위해서 나와 단 한 번이라도 만나 이야기하기를 꺼린다는 사실은, 마빈이 말한 목가적인 조화로운 결혼과는 거리가 먼 것이다. 치료자는 부부 문제를 염탐해서 나빠지게 만든다는 그의 공포심(이 부분은 필리스도 분명 함께 가지고 있을 것인데) 때문에 나는 아주 세심하게 진행을 해야 했으나 그녀가 부부치료를 반대한다는 것을 확인하지 않을 수는 없었다. 지난주에 나는 마빈이 나에게 거부당했다고 느끼지 않았을까 궁금했다. 아마도 그것은 그를 개인치료로 끌어들이게 하는 책략이었을 것이다. 실제로 필리스에게 자기와 함께 치료에 참여하자고 설득하려는 노력을 마빈이 얼마나 했을까?

마빈은 그의 아내가 자기 주장이 확실한 사람이라는 것을 내게 이렇게 확인시켜 주었다.

"아내는 정신과 의사를 믿지 않는다고 이미 말씀드렸지만, 사실은 그 이상입니다. 그녀는 어떤 의사도 만나려 하질 않아요. 15년 동안 산부인과 검진도 한 번 안 받았다니까요. 그녀가 지독한 치통에 시달렸을 때에야 겨우 치과에 데려간 것이 내가 할 수 있는 전부였죠."

그런데 필리스가 자기 방식을 주장한다는 예를 좀 더 들어 달라고 물었을 때 갑자기 예상치 못한 일이 벌어졌다.

"저, 선생님께 또 사실대로 말해야 하겠군요. 돈을 쓸 줄 모르고 가만히 앉아서 기대기만 하고 있는 꼴이죠. 필리스는 문제가 있어요. 가장 큰 문제는 집 밖에 나가는 것을 두려워하는 것이에요. 그런 거에 붙이는 이름이 있었는데… 생각이 안 나네요."

"광장공포증(agoraphobia)이요?"

"네, 그거예요. 아내가 그런 지는 아주 오래되었어요. 그녀는 이유 여하를 막론하고 거의 집을 나서지 않아요." 마빈은 작은 소리로 음모를 꾸미듯이 속삭였다. "또 다른 공포로부터 도피하기 위해서가 아닌 한."

"또 다른 공포는 무엇인데요?"

"사람들이 집을 방문하는 것에 대한 공포요!"

그는 몇 년간, 실은 수십 년간, 집에 손님을 초대해서 즐거운 시간을 가져 본 적이 없다고 했다. 그리고 그래야만 하는 상황이 오면, 예를 들어 가족이 다른 주에서 방문을 해 오거나 하는 때는 필리스는 기꺼이 나가 그들을 음식점에서 대접하였다. "값싼 음식점에서요. 왜냐하면 필리스는 돈 쓰기를 아주 싫어하기 때문에." "그녀가 심리치료를 받기 싫어하는 또 다른 이유 중 하나가 돈입니다."라고 마빈이 덧붙였다.

게다가 필리스는 마빈이 사람들을 데리고 오는 것도 허용하지 않았다. 이를테면, 2주 전에 다른 도시에 있는 손님 하나가 마빈이 수집한 정당 기념품을 보여 줄 수 있느냐고 전화를 했었다. 그는 필리스가 괴롭지 않도록, 집에 손님을 데리고 와도 되냐고 물어보지도 않았다고 했다. 그녀가 지옥에 떨어지라는 소리라도 들은 듯 격분할 것이 뻔하다는 것을 알고 있기 때문이었다. 만약 그가 억지로 우길 경우, 그의 말에 따르면, '진정시킬' 때까지 적어도 '일요일이 30번은 더 지나가야 될 것'이었다. 전에 수없이 그런 일을 겪었기 때문에 그는 자기의 수집품을 사무실에서 보여 주려고 결국 차곡차곡 싸면서 하루를 보냈다.

이 새로운 정보는 마빈과 필리스가 부부치료를 필요로 한다는 것이 훨씬 더 분명해지게 하였다. 그러나 새로운 것이 꼬여 들었다. 지난주 마빈의 첫 꿈은 개인치료가 원초적인 자료가 많이 있는 들끓는 무의식을 꽁꽁 봉해 놓은 뚜껑을 열어 버릴까 두려웠고 부부치료가 더 안전할 것이라고 생각했었다. 그러나 그들 관계에 심각한 병리가 있다는 증거를 가진 지금, 부부치료조차 악마를 풀어 놔주는 결과가 될지 모른다는 의구심이 들었다.

　모든 것을 고려해 볼 때 나는 아직도 행동주의적인 배경을 가진 부부치료를 선택하는 것이 좋겠다는 것을 마빈에게 장황하게 되풀이해 설명했다. 그러나 부부치료는 부부가 와야 하는 것인데, 만약 필리스가 오려 하지 않는다면 하고 말하는 순간 — 그는 그럴 것이라고 즉각 동의했다 — 개인치료를 시도해 보는 의미로 그를 기꺼이 만나겠다고 하였다.

　"그러나 미리 알려드리는데, 개인치료는 몇 개월, 때로는 1년 이상을 요하며, 장미꽃 만발한 아름다운 정원 같은 것이 아닙니다. 고통스러운 생각이나 기억들이 떠올라 일시적으로는 지금보다 더 불편하게 될지도 모릅니다."

　마빈은 지난 며칠간 거기에 대해 쭉 생각을 해 보았고 즉시 시작을 했으면 한다고 말했다. 우리는 일주일에 두 번씩 만나기로 하였다.

　그나 나나 이전 결과를 예약한 것이라는 건 분명했다. 즉, 마빈은 계속해서 심리치료 작업에 회의적이었고 자기 내부로의 여행에는 흥미를 별로 보이지 않았다. 그는 편두통이 코앞까지 와 있어서 어디 다른 데를 돌아볼 데가 없기 때문에 치료를 받겠다고 한 것이었다. 내 쪽에서 보면, 그의 치료에 대해 내가 아주 회의적이었고, 나 역시 다른 어떤 권할 만한 대안이 없어, 선택의 여지가 없었기 때문에 그와 작업하기로 동의를 한 것이므로 이런 결과는 이미 예약된 것이었다.

　그러나 다른 누군가에게 그를 의뢰할 수도 있었다. 또 다른 이유가 있었다. 그 목소리, 그런 놀라운 꿈들을 창조해 낼 수 있는 자의 목소리. 꿈꾼 자는 마빈의 벽 속 어딘가에 묻힌 채, 급박한 실존의 메시지를 두드려 전하고 있었다. 나는 그 꿈의 정경, 칠흑 같은 침묵, 검은 옷을 입은 남자들의 컴컴한 세상, 검은 풀밭, 그리고 검은 거즈에 싸인 여자 아기 속으로 다시 끌려들어 갔다. 지팡이의 빛나는 하얀 끝부분에 대해서 그리고 진정한 섹스가 아닌 단순히 공포를 밀어내려는 헛된 시도로서의 성행위에 대해서 생각했다.

만약, 가면이 불필요하다면, 꿈꾼 자가 계략을 쓰지 않고 내게 말을 했다면, 그는 내게 무엇을 말한 것일까?

"나는 늙었다. 나는 내 생애의 종착점에 와 있다. 내게는 자식이 없고, 두려움으로 가득 찬 채 죽음을 향해 가고 있다. 나는 어둠 속에서 질식당하고 있다. 죽음의 침묵 속에 질식당하고 있다. 길은 알고 있다. 섹스라는 부적으로 어둠을 뚫으려 애쓰고 있다. 그러나 그것으로 충분하지가 않다."

그러나 이것들은 내 생각이지 마빈의 생각은 아니다. 나는 그 꿈과 관련하여 연상을 해 보라고, 꿈에 대해 생각해 보라고, 그리고 머리에 떠오르는 것은 무엇이든 말해 달라고 하였다. 아무것도 나오지 않았다. 그는 머리를 흔들었을 뿐이다.

"당신은 거의 즉각적으로 고개를 저으시는군요. 다시 한 번 해 보세요. 자신에게 기회를 주어요. 꿈의 어느 부분이라도 좋으니 마음이 거기서 왔다 갔다 하게 해 보세요."

아무것도 없었다.

"지팡이 끝 흰 부분으로 무얼 떠올릴 수 있지요?"

마빈은 아니꼬운 듯 웃었다. "당신이 거기서 맴돌고 있을 때 난 이런 의심이 들어요! 전에 내가 당신네 같은 사람들은 모든 것의 뿌리를 섹스로 본다고 말하지 않았던가요?"

내가 그에 대해 확신하는 것이 한 가지가 있다면, 그가 겪는 어려움의 원천은 섹스가 아니라는 것이었기 때문에 그의 비난은 특히 모순이라고 느껴졌다.

"그렇지만 그건 당신 꿈이지요, 마빈. 그리고 당신의 지팡이고요. 당신이 그것을 창조했어요. 꿈으로 무엇을 만들었어요? 꿈은 당신의 죽음을 무엇으로 암시했어요? 장의사, 질식할 듯한 침묵, 검은색, 공포와 죽음의 전조라는 분위기요?"

그 꿈에 대해 죽음이나 섹스 둘 중 어느 한 견지에서 이야기하자고 제시한 조건에서 마빈은 신속히 뒤의 것, 섹스를 택했다.

"글쎄요, 어제 오후에 일어난 성행위에 대해 관심이 있으실지 모르겠습니다. 꿈꾸기 10시간 전에 일어났던 일인데요. 난 편두통이 아직 회복되지 않아 침대에 누워 있었지요. 필리스가 다가와서 머리와 목을 마사지해 주었어요. 그리고 등과 다리까지 쭉 마사지를 해 주었고 그러고 나서 성기를 마사지했지요. 그녀가 내 옷을 벗기고 자기도 옷을 다 벗었어요."

이건 평범한 일이 아니었다. 마빈은 거의 항상 자기가 섹스를 시작한다고 했었다. 나는 필리스가 부부치료를 받으러 가지 않겠다고 거부한 죄책감을 벌충하고 싶었던 것이 아닐까 의심이 들었다.

"처음에, 난 반응이 일어나질 않았어요."

"어떻게요?"

"솔직히 말하면, 난 두려웠어요. 이제 겨우 끔찍한 편두통에서 벗어나려 하고 있는데 만약 실패하면 또 편두통이 또 올까 봐 겁이 났고요. 그렇지만 필리스가 나의 성기를 입에 넣고 빨아서 나의 것이 단단해졌지요. 그녀가 그렇게 집요했던 적은 처음이었어요. 결국 난 이렇게 말했지요. '가 보자, 잘하면 이 긴장에서 벗어날 수 있을지도 모른다.' 마빈이 잠시 멈추었다.

"왜 멈추십니까?"

"나는 그녀에 대해 정확히 표현할 말을 찾으려 하고 있어요. 어쨌든, 우리는 부부 관계를 시작했지요. 난 꽤 잘했는데, 그녀에게 들어갈 준비가 되자, 필리스가 '긴장으로부터 벗어나기 위해서보다 다른 이유가 있다.'고 말했지요. 저, 그거였어요! 나는 곧바로 발기 상태가 꺾이고 말았지요."

"마빈, 필리스에게 그녀가 섹스를 시도한 시기가 어떻게 느껴졌는지 정확하게 이야기를 했나요?"

"그녀가 잡은 시기는 좋지 않았어요. 적절했던 적이 없어요. 그렇지만 난 너무 그녀에게 의존적이어서 말을 할 수가 없었지요. 내가 무슨 말을 할지 두려워요. 내가 뭔가 말을 잘못하면 그녀는 내 인생을 지옥같이 만들어 버릴 수 있거든요. 성생활의 마개를 모두 닫아 버릴 거예요."

"어떤 종류의 일을 말씀하시나요?"

"내가 가진 충동이 두렵습니다. 나의 살인 충동과 성적인 충동이요."

"무슨 의미지요?"

"몇 년 전에, 뉴스에서 염산액을 부어 자기 아내를 살해한 어떤 남자 이야기가 나왔던 걸 기억하시나요? 끔찍한 일이지요! 그렇지만 저는 종종 그 범죄에 대해 생각하곤 합니다. 난 여자에게 얼마나 분노를 느끼면 그런 범죄를 저지르는지 이해할 수 있어요."

세상에! 내가 생각했던 것보다 마빈의 무의식은 표면 가까이 올라오고 있었다. 적어도 이렇게 치료 초기에는 그런 원초적인 감정의 뚜껑을 내가 열고 싶지 않다는 것을 상기하면서 나는 살해에서 섹스로 스위치를 바꾸었다.

"마빈, 자신의 성적 충동에 대해서도 두려움을 느낀다고 하셨지요. 무슨 뜻인가요?"

"나의 성적 욕구는 항상 너무나 강했어요. 대머리들이 그렇다는 말을 많이 들어 왔지요. 남성호르몬이 너무나 많기 때문이라는 거죠. 그게 사실인가요?"

나는 샛길로 빠지는 걸 돕고 싶지 않았다. 그저 질문에 어깨를 들썩해 보였다. "계속하세요."

"음, 난 필리스가 섹스를 얼마큼 하려는지에 대해 생각을 하고 있기 때문에 일생 고삐를 매 두었어요. 그리고 항상 그것은 똑같았지요. 일주일에 두 번, 생일이라든가 휴일은 예외일 때도 있지만."

"거기에 대해서 뭔가 감정이 있을 법도 한데요?"

"때로는요. 그렇지만 때로는 억제를 하는 게 좋다고 생각해요. 그렇지 않으면 난 아주 난폭해질지도 몰라요."

그것은 흥미가 있는 언급이었다. "'난폭해진다'는 것이 무슨 뜻인가요? 혼외 관계를 말하는 건가요?"

내 질문은 마빈에게 충격이었다. "난 필리스에게 충실하지 않았던 적이 한 번도 없어요! 앞으로도 그럴 거고요!"

"그럼, '난폭해진다'는 것이 도대체 무슨 뜻인가요?"

마빈은 당황스러워진 듯 보였다. 나는 그가, 전에는 한 번도 이야기해 본 적이 없는 일에 대해 이야기하려 하는 것을 감지했다. 나는 거기에 흥분했다. 그것이 제발 1시간에 작업할 수 있는 것이기를 바랐고, 그가 계속하기를 바랐으므로, 그냥 기다렸다.

"나도 무슨 뜻인지 모르겠지만, 때로 나와 같은 성적 욕구를 가진 여자, 나만큼 섹스를 하고 싶어 하고 즐기는 여자와 결혼을 했으면 어땠을까 생각해 본 적은 있어요."

"어떻게 생각해요? 당신 인생이 아주 달라졌으리라고 생각해요?"

"잠시 생각할 시간을 주세요. 조금 전에 썼던 즐긴다란 표현은, 써서는 안 되는 말이었어요. 필리스는 섹스를 즐기지요. 단지 그것을 원하는 것 같지 않을 뿐입니다. 대신에, 그녀는… 그 말이 뭐더라?… 그것을 베푸는 거지요 — 내가 좋은 사람이라면 말입니다. 내가 속았다고 느끼고 화가 날 때는 그때입니다.

마빈은 잠시 멈추었다. 그는 목의 칼라를 느슨하게 풀어 목을 손으로 문지르고, 고개를 빙그르르 돌렸다. 그가 긴장에서 벗어나고 있었지만, 나는 그가 마치 아무도 듣는 사람이 없다는 것을 확인하려는 듯, 방을 둘러보고 있는 모습을 상상했다.

"불편해 보이시는데요. 지금 기분이 어떠신가요?"

"불성실. 마치 필리스에 대해 이런 이야기를 해서는 안 되는데 한 것 같아요. 그녀가 알아 버리지 않을까 거의 그런 기분이네요."

"당신은 그녀에게 굉장한 힘을 부여하고 있군요. 언젠가 그 모든 것에 대해 알아볼 필요가 있을 겁니다."

마빈은 치료를 시작한 첫 몇 주간 새로운 것을 계속 꺼내 놓았다. 모두가 다, 내가 기대했던 것보다 훨씬 나았다. 그는 협조적이었고, 정신과 치료에 대한 싸울 듯한 회의론을 버렸으며, 숙제를 잘했고, 다음 회기를 위해 준비하고 왔고, 그의 말대로 옮기자면, 투자한 것만큼 뽑아 가기로 결정을 하였다. 치료에 대한 그의 확신은 예기치 않게 일찍 배당금을 받음으로써 보상을 받았는데, 섹스로 인한 기분 변화는 여전히 지속되었지만, 그가 치료를 시작하자마자 편두통이 거의 사라져 버렸던 것이다.

이 초기 단계 동안에 우리는 두 가지 쟁점에 집중을 하였다. 그의 편두통과 (저항 때문에 범위가 이보다는 적었지만) 그의 은퇴가 함축한 의미에 대해서였다. 그러나 나는 그에게 보조를 맞추기 위해 아주 조심을 했었다. 깊이 해부하지는 않되 수술은 준비하고 있는 외과 의사가 된 기분이었다. 난 마빈이 이 문제들을 탐색하기를 바라지만, 마빈과 필리스가 세운 결혼관계의 평형상태가 흔들려서 마빈이 치료를 그만두지 않을 만큼만, 그리고 또 죽음에 대한 불안을 더 이상 자극하지 않을 만큼만이었다. 또 마빈의 편두통이 심해지지 않도록 너무 깊지 않을 만큼만 파고들어 가 탐색하기로 했다.

동시에 마빈과 다소 구체적인 치료를 하면서, 꿈이라는 태아에게 찬란한 빛을 비추며 거처를 제공하고 있는―혹은, 감옥에 가두어 두고 있다고 해야 할지도 모르지만―그 꿈을 꾼 자와의 매혹적인 치료 과정에 나 역시 빠져들고 있었다. 그런데 그 꿈을 꾼 사람이 바로, 꿈꾼 자의 존재를 무시하거나 그의 존재에 대해 무관심한 채 나와 대화를 하고 있는 마빈이었다. 마빈과 내가 피상적인 수준에 머물며 일상적인 이야기를 나누고 있을 때 그 꿈을 꾼 자는 바로 저 깊은 곳으로부터의 메시지를 전하려 끊임없이 둥둥 소리를 내고 있었다.

아마도 내가 꿈꾼 자와 대화를 하는 것은 역생산적(counter-productive)일지도 모른다. 기꺼이 나는, 마빈이 천천히 꿈꾼 자와 조우할 수 있는 곳으로 가도록 허용하리라. 난 매회 처음 시작할 때 흥미진진한 마음으로 마빈을 만나지 못하지만 꿈꾼 자가 보내올 무엇인가를 기대하면서 시작하였다.

때때로 꿈들은 처음 것처럼 존재론적 불안에 대한 공포를 표현하기도

했고, 때로는 앞으로 치료에서 나올 것들에 대한 전조이기도 했으며, 때로는 마빈이 내게 조심스럽게 말하려는 것을 생생하게 번역해 주는 치료의 소제목이기도 했다.

몇 회기 후에 나는 소망이 담긴 메시지를 받기 시작했다.

기숙학교에서 선생님이 아이들을 둘러보며 커다란 빈 캔버스에 누가 그림을 그리고 싶은지, 그림을 그리고 싶은 아이를 찾고 있었다. 나중에 나는 작고 땅딸막한 한 남자아이에게─분명 그건 나 자신이었는데─이야기하고 있었고, 그 아이는 너무 흥분해서 울기 시작했다.

거기서 말하는 메시지는 틀림없이

"마빈은 누군가 ─ 분명, 자신의 치료자 ─ 로부터 모든 것을 다시 시작할 기회가 주어졌다는 메시지를 받고 있음을 감지했다. 다시 한 번 기회가 있다는 것은 얼마나 흥분된 일인가. 빈 캔버스에 자기 인생을 몽땅 다시 그릴 또 다른 기회가 있다는 것은."

소망을 담은 다른 꿈들은 다음과 같다.

내가 어느 결혼식에 가 있었는데 어떤 여자가 다가와서는 자기가 오랫동안 잊고 있던 딸이라고 말했다. 난 내게 딸이 있었는지 몰랐었기 때문에 놀랐다. 그녀는 중년쯤 되었고 진한 갈색 옷을 입고 있었다. 우리는 이야기할 시간이 몇 시간밖에 없었다. 난 그녀 인생의 상황들에 대해 그녀에게 물었지만 그녀는 대답할 수가 없었다. 그녀가 떠나려 할 때 무척 아쉬웠지만 우리는 편지를 주고받기로 했다.

그 메시지는

"마빈은, 처음으로 자기 딸을 발견했다 — 여성적인, 보다 부드럽고 예민한 자신의 측면이다. 그는 매혹당했다. 그 가능성은 무한하다. 그는 지속적으로 대화할 것을 고려하고 있다. 아마도 그는 새로 발견한 자신의 작은 섬으로 이주할 수 있을 것이다."

또 하나의 꿈은

나는 창문 밖을 내다보다가 숲에서 요란한 소리가 나는 것을 들었다. 고양이가 쥐를 쫓아가고 있는 소리였다. 쥐가 가엾어서 밖으로 나가 그쪽으로 갔다. 내가 발견한 것은 눈도 뜨지 않은 갓난 새끼 고양이 두 마리였다. 난 필리스가 고양이를 무척 좋아했기 때문에 그 이야기를 해 주려고 필리스에게 달려갔다.

그 메세지는

"마빈은 알고 있다, 그는 정말로 알고 있다, 자기의 눈이 쭉 감겨 있었다는 것을, 그리고 궁극적으로는 눈을 뜰 준비를 하고 있다는 것을. 그는, 역시 눈을 뜨려 하는, 필리스에 대해 흥분해 있다. 그러나 조심하라, 그는 당신이 고양이로 쥐잡기 놀이를 하고 있는 것이 아닐까 의심하고 있다."

곧 나는 여러 가지 경고를 더 받았다.

필리스와 나는 다 쓰러져 가는 음식점에서 저녁 식사를 하고 있었다. 서비스가 아주 형편없었다. 종업원을 불러도 도무지 오질 않았다. 필리스는 종업원 옷이 더럽고 형편없다고 말했다. 그런데 난 음식이 맛있는 데에 놀랐다.

그 메시지는

"그는 당신에게 저항하려 하고 있다. 필리스가 당신을 부부의 삶에서 쫓아내고 싶어 한다. 당신은 그들 모두에게 위협이 되고 있다. 조심하라. 십자가를 지지 않도록 하라. 아무리 음식이 훌륭해도, 함께 간 여성이 좋아하지 않는다."

그러고 나서는 특정한 불만을 나타내 주는 꿈이 나타났다.

나는 심장 이식 수술 장면을 보고 있다. 외과 의사는 누워 있다. 그가 기증자의 심장을 어떻게 얻었는지에는 관심이 없으면서도 그 이식 과정에 참여하고 있는 것을 누군가가 비난하고 있다. 외과 의사는 그 사실을 인정하였다. 그 방에는 이런 특권은 가질 수 없다고 하는 수술실 간호사가 하나 있었는데 그녀는 이 모든 복잡한 상황을 증언해야 하는 사람이었다.

그 메시지는

"심장 이식 수술은 물론, 심리치료이다(꿈꾼 주인공에게 있어서, 당신의 모자를 벗긴다는 뜻의 'hats off to you'가 심장 이식 수술 'heart transplant'라는 말과 발음이 비슷하다 ― 그것이 심리치료를 심장 이식 수술로 시각적 상징하는 데 기여했을 것이다!). 마빈은 당신이 냉정하고 몰입하지 않는다고 느끼며 ― 최근 변해 있는 자기 모습에 조금도 개인적인 관심을 갖지 않았다고 느낀다."

꿈꾼 자는 어떻게 치료가 진행되어야 할지 내게 충고를 하고 있다. 결코 이런 슈퍼바이저를 난 가져 본 적이 없다. 난 꿈꾼 자에게 너무나 매료되어 그 동기가 무엇일까에 대한 시각을 잃기 시작했다. 그는 마빈을 돕기 위해 나를 돕는, 마빈의 대리인으로서 행동하고 있는 것일까? 만약 마빈이 변한다면, 꿈을 꾼 장본인도, 마빈과의 통합을 통해 자유로워질 수 있다는 희망을 가진 것일까? 아니면 주로 고통을 감수하면서 나와의 관계를 지속하여 꿈꾸고 있는 자가 느끼는 소외감을 경감시키기 위해 행동하는 것일까?

그 동기가 무엇이건 간에 그의 충고는 대단하다. 그가 옳다. 나는 진정 마빈에게 집중하고 있지 않았다! 우리는 서로 편하게 이름을 부르는 것이 어울리지 않을 정도로 형식적인 관계에 머물러 있었다. 마빈은 매우 심각한 사람이어서 내가 농담을 하거나 키들거릴 수 없는 유일한 내담자였다. 나는 종종 우리의 관계에 초점을 맞추려 했으나 처음 몇 번 가시 돋친 소리를 한 것("당신네 같은 정신과 의사들은 섹스가 모든 것의 뿌리라고 생각하지요."류의)을 제외하고는 어떤 식으로든 나에 대해 언급한 적이 없었다. 그는 나를 존경심을 갖추고 대했으나 나에 대한 감정을 질문하면 자기가 나를 만난 후 편두통에서 벗어났다는 이야기만 했기 때문에 내가 무엇을 하고 있는지는 그 효과에 대한 진술을 통해 간접적으로 알아야 했다.

6개월쯤이 지나갔을 무렵, 마빈에 대해 조금은 더 관심을 기울이게 되었으나 그에게 깊은 호감을 가진 것은 아니었다. 난 그 꿈꾼 자를 찬탄해 마지않을 뿐이었고 이는 무척 이상한 일이었다. 난 그의 용기와 지독한 정직함에 찬탄을 했다. 때때로, 나는 그 꿈을 꾼 사람이 마빈이었다는 것, 그리고 그 꿈을 꾼 자가 마빈의 핵심으로 가는 통로를 열고 있다는 것을, 즉 절대적인 지혜와 자기에 대한 지식을 가지고 있는 자아가 적응의 나선을 그려 올라가고 있음을 잊지 않아야 했다.

이식 수술을 해야 할 심장의 근원에 있는, 지저분하게 널려 있는 세부 사항들로 내가 뛰어들고 있지 않다는 것을 말하고 있는 꿈꾼 자의 지적은 옳다. 내가 마빈의 어린 시절 삶의 패턴과 경험을 너무 소홀히 다루고 있었다. 결국, 나는 다음 두 회기를 어린 시절에 대해 상세하게 살펴보는 데에 전력했다. 가장 인상적이었던 것 중 하나는, 마빈이 7, 8세 때 가족이 산산조각 나고 결국 아버지가 어머니 침실에서 영원히 추방되는 결과를 가져온 비밀스러운 격동의 사건에 대해서 알게 된 것이었다. 그 사건의 본질을 확실히 알지는 못하지만, 엄마가 가끔씩 했던 이야기들로 미루어 짐작컨대, 그의 아버지가 충실하지 않았거나 강박적인 도박중독에 걸렸던 것으로 그는 믿고 있었다.

그의 아버지가 추방을 당한 뒤, 엄마의 동반자가 되어 주는 일이 막내 아들 마빈에게 주어졌고 엄마가 사회적 기능을 수행할 때 늘 함께해 주는 것이 그의 역할이었다. 그는 엄마와 데이트를 하느냐고 놀리는 친구들의 조롱을 몇 년간이나 견뎌 내야 했다.

말할 나위도 없이, 그의 가족이 지켜야 하는 새로운 약속은, 집에 점점 뜸하게 나타나는, 그러다가 그림자가 되어 버리고, 결국 수증기처럼 영원히 증발해 버린 아버지를 그리워해서는 안 된다는 것이었다. 2년 후 아버지는 아직 살아 있고 잘 있으며, 자기가 없는 것이 가족들에게 훨씬 나으리라고 확신한다는 엽서를 형에게 보냈다.

분명, 마빈의 여성 관계는 주로 오이디푸스 문제에 뿌리를 두고 있었다. 어머니와 그의 관계는 독점적이고 지나치게 친밀하며 그 가까움은 지속되었고, 남자끼리의 관계를 끔찍하게 망가뜨리는 결과를 가져왔는데, 아버지를 사라지게 하는 데 그가 실질적으로 기여했다는 상상을 하게 했다. 그렇다면, 마빈이 남자들과 경쟁하는 데에 매우 두려움을 느끼고 여성에게 지나치게 수줍음을 탄다는 것이 놀라운 일이 아니다. 그는 필리스와의 첫 데이트가 마지막 첫 데이트였으며, 필리스와 결혼할 때까지 그녀만이 관계가 지속되는 유일한 동반자였다. 그녀는 여섯 살 아래였고 마빈만큼이나 이성 관계에 부끄럼이 많고 이성 경험도 없었다.

내 생각에는, 그 잊을 수 없는 회기가 매우 생산적이었다. 나는 마빈의 머릿속에 있는 인물들에게 익숙해지기 시작했고 삶에서 반복되는 중요한 패턴을 변별해 낼 수 있었고 그에게 공감할 수 있게 되었다. 예를 들면, 부모들이 하던 부부 관계 패턴을 자기의 결혼 생활에서 재창조해 내는 방식, 즉 자기 아내가 자기 아버지의 아내인 어머니처럼 성적인 접근을 차단하는 것으로 통제력을 휘두르는 것들이다.

이 자료들이 펼쳐지면서, 마빈의 현재 문제들을 나는 세 가지 각기 다른 입장에서 이해할 수 있게 되었다. 즉, 실존적인 입장에서는 삶의 초석이 되는 은퇴 시기에 야기된 근원적인 불안, 프로이드 학파적인 입장에서는 원초적인 재앙에 대한 불안과 이성으로서의 행위에 대한 불안으로 합쳐져 귀결되는 오이디프스적 불안, 그리고 의사소통 관계론적 입장에서는 부부간 역동의 균형이 최근의 생활 사건으로 어떻게 흔들리는가를 알게 되었다. 여기에 대해서는 나중에 짤막하게 좀 더 이야기하게 될 것이다.

마빈은 항상 그러하듯이 필요한 정보를 생산해 내려고 열심히 작업을 하였다. 그러나 그의 꿈은 그것을 제시했지만, 그는 곧 현재 삶의 패턴에 존재하는 과거 속의 기원을 찾는 데 흥미를 잃었다. 언젠가 그는 그런 작은 사건들은 예전 일, 거의 한 세기는 지난 일이라고 언급하였다. 또한 그는 생각에 잠겨 자기를 제외한 모든 인물들이 죽는 드라마 이야기를 우리가 하고 있는 것 같다고 하였다.

꿈을 꾼 자는 우리의 역사 탐방에 대한 마빈의 반응을 일련의 메시지로 내게 전해 주었다.

나는 마치 바퀴가 달린 긴 상자같이 생긴, 괴상한 모양의 커다란 자동차를 보았습니다. 검은색이었고 에나멜가죽처럼 번쩍거렸어요. 나는 이 차의 창이 뒤에만 있고 그나마 아주 비틀어져 있어서 그걸 통해서는 바깥을 볼 수가 없다는 사실에 충격을 받았습니다.

뒤밖에 볼 수 없지만 그나마 비틀어져 있는 문제의 그 거울이 달린 또 다른 차가 있었습니다. 그 차는 필터 같은 것이 창에 붙어 있었고 그 창을 열려면 위로 밀어 올려야 하는데 딱 달라붙어 있어서 열리지를 않았고 그나마 뒤로 나 있었지요.

난 아주 성공적으로 강의를 했어요. 그러고 나서 프로젝터에 문제가 생기기 시작했지요. 다른 슬라이드를 끼우려면 이미 들어가 있는 슬라이드를 꺼내야 하는데 꺼낼 수가 없었어요. 그건 어떤 남자의 머리 슬라이드였어요. 그러고는 슬라이드에 초점을 맞출 수가 없었지요. 그러고 나니 사람들의 머리가 스크린 사이로 끼어들어 비추지 뭡니까. 난 시야를 방해받지 않기 위해서 강의실의 모든 것을 옮겼지만 슬라이드 전체를 다 볼 수는 없었습니다.

꿈꾼 이가 내게 보내고자 했던 메시지는 이런 것이라고 믿는다.

"난 뒤를 돌아보고자 애쓰지만 거기에 실패한다. 뒤쪽에 창은 없다. 뒤를 볼 수 있는 백미러도 없다. 머리가 들어 있는 슬라이드가, 내가 조망하지 못하게 방해한다. 과거의 진실, 실제 있었던 사건들의 역사는 회복될 수 없다. 슬라이드 속에 있던 머리는 — 내 머리, 내 시각, 나의 기억들 — 방해가 될 뿐이다. 난 당시 경험하고 알았던 그대로가 아니라 지금 경험하는 것으로 보고 있으니 현재의 눈으로 과거를 걸러서 보고 있는 것이다. 머리들이 방해를 할 때 과거를 회상하는 것은 쓸데없는 헛된 시도일 뿐이다."

"과거는 영원히 잃어버렸을 뿐만 아니라 미래도 또한, 봉쇄되어 있다. 에나멜가죽 차, 괴상하게 생긴 긴 상자, 나의 시신이 들어갈 관 역시 앞쪽에는 창이 없다."

점차, 내가 촉발을 하지 않아도, 마빈은 깊은 물의 흐름 속에서 유영하고 있었다. 아마도 꿈꾼 자와 내가 나누는 이야기를 들은 듯했다. 바퀴가 달린 이상한 검은 상자, 차에 대한 그의 첫 연상은 "그건 관이 아니었어요."라는 말이었다. 내 눈썹이 치켜 올라가는 것을 눈치채고는, "이게 저항이고 도망가는 것이라고 당신이 이야기하는 것에 속하는 건가요?" 하고 말했다.

"그 차에는 앞에 창이 없다고 했지요, 마빈. 거기에 대해 생각해 봐요. 무엇이 떠오릅니까?"

"모르겠어요. 앞에 창이 없으면 어디로 향하고 있는지 모를 거예요."

"그것이 당신에게는 어떻게 적용이 되나요, 지금 당신의 삶 앞에 무엇이 있느냐고요?"

"은퇴지요. 난 좀 느리게 적응하는 편이지만 그래도 적응하기 시작했어요. 그렇지만 난 은퇴를 걱정하지는 않아요. 왜 내게 아무것도 느껴지지 않지요?"

"감정이 거기 있잖아요. 당신 꿈속으로 스며들어 있어요. 어쩌면 있는 그대로 느끼기에 너무 고통스러워서일지도 모르죠. 혹은 고통이 짧게 올라왔다가 다른 옷을 입고 나타나는지도 몰라요. 봐요, 얼마나 자주 당신이 이런 말을 해요, '내가 한 섹스에 대해서 내가 왜 불쾌해해야 하지요? 이해가 안 되잖아요.' 우리가 해야 할 일은 감정을 잘 변별해 내서 있어야 할 자리에 회복시켜 놓는 것입니다."

곧 그는 늙는 것과 죽음에 대한 자료가 분명히 들어 있는 일련의 꿈을 보고하였다. 예를 들면, 끝이 없는 큰 지하 콘크리트 건물 속을 걷고 있는 꿈 같은 것이었다.

이 꿈이 특히 그에게 영향을 주었다.

> 난 수전 제닝스를 봤다. 그녀는 책방에서 일하고 있었다. 그녀가 우울해 보여서, 안쓰러운 내 마음을 전하려 그녀에게 다가갔다. 그녀에 대해 나처럼 느끼고 있는 다른 사람들 6명을, 나는 알고 있다고 말했다. 그녀가 나를 올려다보았는데 그 얼굴이 점액으로 가득 찬 소름 끼치는 해골이었다. 나는 너무나 무서워서 꿈에서 깼다.

마빈은 이 꿈 작업을 아주 잘했다.

"수전 제닝스? 수전 제닝스? 난 그녀를 45년 전 대학 때 알았어요. 그 이래로 지금까지 단 한 번도 생각해 본 적이 없습니다."

"그녀에 대해서 지금 한번 생각해 보세요. 무엇이 떠오릅니까?"

"얼굴이 떠오르는데 ─둥글고 포동포동하고 큰 안경이요."

"누군가를 생각나게 하나요?"

"아뇨, 하지만 당신네들이 ─그녀는 나를 닮았어요, 이렇게 말할 거란 건 알고 있지요. 둥근 얼굴과 지나치게 큰 안경이잖아요."

"'다른 6명'에 대해서는요?"

"오, 거기 뭔가가 있군요, 좋아요. 어제 난 필리스에게 이미 죽은 내 친구들과 은퇴한 지 얼마 안 되어 사망한 이들에 관한 신문 기사 이야기를 하고 있었지요. 동창회보에서 보니 대학 동기들 6명이 죽었다는 기사가 있더라는 이야기를 그녀에게 했었어요. 그래서 아마 그 꿈에서 '비슷하게 느끼고 있는 다른 6명'이라는 것이 나타났을 겁니다. 기가 막히네요!"

"거기에, 이 꿈과 다른 모든 악몽들에는 죽음에 대한 두려움이 아주 많이 들어 있어요, 마빈. 누구나 죽음을 두려워하지요. 그렇지 않은 사람을 난 아직 본 적이 없습니다. 그렇지만 사람들 대부분은 그 주제와 관련하여 몇 년에 걸쳐서 작업을 하지요. 당신의 경우 모든 게 한꺼번에 터진 것 같아요. 내가 느끼기엔 은퇴에 대한 고려를 하면서 강하게 촉발된 것이지요."

마빈은 그 모든 것들 중 가장 강렬했던 것은 6개월 전의 첫 번째 꿈, 으스스한 분위기의 두 남자, 흰 지팡이 끝, 그리고 아기가 나타났던 꿈이었다고 말했다. 그 영상은 머리에서 떠나지를 않는데 — 특히 으스스한 빅토리아시대 장의사인지 공장 노동자인지 그런 복장을 한 사람들의 모습이었다. 그는 이렇게 말했다. 아마도 자신, 절제된 너무나 억제된 자신을 상징한 것일 거라고. 그는 몇 년간 자신의 삶 전체를 스스로 죽여 가고 있었다.

마빈은 나를 놀라게 하기 시작했다. 내가 이전에 만났던 사람과 같은 사람인가 의심이 들 만큼 아주 깊은 곳으로 탐색해 들어갔다. 2년 전에 무슨 일이 일어났었는가 물었을 때, 그는 아무에게도, 필리스에게조차도 이야기하지 않던 일을 이야기했다. 그가 어느 치과에서 **사이콜로지 투데이**(Psychology Today)라는 잡지를 뒤적이다가 어떤 사람이, 자기 생애에서 사라진 중요한 인물들과 마지막으로 의미 있는 대화를 하였다는 글을 읽고는 호기심이 생겼다.

어느 날 그는 혼자 있을 때 그것을 시도했다. 그는 아버지가 얼마나 그리웠고 얼마나 그를 알고 싶었는지 아버지에게 이야기하는 상상을 했다. 아버지는 대답이 없었다. 그리고 건너편의 낯익은 목제 흔들의자에 앉아 있는 어머니에게 마지막 인사를 하는 장면을 상상했다. 그가 말은 했으나, 거기에는 아무 감정이 실려 있지 않았다. 그는 '결코'라는 의미에 집중을 하여 다시는 결코, 결코 그녀를 보지 않겠다는 데에 집중을 했다. 그는, 관 속에 누워 있는 어머니 이마에 키스했을 때의 차가움을 기억하라고 자신을 다그치며 주먹으로 책상을 내려쳤다는 것을 기억해 냈다. 그러나 아무것도 나오지 않았다. 그는 큰 소리로, "나는 두 번 다시, 결코 당신을 보지 않겠다고요!" 하고 소리쳤다. 여전히 아무것도 없었다. 그것이 자신이 죽어 가고 있었다는 것을 알게 된 때였다.

그날 그는 나의 사무실에서 많이 울었다. 그가 놓친 모든 것 때문에 울었고, 스스로 죽여 버린 자기 삶 속의 긴 세월 때문에 울었다. 사는 듯이 살 날을 지금까지 기다려 온 것이 얼마나 슬픈지 모르겠다고 그가 말했다. 처음으로 나는 마빈과 매우 가까워진 느낌이 들었다. 그가 흐느껴 울 때 나는 그의 어깨를 포옹하였다.

그 회기가 끝날 때, 나는 아주 지쳤지만 대단한 감동을 받았다. 결코 통과할 수 없을 것 같던 장벽을 우리가 깨트리고 드디어 마빈과 꿈을 꾼 자가 통합되어 한 목소리로 이야기를 하게 되었다고 생각했다.

우리가 함께한 기분이 들었던 그 회기 후 마빈은 기분이 나아졌고, 며칠 후 갑작스러운 일이 일어나기 전까지는 매우 낙관적이었다. 그가 갑자기 "박사님 말이 옳은 것 같아. 나의 섹스에 대한 불안은 사실은, 진짜로, 전부 죽음에 대한 불안이라고!"라고 말했을 때는 그와 필리스가 성교를 시작하고 있을 때였다. 이 문장을 끝내기도 전에 우우우욱! 갑작스럽게, 환희도 못 느낀 채 사정을 해 버리고 말았다. 섹스를 시작하던 중에 그가 이런 주제를 이야기하니 물론 필리스는 안절부절하게 되었다. 마빈은 성적 실패와 그녀에 대한 무심함에 대해 즉각 자신을 비난하기 시작했고 다시 깊은 우울 속으로 빠져들어 갔다. 나는 곧 급박한 경고 메시지를 꿈꾼 자로부터 받았다.

> 나는 집에 새 가구를 들여놓고 있었는데, 그것들이 들어온 후 문을 닫을 수가 없었다. 누군가 문을 항상 열어 두도록 장치를 해 놓았다. 그리고 나서 문 밖에 가방을 들고 있는 10명 내지 12명가량의 사람들을 보았다. 그들은 악하고 괴상해 보이는 사람들이었는데, 특히 한 사람은 수전 제닝스를 떠오르게 하는, 이가 빠진 늙은 쭈그렁 할멈이었다. 그녀는 영화 〈두 도시 이야기(A Tale of Two Cities)〉에 나오는 단두대에 올라 머리가 밧줄에 매달린 여자—마담 드파지(Madame Defarge)를 생각나게 했다.

그 메시지는

> "마빈은 매우 두려워하고 있다. 그는 너무 많이, 또 너무 빨리 의식해 가고 있다. 그는 이제 죽음이 자기를 기다리고 있다는 것을 안다. 그는 인식(awareness)의 문을 열어 놓았지만 지금은 너무 많은 것이 나올까 봐, 그래서 문에 끼여 다시는 문을 닫을 수 없을까 봐 두려워하고 있다."

비슷한 메시지를 지니고 있는 공포스러운 꿈들이 급속히 이어졌다.

> 밤이었는데, 어느 건물의 높은 발코니에 올라가 있었다. 나는 어둠 속에서 도움을 청하는 아이의 아주 작은 울음소리가 아래쪽에서 들

려오는 것을 들었다. 도와줄 수 있는 사람이 나뿐이었기 때문에 나는 그 애에게 곧 가겠다고 이야기를 하고 어둠 속으로 내려가기 시작했을 때 계단은 점점 좁아져서 부서질 것 같은 난간만이 내 손에 잡혔다. 나는 더 이상 나아가는 것이 무서웠다.

그 메시지는

"일생 동안 매장해 두었던 생생한 부분이 있다. 어린 소년, 여성, 예술성, 의미를 찾는 것과 같은 부분이다. 내가 삶을 사는 듯이 살지 못하고 스스로 삶을 매장해 버렸다는 것을 안다. 그러나 지금은 그 영역으로 내려갈 수가 없다. 나는 그 두려움과 후회를 직면할 수가 없다."

그러나 또 다른 꿈에서는

나는 시험을 보고 있었다. 답안지를 내고 나서야 마지막 문제에 답을 쓰지 않은 것을 알았다. 나는 공포에 질렸다. 답안지를 다시 돌려받으려 했으나 이미 시간이 지나 버렸다. 그 시간 후에 나는 내 아들을 만나기로 약속했다.

그 메시지는

"나는 내 인생에서 했어야 했던 것을 아직 하지 않았다는 것을 이제 깨달았다. 그 과정과 시험은 끝났다. 그것이 좀 달랐더라면 좋았을 것이다. 시험의 마지막 문제, 그것은 무엇이란 말인가? 아마 내가 다른 줄에 섰었더라면, 뭔가 다른 것을 해서 — 고등학교 교사가 아니라, 부자 회계사가 아니라 뭔가 다른 일을 했더라면. 그러나 너무 늦었다. 그런 질문에 다른 답을 얻기에는 너무 늦었다. 시간은 모두

흘러가 버렸다. 내게 아들이 있었다면, 죽음의 연장선상에서 과거를
지나 미래로 자신을 이어갈 수 있을 것이다."

같은 날 밤,

나는 오솔길을 따라 산을 오르고 있다. 밤이었는데 사람들이 집을
다시 지으려 하고 있는 것을 보았다. 나는 짓지 못한다는 걸 알고 있
었기 때문에 그들에게 그걸 설명하려 했지만 그들은 내 말을 들을 수
없었다. 그리고 나서 뒤에서 누군가가 내 이름을 부르는 소리가 들
렸다. 엄마가 나를 따라오려 하고 있었다. 그녀는 내게 전할 말이 있
다고 했다. 그것은 누군가 죽었다는 이야기였다. 난 죽은 것이 나라
는 것을 알고 있었다. 땀범벅이 되어 깨어났다.

그 메시지는

"너무 늦었다. 이 밤에 당신이 집을 다시 짓는 것은 — 이미 세워 놓은
코스를 변경하는것은, 마치 죽음의 바다에 들어갈 준비를 하는 것처
럼 불가능하다. 지금 내 나이가 어머니가 죽었을 때의 바로 그 나이
이다. 나는 그녀를 따라가려 하고 있고 죽음이 불가피하다는 것을 깨
달았다. 과거에 사로잡혀 있기 때문에 나는 미래를 바꿀 수가 없다."

　꿈꾼 자로부터 온 이들 메시지는 점점 더 크게 울렸다. 나는 거기에
유의해야 했다. 그것들은 내게 참을성을 요구해 왔고 치료에서 무엇이
일어났는가를 되짚어 보게 하였다.
　마빈은 빠르게, 아마 너무나 빠르게 움직였다. 처음에 그는 전혀 통찰
이 없는 사람이었다. 그는 안으로 자기성찰을 할 수 없는, 아니 하지 않
는 사람이었다. 6개월이라는 비교적 짧은 기간 동안, 그는 굉장한 발견

을 했다. 자기가 갓 태어난 새끼고양이처럼 눈이 감겨 있었다는 것을 깨달았다. 만약 직면한다면, 무시무시한 공포를 가지고 올, 그러나 또한 빛을 비추어 잘 살펴보면 이를 상환하고도 남을 만큼 풍부한 보고가 내부 저 깊숙한 곳에 있다는 것을 배웠다.

사물의 표면적인 것들은 더 이상 그를 움직이게 하는 동력이 되지 못해서 우표 수집이라든가 리더스 다이제스트 모으기 같은 것에 그는 덜 집착했다. 그는 이제 삶의 실존적 사실에 눈을 떴고, 죽음이라는 불가피한 사실 그리고 스스로 자신을 구할 수 없다는 무력감과 씨름을 하고 있었다.

마빈은 내가 예상했던 것보다 훨씬 빨리 깨어났다. 그가 자신 속의 꿈꾸는 자의 소리를 결국 들었기 때문이었을 것이다. 처음에 그는 알아가는 데에 열심이었으나 그 열정은 곧 강한 후회감에 자리를 내주었다. 그는 자기의 과거와 함께 상실감으로 인해 슬퍼했다. 무엇보다도, 그는 자기 삶 속에 비어 버린 공간이 너무나 크다는 것 때문에 슬퍼했다. 즉, 자기 안에 있는 써 보지 못한 잠재력, 가져 보지 못한 자식, 제대로 알 수 없었던 아버지, 가족과 친구들로 철철 넘쳐 본 적이 없는 집, 많은 돈을 모으는 것보다 훨씬 중요한 것을 담고 있었을지도 모르는 삶의 과제들 같은 것들이 텅 비어 있었다. 궁극적으로는 자신에 대해, 꿈의 감옥에 갇혀 있는 꿈꾼 자, 어둠 속에서 도와 달라고 우는 어린아이인 자기 자신에 대해 애통해했다.

그는 자기가 정녕 원했던 삶을 살지 못해 왔다는 것을 알았다. 아마도 아직은 그렇게 살 시간이 남아 있을지도 모른다. 어쩌면 아직 커다란 빈 캔버스에 그의 삶을 새로 그릴 시간이 있을지 모른다. 그는 비밀의 문에 달린 문고리를 비틀고서, 알지도 못하는 딸에게 속삭이며, 사라져 버린 아버지가 어디에 있는지 궁금해하기 시작했다.

그러나 그는 너무 나왔다. 연료 공급선이 닿을 수 있는 것보다 더 멀리 모험을 하러 나왔는데 모든 곳에서 공격을 받고 있다. 과거는 음울하고 회복될 수도 없다. 미래는 막혀 있다. 너무 늦었다. 집은 새로 지을 수 없이 이미 지어져 있고, 답하지 못한 마지막 문제를 남겨 둔 시험 답안은 이미 제출되었다. 그는 자각이라는 열린 수문 밖으로 내던져졌고, 죽음에 대한 불안의 홍수 속에 삼켜져 버렸다.

때때로 죽음의 불안은 그 우주성에 비하면 사소한 것으로 물러났다. 궁극적으로, 누가 죽음을 몰라서 두려워한단 말인가? 그러나 일반적으로 죽음에 대해 알고, 이를 딱딱 부딪히며 몸서리를 치는 것과 자신의 죽음을 이해하고 뼛속 깊이 경험하면서 자신의 존재를 거기에 끼워 넣는 것은 다른 것이다. 그러한 죽음에 대한 자각은, 거의 오지 않는 혹은 일생에 한두 번 가끔 오는 공포 — 마빈이 지금 밤마다 경험하고 있는 공포인 것이다.

그는 이 두려움에 대항할, 보통 사람들의 아주 통상적인 방어 체계조차 부족하다. 즉 자식이 없으므로, 불멸의 정자 세포라는 착각의 환상으로 위로를 받을 수가 없는 것이다. 그에게는 받쳐 줄 종교적 신념도 없다. 의식적으로 갖게 되는 사후 세계에 대한 신념도, 전능한 보호자로서의 절대자, 신도 없다. 그렇다고 자기 삶 속에서 스스로 깨닫는 만족감도 없었다. 일반적으로, 삶의 충만감이 적을수록 죽음에 대한 공포는 크다. 무엇보다 최악인 것은, 마빈이 불안의 끝을 예견할 수가 없는 것이었다. 꿈 이미지는 그래픽과 같다. 악마들은 마음의 방에서 도망쳐 나와 위협적인 모양으로 가득 차 있다. 그는 문을 닫고 도망칠 수도, 환생할 수도 없었다.

그러니까 마빈과 나는 결정적인 지점, 충분한 자각이 이끈 교차로에 이미 도착한 것이었다. 지금이 벼랑 끝에 서서 냉혹한 삶의 실존적 사실, 즉 죽음, 소외, 기댈 곳 없음, 무의미 등을 어떻게 마주할 것인가를 결정해야 할 시기이다. 물론 거기엔 해결책도 없다. 몇 가지 입장 중 하나를 선택할 수 있을 뿐이다. '의연해지느냐', '열심히 고민하느냐', 혹은 철학적으로 수용하느냐, 아니면 합리주의 정신을 포기하고 신비와 경외심을 가지고 신의 존재를 믿을 것이냐 결정하는 것이다.

나는 마빈이 어떻게 할지 알 수가 없었을뿐더러 내가 어떻게 달리 도울 수 있는지도 알 수 없었다. 나는 매 회기 그가 어떤 결정을 할 것인지 호기심 있게 기대하고 있을 뿐이었다. 어떻게 될 것인가? 그가 스스로 발견한 것으로부터 도피할 것인가? 그가 자기기만을 하나 더 얹어 편하게 될 방법을 선택할 것인가? 궁극적으로 종교적 해결로 가게 될 것인가? 아니면 보다 철학적인 해결책을 사용해 더 강한 도피처를 찾을까? 나는 치료자가 가진 참여자-관찰자(participant-observer)의 이중적 역할을 그렇게 첨예하게 느껴 본 적이 없었다. 이젠 마빈에게 어떤 일이 일어날지 나도 정서적으로 몰입이 되었고 아주 관심을 깊이 갖게 되어 신념이 어떻게 생겨나는지 그 발생 기원에 관해 연구할 수 있는 특권을 가진 위치에 있음을 깨닫고 있었다.

마빈은 여전히 불안하고 우울했지만, 치료 작업을 게임을 하듯 계속했다. 그에 대한 나의 존경심은 점점 커져 갔다. 난 그가 훨씬 전에 치료를 종결해 버릴 거라고 생각해 왔었다. 무엇이 그를 계속 오게 하는가?

그가 말하기를, 몇 가지 때문인데, 첫째 일단 편두통으로부터 자유로워졌기 때문이다. 둘째, 우리가 처음 만났을 때 내가 했던 경고, 즉 치료를 하다 보면 더 나빠지는 시기가 있을 거라는 것을 기억하기 때문이다.

그는 지금 겪고 있는 불안이 치료의 한 단계이며 궁극적으로 극복할 수 있고 지나가게 된다는 내 말을 신뢰했다. 더구나 치료를 통해 뭔가 중요한 일이 일어나고 있다는 것을 깨닫고 있었고, 이전 64년간 자신에 대해 배운 것보다 5개월간 자신이 더 많은 것을 배워 왔다는 것을 깨달았다!

그리고 전혀 예상치 못했던 다른 뭔가가 일어났다. 필리스와의 관계에서 상당한 변화를 경험하기 시작한 것이다.

"우리는 더 자주 그리고 이전 어느 때보다도 솔직하게 대화를 나누게 되었습니다. 언제부터 그러기 시작했는지는 잘 모르겠어요. 처음에 당신과 내가 만나기 시작했을 때, 상담을 받고 나서 하는 대화에 대해서 우리는 약간의 갈등이 있었습니다. 그렇지만 그것은 잘못된 경고였지요. 내 생각에 필리스는 정신과 의사를 만나지 않더라도 우리 부부가 대화를 할 수 있다는 것을 내게 설득하려 했을 뿐이었어요."

"그러나 지난 몇 주 동안 좀 달랐습니다. 이제 우리는 진짜 대화를 해요. 난 매시간 당신과 나눈 이야기를 필리스에게 해 줘요. 사실상, 그녀는 내가 상담 시간을 끝내고 집에 돌아오는 걸 문 앞에서 기다릴 정도고, 만약 내가 좀 늦게 이야기하려 하면 싫어해요 ─ 예를 들면, 밥 먹으면서 할 만한 흥미로운 이야기니까 저녁 식사 때까지 기다리라고 하면 아주 약 올라 하지요."

"어떤 이야기가 그녀에게 가장 중요한 것같이 보여요?"

"거의 모든 것이죠. 필리스는 돈 쓰는 것을 싫어하고 ─ 빅 세일만 좋아한다고 말씀드렸잖아요. 우리는 지금 한 사람 치료비로 둘이 치료받고 있는 중이라고 농담을 하곤 하지요."

"그건 내가 기꺼이 하고 싶은, 하나 사면 하나를 공짜로 주는 1+1 세일인데요."

"내 생각에 필리스에게 가장 의미가 있었던 것은 치료 작업 중에 내가 했던 이야기들, 내 능력을 더 발휘할 수 있는 일을 못하고 돈 버는 데만 자신을 바치고, 내가 세상에 줄 수 있는 것이 있는지 생각조차 해 보지 않은 것이 얼마나 스스로 실망스러운지에 대해 이야기한 것입니다. 그건 그녀에게 큰 충격을 준 것 같아요. 그녀가, 내가 그렇다면 그건 자기도 틀림없이 마찬가지일 거라면서 ─ 자기도 완전히 자기 중심적인 삶을 살아왔고, 남에게 뭔가를 결코 줘 본 적이 없다고 말했어요.

"그녀는 당신에게 많은 걸 줬잖아요."

"나도 그녀에게 그 점을 상기시켰어요. 처음에는 그렇게 이야기해 줘서 내게 고맙다고 했지만, 나중에 좀 더 생각해 본 후에는, 꼭 그렇다고 할 수 없다고 말하면서 ─ 그녀가 나를 돕기도 했지만 그러나 어느 면에서는 내게 장애물이 되기도 했다고 말했어요."

"어떻게 그렇게?"

"그녀는 내가 당신에게 이미 한 이야기를 모두 언급하더라고요. 다른 사람을 우리 집에 못 오게 한 것, 집을 방문하고 싶어 했던 사람들과 친구가 될 수 없게 하여 나를 실망시킨 그녀 삶의 방식, 또 자기가 여행 가는 것을 거부해서 나도 여행을 하지 못하게 한 것 ─ 내가 그 얘기를 했던가요? 무엇보다도, 자기가 아이가 생기지 않는데도 불임 전문의를 보러 가지 않으려 했던 것을 후회하더군요."

"마빈, 아주 놀라워요. 이 개방과, 이 솔직함이라니요! 어떻게 당신들 둘이서 이걸 해내고 있지요? 이건 서로 이야기하기 껄끄러운, 정말 껄끄러운 것들인데요."

그는 필리스가 이런 통찰을 하게 된 데 대해 상당히 대가를 치르고 있다고 이야기를 계속했는데 ─ 그녀가 아주 안절부절해진 것이었다. 어느 날 밤 그는 잠을 잘 수가 없었는데 그녀 방에서 속삭이는 소리가 들렸다. 그가 코를 골기 때문에 그들은 잘 때 각방을 썼다. 그가 발끝으로 살살 필리스 침실로 가 보니 필리스가 침대 곁에 무릎을 꿇고 기도를 하며, 똑같은 말을 반복하고 있었다. "성모 마리아님 저희를 보호하소서. 성모 마리아님 저희를 보호하소서. 성모 마리아님 저희를 보호하소서. 성모 마리아님 저희를 보호하소서."

뭐라 말로 표현할 수는 없었지만 이 장면에 마빈은 큰 충격을 받았다. 내 생각에 그는 연민으로 필리스에 대한, 자신에 대한, 모든 보잘것없고 무력한 인간에 대한 연민으로, 힘이 쭉 빠져나갔다고 생각된다. 그녀가 외운 기도는 마법의 주문처럼, 우리가 마주해야 하는 무시무시한 사실에 아주 얇으나마 보호막이 될 수 있다는 걸 그가 깨달았다고 생각된다.

결국 그는 다시 잠자리에 들어 그날 밤 이런 꿈을 꾸었다.

> 사람들이 바글바글 붐비는 큰 방에 받침대 위에 올려 있는 여신의 동상이 있었다. 그 동상의 모습은 예수님처럼 보였지만 축 늘어지는 파스텔 톤의 오렌지색 드레스를 입고 있었다. 그 방 다른 한쪽 편에는 흰 롱드레스를 입은 여배우가 1명 있었는데 그 여배우는 동상과 자리를 맞바꾸려 하고 있었다. 동상의 옷을 갈아입히려 하는지, 동상은 내려지고 있었고 여배우는 받침대 위로 기어올라 가고 있었다.

마빈은 궁극적으로 그 꿈을 이해하고 있었다. 즉, 자기가 여성을 신으로 변신시키고서 그들을 기쁘게 하면 안전하리라고 믿고 있다는 것을 의미하고 있다는 것을 이해했다. 필리스가 화가 났을 때 그가 두려웠던 것이 그런 이유였으며, 자기가 불안할 때 그녀가 성적으로 달래 주면 안심이 되었던 이유이기도 했다.

"특히 오럴 섹스요 — 내가 공포에 질려 있을 때 그녀가 나의 페니스를 자기 입에 넣어 주면 나쁜 기분들이 녹아 없어진다는 이야기를 한 적이 있지요. 그건 섹스가 아니지요 — 당신은 내내 그 이야기를 해 왔고 나도 이제 당신 말이 옳다는 걸 알아요 — 내 페니스는 아주 말랑말랑하게 부드러워지거든요. 그건 그녀가 나를 완전히 수용해서 나를 자기에게 넣어 준다는 것이지요. 그건 내가 그녀의 한 부분이 되는 것이에요."

"당신은 그녀에게 마법의 힘을 주네요 — 마치 여신처럼요. 그녀는 작은 미소로, 한 번의 포옹으로, 혹은 당신을 자기 안에 넣어 줌으로써 치유할 수가 있어요. 그녀를 불쾌하게 하지 않기 위해 아무리 큰 고통도 감내해야 되는 게 놀라운 일이 아니군요. 그러나 문제는 섹스가 뭔가 치유의 힘이 있다는 것, 아니 그 표현은 충분하지가 않네요. 섹스가 죽고 사는 전제라는 것, 그리고 당신의 생존이 이 여인과의 결합에 달려 있다는 것입니다. 섹스에 어려움이 있어 왔다는 게 놀라울 것이 없군요. 그건 사랑이나 기쁨이 있는 행위이지, 위험으로부터 보호를 하는 것이 아닙니다. 섹스에 대해 그런 견해를 가지고 있다면, 누구라도 — 나를 포함해서 — 능력에 문제를 느낄 겁니다."

마빈은 노트를 꺼내어 몇 줄을 적었다. 그가 몇 주 전부터 뭔가를 적기 시작했을 때 난 좀 불편했으나 *그가* 치료에 너무나 훌륭하게 활용했으므로 그의 기억을 돕는 모든 것을 존경하게 되었다.

"내가 이걸 제대로 이해했나 같이 봅시다. 당신의 이론은 내가 섹스라 일컫는 것이 종종 섹스가 아니고 — 적어도 좋은 섹스는 아니고 — 대신에 두려움, 특히 늙는 것과 죽음에 대한 공포로부터 스스로를 보호하는 방식이라는 것이지요. 그리고 내가 발기 불능일 때, 내가 남자로서 섹스에 실패했기 때문이 아니라 섹스가 줄 수 없는 것을 섹스에게 요구했기 때문이다."

"정확합니다. 그리고 그 증거는 아주 많습니다. 장의사 2명과 끝이 흰 지팡이에 대한 꿈이 있었지요. 집터가 젖어들어 가는데 커다란 토목 기구로 구멍을 뚫어 이를 고치려 한 꿈이 있지요. 당신이 말한 것처럼, 섹스라는 가면을 쓰고 있지만 전혀 섹스가 아닌 필리스와의 신체적 연결로 마음이 달래졌다고 설명한 당신의 기분도 그 증거이지요."

"그러면 두 가지 주제가 있군요. 첫째는 내가 섹스에 그 힘 이상의 것을 부여하고 있다는 것입니다. 둘째는, 나를 치유 혹은 보호하기 위해 필리스에게 초자연적인 힘을 부여하고 있다는 것이지요."

"그리고 당신이 필리스가 애처롭게 기도를 반복하는 것을 엿들었을 때 모든 것이 무너져 내렸지요."

"그건 특별히 필리스만이 아니고 **모든 여성**이 얼마나 약한가를 내가 깨달았을 때입니다. 아니, 여자만이 아니라 모든 사람이죠. 내가 해 온 것이 바로 필리스가 해 온 것이지요—마법에 의지하기."

"그래서 당신은 그녀의 보호력에 의지했고 그녀는 따라서, 마법의 기도로 보호를 빌었고—그게 어디서 출발했는지 보세요."

"중요한 다른 무언가가 있어요. 필리스 쪽에서 한번 생각을 해 봅시다. 만약 그녀가, 당신에 대한 사랑에서, 당신이 아내에게 지정해 준 여신의 역할을 받아들였다면, 그 역할이 그녀 자신의 성장 가능성에 어떻게 작용했을지 생각해 봐요. 자기의 받침대 위에 머무르기 위해, 자신의 고통이나 두려움은 당신에게 결코 말할 수 없었을 겁니다. 적어도 최근까지는요."

"천천히 해요! 이걸 좀 이해하고서요. 나는 이걸 모두 필리스에게 설명해야 하거든요." 마빈은 이제 맹렬하게 갈겨써 내려갔다.

"그래서 어떤 의미에서는 그녀가 자신의 불확실성을 드러내지 않고 표현하지 않음으로써, 자기가 느끼는 것보다 더 강한 척함으로써, 남편인 당신의 무언의 소망을 따라 주고 있었다고 볼 수 있지요. 우리가 치료를 시작했을 때 그녀가 치료에 참여하지 않은 이유 중 하나가 그것이 아닐까 추측됩니다. 다시 말해, 그녀가 변하지 말았으면 하는 당신의 소망을 그녀는 선택한 것이지요. 그리고 또 만약 지금 그녀에게 당신이 다시 물어본다면, 그녀가 오지 않을까 추측됩니다."

"세상에, 우리는 진짜 지금, 같은 파동을 느끼고 있군요. 필리스와 나는 이미 그 이야기를 했는데, 필리스는 이제 당신과 이야기할 준비가 되어 있더라고요."

그리고 그것이 필리스가 치료에 오게 된 계기였다. 다음 시간에 그녀는 마빈과 함께 도착했는데 — 수려하고 우아한 여성으로, 부끄럼 타는 성격을 순수한 의지로 이겨 내고서 3명이 함께하는 회기에 와, 대담하게 자기개방을 하였다.

필리스에 대한 우리의 추측은 상당히 들어맞았다. 그녀는 마빈이 불안해지지 않도록 하기 위해 자신의 부적절감을 종종 꿀꺽 삼켜야 했다. 그리고 물론, 그가 괴로워할 때 특히 염려해야 했는데 — 이는 최근에 그녀가 거의 항상 노심초사해야 된다는 것을 의미했다.

그러나 그녀의 행동이 완전히 마빈의 문제에 대한 반응으로서 나타난 것은 아니었다. 그녀 역시 자신의 문제와 열심히 싸우고 있었는데, 특히 자신의 교육 수준이 낮다는 것에 고통스러울 만큼 예민했고, 대부분의 사람들, 특히 마빈에 비해 자신이 지적으로 열등하다는 믿음 때문에 고통스러워했다. 그녀가 사회관계를 두려워하고 피하는 이유 중의 하나가 누군가가 "어떤 일을 하십니까?"라는 질문을 할까 봐서였다. 그녀는 긴 대화를 하면 자기가 대학을 나오지 않았다는 것이 들통이 날 것이기 때문에 사람들을 피했다. 자신을 다른 사람과 비교할 때면 언제나, 다른 사람들은 정보도 훨씬 많이 갖고 있고 더 똑똑하고 사회적으로 능력 있고 자신감이 있으며 흥미도 많다는 부적절한 결론에 도달했다.

"아마도, 부인이 힘을 유지할 수 있는 유일한 영역이 섹스지요. 그것만이 마빈이 아내를 필요로 하고 아내에게 주도권을 휘두를 수 없는 유일한 곳이지요."

필리스는 처음에는 주저하며 반응을 망설였지만 점차 말들이 쏟아져 나오기 시작했다. "나는 마빈이 원하는 무언가를 갖고 있어야 한다고 생각했나 봐요. 다른 것은 대부분 마빈 스스로 충족하지요. 종종 내가 줄 것이 별로 없다고 느껴요. 나는 아이를 가질 수 없지요, 사람을 두려워하지요, 집 이외의 곳에서 일해 본 적도 없지요, 내겐 재주도 기술도 없어요." 그녀는 잠시 멈추고서, 눈물을 닦으며 마빈에게 말했다. "봐요. 내 생각이 거기에 미치면 내가 울 수도 있잖아요."

그녀는 내 쪽으로 다시 돌아봤다. "마빈이 당신 둘이서 이야기했던 것을 내게도 이야기한다고 당신에게 말을 했지요. 나도 치료에 쭉 있었어요. 어떤 주제들은 나를 뒤흔들어 놔서, 그에게보다도 내게 더 적용이 되었지요."

"예를 들면요?"

"예를 들면, 후회요. 그 생각은 정말 정곡을 찔렀어요. 나는 삶에서 내가 한 것, 아니 그보다는 하지 않은 것에 대해 회한이 많아요."

내 마음은 그 순간 필리스에게 갔고, 정녕 도움이 될 만한 이야기를 하고 싶었다. "우리가 너무 열심히 과거를 들여다보면, 후회에 압도당하기 쉽습니다. 그러나 지금 중요한 것은 미래를 향하는 것입니다. 우리는 변화에 대해 생각해 봐야 해요. 지금부터 두 분께서 산 방식을 5년 후에 되돌아볼 때 또 후회를 하지 않으려면 일어나지 않게 해야 하는 일이 무엇이냐입니다."

필리스는 잠시 짬을 두었다가 이렇게 대답을 했다. "모든 걸 달리 해 보기엔 너무 늦었다는 이야기를 하려 했습니다. 난 30년 전에도 그렇게 느꼈지요. 30년이나! 너무 늦었다는 느낌 속에서 내 삶이 다 가 버렸어요. 그렇지만 마빈이 지난 몇 주간에 변화하는 것을 보는 것은 인상적이었어요. 아마 그걸 의식하지 못하실지 모르겠지만, 오늘 내가 여기 정신과 의사 사무실에서, 나에 대해 이야기하고 있다는 단순한 사실 자체가 커다란, 커다란 변화인 셈입니다."

마빈의 변화가 필리스에게 변화를 가속시킨 것이 얼마나 행운이었는지 생각했다. 종종 치료는 그렇게 작용하지 못한다. 사실, 치료로 인해 결혼에 긴장감이 생기는 것은 흔한 일이다. 즉, 내담자는 변화하고 있는데 배우자는 같은 위치에 머물러 꼭꼭 잠그고 있다면, 결혼 관계의 역동적 균형 상태(equilibrium)는 종종 깨지게 된다. 내담자가 성장을 그만두거나, 성장으로 인하여 그동안 유지되고 있던 균형 상태를 위험하게 하거나 둘 중 하나가 된다. 나는 필리스가 그렇게 융통성을 보이는 것에 대해 매우 감사하게 여겼다.

우리가 이야기한 마지막 사건은 마빈의 증상이 일어나게 된 시기였다. 은퇴라는 상징적 의미가 ─중요한 삶의 사건 아래 놓인 실존적 불안 ─증상의 시작에 대한 설명으로서 충분하다고 스스로는 만족했었다. 그러나 필리스는 "왜 하필 지금일까?"라는 의문에 설명을 더해 주었다.

"이미 이야기해서 알고 있으리라고 확신하지만 마빈은 은퇴에 대해 자기가 알고 있는 것보다 더 불안했음에 틀림없어요. 그러나 솔직히, 은퇴 때문에 마음이 혼란스러운 건 나지요. 그리고 내가 기분이 안 좋으면, 어떤 이유에서건 내가 기분이 안 좋으면, 마빈은 따라서 기분이 안좋아져요. 그것이 우리가 관계를 이루는 방식입니다. 내가 만약 걱정을하면, 입을 꼭 다물고 있더라도, 남편은 그걸 감지하고 기분이 나빠져요. 때로는 그가 너무 기분이 나빠 있어서 내가 원래 기분이 나빴었던걸 잊어버리기도 합니다."

필리스가 이 이야기를 너무나 쉽게 했기 때문에 잠시 나는 그녀가 느끼고 있을 긴장을 망각했다. 조금 전에 그녀는 말 한마디 할 때마다 마빈의 눈치를 살피곤 했었다. 그것이 그의 허락을 얻기 위한 것인지 아니면 그녀가 해야 하는 이야기를 그가 견디어 낼 수 있을지 확인하기 위해서인지 확실치가 않았다. 그러나 지금 그녀는 몸을 꼿꼿이 하고 머리를전혀 움직이지 않으면서 자기가 하는 이야기에 몰두했다.

"마빈이 은퇴하는 것에 있어서 부인께서 걱정되는 것은 무엇인가요?"

"글쎄요, 한 가지는, 그가 은퇴는 여행을 의미한다고 느끼는 것입니다. 나와의 여행에 대해 이 사람이 얼마나 선생님께 이야기를 했는지 모르겠네요. 자랑스럽게 할 이야기는 아니지만 난 집을 떠나는 것, 멀리여행을 떠나는 것에 어려움을 느끼고 있어요. 또, 남편이 집안일에 '감놔라 배 놔라' 하는 것을 원치 않아요. 지난 40년간 그는 사무실을 경영하고 난 집을 경영했지요. 이제 이건 그의 집이 될 거라는 걸 또한 알아요. 집은 남편의 것이라고 말할 수 있어요. 그가 번 돈으로 이 집을 산 거니까요. 그렇지만 그가 방을 다시 꾸며서 자기의 다양한 수집품을 전시하겠다고 이야기하는 것을 들으면 굉장히 기분이 나빠져요. 예를 들어서, 이 사람은 지금 유리로 된 식탁을 새로 제작해서 자기가 수집한 정치 캠페인 기념품을 거기 전시하려고 하거든요. 난 정치 기념품 위에서

밥을 먹고 싶지 않아요. 그래서 우리에게 마찰이 일어날 것이 두려워요. 그리고……." 그녀는 멈추었다.

"뭔가 또 이야기를 하려고 하지 않았어요, 필리스?"

"으음, 이건 정말 이야기하기 어려운 것인데요. 창피스러워요. 마빈이 집에 있기 시작하면 매일 내가 얼마나 일을 못하는지 알게 되어서 나에 대한 존중심을 잃을까 두려워요."

마빈은 가만히 그녀의 손을 잡았다. 그건 아주 적절한 행동 같았다. 사실, 그 회기 내내 그는 아주 깊이 공감하고 있었다. 주의를 분산시키는 어떤 질문도, 농담 섞인 진부한 이야기도, 그리고 표면에 나타나는 불편한 감정도 전혀 나타내지 않았다. 그는 여행이 자기에게 얼마나 중요한지 그러나 그녀가 준비될 때까지 기다리지 못할 정도로 중요하지는 않다는 것을 그녀에게 확인시켜 주었다. 그는 이 세상에서 자기에게 가장 중요한 것은 그들 간의 관계이고, 지금보다 더 그녀와 가깝게 느낀 적은 없다는 것을 말로도 표현하였다.

나는 필리스와 마빈을 커플로 몇 회기 만났다. 그들의 새롭고도 더 개방된 의사소통 방식을 강화하였고 성적인 관계의 기초가 되는 것들에 대해서도 가르쳐 주었다. 다시 말해 어떻게 하면 필리스가 마빈의 발기가 지속되도록 도울 수 있는지 또 그가 너무 일찍 사정을 해 버리지 않도록 그녀가 어떻게 도울 수 있는지 또 마빈은 어떻게 섹스에 덜 기계적으로 접근할 수 있는지, 그리고 그가 발기력을 잃었을 때 어떻게 필리스에게 손이나 입으로 오르가즘을 느끼게 해 줄 수 있는지 등을 가르쳤다.

그녀는 여러 해 동안을 집에만 있었고 지금은 거의 혼자 나갈 엄두를 내지 않고 있었다. 이제는 그 패턴을 깨야 할 시기라고 내게 느껴졌다. 그녀의 광장공포증(agoraphobia)의 의미가, 적어도 의미 중 하나는, 이제 없어졌고 역설(paradox)에 의해 영향을 받을 수 있으리라고 믿었다. 우선 나는 내가 제시하는 것들을 따름으로써 필리스가 공포증을 극복하도록 돕겠다는 마빈의 동의를 얻어 냈다. 그러고 나서 2시간마다, 만약 일을 하는 중이라면 전화로라도, 그녀에게 정확히 이렇게 이야기하라고 지시를 했다. "필리스, 집 밖으로 나가지 말아 줘. 난 당신이 항상 거기 있어서 나를 돌보고 있다는 것을 알아야 하니까 내가 공포에 떨지 않게 해 줘."

필리스의 눈이 동그래졌다. 마빈은 의아한 시선으로 나를 바라봤다. 내가 정말 진지하게 이러고 있단 말인가?

터무니없는 소리같이 들리리란 걸 알고 있으나 충실히 나의 지시를 따르라고 설득했다.

마빈이 필리스에게 집을 나서지 말라고 이야기했을 때 처음 몇 번은 그들 둘이 다 킬킬 웃었는데 우스꽝스럽고 인위적인 것 같긴 하지만 그녀는 사실 몇 달간을 집 밖으로 나선 적이 없었다. 그러나 곧 킬킬거림 대신에 불편감이 느껴졌다. 마빈은 그 말도 안 되는 바보 같은 소리를 반복하기로 약속을 하게 만든 나에게 불편감을 느꼈다. 필리스는, 마빈이 내 지시에 따르고 있다는 것을 알지라도, 자기에게 집에만 있으라고 명령하는 그에게 불편감을 느꼈다. 며칠 후 그녀는 혼자 도서관에 갔고, 그러고 나서는 쇼핑을 갔고, 그리고 그다음 몇 주 후에는 지난 몇 년간 다닌 곳보다 훨씬 멀리 나갈 수 있었다.

난 그런 인위적인 접근법을 거의 쓰지 않는데 대개 그 대가가 너무 크기 때문이다. 즉, 치료적 만남의 진솔성(genuineness)을 희생하게 되는 것이다. 그러나 치료적 토대가 공고하고 처방된 행동이 증상의 의미를 깨뜨릴 수 있는 경우 역설은 효과적이다. 이 사례의 경우, 필리스의 광장공포는 그녀만의 증상이 아니고 그들의 증상이고, 그 증상은 부부 관계의 균형 상태를 유지시키는 데 기여한다. 즉, 필리스는 영원히 마빈을 위해 거기에 있다. 그는 안전이 유지된다면 세상으로 나아가는 모험을 할 수 있지만, 그러기 위해서는 그녀가 항상 거기서 자기를 기다리고 있다는 것을 알아야 한다고 느낀다.

이렇게 치료적 개입을 한 방식은 확실히 모순이다. 실존적 접근과 조작적인 역설(manipulative paradox)은 통상 함께 적용하기엔 아주 기이한 친구들이다. 그러나 이 순서는 매우 자연스러웠다. 마빈은 깊은 절망감의 원천과 직면함으로써 얻은 통찰을 필리스와의 관계에 적용시켰다. 그의 낙담에도 불구하고(그의 꿈에서는 밤에 집을 다시 지을 수 없다는 것으로 상징되었다.), 그는 아내와의 관계를 급격히 다시 건축해 나갔다. 마빈과 필리스 양쪽이 모두 이제는 서로의 성장에 매우 관심을 가지고 증상을 제거하려고 진실로 협력하는 존재들이 되었다.

마빈의 변화는 적응적 나선(adaptive spiral)을 가동시키기 시작했고, 억제된 역할에서 자유로워졌고, 필리스는 몇 주 동안 자유롭게 나가 다니는 대단한 변화를 경험하고서 다음 해에 다른 치료자와 개인치료를 하며 그 발전을 계속하고 공고히 했다.

마빈과 나는 몇 번 더 만났다. 자신의 진전에 기쁨을 느끼면서, 그의 말대로 하자면, 투자한 만큼 수익을 올렸다. 그가 치료를 받게 된 이유였던 편두통은, 그 후 다시 나타나지 않았다. 기분이 쉽게 변하는 것과 섹스에 의지하는 것은 여전했지만 그 강도는 상당히 줄어들었다. 마빈은 기분 변화의 정도가 지난 20년간 있어 왔던 정도와 비슷하다고 추정했다.

나도 역시, 우리 작업에 대해 만족감을 느꼈다. 할 수 있는 것 이상의 것이 항상 있는 법이지만 전체적으로 첫 면접 때 내가 예측했던 것보다 훨씬 많은 것이 달성되었다. 마빈의 고통스러운 꿈이 멈추었다는 사실 또한 확신을 주었다. 지난 몇 주 동안 꿈꾼 자로부터 아무런 메시지도 받지 못했지만 그것이 그립지는 않았다. 마빈과 그 꿈꾼 자가 통합되어 이제 난 그들이 한 사람인 듯 이야기하는 것이다.

다음에 내가 마빈을 만난 것은 1년 후였다. 나는 항상 내담자들과 1년 후의 추수 면담을 잡아 두는데, 이는 그들을 위해서이기도 하고 나 자신의 발전을 위해서이기도 하다. 나는 또한 첫 면담을 녹음해 두었다가 내담자에게 다시 들려준다. 마빈은 우리가 가졌던 첫 면담을 아주 흥미롭게 10분쯤 듣더니, 내게 미소를 지으며, "저 멍청이가, 근데 누구죠?" 하고 말했다.

마빈의 빈정거림은 진지한 측면이 있었다. 내담자로부터 이 같은 반응을 들을 때 난 이것이 변화의 중요한 표시라고 간주하게 된다. 마빈은, 사실 이렇게 말하고 있는 것이다. "난 이제 아주 다른 사람입니다. 1년 전의 마빈을 잘 모르겠는데요. 내가 하곤 했던 그런 일들―내 삶을 바로 보지 않는 것, 다른 이를 조종하고 위협하려는 것, 내 지적 능력을 다른 이에게 인상적으로 보이려 했던 것, 나의 차트, 나의 주도면밀함 등은 없어져 버렸어요. 난 그 짓을 더 이상 하지 않습니다."

그것은 적응의 사소한 증거가 아니다. 그것은 근본적으로 수정되어 개인적 특질이 되었음을 나타낸다. 그러나 성격상 그것들은 너무나 미묘해서, 대부분의 연구 척도 질문지 결과에서는 드러나지 않는다.

보통 그가 하던 대로, 마빈은 1년 후 추수 면담을 위해 준비한 노트를 가지고 나타났는데 그는 우리가 치료 중에 했던 과제들을 되짚어 보고 평가해 왔다. 그 평결은 혼합적이었다. 어떤 부분에서는 그의 변화가 유지되고 있었고 어떤 부분은 예전으로 되돌아갔다. 첫째, 필리스가 잘 해내고 있다고 그가 알려 주었다. 집을 나서는 것에 대한 공포는 훨씬 나아졌다. 그녀는 여성들의 치료 집단에 들어갔고 사회적 기능을 수행하는 공포에 대해 치료 작업을 하고 있었다. 아마도 그녀가 결정한 것 중 가장 인상적인 것은 교육을 덜 받은 것에 대한 염려를 ― 대학의 사회 교육 과정에 등록함으로써 적응적으로 해결한 것이다.

그렇다면 마빈은? 그에게 더 이상 편두통은 생기지 않았다. 기분의 변화는 지속되었지만 무력해질 정도는 아니었다. 주기적으로 발기 불능이 오기는 했지만 그에 대한 걱정은 덜했다. 그는 은퇴에 대한 생각을 바꿔서 지금 시간제로 일하고 있었으나, 분야를 바꿔 부동산 개발과 경영자문을 했고 더 흥미를 느낀 일이었다. 그와 필리스는 아직 훌륭하게 관계를 맺고 있었으나 때로 그녀의 새로운 활동들로 마빈은 약간 상심하고 자기에게 소홀하다고 느꼈다.

그리고 내 옛 친구인 꿈꾼 자는? 그는 어떤가? 그가 내게 보낼 메시지가 있는가? 마빈이 악몽을 꾸거나 강력한 꿈을 꾸고 있지는 않았지만 야밤의 불평소리는 듣고 있었다. 우리가 만나기로 한 전날 밤, 신비로 가득 찬 짤막한 꿈을 꾸었다. 그에게 뭔가를 말하고자 하는 것 같았다. 아마도 내가 그 꿈을 이해할 수 있을 것이라고 그는 말했다.

아내가 내 앞에 있다. 그녀는 발가벗고서 다리를 쭉 벌리고 서 있었다. 나는 좀 떨어져서 그녀의 다리가 만들고 있는 삼각형을 살피고 있었다. 그러나 내가 수평선 멀리서, 볼 수 있는 전부는 내 어머니의 얼굴뿐이었다.

꿈꾼 자로부터 마지막으로 보낸 메세지는

"내 시각은 내 삶과 상상 속의 여성에 의해 제한이 되어 있는 것이 사실이다. 그럼에도 불구하고, 나는 멀리 볼 수가 있다. 아마도 그로써 충분하다."

후기

80세가 되어
이 책을 다시 읽고서

••• 이 책에 대하여 후기를 쓰겠다고 동의했을 때 실은 내 앞에 이런 엄청난 정서적 모험이 도사리고 있을 것이라는 것을 전혀 예상하지 못했다. 나는 이 책을 25년 전에 썼고 그 후로는 단 한 번도 전체를 읽은 적이 없다. 예전에 내가 쓴 글을 다시 보는 것은 몹시 떨리기도 하지만 가슴 저미기도 하고 당혹스럽고 쑥스럽다. '이 친구 지금 나보다 훨씬 잘 썼는데.'라고 처음에 느꼈던 그 자신감은 순식간에 바람이 쑤욱 빠져 버렸다.

처음에 나는 아주 젊은 나와 마주하게 될 것이라고 생각했는데 순간 계산을 해 보니 이 책을 쓸 때의 내가 이미 어린 묘목이 아니었다는 사실을 깨달았다. 당시 이미 50대 중반이었으니까! 저자가 마치 젊고 에너지 넘치는 듯하고 때로는 걸러지지도 않고 아는 체하는 것같이 느껴져 놀라웠다. 그리고 충격적일 만큼 적극적이다 보니 —종종 거대한 쇠망치를 들고 내담자의 방어벽으로 돌격하였다! 그에게 슈퍼바이저가

447

되어 지도감독을 하면서 가라앉힐 수 있었으면 좋았을 것이라고 소망해 본다.

하지만 나의 이 젊은 자아가 마음에 드는 점들도 많이 있다. 무엇보다 진단 혹은 범주화시키지 않으려 했던 방식이 썩 마음에 든다. 처음부터 호소 문제들과 성격 특성들을 알려고 했던 것 같고, 진심으로 모든 사람들이 독특한 존재여서 개인마다 독특한 치료적 접근이 필요하다는 것을 믿었던 듯하다. 그리고 불확실성을 기꺼이 인내하고 내담자마다 공들여서 각 개인에게 맞는 치료적 과업을 해내려 했던 점이 좋다. 치료 과정에서 각각 그가 경험했던 어려움들에 연민을 느낀다. 그는 모든 것을 한 가지로 수용하여 설명하는 체계, 즉 프로이드 학파, 융 학파, 라캉 학파, 아들러 학파 혹은 인지치료 등의 전문성의 본고장인 이론에 대한 확신이 부족했다. 그러나 결코 알 수 없는 것들을 알고 있다고 믿지 않았던 것이 기쁘다.

그리고 그 대담함. 25년 전 자기개방의 양은 가히 폭발적이었고 거의 모든 치료자들이 이를 갈게 만들었다. 그리고 아직도 격노하게 하고 있는 것 같다. 나도 개인적으로 충격을 받았다. 감히 어떻게 그렇게 사적인 비밀들을 개방했단 말인가? 내 연애편지의 은닉처, 강박적인 일 습관, 뚱뚱한 사람들에 대해 변명할 여지없는 불친절하고 판단적인 태도, 가족 휴가로 간 해변에서 충분히 함께하지 못하게 만든 사랑에 사로잡힌 강박적 생각들. 그럼에도 불구하고 나는 그가 진정으로 치료적 대면을 하는 방식이 자랑스럽고 아마 지금이라도 그와 아주 똑같이 했을 것이다. 나는 치료자의 신중한 자기개방이 치료의 과정을 촉진한다고 확신한다.

이 책은 나에게 있어 중심축의 일대 전환이었다. 스탠퍼드 의과대학

교수로서 일하던 처음 몇 해 동안 나는 심리치료를 가르치고 연구하여 전문 학술지에 논문을 내는 데 아주 깊이 몰두해 있었다. 첫 연구년에 집단치료에서 전문성을 개발하여 집단치료에 관한 교재를 집필하였다. 이 책을 끝낸 후 오랫동안 표면 아래 존재하고 있던 또 하나의 흥미에 관심을 돌렸는데 그것은 인간의 삶과 고통에 존재하는 실존적 관심이었다. 새로운 분야를 개척하려는 것이 아니라 실존의 주제들에 대해 모든 치료자들이 더 자각하게 하기 위한 의도로, 10년가량 공부하고 연구한 끝에 실존주의 심리치료를 저술하였다. 네 가지 주요한 실존적 관심 ― 죽음, 삶의 의미, 소외, 그리고 자유 ― 은 모든 인간의 내면 생활에서 결정적 역할을 한다는 것, 그것이 그 책의 요지이다.

일단 이 책이 완성되자 나는 이 실존적 관심을 치료에서 어떻게 활용할 것인가에 대해 새로운 생각들을 발전시켜 나갔지만 점차 이 생각들은 소설 속에 묘사되는 내러티브 형태(narrative form)로 가장 잘 표현되고 있다는 결론에 도달하게 되었다. 그리고 아마 가장 중요한 실존 철학자들 중 몇 안 되는 사람으로 꼽힐 인물들 ― 이를테면, 카뮈와 사르트르 ― 의 개념이 철학 그 자체로 기술된 것이 아니라 이야기와 소설 속에서 가장 생생하고 흥미로워 눈을 뗄 수 없게 만들었다는 것을 떠올리지 않을 수 없었다.

또한 나의 교재들에서도, 은밀하게일지언정, 소설처럼 묘사하는 내러티브들이 제 역할을 한다는 것을 기억하지 않을 수 없다. 여러 선생님들과 학생들로부터 내가 들은 것은 집단정신치료의 이론과 실제와 실존주의 심리치료 양쪽에 섞어 쓴 여러 개의 이야기들 ― 어떤 것은 여러 페이지에 걸쳐 있을 만큼 길고 어떤 것은 한두 단락 ― 로 이 책 각각의 효율성을 엄청나게 증대시켰다는 피드백이었다. 학생들은 메마른 이론들이 흥미로운 이야기로 탈바꿈될 것을 알기 때문에 지루하더라도 천천히나마 기꺼이 읽게 되었다고 이야기해 주었다.

그래서 나는 점차 나의 개념들을 학생들에게 전달하고 실존에 대한 인식을 고양시킬 수 있는 가장 좋은 방법이 소설로 묘사하는 내러디브 형식이라는 생각을 발전시키게 되었다. 1987년 나는 다른 종류의 책을 쓰기로 결심하고 풍덩 뛰어들었는데 그 책은 스토리를 우선 쓰고 그 뒤에 이론적 논의를 하는 것이었다. 어떤 방식으로도 나는 심리치료의 교사 역할에서 벗어날 수 없어서 — 조금은 다른 방식으로 하는 것일 뿐이었다. 나는 사랑의 처형자가 되기 싫다는 내담자들을 포함해서 젊은 심리치료자들과 심리치료에 관심을 가진 사람들을 겨냥하여 교육을 목적으로 한 이야기들(이후에 쓴 이야기들과 소설들도 마찬가지이다.)이라는 의미이다. 소설 같은 스토리로 전달하자는 생각에 기름을 부은 모태가 된 책은 실존주의 심리치료이다.

하지만 이러한 결정에는 또 하나의 요소가 있었다. 늘 나는 작가가 되고 싶었다. 내가 기억하는 한 나는 열렬한 독서광이었고 이른 청소년기 언젠가쯤부터 실제로 작가가 되고픈 열망을 갖기 시작했었다. 내가 학자로서 경력을 추구하고 있을 때 그 열망이 저 뒤쪽 화덕 위 어느 주전자에 슬며시 올라가 있었음에 틀림없다. 왜냐하면 이 10개의 이야기를 쓰기 시작했을 때 나는 자신을 발견하는 길에 들어섰음을 감지했었기 때문이다.

내 기억 속에서는 책과 장소가 연합되어 묶여 있다. 내가 읽은 책을 다시 읽거나 아니면 그 책을 단순히 떠올리기만 해도 나는 즉시 그 책을 처음 읽었던 장소를 눈에 그릴 수 있다. 이 책을 다시 읽으며 나는 1987년 막내 아이가 대학에 진학하여 집을 떠나게 되고 아내와 나는 1년간 연구년을 받아 세계를 돌아다닐 준비를 하던 시기의 한줄기 달콤한 추억이 회상되었다. 첫째, 도쿄에서 2주간 가르치면서 일본 문화를 접할 수 있었다. 그리고 여성학 학자인 나의 아내가 중국 대학생과 교수들을 대상으로 강연을 하며 2주간 중국 여행을 하였다. 중국에서의 마지막 날 오후 나는 시간을 혼자 보내면서 상하이 뒷골목을 이리저리 거닐다가 사람들이 완전히 떠나 버려 버려진, 수려한 천주교 성당을 우연히 발견했다. 내가 혼자라는 것을 확인한 후 나는 고해성사실로 들어가 (신부님 자리를 무단 도용하고서) 이 고해실 안에서 고백을 들었을 그 시대의 신부님들에 대하여 사색에 잠겼었다. "네 죄를 사하노라."라고 선언할 수 있는 능력이 부러웠다. 얼마나 치유의 힘을 가졌는가! 그 권능의 자리에 앉아 있는 동안, 나는 비상하게 이야기를 만들어 가는 작가의 경험을 하였다. 1시간가량의 몽상 속에서 "뜯지 않은 세 통의 편지"의 완전한 플롯이 만들어졌다. 내가 가지고 있던 유일한 종이였던 여권의 여백 페이지에 그 이야기의 핵심 부분을 휘갈겨 썼다.

본격적으로 집필을 시작한 것은 발리 섬에서였다. 우리는 발리 섬 쿠타 지역에서 담이 높고 가리개뿐 아무 실내 장식이 없는 우거진 큰 정원의 이국적인 집에서 두 달간 머물렀다. 나의 집필에는 참고문헌이 필요 없었기에 대충 50명가량의 내담자에 대한 상담 기록만 가지고 가볍게 여행을 했다. 이국적 분위기 때문에 마치 내가 다른 세상에 있는 듯하였다. 보는 각도에 따라 다른 색깔을 띠는 무지갯빛 새들이, 서로 복잡하게 얽혀 뒤틀려 있는 나무에 대담하게 걸터앉아 낯선 노래를 부르고 있었다. 앉아서 적어 놓은 것들을 읽고 또 읽고 있는 정원에서는 낯선 이국의 꽃들이 뿜어내는 향이 나를 취하게 만들었다. 심리치료에서의 기억들이 내 마음에 흘러들어 오면서 다른 모든 기록들을 한 켠에 미루어 둔 채 자신도 모르는 새에, 이야기들은 뿌리를 내리고 그 이야기에 몰두하라고 밀어붙이는 에너지로 발전해 갔다. 글쓰기를 시작했을 때 나는 이야기를 어디로 이끌고 갈지 혹은 어떤 형식으로 만들지 생각이 없었다. 마치 나는 이야기가 유기적으로 발전해 가는 것을 관찰하고 있는 관찰자처럼 느꼈다. 이야기가 스스로 나아간다는 말을 작가들에게 종종 들어 봤지만 내가 진정 그 의미를 이해한 것은 내 이야기들이 하나씩 스스로 써내려가지는 것을 경험했을 때였다. 두 달 후 19세기 영국 소설가 윌리엄 메이크피스 새커리(William Makepeace Thackeray)에 대하여 고등학교 때 들었던 옛 일화를 아주 새롭게 깊이 공감하였다. 그 이야기는 이런 거였다. 그가 집필 활동을 마치고 나왔을 때 아내가 그날의 글 작업이 어땠느냐고 물었다. 그는 "끔찍한 날이었어! 펜데니스(그의 작품 속 인물 중 하나)가 자신을 경멸하는 데 내가 막을 수가 없었어." 하고 대답하였다고 한다. 곧 나도 나의 인물들이 서로 이야기하는 것을 듣는 것에 익숙해졌다. 늘 나는 엿들었는데 ― 그날의 집필이 끝나고 나서 아내와 팔짱을 끼고 끝없이 펼쳐진 버터처럼 기름 진 발리 해변의 모래를 거닐 때조차도 그들의 이야기를 들었다.

곧 나는 또 다른 작가 체험을 하였고 그것은 내 인생의 절정 경험이었다. 이야기 속에 깊이 빠져 있던 어느 지점에서 팔랑이는 내 마음이, 나의 지각 저 너머에서 서서히 모양을 갖추며 나타나는 또 다른 이야기에 추파를 던지고 있는 것을 관찰하였다. 나는 그것이 지금 쓰고 있는 것이 끝나 가고 다른 것이 오고 있다는 하나의 신호 ― 미묘하게 ― 임을 알아 차렸다.

예전에 썼던 책들은 모두 내가 연필로 종이에 쓴 것을 스탠퍼드대학 비서의 도움으로 타이핑을 했다. 그러나 현대화되는 시기였던 1987년부터는 컴퓨터와 프린터로 대치하였다. 나는 해외를 오가는 국제선 비행기에서 비디오게임을 통해 자판 찍는 법을 깨우쳤는데 나의 우주선을 공격해 올 때 내가 할 수 있는 유일한 방어는 그 글자들이 나의 우주선을 폭파하기 전에 공격할 글자를 자판에서 내려찍는 것이었다. 그 컴퓨터는 아직 믿을 만하지 않았던 아주 초기 휴대용 모델인데다가 프린터는 더 믿을 만한 것이 못 되었고 결국 한 달 만에 발리에서 그 귀신을 포기해 버렸다. 컴퓨터 속에서 자취도 없이 사라져 버린 내 작품의 전도를 비관하며 나는 도움을 청했다. 그리고 발리의 주요 도시인 덴파사르에 있는 컴퓨터 학교에 프린터가 딱 한 대 있다는 것을 알게 되었다. 거기에서 구걸(?) 혹은 뇌물(?)로(어느 쪽이었는지는 기억이 안 난다.), 귀중하게 그날까지의 작품을 출력된 자료로 입수하였다.

발리에서는 영감이 빨리 떠올랐다. 아무것도(e-메일 시대가 오기 전의 평온한 나날들이 구가되며) 주의를 분산시키는 것이 없어서 이때보다 더 잘 혹은 더 빨리 글을 쓴 적이 없었을 것이다. 거기에 있는 동안 이 책의 표제글을 썼고 "꿈꾼 자를 찾아서"와 "만약 강간이 합법이라면…", 그리고 "뜯지 않은 세 통의 편지"에 관해 고해성사실에서 여권에 휘갈겨 놓은 노트를 기록했다. "두 번의 미소"와 "너무 쉽게 오케이하지 말라"는 하와이에서 썼고 나머지 이야기는 대부분 판테온의 거리가 내려다보이는 파리의 까페에서 썼다.

원래 나의 계획은 각 이야기 뒤에 몇 단락을 덧붙여 이론적인 관점을 설명하는 것이었다. 그런데 곧 이 계획이 거추장스러움을 깨닫고 대신에 이 책을 통해 내가 이야기하고 싶었던 50쪽가량의 이론적 자료를 후기로 넣기로 했다. 출판사에 원고를 넘긴 후 얼마 안 되어 지옥의 (하지만 또한 천당의) 편집자 피비 호스와 접촉을 하게 되었고 오래도록 맹렬하게 으르렁거리며 싸웠다. 그녀는 어떤 이론적 설명도 절대로 필요하지 않으므로 이야기가 스스로 설명하도록 내버려 두어야 한다고 나를 설득하였다. 몇 개월을 우리는 논쟁했다. 내가 한 장을 쓰고 나서 또 다음 장을 제출하면 각 장은 그녀에게서 상당히 짧아져서 돌아왔는데 몇 달이 지난 후 결국 나의 후기는 10쪽으로 줄어들었다. 지금 이 책을 다시 읽으며 나는 그녀가 전적으로 옳았다고 다시 한 번 생각하게 되었다.

이 책에 대해 내가 자부심을 가지고 있긴 하지만, 한 가지 이야기 — "뚱뚱한 여인"에 대해서는 유감스럽게 생각하는 마음이 크다. e-메일을 통해서 몇몇 비만한 여성들이 내가 쓴 단어들이 그들을 심히 모욕적으로 느끼게 하였다고 하였는데 오늘날까지도 내가 그리 무신경한 사람은 아닐 것 같아 다행스럽다. 스스로 여러 차례 심판하고 죄책감을 느끼지만, 이렇게 자신을 변명할 기회가 생긴 김에 이 지면을 좀 이용하고 싶다. 그 이야기의 주인공은 내담자가 아니고 바로 나 자신이다. 이것은 역전이(countertransference)에 관한 이야기로서 — 역전이란, 내담자를 향해 치료자가 경험하는 불합리하고 때로는 수치스러운 감정들인데 치료에 만만치 않게 방해가 되는 장애물이다. 나의 비만한 사람들에 대한 부정적 감정들이 효과적인 치료를 위해 필수적인 내담자에의 깊은 몰입을 막고 있다. 나는 이러한 감정과 내적으로 싸우고 있는 것을 내담자가 눈치채리라고 예측하지 않았다. 그럼에도 불구하고 그녀는 정확하게 그 감정을 감지했고 끝부분에 그것을 이야기했다. 이 이야기는 내담자와 인간적인 수준에서 진정한 관계를 맺기 위하여, 처리하기 힘든 감정들을 훈습하기 위한 나의 투쟁을 묘사한 것이다. 그러나 나는 그 감정들을 개탄하며 말미에 "내 팔로 그녀를 감싸 안을 수 있었다."는 마지막 이야기로 대단원을 맺을 수 있었던 것이 뿌듯하다.

나의 젊은 시절 자아에 대한 회상을 끝내며 이런 놀라운 사실을 발견하였다. 소위 80세에 인생을 바라보는 견해는 기대했던 것보다 훨씬 괜찮다는 것이다. 그렇다, 이후 시기는 삶을 하나씩 하나씩 잃어 가는 것이라는 사실을 부정할 수는 없다. 하지만 그렇다 할지라도 나는 70대에 훨씬 큰 평안과 행복을 발견하였고 80대와 90대에 가능하리라고 예전에 상상하던 것보다는 훨씬 더 큰 평안과 행복이 있을 것이다. 그리고 나이가 들어 늙어 간다는 것에는 한 가지 보너스가 더 생기더라는 것이다. 자기가 예전에 쓴 것을 읽는 것이 아주 흥분될 수 있다는 점이다. 여러 이야기들 중에서도 "뜯지 않은 세 통의 편지"와 "사랑의 처형자", "잃은 아이, 남은 아이" 장을 읽으려 원고를 열었을 때 나는 달콤한 호기심이 느껴졌었다. 그것이 어떻게 결말지어졌는지 잊어버렸던 것이다!